금척천부경

金 尺 天 符 經

금척천부경

金尺天符經

천맥(泉脈) 해역

금척은 비밀을 푸는 열쇠이다

좋은땅

〈녹도문천부경〉

	天 地 人 本	1.天	2.地	3.人	4.本	5.行	6.水	7.樞	8.卦	9.大宇宙	
		一 1	盡 10	一 19	三 28	三 37	運 46	衍 55	本 64	中 73	333
金尺		始 2	本 11	三 20	天 29	大 38	三 47	萬 56	本 65	天 74	342
		無 3	天 12	一 21	二 30	三 39	四 48	往 57	心 66	地 75	351
天		始 4	一 13	積 22	三 31	合 40	成 49	萬 58	本 67	一 76	360
符		一 5	一 14	十 23	地 32	六 41	環 50	來 59	太 68	一 77	369
經		析 6	地 15	鉅 24	二 33	生 42	五 51	用 60	陽 69	終 78	378
		三 7	一 16	無 25	三 34	七 43	七 52	變 61	昂 70	無 79	387
海 宋 印 來 善		極 8	二 17	匱 26	人 35	八 44	一 53	不 62	明 71	終 80	396
		無 9	人 18	化 27	二 36	九 45	妙 54	動 63	人 72	一 81	405
		45	126	207	288	369	450	531	612	693	3321

海印宋來善 선생님께서 오랜 기간 동안 신령한 기운을 받아 적고 만드신 〈금척천부경도〉와 금척수리는, 본인에게 〈천부경〉의 전문을 깨우치며 〈금척천부경〉의 서적을 만드는 작업의 시발점이 되었습니다. 물론, 신명이 없었다면 생각 조차할 수 없는 일이었지만, 〈금척〉을 제게 접하게 해 주시고 일깨워 주신 선생님께 글 서두에 감사함으로 선생님의 〈금척천부경도〉를 올립니다.

泉 脈 올림

☯ 목 차 ☯

✿〈금척천부경〉 그 시작에 앞서

누구나 이미 알고 있듯이 이 〈천부경〉은 성스런 〈경전〉이다.

수많은 〈경전〉 중에서도 독보적인 참 〈진경〉이라고 할 것이다.

〈경전〉이란, 일반적인 보통 사람들의 삶에서 그 관심 밖의 서적으로 분류됨을 인정할 수밖에 없다. 그저 자신과는 무관한 책일 뿐이다. 편견일 수 있겠으나, 쉽게 접하여 읽을 수 있는 쉬운 책이 아니기 때문이다.

〈경전〉이라 함은 서양의 성경, 코란 등도 해당되겠으나, 대체적으로 우리의 생활과 동양적 문화권에서 통용되는 불경이 좀 더 쉽게 와 닿는다. 하지만 대다수의 불경들은 내용이 너무도 난해하고 어려울 뿐 아니라, 그 표기가 대체로 우리의 옛 문자인 '한자'로 표기되어 있기 때문이기도 하다. 오늘날 우리의 문자는 한글이지만, 우리가 쓰고 있는 말의 상당 부분이 '한자어'라는 것을 감안한다면, 옛 고서인 〈경전〉의 특성과 문어체의 표기가 더욱 보통 사람들의 눈과 생각에서 멀어질 수밖에 없었는지도 모른다.

이 〈금척천부경〉을 집필하는 기나긴 시간 동안, 뼈를 깎는 듯 헤아릴 수 없는 반복된 작업 속에서 얻을 수 있었던 마지막 깨우침은, 이 경이로운 하늘의 말씀을 담은 〈천부경〉은 특별한 이 분야의 공부하는 사람만이 접하는 경이 아니라, 세상의 모든 남녀노소가 접하여 읽고 납득하여 깨우쳐 행할 수 있어야 한다는 것이다. 그 방법은, 우리의 쉽고 익숙한 '한글'로 전할 수 있는 〈천부경〉이었다. 지금 이때에 반드시 그래야만 하기에, 원문은 그대로 표기하였으나, 최대한 부담스런 한자표기를 줄이고, 우리의 한글로 표기하여 납득할 수 있도록 최선의 노력을 다하였다.

-泉 脈-

☯ 金 尺 ☯

＊ 금척(金尺)의 근본은 곧 천부(天符)의 법이다. 금으로 만든 것은 변하지 않게 하기 위한 것이요, 자(尺)로 제작한 것은 하나의 오류도 일어날 수 없게 하기 위한 것이다. 변하지 않고 오류가 없으면 이것은 천지의 이치가 다 하는 것이다. 이 근본은 한 가지로 불변의 도에 있다. 나는 새와 헤엄치는 물고기와 동물과 나고(生) 죽고(死) 성(盛)하고 쇠(衰)하는 이치가 다 오류가 없는 법에 매달려 있는 것이 이것이다. 금척의 유래가 그 근원이 매우 멀고 그 이치가 매우 깊어, 그 형상은 삼태성(三台星)이 늘어선 것 같으니 머리에는 불구슬을 물고 네 마디로 된 다섯 치이다.

그 허실의 수가 9가 되어 10을 이루니 → 구이성십(구궁가일), 이는 천부의 수이다. 능히 천지조화의 근본을 재고 인간만사에 이르기 까지 재지 못하는 것이 없으며, 숨구멍, 마음, 목숨을 재면 기사회생한다고 하니, 진실로 신비한 물건이라고 할 것이다.

〈김시습 - 징심록추기〉 中

◐ *허달수 13층과 실달수 9층을 합한 22층, *七. 두함화주(頭含火珠) 그리고 진경인 〈천부경〉이 〈금척〉을 나타내고 있다.

〈송래선 - 금척천부경〉 中

◐ *해인(海印)의 이치가 여기에 있으니 천하만민을 심판하는 권세와 사명이 있다. 귀와 눈을 열어 정독하고 또 정독해야 스스로 깨우침의 기회가 와닿을 것이다.

〈남사고 - 격암유록〉 中

★ 이 허달 13층은 불교의 성(性)과 공(空)의 의미가 있으며 1, 2, 3, 4층은 하늘(天)을 의미하고 5, 6, 7, 8, 9의 5층은 무형의 오행을 나타내고 있으며, 10, 11, 12, 13층은 사람(人)을 의미하며, 실달 9층 위에 존재한다. 이는 역술과 역학의 음양오행론과는 보는 관점에 따라 상이한 점이 있다는 것을 전제로 함을 염두에 두어야 할 것이다. 이 허달과 실달에 관한 지식은 이 방면의 공부로 습득하도록 한다.

★ (七. 두함화주)는 말 그대로 불구슬을 입에 문 용(龍)을 의미한다.
〈징심록추기〉 中 - 그 형상은 삼태성이 늘어선 것 같으니 머리에는 불구슬을 물고 네 마디로 된 다섯 치이다. - 이것이 바로 七. 두함화주를 말하고 있다.

★ 해인은 인간이 눈으로 보고도 모르는 화우로(火雨露)이다. 선한 자를 살리고 악한 자를 죽이는 심판의 권능이 있는 천신의 성신이다. 〈금척〉을 다스리는 자가 해인의 권능이 있다고 했다.

☯ 〈금척〉은 모든 세상의 삼라만상(森羅萬象)에 음양오행이 깃들어 있는 것처럼 이 또한 깊숙하게 들어와 있으나, 그 용(用)의 방법을 모르니 볼 마음이 생길 리 없고, 마음이 없는데 어찌 행위를 바랄 수 있겠는가. 그러나 이제, 하느님이신 유일상제천신께서 예언하신 그 말씀 그대로 틀림이 없고 참된 진경인 〈천부경〉을 〈금척〉의 열쇠로 열어 〈금척천부경〉을 전하고자 한다.

- 泉 脈 -

✍ 금척은 비밀을 푸는 열쇠이다. ✍

☯ 〈금척천부경〉 숫자의 의미 ☯

1. 하늘(圓, ●) - 숫자의 각(角)에서 방(方)을 뺀 수.
天, 아버지, 최초의 태극, 원 바탕, 처음, 시작의 근원, 정신, 태양혼, 양수(陽數), 영원.

2. 땅(方, ■) - 숫자 1에서 그 자체 수까지 총 합산한 것.
地, 터(基), 엄마, 음양의 음수(陰數), 또는 음양 모두.

3. 사람(角, ▲) - 숫자의 제곱.
人(생명체), 신령, 천지의 합, 삼태극(천지인)의 '三' 천·지·인의 총칭, 대우주의 산물, 등.

4. 본바탕(本) - 근본(혼)의 자리. 본자리.
만물의 근본, 사주팔자의 '四', 사계절, 사방위, 등.

5. 행(行) - 오행(五行).
음양오행의 오행(목·화·수·금·토), 유무형의 대우주의 환경과 바탕, 운, 오장육부의 오장(五臟), 우주만물의 성장법칙과 그 흐름 등.

6. 물(水) - 혼(魂).
생명수(육각수), 음양의 삼태극, 어머니(음수), 하늘의 육기, 생명체의 근원, 삶과 터, 등.

7. 축(築) - 정신.
하늘(神)의 정신, 七. 두함화주, 신의 수, 북두칠성의 칠성, 천체와 지구상의 대변동 예고.

8. 팔괘(卦) - 법칙.
인간, 사주팔자의 팔자(命), 팔괘, 팔방의 변화, 생명체의 흐름, 두 개의 본
자리(4)의 합, 등.

9. 대우주(無) - 무한대.
세계훈의 근간(의미), 생명체의 근원(아버지), 구이성십(구궁가일), 인간을
포함한 우주만물의 시종(처음과 끝), 환경, 음양오행, 등.

10. 완성(空, 全)
열(十, 0), 완전체, 정점, 삼태극의 음양, 생산과 분열의 변화를 암시.

❂ 머리말 ❂

＊ 숫자에 대한 의미라고 부제는 썼지만 빙산의 일각, 말 그대로 조족지혈이라 생각하며 그 속에는 글로써는 다 담을 수 없는 무한한 신의 섭리와 수(手)가 있음을 절감할 수밖에 없다. 깊게 들어가고자 할수록 더욱 심오하고 가늠할 수 없는 〈금척〉의 세계를 어찌 이 짧은 몇 줄의 글과 숫자의 의미로 그 전하는 바를 모두 나타낼 수 있겠는가.

허나, 지금 이렇게 〈금척천부경〉이라는 대제목을 올려 세상의 사람들에게 알리고자 하는 가장 큰 뜻은, 〈금척〉의 넓고 깊은 그 심오함에 대한 그 진위를 검증하고자 하는 것이 아니다.

인류 최초의 경으로서, 조화의 원리, 곧 우주창조의 이치 속에서 인간이 가야 할 길을 (81)자로 기록한 경전인 〈천부경〉을 〈금척〉을 통하여 올바르게 밝혀, 현재를 살아가고 있는 사람들에게 지금 바로 이때에 전하고자 하신 뜻이 무엇인지, 그 깊고도 중(重)한 말씀을 전파하는 데 있다.

더불어 명심하고 깨우쳐야 할 것은, 이 〈천부경〉은 〈금척〉을 통하여 또한, 〈예언서〉로서의 놀라운 계시를 암시하며 수록하고 있다는 사실이다.

불과, 가로세로 총 (81)자의 글자일 뿐이나, 그 속에 담긴 내용은 감히 인간이 가늠할 수 없는 하늘(神)의 이치가 담겨 있으며, 앞서 언급하였듯이 두 가지의 의미가 공존하고 있음을 알게 될 것이다. 하지만, 그 뜻이 너무도 심오하고 난해하여 더러 그 전하는 의미가 전혀 다른 뜻을 품고 있기에, 원문에 따른 〈금척〉의 해석 또한 다를 수밖에 없다.

이 말은 곧, 하늘의 이치를 담은 이 〈금척천부경〉은 두 권으로 나눠질 수밖에 없음을 미리 고(告)한다.

이 〈천부경〉은 이미 역학자나 이 방면의 연구가들에 의해 다양한 주해서(註解書-주해를 단 책)로 나와 있음을 알고 있으나, 그 내용이 결국, 수많은 타(他) 경과 다를 바가 없다. 허나, 이 〈금척〉의 비밀을 깨닫게 된다면,

이 〈천부경〉에서 전하는 하늘의 이치와 이를 통한 땅의 이치, 그 말씀이 우레와 같은 소리로 이 글을 읽는 사람의 뇌리에 얼마나 무겁고 또 무겁게 와 닿을 것임을 믿어 의심치 않는다.

이 글을 읽는 사람들이 세세한 〈금척〉의 이론에 얽매이지 말고 그 속에 담긴 천상의 유일상제천신이신 하느님의 뜻이 무엇인지를 깨닫고 행할 수 있기를 바라는 간절함을 담아 심혈을 기울였다. 〈금척〉을 글로써 옮긴다는 것은 한계가 있음을 또다시 언급할 수밖에 없다. 더러 글로써 〈금척〉의 수리를 전달함에 부족한 부분도 없지 않겠으나, 〈천부경〉에 담긴 하느님께서 인간에게 전하고자 하신 뜻을 옮기는 데는 한 치의 허술함도 용납치 않았음을 서원한다. 왜냐하면, 이 〈금척천부경〉은 본 저(本著)에게 내려진 신명이며 사명이기 때문이다.

-泉 脈-

(1) 一(1)始(2)無(3)始(4)=10

하나(1)의 시작이나 그 시작(始-2)은 둘이 하나로 시작되는 것이며 그 시작은 아무것도 보이지 않는 3개의 극[極(無-3)]에서 시작하는 것이요, 그 근본 시작의 본(本)바탕은 4(始)이다. 즉, 최초의 "一(1)"은, 음양(2)의 본자리(4)를 가지고 있으며 이 본자리(바탕)에는 제각각의 보이지 않는(無) 세 개의 무극인 삼태극(三太極)(3)이 있음을 알 수 있다.

이 함축된 4자에서 **음양과 오행**, 그리고 두 개(음양)의 본자리(팔자, 팔괘)로 돌아가는 **대우주의 생성**까지 모두 나타내고 있음을 금척수리의 증명으로 더욱 명확하게 알게 될 것이다. 그렇다면, 지금부터 〈천부경〉 전문에 그대로 올려놓은 〈금척〉의 수를 석삼극하여 원방각으로 표기하여 확인해 볼 것이다. 이는 수의 근원과 그 수가 나타내는 의미를 가장 빠르고 명확하게 알 수 있는 방법이다. 이는 〈**천부경**〉 원문에 수록되어 있는 "**析三極**"에서 이미 금척수리에 대한 묘법을 제시하며 이 말의 뜻을 증명하고 있다.

이제 〈천부경〉의 시작이며 〈금척〉의 수가 똑같이 시작하는 "一(1)"부터 알아볼 것이다. 할 수 있는 한, 금척수에 대하여 세세하게 증명할 것이나, 이는 무엇보다도 이 경이 전하는 메시지를 좀 더 명확하게 깨닫는 것에 도움이 되고자 함이다. 하지만, 하나의 수에도 그 속에 담긴 뜻의 내용과 깊이를 글로써 다 표현할 수는 없기에 정독하고 또 정독하여 스스로 더 깊은 뜻을 헤아려 터득하여야 할 것은 개개인의 몫임을 밝혀둔다.

〈금척〉은 수학의 공식처럼 한 치의 오차도 없으나, 보는 시각과 환경, 그리고 읽는 사람의 소양과 노력에 따라 그 습득하여 터득하는 능력 또한, 천차만별일 수밖에 없다. 이는 논쟁의 대상도 아니며, 단지 하나의 현상이며 이치일 뿐이다.

명심해야 할 것은, 〈금척〉의 수리와 수의 세세한 뜻에만 집중하여 이 경이 전하는 가장 큰 주제와 맥락을 놓쳐서는 안 될 것이다.

☻ 이제, 첫 구절의 그 시작, "一(1)"에 대하여 이 수를 석삼극하여 원방 각으로 그 근원과 의미를 찾아본다.

| 1 | ● 0 | ■ 1 | ▲ 1 | 합: 2 (음양) |

(圓)●: 하늘(天)　　　(方)■: 땅(地)　　　(角)▲: 사람(人)

♣ 석삼극을 하여 나온 수는 하늘, 땅, 사람으로 나누어지며 이를 원방각이라 명(名)한다. 원방각을 풀이하여 표출하는 석삼극의 방법은 앞 장에 수록한 숫자의 의미에서 간략하게 설명하였다.
() 안의 수는 그 수를 부합(그 수를 낱자로 더하기)하여 나온 수이다.

✳ 위의 금척수는 앞서 글의 서문에 수록한 '숫자의 의미'에서 간략하게 밝힌 바 있듯이 이는 말 그대로 수의 시작, 근원이며 모든 것의 근본이 되는 하늘(天), 그 자체이다. →1.

먼저, 원방각의 **하늘자리**를 보면 앞서 〈금척천부경〉 원문의 시작, "一始無始(10)"에서 보여 주는 것과 같이 아무것도 없는 '無(0)'에서 탄생되었다는 것을 수로써 증명하고 있다. 또한, 이 '0'은 숫자의 모습 그대로 영원이며 바로 완성의 수 '十(10)'과 일맥상통하고 있으므로 하나(태극)의 완성된 '**하늘(天)의 씨**'라는 뜻이 담겨 있다. →0.

땅의 자리에서는, 이 하늘의 씨를 받아 하나의 근원을 만들고 있음을 알 수 있다. 이는 곧, 하늘(天-**아버지**)과 땅(地-**어머니**)은 분명 다른 역할의 자리이나, 대등한 가치와 의미가 담겨 있음을 수에서 이미 암시하고 있다. →1.

사람의 자리는 이들 합의 결과물로서, 그대로 하나의 완성으로 나타남이다. 즉, 삼태극(천·지·인)이 하나라는 (삼합일)의 원리가 함축되어 있다. 이 의미의 구체적인 뜻은 이 경의 마지막, 그 끝자락에서 다시 확인하게 된다. →1.

(1) 一(1)始(2)無(3)始(4)=10　　　　　　　　　　　　　　　　　17

총합의 수에서 알 수 있는 것은, 바로 최초의 태극이자 수의 근원인 이 완성된 하나 속에는 제각각의 음양이 존재하고 있다는 사실이다. →2.

＊ 금척수리의 또 다른 증명은 우주 만물의 본바탕을 팔괘의 바탕 속에서 움직여 돌려 보는 것(그 수의 곱)에 있다.

기본 틀은 천지혼(天地魂×3)이다. **혼(魂)**은 곧 인(人)과 같은 자리에 놓인다. 하여, 이 자리가 이 **금척수리의 주체**가 된다. 이는 또한, 제각각의 삼태극으로 돌아가게 됨을 알 수 있다.

백(魄, 00, 肉身×4)은 실체적이고 궁극적인 모습 즉, 그 근원(본)의 모습으로서 **팔괘(팔자)**를 완성한다.

하나의 수에는 많은 뜻이 내포되어 있으나 처음부터 많은 의미를 부여하면 너무 난해할 수 있으니 조금씩 익혀가도록 한다.

✖ 이제, 이 금척수(1)를 다시 위의 팔괘로 돌려 보는 방법으로 증명해 본다.

$$1 \times 3 = 3$$
$$3 \times 3 = 9 \qquad 3 \times 4 = 12$$

✳ 처음을 시작하는 수 "一(1)"은 세 개의 극(삼태극)을 가지고 있음을 알 수 있다. 이는 원문의 "析三極"과 그 의미가 서로 상통하고 있다. →3.

이 세 개의 극(삼태극)은 곧, 하나의 출발점이 된다. 이는 또한, 제각기 삼태극을 가지고 돌아가며 대우주를 이루는 바탕이 되는 것이다. →9.

더 들어가 보면, 이 "一(1)"은 삼태극의 본바탕(자리)에서 완성되고 이는 음양을 바탕으로 돌아간다는 것을 수로써 보여 주고 있다. →12.

이를 보면, 원방각에서 나타내는 총합의 수(2)와 같음을 알 수 있다. 이는 결국, 〈금척〉의 수는 어떤 관점에서 보아도 그 결과는 하나로 통하고 있으며 틀림없다는 것을 수리로써 증명하고 있다.

☯ 이제, 하늘의 수이자, 모든 수의 근원이 되는 "一(1)" 이 어떻게 시작되어 그 역할을 하는지 **"始(2)"** 에 대하여 원방각을 통하여 그 수를 증명해 본다.

2	●1	■ 3	▲ 4	**합: 8 두 개의 본자리(팔자, 팔괘)**

위의 금척수는 보이는 그대로 음양을 **나타내는** 총체적인 수이다. 그 최초, 태극의 음양, **그 근원적인 시작**을 나타내고 있다. →2.

원방각, **하늘자리**를 보면, 그 최초의 태극, 수의 근원이자 시작이라고 할 수 있는 그 하나 된 음양의 씨를 나타내고 있다. →1.

땅의 자리에서, 하늘의 씨를 받은 음양은 삼태극(천 · 지 · 인)이 바탕이 되어 시작되고 있다는 것을 알 수 있다. →3.

사람의 자리에서는, 이들 합의 결과물로 하나의 본바탕, 본자리가 생성되었음을 보여 주고 있다. →4.

총합의 수에서는, 이 "一(1)" 의 음양에서 시작된 **"始(2)"** 는 두 개의 본자리(팔자)를 가진다는 것을 알 수 있다. 즉, 이 수의 시작에서 팔괘(팔자)가 생성되는 근원을 엿볼 수 있으며 또한 궁극적으로는 사람이겠으나, 이 속에는, 모든 생명체를 가진 만물은 팔괘(팔자) 속에서 탄생할 것임을 예고하고 있다. →8.

이 수(2)를 다시 팔괘로 돌려 증명해 본다.

2×3=6

6×3=18　　6×4=24

위의 수에서 시작하는 음양(2)은 제각기 삼태극을 가지며 이는 곧, 음양의 근원수 중, 음수로서 물(水)을 지칭한다. 이 물 속에는 살아 숨 쉬는 생명과 연결된 여러 가지 중요한 의미가 함축되어 있다. 또한, 그 많은 의미 속에서도 가장 중요한 **혼**이 담겨 있다. →6.

(1) 一(1)始(2)無(3)始(4)=10

이 물[혼(魂)]은 제각각의 삼태극을 가지며 사람(생명체)의 생명수라고 일컫는 근원수(6.6.6)가 된다. 또한, 하나의 시작은 음양에서 비롯되며 이는 두 개의 본자리(4)가 팔자로 바탕이 된 하나의 완성을 나타낸다. →18.

더 들어가면, 완성된 음양이 낳은 본자리를 볼 수 있다. 즉, 수의 근원은 음양의 완성으로 만들어진 본자리가 바탕이 되어 시작(始-2)된다는 것을 증명하고 있다. 이는 모든 생명체의 근원이자 그 시작의 본바탕이 된다. →24.

☯ 다음은, 아무것도 없는 "無"로서, '삼태극(천지인)'을 지칭하는 금척수(3)를 석삼극하여 원방각으로 확인해 본다.

3	● 3	■ 6	▲ 9	합:18(9) (대우주) 사람(생명체)의 근원

✳ 이 금척수(3)이자, '三'은, 〈금척천부경〉 전문을 통하여 여덟 번 수록되어 있다는 것에서도 암시하듯 이 수에는, '팔자(팔괘)'로 탄생되는 사람(생명체)이라는 기본적 의미가 담겨 있다. 허나, 이 수는 앞서 밝힌바, 상황에 따라 그 전하는 뜻이 모두 동일하지 않다는 것을 염두에 두어야 한다. 왜냐하면, 이 경은 처음부터 마지막까지 인간의 생각과 척도로는 가늠할 수 없는 시공의 흐름이 존재하고 있다. 그 내재된 의미를 기억해야 할 것이다. 그 첫 번째 삼태극(3)의 존재는 '無'에서 시작됨을 알 수 있다. 또한, 이 숫자 (3)이 시작된 '無'의 바탕은 태극(삼태극)이라는 것을 이미 이 경의 서문은 말하고 있다. 즉, '無'의 태극에는 세 개의 극, 삼태극(천·지·인, 성·명·정)이 있음을 〈금척〉의 수리로 증명하고 있다. →3.

원방각에서, **하늘자리**를 보면 최초의 태극, "一(1)"의 세 개의 극, 그 바탕 속에 존재하는 수로서, '無'에서 탄생한 삼태극의 씨를 나타내고 있다. →3.

땅의 자리에서는, 하늘의 씨를 받은 제각각(음양)의 삼태극이 물로써 돌아가며 하나의 혼을 만들고 있음을 보여 준다. 이는 또한, 생명탄생의 근원이 되는 부모의 근원수인, 음수(어머니)가 된다. →6.

이들 합의 결과물, **자식의 자리**에서는, 물로써 제각기 돌아가는 삼태극의 혼이 대우주를 이루고 있는 모습이다. 이는 부모의 근원수가 되는 양수(아버지), 생명탄생의 근원지가 된다. →9.

총합의 수에서 보여 주는 수의 의미는 최초의 태극이자, '無'에서 탄생한 그 하나(태극)의 삼태극은, 제각기 물로써 돌아가는 혼을 만들며 하나의 팔자(팔괘)를 이루게 된다는 것이다. 이는 바로 '無'에서 시작된 삼태극(3)이 음양의 근원수(69)를 탄생시키는 근원이 됨을 알 수 있다. 이가 곧, 사람(생명체)의 근원수(18)로서 대우주를 이룬다는 것이다. →18(9).

✄ 이 금척수(3)를 다시 팔괘로 돌려 이전과 같은 결과물인지 확인해 본다.

$$3 \times 3 = 9$$
$$9 \times 3 = 27 \qquad 9 \times 4 = 36$$

✖ 이 금척수는 "無(3)"에서 탄생된 삼태극이 제각기 돌아가며 대우주를 이루고 있는 모습이다. 이는 바로, '無'의 대우주를 가리키고 있다. →9.

이는 음양의 완성이 낳은 七축(정신)을 일컫는다. 즉, 하늘의 정신인 七축이 바탕이 된 완성된 음양을 보여 주고 있다. →27.

더 들어가 보면, 결국, 아무것도 없는 "無(3)"를 나타내는 삼태극의 대우주는 곧, 혼이 바탕이 된 삼태극의 완성을 가리킨다. 즉, 삼태극의 완성으로 만들어진 혼을 수로써 증명하고 있다. 결국, 이 완성된 삼태극의 혼은, 완성된 사람의 근본(혼)이 되는 수가 된다. →36.

☯ 그렇다면 이제, 아무것도 없는 그 "無(3)"의 대우주 속에서 시작하는 **"始"** 의 **금척수**(4)는 어떤 의미를 담고 있는지 석삼극을 통하여 증명해 보도록 한다.

4	● 6	■ 10(1)	▲ 16(7)	**합: 32(14)5 오행**

✠ 위의 금척수(4)는 사람의 근본(혼)이 담겨 시작되는 본자리, 본바탕을 나타내고 있다. 이는 바로, '無'에서 탄생된 삼태극으로 시작되는 본자리(본바탕)를 가리킨다. 이는 결국, 모든 것의 원점이자 그 시작의 바탕이 된다. →4.

원방각에서 **하늘자리**를 보면, 음양의 삼태극이 바탕이 되어 물로 돌아가고 있는 내 근본이 되는 혼의 씨를 보여 주고 있다. →6.

땅의 자리에서는, 수에서 알 수 있듯이 본바탕 그 자체로서 혼과 합하여 하나(태극)의 완성을 이룬다. →10(1).

이들 합의 결과물인 **자식의 자리**에서는, 하나(태극)의 완성으로 낳은 사람(생명체)의 근본이 되는 혼을 볼 수 있다. 이는 부합의 수에서 하늘의 정신인 七축을 나타내고 있다. →16(7).

총합의 수에서 알 수 있는 것은 결국, '無'의 대우주공간 속에서 완성된 삼태극의 음양으로 시작되는 본자리(4)의 모습이다. 이는 곧, 대우주 공간 속 오행으로 돌아가는 이 땅 위 세상의 시작을 예시하고 있다. →32(14)5.

✤ 다시 이 수(4)를 팔괘의 방법으로 다시 돌려 보면,

$4\times3=12$

$12\times3=36$ $12\times4=48$

✠ 음양이 바탕이 된 하나(태극)의 완성에서 그 본자리는 시작된다. 즉, 본바탕의 그 시작은 하나의 음양에서 시작된다는 것이다. →12.

이는 곧, 삼태극의 완성으로 낳은 혼이 바탕이 되어 시작되는 본자리를 말하고 있다. 한마디로, 완성된 삼태극의 혼으로 시작되는 본자리를 일컫는다. 지금 이 수들의 증명은 금척수와 〈천부경〉 원문의 글이 함께 어우러진 내용이다. 그 속에서 의미가 어떻게 변해 가는지, 더 깊은 뜻은 스스로 파악하고 터득해 나가야 하는 숙제가 될 것이다. 이 〈금척천부경〉은 글로써는 다 옮길 수 없는 심오한 깊이가 함축되어 있기 때문이다. →36.

더 들어가면, 본바탕의 완성이 낳은 팔자를 볼 수 있다. 이것이 바로 소위, 사람들이 쉽게 말하는 사람의 **'사주팔자'의 근원이자**, **생명탄생의 시작**을 암시하고 있다. 바로 그 시작의 근간을 수로써 나타내고 있다. →48.

☯ 이제, 여기서 이 모두를 합한 첫 번째 구절 **"一始無始"**의 **총합수**(10)를 석삼극하여 원방각으로 이 의미를 증명해 본다.

10	●45(9)	■55(10)1	▲100(1)	**합**: 200(20)2

※ 위의 금척수는 한마디로 하나(태극)의 완성을 나타내는 **수**(十)라고 하겠다. 이 논제에 대한 내용은 이미 글 서두에 밝힌 바 있다.
이 〈금척천부경〉의 전문을 통하여 전하는 모든 의미의 완성이 집약되어 있다. →✳10.

원방각, **하늘자리**는 완성된 본자리가 오행을 바탕으로 대우주를 이루고 있음을 볼 수 있다. 이미 앞서 밝힌 바 있는 〈금척〉의 유래 중, 네 마디 다섯 치의 대우주로서, 구이성십(구궁가일)으로 이루어진 대우주를 가리킨다. 이는 바로 완성을 이루는 그 근원을 볼 수 있는 부분이다. 즉, 하나의 완성은 곧 '無'에서 탄생된 대우주가 구이성십(구궁가일)으로 시작되어 완성된다는 것을 암시하고 있다. 이 또한, 다른 금척수와 마찬가지로 수많은 깊은 뜻이 내포되어 있다. 이 수는 차후에 더 깊이 증명해 보도록 한다. →45(9).

(1) 一(1)始(2)無(3)始(4)=10

땅의 자리에서는 제각각의 음양이 오행으로 돌아가며 하나의 완성을 이루고 있다. 이는 바로 〈금척천부경〉의 원문에 수록된, "化三(55)"이자, **변화되어 완성된 사람**이 오행의 세상 속에서 묘하게 널리 퍼져 나가는 모습(衍-55)을 나타내고 있다. 여기에서 이 수가 전하는 의미는, 이 〈금척천부경〉의 전문을 통하여 모든 것을 대변하고 있는 것임을 짐작할 수 있다. →55(10)1.

자식의 자리는 이들(하늘, 땅) 합의 결과물로서, 하나의 실체적(혼백-00)인 완성을 나타내고 있다. 이 또한, 하나의 커다란 변화를 암시하고 있는 부분이다. →100(1).

총합의 수에서 알 수 있는 것은 음양의 실체적인 완성을 더욱 확연하게 증명하고 있다는 것이다. 이는 최초(태극)의 "一始無始"에서 완성된 결과물을 나타낸다. 이는 곧, 실체적인 완성을 이룬 **음양**(2)이며, 이는 차후에 증명하게 될 이 〈금척천부경〉 원문의 "大三合六生(200)"을 탄생시켰음을 알 수 있다. 또한, 이는 ✳음양오행설을 바탕으로 공부하는 역학과 역술의 분야에서도 아주 중요한 증거적 자료의 바탕이 될 것이다.
이 수의 더 깊은 의미은 이 〈금척천부경〉 전문을 통독해 가면서 금척수리를 통하여 더욱 명료하게 깨달음으로 와 닿을 것이다. →200(20)2.

✖ 이 금척수(10)를 다시 팔괘로 돌려 증명해 본다.

10×3=30

30×3=90　　30×4=120

▩ 이 완성의 수(十-10)는 곧 삼태극의 완성을 가리킨다. 이는 곧 천·지·인이며 ✳성·명·정(性命精)의 완성이자, 사람(생명체)의 실질적인 완성까지 모두 포괄하고 있다. →30. **✳성·명·정[삼일신고] 참조.**

이는 결국, 삼태극(무극)으로 이루어진 대우주의 완성을 수로써 나타내고 있다. →90.

더 들어가 보면, 이 완성된 삼태극의 본자리는 실체적인 하나(태극)의 음양이 완성된 것임을 이 수의 증명으로도 알 수 있다. →120.

아무것도 없는 '無'에서 시작한 최초의 '一'을 '태극'이라고 하며 이는 음과 양을 가진 둘이요, 각각의 본바탕은 오행으로 돌아가고 있음을 이 "十"이라는 완성의 수에서 알 수 있다.
즉, 〈금척천부경〉의 서문, "一始無始(10)"는 바로 생명탄생의 근원이자 바탕이 되는 **대우주의 완성**과 *음양오행을 나타내고 있으며, 이 경의 모든 것을 함축하고 있다고 해도 과언이 아니다. 이 수는, 〈천부경〉 원문에 수록된 "一積十鉅"에서 다시 증명해 보도록 한다.

☑ **음양오행론(陰陽五行論)**
이에 관한 심오한 증명은 세상에 많이 나와 있는 역학류의 서적들을 참고로 습득할 수 있을 것이다. 물론, 수없이 다양하고 복잡한 음양오행에 관한 서적들이 제각기 나름의 이론을 주장하여 이조차 난해할 수 있으나, 그 이론의 틀은 결국은 같다고 보기 때문이다. 다만 지금 전하고자 하는 이 〈금척천부경〉은, 일반적인 역학자들이 말하는 사람의 명리론을 논하는 장(場)이 아니라는 것이다. 하지만, 먼저 알아야 할 것은 "세상의 삼라만상 모두에 음양오행이 깃들어 있다."는 소강절의 말을 굳이 떠올리지 않더라도, 음양오행의 세계관에서 역학과 역술에 관한 이론의 역사가 잉태된 것이지, 역학이 '음양오행론'을 만들어 낸 것은 아니란 사실을 잊지 말아야 한다.

(2) 一(5)析(6)三(7)極(8)無(9)盡(10)本(11)=56

이 구절은 오행 속, 만물의 본질이자, '영원한 혼(魂)'을 일컫는다. 이미 서문에서 밝힌 바 있으나, 이제 그 최초의 태극이 "一始無始"한 것에 대한 금척수를 하나씩 증명해 보면서 좀 더 구체적인 의미를 찾아볼 것이다.

그 처음(태극) "一(5)"을 오행으로 돌리며 "析(6)" 물로 쪼개니 "三(7)極(8)" 3개의 극(極), 삼태극이 있음이다. 이는 곧, "一析三極(26)"을 말하고 있다. 이 말은 최초의 태극은 제각기 음양을 가지고 있으며 이 음양은 또한, 제각각의 삼태극을 가진다는 것이다. 이는 곧, 음양의 혼을 나타낸다. 이 삼태극은 우리가 쉽게 말하는 하늘, 땅, 사람으로 (천·지·인)을 일컫는다. 이 삼태극(三)을 (7)로 표기한 이유는 〈금척천부경〉 전문을 다 정독하지 않더라도 앞에서 표기한 〈금척〉의 숫자에 대한 의미를 습득하였다면 어느 시점에서 스스로 터득할 수 있게 될 것이다. 명심할 것은 〈금척〉의 표기는 수학의 공식처럼 한 치의 오차도 없이 틀림이 없을 것이나, 그 수가 함축한 의미는 무궁무진하며 그 심오한 뜻과 깊이는 가히 헤아릴 수 없다는 것이다.

이 극을 다 하여 다다른 곳에는 제각각의 본자리 두 개(44=8)가 있음을 알 수 있다. 3극(삼태극)은 아무것도 없는 것, 여기서 "無(9)"는 보이지 않는 정신, 대우주 공간 등의 추상적인 의미를 부여한다. 실존의 존재보다는 무한한 우주의 신비로서, 신적인 영역에 있다. 이 '無'를 "盡(10)"(다)하여 세 개의 극에 이르면, 본바탕, 본자리에 제각기 다다른다. 3개의 극은 곧, 천·지·인[삼일신고-성·명·정]이며 이는 제각기 두 개(음양)의 "本(11)" 자리를 가지고 있다. 또한, 이 "本(11)"은 이 경의 궁극적인 주제와 목적일 수 있는 최초 그 "太極"의 음양 중, 태양(혼)이며 근본적인 (혼)의 바탕이자, 하늘의 정신(七축)을 일컫는다. 이 "一析三極無盡本"의 금척수(56)가 나타내고 있는 의미는 완성된 오행 속에서 혼이 바탕이 되어 돌아가는 영원한 두 개의 근본자리(11)를 나타내고 있다.

이제, 이 〈천부경〉에 〈금척〉을 하나씩 올린 〈금척천부경〉을 더욱 세밀한 눈으로 살펴볼 것이다. 수에 대하여 하나씩 세세하게 짚어 가는 이유는 이 경이 주는 전체적인 메시지를 좀 더 깊고 명확하게 전달하고자 함이며, 이 〈금척천부경〉을 좀 더 수월하게 납득할 수 있게 하고자 함이다. 분명, 깨닫고 터득하는 것은 이 경을 읽는 자 스스로의 몫이라는 것을 알아야 한다.

유념할 것은, 자칫 하나 하나의 숫자에 대한 풀이에 집착하여 전체적인 흐름을 파악하지 못하는 실수는 범(犯)하지 않아야 할 것이다.

☯ 이제, 이 구절의 첫 번째, 오행의 뜻이 담긴 원문의 두 번째 "一(5)"를 **석삼극**하여 새롭게 시작되는 이 경의 변화와 그 의미를 수로써 증명해 본다.

| 5 | ●10(1) | ■15(6) | ▲25(7) | 합: 50(14)5 五行 |

✳ 최초의 태극, '無'에서 시작된 그 "一"로서 그 시작을 알리는 이 금척수는 한마디로 오행을 나타낸다. 대자연의 삼라만상에 깃들어 있으며, 인간을 포함한 모든 만물은 이 수의 조화로 변화되고 이루어진다. →5.

원방각에서, **하늘자리**는 그 최초의 태극, 그 완성된 "一(1)"(一始無始)을 나타내고 있으며 이는 곧, 시작(우주만물)의 근원이자 그 완성된 하나의 씨를 일컫는다. →10(1).

땅의 자리는 하나(태극)의 완성이 낳은 오행의 바탕 속에서 돌아가고 있는 모습이다. 이 수는 **음양의 근원수(69)**이자 ✳**완전수**로서 **혼**을 나타내고 있다. 이 완전수의 의미는 완성의 정점에서 새로운 시작의 바탕이 된다. 이는 완성이라는 의미와는 구별이 되어야 하며, 이 경의 전문을 통독하는 과정에서 습득하며 터득해야 할 일이다. →✳15(6).

사람의 자리에서는 완성된 음양이 오행을 바탕으로 돌아가는 음양오행의 세상으로 곧, 하늘(神)의 정신인 七축을 나타내고 있다. →25(7).

총합의 수에서 알 수 있는 것은 한마디로, **오행의 완성**이다. 이로써 확연하게 드러난 것은, 존재의 시작에 대한 유무와는 상관없이 먼저 음양이 완성되고, 오행이 완성되었다는 것을 이 **〈금척천부경〉** 에 수록된 "一(5)" 에서 〈금척〉 의 수리로써 증명하고 있다. 이는 바로, 오랜 역학의 분야에서 여러 가지 학설로 주장하고 있는 음양오행론의 그 근원에 대하여 인류 최초의 〈조화경〉 이자, 〈예언서〉 로서, 하늘의 이치를 담은 진경인 **〈천부경〉** 이 〈금척〉 을 통해 명확하게 밝혀 보여 주고 있음이다. 또한, 이 음양오행의 완성으로 시작된 "一(5)" 은 바로 〈예언서〉 로서의 이 경의 주인이 되는 십오진주(완전수)의 근원과 탄생, 그 시작을 암시한다. 더불어 완성된 사람의 근원이 되는 또 다른 의미의 완전수(부모)의 탄생과 시작을 함께 내포하고 있다. 이가 곧, 〈우주창조의 번성과 조화의 원리〉 에 대한 하늘의 이치를 나타내고 있다. →50(5).

※ 이 금척수(5)를 다시 팔괘로 돌려 증명해 보면,

5×3=15

15×3=45　　15×4=60

※ 위의 수는 하나의 완성(十-10)이 낳은 오행이 바탕이 된 완전수로서 이 경에 수록된 "地一二" 의 그 땅(地-15)의 금척수와 같다. 이 완전수는 음양의 근원수(69)가 부합된 수로서 생명탄생의 근본이 되는 수가 된다. 또한, **'십오진주'** 라 칭하며 **'완성되어 변화된 완전한 사람'** 을 가리키는 수가 된다. →15.

이는 또한, 완성된 본자리가 오행으로 돌고 있음을 보여 주고 있다. 이는 곧, 대우주를 이루며 네 마디 다섯 치를 일컫는 〈금척〉 의 근원이자 ＊구이성십의 근간이 된다. →45.

더 들어가 보면, 이는 물에 담긴 혼의 완성으로 **〈금척천부경〉** 원문에 수록된 **"用"** 을 써서 변화된 사람, 그 시작을 알리고 있다. →60.

〈금척천부경〉 전문을 통하여 중요하지 않은 글자와 숫자는 단 하나도 존재하지 않겠으나, 이 "一(5)"이 주는 의미가 얼마나 강력한지 위의 수의 증명에서 짐작할 수 있어야 한다. 이는 바로 모든 것(음양오행)의 근원이자 바탕이며 그 변화의 시작을 말하고 있다. 또한, 모든 시작의 주체가 된다.

☯ 여기에서 앞의 구절 "一始無始(10)"로 시작된 그 "一(5)"을 모두에 합하여 "**一始無始一**"의 **총합수**(15)에 대하여 먼저, 석삼극하여 그 의미를 확인해 보고 가도록 한다. 이는 곧 ✻완전수(십오진주)로서 생명탄생의 근원수가 됨을 알 수 있다. 이 수는 차후, "**地一二**" 부분에서 증명해 보아야 할 것이나, 그 과정을 지나는 동안, 수없이 언급될 이 수에 대하여 금척수리의 증명을 통하여 이 수가 주는 의미를 먼저 습득하고 가는 것이 나을 듯하다. 하여, 이를 지금 이 구절에서 원방각으로 살펴본다.

15	●105(6)	■120(3)	▲225(9)	합: 450(18)9

※ 우선, 이 경은 처음부터 마지막까지 인간의 척도로는 가늠할 수 없는 시공의 흐름이 존재하고 있음을 유념하고 있어야 한다. 위의 금척수는 오행이 바탕이 되어 이루어진 하나(태극)의 완성을 나타내고 있다. 앞서 밝힌바, 그 시작의 본바탕, 본자리의 근원을 밝히고 있다. 이는 "一始無始(10)"로 완성된 그 하나(一)의 시작이다. 또한, 〈금척천부경〉 원문에 수록된 "**地一二**"의 그 "**地**(15)"로서 하나의 완성된 땅을 나타낸다. 더 나아가, 궁극적으로는 땅 위의 세상, 그 속에서 완성된 사람을 일컫는다. 또한, 이것은 오행의 조화 속에서 돌아가는 인간을 포함한 이 세상 모든 만물의 바탕이자 근원이 된다. 즉, 생명탄생의 근원수가 됨이다. 이것이 바로, ✻**완전수**(**근본혼**)가 되는 것이다. →15.

원방각의 **하늘자리**는 실체적으로 완성된 하나(태극)가 오행의 바탕 속에서 돌아가고 있음을 알 수 있다. 이는 한마디로 오행의 세상 속에서 완성된 혼의 씨라고 하겠다. →105(6).

(2) 一(5)析(6)三(7)極(8)無(9)盡(10)本(11)=56

땅의 자리는 실체적인 하나(태극)의 음양이 완성되어 삼태극을 이루고 있는 모습이다. 다시 말해서 완성된 음양을 바탕으로 하나의 실체적인 완성을 나타내고 있다. 땅에서 하나의 하늘(天-12)이 완성됨이다. →120(3).

자식의 자리는 실체적인 음양이 음양오행(無-25)을 바탕으로 돌아가며 완성을 이룬 모습이다. 즉, 제각각의 음양이 오행을 바탕으로 완성되어 돌아가는 대우주의 모습을 보여 준다. 이는 또한, 오행의 바탕 속에서 살아갈 완성된 땅 위의 세상(인간세상)을 나타내고 있다. 결국, 제각기 완성된 음양오행의 법칙 속에서 돌아가는 대우주의 모습을 일컫는 것이다. →225(9).

총합의 수에서 보여 주고 있는 것은, 실체적으로 완성된 본자리(본바탕)가 완성된 오행을 바탕으로 돌아가고 있는 모습으로 대우주의 완성을 나타낸다. 즉, '無'에서 탄생된 대우주의 완성으로 이는 곧, 네 마디 다섯 치, 〈금척〉의 유래가 되는 **✳구이성십(구궁가일)의 완성**을 일컫는다. 또한, 간합(부합)의 수에서 알 수 있듯이, 이는 사람(생명체)의 근원수(18)가 바탕이 되어 대우주를 이루고 있다. →450(18)9.

✖ 다시 이 금척수(15)를 팔괘로 돌려 증명해 본다.

15×3=45

45×3=135　　45×4=180

⊠ 이는 우리가 살고 있는 땅(地-15)을 지칭하는 수로서 완전수(근본혼)이자 궁극의 십오진주를 가리키고 있으나, 이는 또한 현재 이 글을 읽고 있는 사람의 근본혼(부모)이 된다. 곧, 완성된 본바탕, 본자리가 낳은 오행이 바탕이 된 ✳구이성십(구궁가일)의 대우주를 나타내고 있다. →45.

이는 하나(태극)의 실체가 오행을 바탕으로 삼태극의 완성을 이룬 모습이다. 이 수에는 이미 뒤에 올 "一析三極"의 모습과, 삼합일(일합삼)의 원리가 함축되어 있다. 결국, 하나의 실체적 완성에서 탄생된 사람(人-35)을 가리키고 있다. →135.

더 들어가 보면, 실체적인 하나(태극)에서 탄생된 팔자(팔괘)의 완성을 볼수 있다. 이는 대우주를 이루는 근원이자 사람(생명체)의 근원수가 완성된것을 나타낸다. 이 수의 증명은, 사람의 근원이 어떻게 시작되고 완성을 이루고 있는지를 전하고 있다. →180.

☑ 구이성십(九而成十, 九宮加一)

이 사자(四字)의 의미는 앞서, 글의 서문에서 언급한 바 있듯이, 〈금척〉의 유래에있다. 〈금척〉의 유래가 그 근원이 매우 멀고 그 이치가 매우 깊어, 그 형상은 삼태성이 늘어선 것 같으니 머리에는 불구슬을 물고 네 마디로 된 다섯 치이다. 그허실의 수가 9가 되어 10을 이루니 →구이성십(九而成十), 곧 구궁가일(九宮加一)의 이치를 일컫는다. 이는 천부(天符)의 수이다. 능히 천지조화의 근본을 재고 이세소장(理勢消長)의 근본을 알고, 인간만사에 이르기까지 재지 못하는 것이 없으며,숨구멍, 마음, 목숨을 재면 기사회생한다고 하니, 진실로 신비한 물건이라고 할 것이다. 또한, 이 〈금척〉의 유래에 적힌 네 마디 다섯 치(45), 이는 곧, 완성의 대우주(소우주)를 말하고 있음이다. 이것은, 〈금척〉의 유래가 그 근원을 가늠할 수없듯이, 세상사의 모든 것에 이미 깊숙하게 스며들어 익숙하고 당연하게 쓰이고 있음을 깨닫게 될 것이다. 더 깊고 심오한 의미가 담겨 있을 것이나, 이는 이 경의전문을 통하여 스스로 터득해 나가야 할 부분이다.

☑ 완전수(完全數-15)

〈천부경〉 원문의 "地" 에 해당하는 이 금척수(15)는 대자연을 만드는 바탕이 되는수로서 완전수라고 일컬으며 음양의 근원수인 부모(96-69)의 간합의 수이기도 하다.이 경을 통해 다양한 완성의 수를 접하게 될 것이다. 허나, 이들 완성의 수와 구별해야 할 것은 완성이 변화의 암시라고 한다면, 이 완전수(15)는 그 완성을 통한 변화의결과물이자 또 다른 시작이다. 또한, 이는 삼태극을 돌리는 근간이라 할 수 있는 오행의 기운이 바탕이 된다. 앞서 '음양오행론' 에서 밝힌바, 오행은 모든 인간세상의 삼라만상에 깃들어 있으며 만물은 이 오행의 바탕 속에서 생장소멸을 거듭하며 돌아가고 있다. 이것이 바로 세간에서 말하는 '윤회(輪廻)'이다. 또한, 오행은 조화의 정점이며 이 완전수(15)는 그 정점의 변곡점이라고 할 것이다.

한 예로, 태양력 속의 음력(15)일이 되면 가득 차서 일그러짐 없이 완전한 둥근 달을 우리는 보름달이라고 부른다. 허나, 이는 다음 날 바로 기울어지며 그믐달을 향해 간다. 가득 찼다는 것은 정점에 도달했다는 것이고, 완성의 결과물이며, 그것은 곧 다른 변화를 불러온다. 그것이 분열을 통한 생산이 될 수도, 쇠퇴가 될 수도 있겠으나, 우리는 이를 대자연의 순리라고 부르며 순응하고 있다. 이런 대자연의 법칙에는 응당, 이 대자연 속에 살아가고 있는 인간 또한, 그 자연의 일부라는 것을 명시하고 있으니, 이는 반드시 기억해야 할 부분이다. 왜냐하면, 이 완전수(15)는 수의 의미를 넘어, 바로 살아서 숨 쉬는 생명을 가진 세상 속, 완성된 사람을 지칭하고 있기 때문이다. 앞서, 보름달에 비유한 하나의 예만으로도 이 수가 주는 의미의 크기와 역할을 짐작할 수 있어야 한다.

사실, 이 완전수(15)는 이 〈금척천부경〉의 전문을 통하여 전하는 **모든 메시지의 주인**이라고 해도 과언이 아니다. 이 수는, 주체가 있어 변화의 시작을 주도하며 또한, 바탕이 된다. 바로 '십오진주'이다. 이는 세상을 바꾸는 신인(神人)으로서, 동서양의 사상과 종교를 초월한 성인을 일컫는다. 하여, 이 〈천부경〉이 하늘의 이치를 담은 참된 경전이자, 〈예언서〉로 전해지는 까닭인 것이다.

이 참된 경전을 통하여, 이 완전수(십오진주)는 선천과 후천의 세상을 돌고 지나면서 인간을 포함한 오행 속의 모든 만물이 가고 옴을 반복하듯이, 이 인간세상 위에 '사인불인(似人不人-사람인 듯 사람이 아닌)'의 모습으로 항상, 그랬던 것처럼 가고 오심이라. 허나, 명심할 것은, 이 **완전수**는 또한 음양의 근원수(부모)와 그 맥락을 함께 하고 있어 우리의 **근본혼(조상, 부모)**을 나타낸다. 이는 바로, 우주창조의 이치 속에 대우주의 번성을 나타내고 있다.

이미 밝힌바 있듯이 두 권의 책으로 나뉘어 하늘의 이치와 그 원리를 전하게 될 이 〈금척천부경〉은 〈인류창조의 근원과 번성, 조화의 원리〉에 대한 하늘의 이치에 집중하여 전하고자 한다.

☯ 이제, 이 경에서 그 시작의 "一(5)"을 쪼개어 그 근원을 물로써 찾아보는 "析(6)"에 대하여 원방각을 통하여 확인해 본다.

6	●15(6)	■21(3)	▲36(9)	합: 72(18)9 (대우주)

※ 위의 금척수는 최초의 태극이자 음양오행이 바탕이 된 그 '一'을 쪼개어 본 것을 나타낸다. 즉, 이 원문의 글자에는 물로 또는, 이를 쪼개고 나뉘어 밝혀본다는 뜻이 있다. 이미 앞서 언급하였듯이 이 물이라는 숫자(6)에는 생명과 관련된 여러 가지 의미가 함축되어 있다. 그중에서도 이 과정의 물속에 담긴, 〈금척천부경〉의 **핵심**이라고 할 수 있는 바로 **혼**을 나타내고 있다. →6.

원방각에서, **하늘자리**는 오행을 바탕으로 생명의 근원이 될 물속에 담긴 혼을 만드는 씨라고 하겠다. 앞서 논하였듯이 이는 완전수(부모)로서, 곧 음양의 근원수(69)를 부합한 수라 하였다. 이 경의 핵심(주체)이 되는 '혼'을 증명함에 있어 그 중요성과 역할은 이미 언급한 바 있다. →15(6).

땅의 자리는 완성된 음양이 하나가 됨을 볼 수 있다. 이는 부합의 수에서 알 수 있듯이 삼태극을 이루고 있다. →21(3).

이들의 결과물, **자식의 자리**에서는 삼태극의 완성으로 낳은 혼이 바탕이 된 대우주의 모습을 나타내고 있다. 이는 즉, 삼태극의 혼으로 이루어진 대우주를 가리키고 있다. →36(9).

총합의 수에서 알 수 있는 것은, 하늘의 정신인 七축의 완성으로 낳은 음양이 대우주를 이루고 있는 모습을 볼 수 있다. 즉, 이것은 바로 사람과 동물(만물)을 아우르는 사람(생명체)의 근원수(18)로서, 대우주의 번성을 이룬다는 것을 나타낸다. 이는 바로 〈금척천부경〉의 후반부에 수록된 "太陽昴明人"의 그 "人(72)"을 나타낸다. 이는 [삼일신고-세계훈72]에서 전하는 것과 같이 모든 우주만물의 번성에 관한 그 근본이 되는 '사람(人)'임을 염두에 두어야 한다. 이것은, 이 경이 전하는 주된 목적과 아주 밀접한

(2) 一(5)析(6)三(7)極(8)無(9)盡(10)本(11)=56

관계가 있기 때문이다. 더 깊은 의미는 이 〈금척천부경〉의 전문을 통독해 나가면서 습득하고 터득되어야 할 부분일 것이다. →72(18)9.

⌘ 이 수(6)를 다시 팔괘로 돌려서 증명해 본다.

6×3=18

18×3=54　　18×4=72

▣ 이 수는 보이는 그대로 물(水)을 나타내고 있으나, 궁극적으로 이 물에 담긴 '혼'을 지칭한다고 하였다. 즉, 이 수는 '無'에서 시작된 그 완성된 하나(태극)에서 만들어진 두 개의 본자리(팔자)를 바탕으로 생명을 만드는 사람(생명체)의 근원수(18)가 탄생됨을 알리고 있다. →18.

이는 또한, 오행의 완성으로 낳은 본자리가 바탕이 된 대우주의 모습을 나타낸다. 혼(6)은 무형의 자유로움을 가지고 어디로든 갈 수 있음에 묘(妙-54)일 수 있다. 원래, 이 묘(妙)함의 정의는, 쉽게 드러나지 않으나 그것은 말할 수 없이 빼어나게 훌륭한 것에 있다. 이는, 바로 그 빼어나게 훌륭한 '一'의 십오진주(구세주)의 탄생과 그에 따른 과정과 그 여정을 예언하고 드러날 그 날을 계시하고 있는 관점이다. 하지만, 지금 전하고자 하는 이 〈금척천부경〉은 〈예언서〉의 관점이 아닌, 〈우주만물의 창조와 번성, 그 하늘의 이치〉를 전하는 데에 중점을 둔 것이다. 하여, 그 묘함은 오묘함 속에 미묘함을 담고 있어 무어라 단정할 수 없는, 정해지지 않은 여러 갈래 길의 묘함을 내포하고 있다. 바로 모든 만물을 포함한 우리가 살고 있는 이 인간세상을 지칭하고 있다. 하여, 여기서 나타내고자 하는 묘함은 그 모든 것(예언과 우주창조의 원리)을 포괄하고 있다고 해도 과언이 아니다.
결국은 이 또한, **십오진주(구세주)의 그 길을 통한 완전함에 있으며, 해인용사(海印用使)의 그 완성된 길을 따라 완성된 혼(用-60)으로 가는 그것이다.** →54.

더 들어가면, 위의 묘하게 펴져서 나아가는 길의 결과물을 다시 수로써 증명하고 있다. 이는 七축(정신)의 완성으로 탄생한 음양(십오진주)이 나아갈 길을 제시하고 있다. 또한, 이 수는 대우주 공간 속, 사람(생명체)의 근원이자 대우주 번성의 근간을 말하고 있다. →72. ➡ [삼일신고-세계훈72] 참조.

결국, 이 수(6)는 바로 사람(생명체)의 근원이자, 근간을 함축하고 있다. 우리의 생명을 나타내는 물(水)이자 바로 현재를 살고 있는 사람의 근본(혼)이라고 할 것이다. 또한, 어떤 방법으로 그 근원을 찾아도 한 가지로 통하고 있다는 것을 이 〈금척〉의 수리는 증명하고 있다.

☯ 다음은 "三極"에 대하여 알아본다. 먼저, "三(7)"에 대하여 석삼극하여 원방각으로 표기하여 확인해 본다.

| 7 | ●21(3) | ■28(10)1 | ▲49(13)4 | 합: 98(26-17)8 팔괘, 팔자 |

卍 위의 금척수는 한마디로, 하늘의 정신인 (七축)을 나타내고 있다.

이 〈금척천부경〉 중반부에 수록된 원문의 글자, "七(43)"의 근원적인 의미라고 볼 수 있다. 위의 원문에서 "三(7)"을 금척수(7)로 표기한 것은 이 "三"은 삼태극으로 (성·명·정)을 이룬, 엄밀히 말하면 사람이 三神(천·지·인)의 반열에 들어선 것의 총칭이다. 또한, 이 신의 의미는 올곧게 하늘의 정신(七축)만을 나타내니, 다른 부수적인 것이 없다. 다시 밝혀 강조함은, 이 경의 원문과 〈금척〉의 숫자가 전하는 의미를 늘 유념해서 보아야 한다. →7.

원방각, **하늘자리**는 앞서 밝혔듯이, 완성된 음양이 하나가 된 삼태극을 나타낸다. 이는 또한, "析三極"의 총합수로서, 그 총체적인 결과물을 모두 함축하고 있다. →21(3).

땅의 자리에서는, 음양의 완성으로 만들어진 팔자로 하나의 완성을 이루고 있다. 이는 바로 완성된 음양의 팔자가 바탕이 된 변화된 사람(三-28)을 일컫는다. →28(10)1.

(2) 一(5)析(6)三(7)極(8)無(9)盡(10)本(11)=56

사람의 자리는, 본자리가 대우주를 바탕으로 완성(成-49)을 이룬 모습이다. 이는 하나(태극)의 삼태극으로 이루어진 본자리를 가리킨다. 결국, 이것은 (삼합일)의 원리로 완성된 사람의 본자리를 일컫는다. →49(13)4.

총합의 수는 '無'의 대우주가 완성되어 만들어진 두 개(음양)의 본자리(팔자)가 바탕이 되어 있음을 알 수 있다. 한마디로, 팔자가 바탕이 되어 돌아가는 대우주의 완성이다. 부합(간합)의 수에서도 음양의 완성이 낳은 혼(26)의 모습을 나타내고 있다. 즉, 삼태극의 정신(七축)을 나타내는 이 **금척수(7)**는, 완성된 음양의 혼(26)과 서로 일맥상통하고 있다. 이 모든 것이, 이 경의 핵심적인 주제에 비유되는 수라는 것을 암시하고 있다. →98(26-17)8.

✼ 이 수(7) 또한 다시 팔괘로 돌려 증명해 보면,

$$7 \times 3 = 21$$
$$21 \times 3 = 63 \qquad 21 \times 4 = 84$$

✠ 하늘의 정신이자, 신의 정신(七축)이라고 할 수 있는 이 수는 음양이 하나로 완성되었음을 나타내고 있다. 앞서 언급하였듯이 이는 "析三極(21)"의 총체적인 의미를 함축하고 있다. →21.

이는 혼의 완성으로 탄생된 삼태극이 바탕이 되어 움직이고 있다. 즉, 삼태극이 바탕이 된 혼의 완성이다. 이는 원문과 금척수 "三(7)"에 대하여 함께 밝혀 볼 때 좀 더 명확하게 의미를 파악할 수 있다. 또한, 이 경의 후반부에 수록된 부분으로, 삼태극의 혼이 '用'을 써서 "用變"하여 수의 정렬이 바뀐 "動(63)"의 의미를 담고 있다. 바로 완성된 혼의 움직임을 일컫는다. 즉, 실체적인 움직임과 시작을 담고 있다. 이 뜻은 〈금척천부경〉 원문의 "用變不動本"에서 좀 더 세세하게 밝혀 보도록 할 것이다. →63.

더 들어가 보면, 이 "三(7)"은 앞서 밝혀 증명하였듯이, 완성된 팔자에서 만들어진 새로운 본자리가 바탕이 된 삼태극의 정신(天)을 일컫는다. →84.

위의 증명에서 이 수(7)는 이미 '三'이라는 **'人'**의 본질은, 삼태극에 있으며 그 삼태극의 근원은 七축(정신)에서 시작되었다는 것을 말하고 있다.

☯ 다음, 삼태극(천지인)을 나타내는 이 세 개의 **"極"**을 (8)의 **금척수**로 매김 한 뜻을 알아본다.

8	●28(10)1	■36(9)	▲64(10)1	**합:** 128(29-11)2

※ 위의 금척수는 보이는 수 그대로 팔괘(팔자)를 나타내고 있으며, 이는 제각각의 두 개(음양)의 본자리, 본바탕을 나타낸다. 이는 원래, 사람을 포함한 대우주 공간 속의 살아 숨 쉬는 모든 생명체를 아우르고 있다. 살아서 숨을 쉰다는 것은 육신의 생명이 있다는 것이며 이는 필시, 그들의 탄생, 그때(時)가 있기 때문이다. 차후에 논하게 될 것이나, 더 나아가 이는 궁극적으로 **'사주팔자'**로 돌아가는 사람이 살아가는 이 땅 위, 세상(생명체)을 모두 내포하고 있다. →8.

원방각, **하늘자리**는 음양의 완성으로 만들어진 두 개의 본자리(팔자, 팔괘)가 바탕이 되어 하나의 완성을 이룬다는 것을 보여 주고 있다. 이는 바로, 이 **〈금척천부경〉** 원문에 수록된 **"無匱化三"**의 그 "三(28)"을 가리키며 또한, 변화된 '사람'을 일컫는다. →28(10)1.

땅의 자리에서는, 완성된 삼태극의 혼으로 대우주를 이루고 있는 모습이다. 결국, 세상 속의 사람, 그중, 변화되어 완성된 사람으로서 삼태극의 혼(석삼극)을 가진 밝은 사람을 일컫는다. →36(9).

사람의 자리에서는, 혼의 완성으로 만들어진 본바탕(본자리)의 모습을 볼 수 있다. 이것은 혼의 본자리가 하나로 완성된 것을 나타낸다. 또한, 이 수에는 차후에 밝혀 볼 "用變" 한 사람의 본자리로서 완성된 사람의 근본(혼), 그 본자리의 의미도 내포되어 있다. →64(10)1.

(2) 一(5)析(6)三(7)極(8)無(9)盡(10)本(11)=56

총합의 수에서 보여 주고 있는 것은, 실체적[혼백(魂魄), 00]인 하나(태극)의 음양(天)이 팔자를 바탕으로 완성을 이룬 모습이다. 이는 결국, 하나의 실체가 낳은 '변화'된 사람(三-28)의 그 근원과 시작을 나타내고 있음이다. →128(11)2.

✿ 이 수(8)를 다시 팔괘로 돌려 증명하여 본다.

$$8 \times 3 = 24$$
$$24 \times 3 = 72 \qquad 24 \times 4 = 96$$

✿ 위의 수는 팔괘(팔자)로 돌아가는 완성된 음양이 낳은 본자리를 보여 주고 있다. 즉, 제각각의 삼태극에 자리 잡은 완성된 음양의 본바탕을 일컫는다. 이는 또한, 완성된 하나가 쌓이고 쌓여 만들어진 단단한 "鉅(24)"의 근원이 된다. →24.

이는 하늘의 정신인 七축의 완성으로 낳은 음양이 대우주를 이루고 있는 모습을 나타내고 있다. 이것이 바로 변화된 사람(완전수)의 나아갈 길이자, 세상만물을 번성하며 대우주를 이루는 근원이 되는 그 완성된 "人(72)"을 일컫는 것이다. 한마디로, 우주만물의 번성, 그 근원이자 바탕이라고 할 수 있다. →72. ➜ [삼일신고-세계훈72] 참조.

더 들어가 보면, 이 수(8)는 '無'에서 만들어진 대우주의 완성으로 낳은 혼의 모습을 말하고 있다. 혼이 바탕이 된 대우주의 완성이다. 이는 완성된 대우주 속의 사람을 일컫는다.
이 경의 후반부에 수록된 "本心本太陽昻明人"의 "陽(69)"과 그 근본적인 음양의 근원수가 같음을 알 수 있으나 이미 언급한바, 이 금척수리에서 수의 정렬이 주는 의미가 중요하다는 것을 기억하고 간과하지 말아야 한다. →96.

☯ 이제, 여기서 이 구절의 단락을 잠시 나누어 "**一析三極**(26)"에서 보여 주고 있는 수의 의미를 짚고 갈 필요가 있다. 이는, 이 경의 중반부에 수록된 "匱(26)"로서 "無匱化三"의 구절에서 밝혀 증명할 수도 있겠으나, 이 경이 전하고자 하는 의미를 좀 더 수월하게 납득하고 터득할 수 있기에, 이 과정에서 석삼극하여 확인해 보도록 한다.

26	●325(10)1	■351(9)	▲676(19)1	합: 1352(38-11)2

⊠ 위의 금척수는 최초의 태극을 '석삼극'한 결과물이다. 이는 음양의 완성으로 낳은 혼의 모습을 나타내고 있다. 즉, 처음 '無'에서 시작된 그 완성된 '하나'를 물로써 '석삼극'한 결과물이라고 할 것이다. 이는 곧, 이 〈금척천부경〉의 주제가 되는 사람의 바탕, 그 근본(혼)을 일컫는다. →26.

원방각에서, **하늘자리**는 혼백의 실체적인 삼태극이 음양오행을 바탕으로 완성을 이룬 모습을 보여 주고 있다. 이는 곧, 실체적인 삼태극의 음양이 완성되어 오행을 바탕으로 돌아가고 있는 모습이다. 또한, 이는 하나의 완성된 씨를 일컫는다. →325(10)1.

하늘의 씨를 받은 **땅의 자리**는 실체적인 삼태극이 완성된 오행을 바탕으로 하나로 새롭게 시작됨을 알 수 있다. 이는 바로, 차후에 증명하게 될 "人(35)"의 완성으로 하나가 됨을 일컫는다. 이가 곧, 대우주를 이루고 있음을 나타내고 있다. →351(9).

자식의 자리에서는 실체(혼백)적으로 완성된 혼에서 탄생한 삼태극의 완성이자 삼신의 반열로 들어서는 '人'의 모습을 암시하고 있다. 한마디로, 완성된 七축(정신)을 중심으로 돌아가는 음양의 혼(사람)이 하나의 대우주를 이룬다는 뜻을 담고 있다. 이는 결국, 변화된 사람의 혼이 가는 마지막 길이자 목적을 나타내고 있으며, 이 경을 반드시 읽고 습득해야만 할 그 첫 번째 이유이기도 하다. 지금은 난해할 것이나, 이 또한, 이 〈금척천부경〉의 전문을 정독하고 또 정독해 나가는 과정에서 자연스럽게 터득되어질 것이다. →676(19)1.

(2) 一(5)析(6)三(7)極(8)無(9)盡(10)本(11)=56

총합의 수에서도 알 수 있듯이, 위의 **"一析三極"** 은 바로 제각기 완성된 하나(태극)의 실체적인 삼태극이, 완성된 오행의 음양(十-52)을 바탕으로 돌아가며 완성됨을 나타낸다. 이는 바로 일합삼(삼합일)의 이치를 완성(1310)하는 증거이자, 그 바탕의 시작을 나타내고 있다. 이는 부합(간합)의 수(11)에서도 증명하고 있음을 알 수 있다. →1352(38-11)2.

※ 이 금척수(26)을 다시 팔괘로 돌려 증명해 본다.

26×3=78

78×3=234　　78×4=312

※ 위의 금척수는 七축(정신)의 완성으로 탄생된 두 개(음양)의 본자리를 나타낸다. 정신이 낳은 팔자(변화되어 완성된 사람)로 완성(終-78)되어 다 이루어 끝난 것이다. 이는 팔자를 바탕으로 완성된 七축(정신)으로서, 곧 완성된 사람의 팔자를 일컫는다. 그렇다면 이 끝에는 무엇이 있을까? 그 해답이 바로, 이 〈금척천부경〉 을 통해 인간에게 전하고자 하는 이유이기도 하다. →78.

이는 실체적인 음양의 삼태극이 완성되어 본자리를 바탕으로 돌아가고 있음을 나타내고 있다. 즉, 실체적으로 완성된 음양이 운행하며 "三四" 로 돌아가는 대우주의 모습이다. 이 말의 의미 또한, 차후에 거론하게 될 "運三四成環" 부분에서 좀 더 깊게 살펴 습득하도록 한다. →234.

더 들어가 보면, 혼백의 실체적인 삼태극이 음양을 바탕으로 하나로 완성된 모습을 나타내고 있다. 앞서 원방각의 증명처럼, 음양을 가진 하나의 완성된 삼태극(십오진주, 근본혼)을 보여 주는 것이다. →312.

사실, 위 두 가지 증명은 다른 수와 마찬가지로 같은 표현이며 같은 뜻을 전하고 있다. 결국, "一析三極(26)" 은 **〈금척천부경〉의 핵심적인 주제이자 주체의 근원**이 된다. 이 최초의 태극 "一" 은 음양의 삼태극을 가지고 두 개의 본자리를 바탕으로 팔자(팔괘)로 돌아가고 있는 모습이다. 이렇게 탄생되어진 것은 "우주 생명의 시작"이란 포괄적인 의미를 내포하고 있다. 이는 바로 〈금척천부경〉의 커다란 비밀의 열쇠가 되기 때문이다. 또한, 지금 이 수를 증명한 이유이기도 하다.

이제, 〈금척천부경〉 전문 중, 서문에 불과한 8자를 보았으나 위의 금척수에서 증명하듯이, 이 경의 바탕에는 사람은 물론, 대자연 속의 모든 만물의 생장과 소멸, 더 나아가 이 모든 영원한 대우주의 법칙 속에 깃든 음양오행의 원리가 바로 그 모든 이치의 근간이라는 것을 깨우칠 수 있어야 한다. 또한, 그 속에서 가장 전하고 있는 것은 이른바 시작도 끝도 없으나, 이전에도 계셨듯이, 또다시 오실 이 세상 위에 삶의 근원을 깨우치며 전하시는 神의 영(靈)을 나타내고 있음이다.

이 모든 것은 하늘(天)의 이치이며, 이를 깨닫지 못하고서 땅(地)의 이치와 인간세상(人)을 논할 수는 없다. 물론, 이 모든 논제의 배경이 되는 '음양오행론' 마저 인정하지 않는 자도 더러 있을 것이나, 거론할 일이 없는 것이, 그러한 마음 또한 그들의 몫이라는 것을 이 〈금척천부경〉은 말해 주고 있다.

☯ 그렇다면 이제, '대우주(소우주)'라고 불리는 이 **"無"**의 금척수(9)에 대하여 석삼극하여 원방각으로 증명해 본다.

| 9 | ●36(9) | ■45(9) | ▲81(9) | 합: 162(27)9 |

✻ 위의 금척수는 한마디로, '無'에서 탄생한 **대우주(소우주)**를 가리키고 있다. 앞서 밝힌바, 그 첫 번째 '無'의 삼태극(3)이 바탕이 되어 이루어진, 시작도 끝도 없는, 모든 인간을 포함한 '만물의 근원지'라고 할 수 있으며 그 자체를 나타내고 있다. 또한, 〈금척〉의 숫자에서도 밝혔듯이, 음양의 근원수(부모) 중, 양수(아버지)이기도 하다. →＊9.

원방각의 **하늘자리**는 삼태극의 완성이 낳은 혼으로 이루어진 대우주의 모습을 나타내고 있다. 이는 바로, 대우주는 곧 삼태극(완성된 사람)의 혼으로 이뤄진 것이다. →36(9).

땅의 자리는 완성된 본자리가 오행을 바탕으로 대우주를 이루고 있는 모습이다. 이는 곧, 앞서 밝힌바, 불변의 진리를 일컫는 금척(네 마디 다섯 치)의 구이성십(구궁가일), 그 근간을 나타내고 있다. →45(9).

자식의 자리에서는 두 개(음양)의 본자리로서 즉, 팔자가 완성되어 하나 된 대우주를 볼 수 있다. 이는 **새로운 완성의 또 하나의 시작이다.** →81(9).

결국, 이들 **총합의 수**는 실체적인 하나(태극)의 혼이 음양을 바탕으로 완성된 모습이다. 즉, 이는 완성된 혼의 음양이 바탕이 된 실체적인 하나의 완성을 나타낸다. 모든 금척수가 그렇듯이, 이 수에 잠재된 뜻 또한, 참으로 다양하여 그 깊이를 글로써 모두 표현할 수는 없다. 헤아릴 수 없는 이 대우주(소우주)를 가리키는 총합의 금척수에서 이미 인간세상의 양면성을 그대로 함축하고 있음을 이 경의 전문을 통하여 스스로 간파할 수 있어야 한다. 여기서 또한, 원방각의 모든 부합의 수가 모두 **대우주(9)**를 가리키고 있음을 알 수 있다. 이는 '無'의 대우주 공간 속에서 우주만물은 영원한 생장소멸의 법칙을 다 할 것임을 암시하고 있다. →162(27)9.

�֎ 이 수(9) 또한 팔괘로 돌려 다시 증명해 본다.

$$9 \times 3 = 27$$
$$27 \times 3 = 81 \qquad 27 \times 4 = 108$$

�֎ 이 대우주를 나타내는 수(9)에서는, 하늘의 정신인 七축이 바탕이 된 음양의 완성이 바탕이 되어 돌아가고 있음을 알 수 있다. 이는 곧, 구이성십(구궁가일)의 대우주 공간 속에서 변화되어 완성된 음양의 정신(七축)을 일컫는다. →27.

이는 팔자가 완성되어 하나로 새롭게 시작됨을 나타낸다. 또한, 이 수에는 하늘의 이치를 담은 이 〈금척천부경〉이 전하는 영원한 대우주의 법칙이 담겨 있다. →81.

더 들어가 보면, 팔자가 바탕이 된 하나의 실체적인 완성을 보여 주고 있다. 이 수는 팔자(사람)의 실체적인 완성을 향한 가장 바탕이 되는 완성이 된다. 또한, 현실적인 우리의 삶과 아주 밀접하게 연관되어 숨 쉬어 온 수라고 할 수 있다. 이 수의 의미는 〈금척천부경〉 원문의 "一積十鉅" 부분에서 좀 더 세세하게 밝혀 볼 것이다. →108.

☑ 대우주(大宇宙)(9)

여기에는 수많은 의미가 함축되어 있다. 일반적인 인간의 생각과 보는 시각에서 쓰는 말이나 글로 표현할 수 있는 차원이 아니다. 처음(始)부터 무(無)였으며, 끝(終)도 없으나, 생명을 잉태하는 근간이 되는 근원지로서, 모든 만물의 그 시작과 마지막이며 환경이 된다. 또한, 이는 영원의 법칙 속에서 또한, 영원히 존재할 뿐이다,

☯ 이 "無(9)"를 다하여 극(極)에 다다르는 "盡(10)"의 금척수의 증명은 이미 앞서 "一始無始(10)"에서 밝힌 바 있으므로 생략한다. 이 글자는 글자의 뜻 그대로 모두 다 하였다는 말이다. 완성의 뜻인 (十)의 의미와 함께 더 할 수 없이 끝까지 가서 하나의 완성을 이루었다는 뜻이 글자와 함께 함축되어 있다. 그것은, 다 이루었다는 완성의 뜻과 함께 상반된 그 끝자락, 그 근본이 내포되어 있다. 분명, 완전수(15)와는 다른 개념으로 구분할 수 있어야 한다. 이 원문의 "盡"에서 이 "금척수(10)"가 전하는 뜻 속에는, 생산과 분열 그리고 또 다른 발전의 변화가 암시되어 있다.

〈금척천부경〉은 시공의 흐름 속에 존재하고 있으나, 더불어 〈금척〉의 숫자는 단 한 자도 허술하게 현재의 삶에서 비껴가는 것이 없다는 것을 알아야 한다. 하지만 이 모든 이치가 자신에게 억만금보다 더 대단하다고 한들, 깨우치지 않은 자에게 어찌 와 닿겠는가.

이 수의 진정한 가치는 이 경의 주체(주인)에게 있다. 단지, 이 경의 전문을 정독해 나가면서, 이 수의 진정한 의미를 조금이라도 깨우칠 수 있다면, 자신의 삶에서 얼마나 많은 부분에 영향을 미치고 있는지 더러 짐작할 수 있

(2) 一(5)析(6)三(7)極(8)無(9)盡(10)本(11)=56

을 것이다. 이제, 이 〈**금척천부경**〉의 전문을 통해 여러 과정의 완성을 만나게 될 것이며, 그 완성의 숫자가 나타내는 의미도 다양한 환경과 함께 그 속에 담긴 뜻이 판이할 수 있다는 것을 유념해야 한다.

☯ 다음, 이 경의 전문을 통해 네 번 수록된 '**本**' **자**에 대하여 확인해 본다. 이는 근본바탕이자, 태극의 본바탕, 근본을 나타내고 있으며 그중, 첫 번째로 지칭하는 "**本**"의 **금척수**(11)에 대하여 석삼극하여 원방각으로 증명해 본다.

11	●55(10)1	■66(12)3	▲121(4)	**합:** 242(26)8

⊠ 위의 금척수는 앞서, 더 할 수 없이 끝까지 가서 이룬 하나의 완성된 음양의 근본적인 본자리로서, 아주 중요한 의미를 함축하고 있는 수이다. 금척수리를 증명함에 있어서 중요하지 않은 수는 존재할 수도 없겠으나 특히, 이 수는 현재 우리 삶의 존재와 가치를 매김하며 논하는 데 중요한 바탕이자, 그 기준이 되는 출발점이 된다. 이 출발점은 바로 새롭게 시작되는 하나의 바탕이며 곧 변화를 암시하고 있다. 이 말의 뜻은 전문을 통하여 스스로 터득해야 할 것이다. →✶11.

원방각의 **하늘자리**는, 대우주의 법칙 속에서 음양이 제각기 오행으로 돌며 하나의 완성을 이루고 있음을 알 수 있다. 이는 제각각의 음양오행을 바탕으로 돌며 퍼져나가는 이 땅 위, 모든 만물을 포함한 인간세상을 나타내고 있다. 이 수 또한, 이 경의 중반부에 수록된 "五十一妙衍"에서 좀 더 세세하게 밝혀 본다. →55(10)1.

땅의 자리에서는 이 수 또한, 그 완성된 씨를 받아 제각각의 혼으로 돌아가는 음양이 하나 된 삼태극을 나타내고 있다. 이 제각기 돌아가고 있는 음양의 혼은 완성된 사람의 생각(心-66)을 보여 주고 있으며 또한, 이 속에는 더 깊은 하늘(神)의 뜻이 담겨 있다. 이 숫자는 그저 쉽게 온 것이 아니며,

모든 세상 사람에게 똑같은 의미로 해당(적용)되는 것 또한 아님을 이 경의 전문을 통독해 가는 과정에서 납득되어야 할 부분일 것이다. →66(12)3.

사람의 자리는, 실체적인 하나의 음양이 다시 하나의 완성을 이루며 새로운 본자리를 만들고 있다. 이는 완성된 음양을 중심으로 돌아가는 제각각의 하나 된 본자리(음양)를 나타낸다. 차후에 더욱 명료해질 것이나, 이는 변하지 않는 영원한 대우주의 법칙이자 바탕(근본)을 일컫는다. →121(4).

총합의 수에서는, 음양의 본자리가 새로운 음양을 바탕으로 완성을 이룬 모습이다. 이는 실체적인 음양에서 탄생(**生**-42)된 본자리의 음양을 일컫는다. 즉, 완성된 본바탕을 중심으로 제각기 돌아가는 음양의 모습으로, 변하지 않는 영원한 대우주의 법칙을 나타내고 있다. 결국, **간합의 수**(26)를 보더라도, 앞서 **이 〈금척천부경〉**의 바탕이며 열쇠의 핵심인 **"一析三極"**의 합수(26)와 그 뜻을 함께한다는 것을 알 수 있다. 이는 수의 본질을 가늠해 볼 수 있는 부분이기도 하다. →242(26)8.

⌘ 이 **"本(11)"**을 다시 팔괘로 돌려 증명해 본다.

11×3=33

33×3=99　　33×4=132

⊠ 이 수는 하나(태극)의 본자리(11)에 담긴 완성된 삼태극에서 새롭게 탄생된 삼태극의 모습이다. 즉, 제각기 돌아가는 완성된 음양의 삼태극을 나타낸다. 또한, 이 수에 담긴 숫자의 크기만큼, 그 역할과 가치도 다름을 염두에 두어야 한다. →33.

제각각의 음양을 가지고 돌아가는 대우주의 모습은 곧, 완성된 대우주에서 새롭게 탄생된 대우주로서 이 또한, 모든 양면성이 존재하는 완성된 모습을 일컫는다. 이는 대우주를 구성하는 가장 기본바탕이며 근간이자 완성된 근본(혼)의 땅 위 세상을 지칭한다. →99.

(2) 一(5)析(6)三(7)極(8)無(9)盡(10)本(11)=56

더 들어가 보면, 실체적인 하나(태극)가 낳은 삼태극의 음양을 볼 수 있다. 이는 또한, 대우주의 생명탄생에 있어 가장 기본 배경인 환경이 된다. 이 수는 이 경의 원문에 수록된 숫자 "七八九"의 부분에서 다시 확인할 수 있다. 물론, 소우주로 비유되는 어머니의 자궁, 태내의 잉태된 모습과도 같은 의미를 담고 있다. →132.

☯ 그렇다면, 이 모두를 합한 구절, **"一析三極無盡本"**의 금척수(56)는 원문의 내용과 함께 처음 태극의 그 '一'을 오행을 바탕으로 석삼극하여 그 극을 다하여 그 본바탕까지 열어 본 결과물이라고 할 것이다. 이 수는 보이는 그대로 완성된 오행 속에서 혼이 바탕이 되어 돌아가는 모습으로 영원한 대우주, 그 본향의 모습을 암시하고 있다.

이는 〈금척천부경〉의 중반부에 수록된 "萬(56)"의 금척수와 동일하다. 이 원문의 글자에 담긴 의미 또한, 헤아릴 수 없이 수많은 완성된 오행 속의 혼의 모습도 내포되어 있다. 또한, 그 속에서도 가장 중요한 영원의 십오진주(구세주), 그 모습을 지칭함은 당연한 것이다. 물론, 이 경에 수록된 모든 금척수가 해당될 수 있겠으나, 이 수 또한 많은 의미를 표현하고 함축하고 있다. 무엇보다 이 원문의 내용과 금척수가 주는 의미를 함께 파악할 수 있어야 한다. 차후, 논하게 될 "萬往萬來"구절에서 좀 더 명확하게 와 닿을 것이나, 이 경의 전문을 정독해 나감에 있어 〈금척〉에 대하여 좀 더 수월한 습득을 위해 이 구절에서 증명해 보기로 한다.

| 56 | ●1540(10)1 | ■1596(21)3 | ▲3136(13)4 | 합: 6272(44-17)8 |

✖ 위의 금척수는 이 경의 중반부에 수록된 "萬往萬來"의 첫 번째 "萬(56)"의 금척수와 동일하다. 이는 태극의 처음 '一'의 본바탕이 주는 뜻과 함께 이 경이 전하는 깊고도 중요한 메시지가 함축된 수라고 할 것이다. 또한, 이 수에는 완성된 오행 속에서 영원히 돌아갈 본향의 근본(혼)을 예시하고 있다. 결국, 이 금척수는 이 〈금척천부경〉을 통하여 사람이 가야 할 그 영원한 궁극의 길이자, 대우주 번성의 근본(혼)이 모두 내포되어 있다고 해도

과언이 아닐 것이다. 원문의 구절에서도 이미 그 뜻을 암시하고 있다. →56.

원방각, **하늘자리**를 보면, 완성된 본자리를 바탕으로 하나의 실체적인 완전수(부모)의 완성을 볼 수 있다. 이미 밝혔듯이, 이 경은 전문을 통하여 인간의 척도로 가늠할 수 없는 시공의 흐름이 존재하고 있다. 그 과정의 이 완전수(15)는 곧 하나의 주체이자, 그 실체적인 완성의 씨를 나타내고 있다. 이 완전수의 존재가, 이 경의 전체적인 흐름에서 가장 근본적인 역할을 하고 있음을 이후에 수록된 "萬往萬來"를 통하여 습득할 수 있을 것이다.

이는 제각기 완성된 하나의 삼태극에서 오행의 본자리가 완성되어 나가는 모습을 보여 주고 있다. 그 모습이 "妙(54)"하다는 것을 수로써 증명하고 있다. 여기서 그 묘(妙)함이란, 빼어나게 아름답고 아주 특별한 하나의 완성을 이룬 모습을 일컫는다. 또한, 그 나아가는 길이 좁고 험하며 쉽게 드러나지 않기에 그 길을 쉽게 볼 수 없음이 내재되어 있다. 한편으론 이미 언급한 바, 세상의 모습 그대로 그 길이 어디로 갈지 알 수 없음도 내포하고 있다. 그럼에도 불구하고, 그 묘함의 완성을 말하고 있다. 이는 완성된 본바탕 위에서 실체적으로 완성된 영원한 근본(혼)을 나타내고 있다. →1540(10)1.

땅의 자리에서는, 완전수(근본혼)가 완성된 음양의 근원수(**부모-96**)를 바탕으로 실체적인 완성을 이룬 모습이다. 근원수, 그 수의 정렬에 유념해야 한다. 이 수에서 실체적으로 완성된 사람의 근본이 어떻게 연결되고 있는지 증명하고 있는 부분이다. 이 **〈천부경〉**은 시공의 흐름 속에 선천과 후천의 세상이 나뉘어 있다는 것이다. →1596(21)3.

이들 합의 결과물, **자식의 자리**에서는, 삼태극의 혼을 바탕으로 제각기 완성된 삼태극이 하나 되어 실체적 완성을 이룬 모습을 보여 주고 있다. 이는 곧, 삼태극의 혼이 바탕이 된 삼합일(일합삼)의 실체를 가진 완성된 사람을 지칭한다. 이 아득하고 영원할 것만 같은 끝없이 되풀이되는 윤회의 세상 속에서, 궁극적으로 변화된 사람이 가야 할 자리, 그 본향을 예시하고 있다. →3136(13)4.

(2) 一(5)析(6)三(7)極(8)無(9)盡(10)本(11)=56

총합의 수에서 알 수 있는 것은, 제각기 완성된 실체적인 혼의 음양이 七축(정신)의 음양(人-72)을 바탕으로 돌아가고 있다는 것이다. 또한, 혼으로 탄생된 세상(天-000)에서 완성된 七축을 중심으로 제각기 돌아가는 음양의 본자리를 나타내고 있다. 곧, 영원한 대우주의 모습이라고 할 것이다. 즉, 다시 말해서 대우주 공간 속에서 번성하고 번성할 모든 만물을 아우르는 완성된 사람(근본)이 바탕이 된 혼의 음양을 수로써 보여 주고 있다. 제각각의 두 개(음양)의 본자리(팔자)로 돌아가는 혼의 근본은 영원한 대우주의 법칙 속에서 결코 변하지 않는다는 것을 암시하고 있다. →6272(44-17)8.

✖ 이 수(56)를 다시 팔괘로 돌려 증명해 본다.

56×3=168

168×3=504　　168×4=672

▩ 이는 하나(태극)의 혼이 팔자를 바탕으로 완성되어 돌아가고 있는 모습이다. 또한, 이는 하나의 태극(太-68)이자 바로 어머니의 모태가 바탕이 되어 만들어진 하나의 실체를 나타내고 있다. 이는 궁극적으로 땅 위 세상, 사람의 완성을 나타내고 있다. →168.

이는 본자리를 바탕으로 ***실체적인 완성**으로 돌아가는 오행 속의 영원한 대우주의 모습을 보여 주고 있다. 이는 바로, 우리가 사는 영원한 세상 속, 그 위의 실체적인 완성을 이룬 **주체이자 주인**인 태극의 그 '一' 을 암시한다. →504.

더 들어가 보면, 실체적으로 완성을 이룬 혼이 낳은 사람(人-72)이 바탕이 된 대우주의 번성을 나타내고 있다. 이는 결국, 삼합일(일합삼)로 완성된 밝은 자, 철(밝음)로 가는 자, [성·통·공·완(性通功完)의 경지, 성·명·정]에 다다른 자를 일컫는 것으로서 대우주의 법칙 속에서 대우주의 번성을 이루어 나가는 그 궁극의 본바탕을 보여 주고 있다. →672.

☑ 本(11)

이 수의 중요성은 원문의 글자에서도 그 의미를 짐작할 수 있으나, 그 깊이를 알고자 할수록 〈금척〉의 무한하고 심오한 경지만을 더욱 절감하게 된다. 더 깊은 뜻은 이 경을 수없이 반복하여 읽고 깨닫는 깊이만큼 더 많이 와 닿을 것이나, 보여주고 있는 원문의 뜻과 수에서 이미 그 무게를 감지할 수 있어야 한다.

이 〈금척천부경〉 전문은 이미 알다시피 글자(한자) 50자와 숫자 31자로 구성되어 있으며 숫자는 '一'부터 '十'까지 수록되어 있다. 그 中, '一'의 숫자는 총 (11)번 수록되어 있다.

이 금척수(11)는 〈천부경〉의 시작 "一始無始一析三極無盡本"의 총 (11)자로서, 이 (11)의 수는 두 개(음양)의 근본(근간)자리를 지칭하며, 바로 모든 것을 다한 완성의 수 "盡(10)"에서 변화될 바탕의 그 본자리(11)의 숫자를 일컫는다.

이처럼 다양하지만, 중요한 의미가 담긴 수가 '11'이라는 것을 알 수 있다. 물론, 이미 앞서 밝힌 바 있듯이, 이 수는 가장 기본적인 태극의 두 개의 근본자리(11)를 나타낸다.

더 깊이 들어가 보면, 이는 바로 〈금척천부경〉 원문에 수록된 숫자 "七八九"를 내포하고 있다. 바로 우주생명(사람) 탄생의 근본바탕이자, 환경의 조건이 된다. 또한, 이 금척수(11)의 의미는 최초, ★태극의 두 개의 본자리(음양) 중, '태양(혼)'을 지칭하기도 한다. 또한, 이 수(11)는 모든 완성된 변화의 그 시작, 그 기본(근본)바탕을 이루고 있음을 알 수 있다. 이것이 이루어지지 않고서는 어떤 변화를 위한 시작도 될 수 없음이다. 이는 정신, 주체 등의 의미를 담고 있다. 본자리의 근간이라고 하는 까닭이 여기에 있다.

이 숫자는 예부터 하늘의 수로서 중요한 자리의 수 매김에 쓰이곤 했다. 우리의 삶 속에서 관습처럼 자연스럽게 스며들어 중요한 수로 인식되어 왔다는 뜻이다.

한 예로, 우리나라 근대사의 대표적인 상징적 건물 중, 대통령의 관저인 청와대가 있다. 그 출입문 중, 고위 장관직급 이상만 드나들 수 있는 정문을 '11門'이라고 칭하여 부르고 있었음을 보아도 이 수가 가지고 있는 의미와 무게를 짐작할 수 있을 것이다.

(2) 一(5)析(6)三(7)極(8)無(9)盡(10)本(11)=56

☑ 태극(太極)

'無'에서 탄생한 최초의 '一'을 일컬으며 이는 태양과 태음으로 나뉜다. 이들은 또 각각의 삼태극을 가지고 음과 양으로 나뉜다. 이 태극은 모든 만물의 근원이자 혼이다. 이를 '태극혼'이라고 칭하는 이유도 여기에 있다.

이 〈천부경〉은 우리 겨레의 경이며, 인류 최초의 〈조화경〉이며 〈예언서〉이다. 영원히 변하지 않을 대우주의 법칙 속에서 생장하고 소멸할 존재의 하나인 인간, 그 중에 우리 민족(한민족)이 태극문양의 기(깃발)를 쓰며, 태극의 기운을 받은 한민족이라는 사실을 기억해야 한다. 고대경전에 수록되어 전하길, 한민족은 천민(天民)의 자손으로서 '배달민족'이라 칭하였다. 이는 그 모든 것의 깨우침(다다름)이 배(倍)가 되는 민족이란 뜻이다. 이러한 한민족이기에 이 〈금척〉을 통하여 비밀을 열게 하셨음이다. 이제 이 〈금척천부경〉에서 이 태극의 기운을 물려받은 사람에게 어떤 일이 생길 것이며 또한, 어떻게 살아서, 어디를 향해 가야 하는지를 이 경을 통하여 스스로 깨닫고 행할 수 있어야만 한다.

＊ 실체적이란 표현은, 완벽하게 완성된 상태를 일컫는다. 이는 '無'에서 '有'의 창조를 이끌고 '有'에서 '無'의 경지로 나아가는 것, 이 모든 경우가 실체적인 완성(百, 00)을 일컫는다. 즉, 혼백이 모두 완전한 완성을 이루었다는 것이다. 이 실체적인 완성은 이 〈금척천부경〉 전문을 모두 정독한 후, 더 큰 의미가 내재되어 있음을 알게 된다.

(3) 天(12)一(13)一(14)地(15)一(16)二(17) 人(18)一(19)三(20)=144

최초의 태극 "一"은 "一始無始"하였으며, 그 '一'을 오행을 바탕으로 물로써 "一析三極"하여 "無盡本"하였다. 이제 그 결과물로 나타난 두 개의 본자리(11)에 대한 내용이다. 그 첫 번째 근본(11)자리의 삼태극(천지인)에 대하여 밝히고자 한다. 이는 어떻게 생성이 되어 사람의 근본이 되고, 뿌리가 되며 지금의 인간(생명체)이 존재하게 되었는지를 알 수 있게 되는 놀라운 생명의 근원적인 수라고 할 수 있다.

〈금척천부경〉 원문 중, 후에 수록된 "八"의 금척수가 (44)라는 것을 알게 될 것이다. 이 (44)는 제각기 돌아가는 본자리 두 개의 음양(팔자)을 나타내고 있다. 이 말은 곧, 금척수에서 나타난 (144)와 (18)은 그 의미가 일맥상통한다는 것을 알 수 있다. 이 수는 생명체의 근원이자 근본이 되는 수이니, "天一一地一二人一三"의 의미가 바로 생명탄생의 근본이 된다. 이것은 심오한 금척수리의 하나일 뿐이나, 이런 수 하나의 모습에도 한 치의 오차도 없는 〈금척〉의 오묘한 법칙이 담겨 있음을 알 수 있는 부분이다.

☻ 〈천부경〉에는 태극의 두 개(음양)의 근본(11)자리를 나타내는 삼태극 (천·지·인)이 두 번 수록되어 있다. 이 첫 번째(천·지·인)의 **"天"**의 **금척수(12)**에 대하여 석삼극하여 원방각으로 증명해 본다.

12	●66(12)3	■78(15)6	▲144(9)	합: 288(36-18)9

✳ 위의 금척수는 완성된 하나(태극)의 음양을 나타내고 있다. 음양이 바탕이 된 하나의 완성으로 인간이 중심이 된 모든 만물의 근원이자, 이치를 말하고 있다. 이는 최초, 태극의 "一"로서 곧 (삼합일)로 하나가 된 삼태극의 근간을 가리킨다. →12.

원방각, **하늘자리**는, 제각기 돌아가는 음양의 혼이 바탕이 되어 있다. 이는 후반부에 수록된 "心(66)"으로서 완성된 혼에서 탄생된 또 다른 혼의 모습이다. 즉, 완성된 사람의 내면에 담긴 두 개(음양)의 마음, 그 바탕을 나타내고 있다. 명심할 것은, 숫자의 크기만큼, 그것은 천양지차의 의미가 담겨 있다. 이는 하늘(天)의 본질적 바탕의 씨가 된다. →66(12)3.

땅의 자리는 완성된 七축(정신)이 낳은 팔자(팔괘)를 보여 주고 있다. 이 수에는 하늘의 정신을 받아 완성되어 다 이루어 끝마쳤다(終-78)는 의미가 함축되어 있다. →78(15)6.

이들 합의 결과물, **사람의 자리**에서는, 제각기 돌아가는 두 개(음양)의 본자리를 바탕으로 하나의 실체적인 완성을 이룸을 볼 수 있다. 이가 대우주를 이루고 있음을 나타낸다. →144(9).

총합의 수에서는, 실체적으로 완성된 음양이 제각각의 음양의 팔자를 바탕으로 돌아가고 있는 모습이다. 이는 팔자를 바탕으로 완성되어 변화된 사람(三-28)으로서, 그 근원을 알 수 있는 부분이다. 또한, 삼태극의 혼이자, 사람(생명체)의 근원수(18)가 되어 대우주를 이루는 그 시작을 나타내고 있다. →288(36-18)9.

✖ 이 금척수(12)를 다시 다른 방법으로 확인해 본다.

$12 \times 3 = 36$

$36 \times 3 = 108$ $36 \times 4 = 144$

✦ 〈금척천부경〉 원문의 첫 번째 본자리 "天(12)"은 최초, 그 완성된 하나의 음양으로 완성된 삼태극의 혼이 바탕이 되어 있다는 것을 말하고 있다. 이는 바로 대우주의 근본바탕이자, 이 경의 주체가 되는 완성된 사람의 근본(혼)이 된다. →36.

이는 곧, 하나(태극)가 팔자(팔괘)를 바탕으로 실체적인 완성을 이룬 모습이다. 허나, 이는 끝이 아니요 완전한 완성을 향한 시작이며 과정이라는 것을 이 〈금척천부경〉은 밝히고 있다. 또한, 이는 대우주를 구성하는 근간임을 수에서 암시하고 있는 부분이다. →108.

더 들어가 보면, 이 **하늘(天)의 음양(12)**은 하나의 실체적인 완성에서 낳은 제각기 돌아가는 음양의 본자리(팔자)를 가진 완성된 사람(근본, 조상)을 나타낸다. 이 **수(12)**는 이 **〈천부경〉**이 전하는 주체(주인)의 근간(근본혼)이라고 할 것이다. 이 구절 "天一一地一二人一三"의 총합수와 동일하며, 사람(생명체)의 근원수(18), 그 완성과 일맥상통하고 있다는 것을 이미 증명한 바 있다. →144.

☯ 다음, 첫 번째 본자리 "天一一"의 그 첫 번째 "一"의 금척수(13)는 과연, 어떤 의미를 부여하고 있는지 석삼극하여 확인해 본다.

13	●78(15)6	■91(10)1	▲169(16)7	합: 338(41-14)5

✠ 위의 금척수는 첫 번째 본(11)자리의 "天一"의 그 "一"로서, 삼태극이 바탕이 된 하나(태극)의 완성을 나타낸다. 금척수에서 이미 그 의미를 내포하듯이 이 경의 가장 기본이 되는 하늘의 이치인 삼합일(일합삼)의 원리가 함축되어 있다. 또한, 이는 차후에 증명하게 될 "大三合"의 근간이 된다. 더 큰 의미로 연결해 보면, 이 경의 핵심이 되는 "一析三極"의 또 다른 표현이라고 할 수 있다. →13.

원방각, **하늘자리**는, 하늘의 정신인 七축의 완성으로 만들어진 팔자를 나타내고 있다. 이는 완전수(부모)의 혼을 나타내고 있다. →78(15)6.

땅의 자리는 대우주가 완성되어 하나가 됨을 알 수 있다. 이 또한, 새로운 시작을 예고하고 있다. →91(10)1.

(3) 天(12)一(13)一(14)地(15)一(16)二(17)人(18)一(19)三(20)=144

자식의 자리는 실체적인 하나(태극)의 혼이 대우주를 바탕으로 완성된 것을 보여 준다. 이는, 실체를 가진 하나에서 만들어져 바탕이 된 음양의 근원수(69)를 일컫는다. 간합의 수에서 알 수 있듯이, 완성된 하나의 혼으로서 땅위 인간세상(地一-16)의 근본(혼)을 지칭하고 있다. →169(16)7.

총합의 수에서 보여 주고 있는 것은, 태극의 음양의 본바탕, 본자리(11)가 팔자를 바탕으로 완성된 모습이다. 이는 바로, 팔자를 바탕으로 제각기 돌아가는 음양의 삼태극이 완성된 것을 나타낸다. 또한, 이는 결국 '無'에서 탄생한 최초 그 '一'의 시작을 수로써 증명하고 있다. →338(41-14)5.

✤ 이 금척수(13)를 다시 팔괘로 돌려 증명해 본다.

$$13 \times 3 = 39$$

$$39 \times 3 = 117 \qquad 39 \times 4 = 156$$

✤ 삼태극이 바탕이 된 이 하나의 완성(삼합일)은 곧, 대우주가 바탕이 되어 돌아가는 완성된 삼태극의 모습을 보여 준다. 한마디로, 삼태극의 완성으로 이루어진 대우주를 일컫는다. →39.

이는 완성된 두 개(음양)의 본자리(11)가 낳은 七축(정신)이 바탕이 된 대우주를 나타내고 있다. 즉, 제각각의 음양이 만든 하수에서 보여 주는 것과 같이 삼합일(하늘의 정신(七축), 일합삼)의 원리가 바탕이 된 "大三合"과 함께 영원히 되돌아오는 윤회의 의미가 암시되어 있다. →117.

더 들어가 보면, 혼이 바탕이 된 완전수(십오진주-근본혼)의 완성을 볼 수 있다. 이 수 또한 실체를 가진 하나(태극)에서 만들어진 오행의 완성으로 끝없이 되돌아올 혼의 모습이 담겨 있다. 즉, 영원히 되돌아올 완전수(근본혼)의 모습을 암시한다. 앞서, "一析三極無盡本"의 총합수(56)에서 언급한 적 있으나, 이 수에 담긴 윤회는 이후, 〈금척천부경〉 전문의 수에 대한 검증과 내용에서 수차례 반복되어 나올 글자이다. 하여, 이 수가 주는 의미를 잘 기억하고 유념해야 할 것이다. →156.

❂ 그렇다면, 이제 그 "天一一"의 두 번째 "一(14)"은 어떤 의미를 나타내고 있는지 원방각으로 알아본다.

| 14 | ● 91(10)1 | ■105(6) | ▲196(16)7 | 합: 392(32-14)5 |

✠ 위의 금척수는 한마디로, 하나(태극)의 완성으로 만들어진 본자리를 나타내고 있다. 즉, 본자리가 바탕이 된 하나의 완성을 일컫는다. 이는 또한, 하나의 완성으로 탄생된 생명의 근원지가 될 본바탕이라 하겠다. →14.

원방각, **하늘자리**는 대우주가 완성되어 다시 하나로 시작되고 있음을 보여준다. 구궁가일(九宮加一), 그 완성된 생명의 근원지(근원)에서 새롭게 시작되는 하나의 씨를 볼 수 있다. →91(10)1.

땅의 자리에서는, 하나(태극)의 실체적인 완성이 오행을 바탕으로 돌아가는 혼의 모습을 볼 수 있다. 즉, 오행을 바탕으로 실체적인 완성을 이룬 하나(태극)의 혼이라고 할 것이다. →105(6).

사람의 자리는 실체적인 하나(태극)에서 탄생된 대우주가 혼을 바탕으로 완성을 이룬 모습이다. 즉, 이미 제각기 완성된 음양의 근원수(96)가 바탕이 된 하나의 실체적인 완성을 일컫는다. 간합(부합)의 수에서 보여 주듯, 이 완성된 하나의 혼은 곧 하늘의 정신인 七축을 나타내고 있다. →196(16)7.

총합의 수에서는, 혼백의 실체적인 삼태극의 대우주가 음양을 바탕으로 완성을 이루고 있는 모습이다. 즉, 오행의 조화 속에 있는 태극의 본자리로서, 땅 위 (인간)세상의 완성된 삼태극의 음양(사람), 그 근원을 나타낸다. 또한, 이는 바로 음양이 바탕이 된 "大三合"의 완성이다. 부합의 수에서도 땅 위 세상의 배경과 환경이 될 오행을 나타내고 있다. →392(32-14)5.

(3) 天(12)一(13)一(14)地(15)一(16)二(17)人(18)一(19)三(20)=144

✖ 이 금척수(14)를 팔괘로 돌려 다시 증명해 본다.

14×3=42

42×3=126　　42×4=168

▩ 이는 곧, 음양이 바탕이 되어 완성된 본바탕으로서 사람(생명)의 탄생(生-42)을 일컫는다. 또한, 이 수에는 생명탄생의 근간이 암시되어 있다. →42. 이 생(生)한 것의 음양은 바로 실체적인 하나가 낳은 음양의 혼(26)을 일컫는다. 이는 또한, 수에서 증명하듯이 혼이 바탕이 된 하늘(天-12)의 완성, 그 결정체라고 할 것이다. →126.

더 들어가 보면, 이 실체를 가진 하나(태극)에서 만들어진 완성된 혼의 팔자를 볼 수 있다. 이 수는 이 경의 후반부에 수록된 "太陽"의 그 "太(68)"로서 바로 최초의 태극이자, 어머니의 자궁 속 태(胎)의 의미가 담겨 있다. 바로 이 수의 근원을 보여 주는 부분이다. 이 수는 이후에도 수없이 존재감을 드러내며 그 뜻을 전할 금척수가 된다. →168.

☯ "地一二"의 "地"의 금척수(15)에 대한 증명은 앞서 밝힌 바 있으므로 생략한다. 이 금척수는 이 〈금척천부경〉의 서문 "一始無始"한 그 "一(5)"을 모두 합한 "一始無始一"의 총합수와 동일하다. 또한, 완성된 음양의 근원수(부모-96)의 간합의 수로서 완전수를 나타내고 있다. 반복해서 언급하지만, 이 경은 처음부터 마지막까지 인간의 생각과 척도로는 가늠할 수 없는 시공의 흐름이 놓여있다는 것을 유념하고 있어야 한다. 이 금척수(15)는 오행이 바탕이 되어 이루어진 하나(태극)의 완성을 나타내고 있으며 앞서 밝힌바, 이 경에 수록된 여러 의미의 완성과 구별할 수 있어야 한다. 완성은 모든 것을 이루어 낸 그 **끝(終)**을 나타내며, 이 **완전수(근본혼)**는 완성에서 새롭게 다시 시작하는 변화의 주체를 일컫는다. 여기에 담겨진 묵시적인 암시를 보면 **전자(前字)**는 마지막(終), 휴식, 변화, 분열과 배분의 뜻이, **후자(後字)**는 시작, 생산과 발전, 그리고 주도적인 주체의 뜻이 담겨

있다. 즉, 이 금척수(15)는 완성되어 변화되는 그 시작의 근원이자 바탕이다. **이는 원문의 글자(地) 그대로 완성된 땅**을 나타내고 있다. 또한, 이 땅위 세상 속에서 완성된 사람(근본혼)을 가리킨다. 이는 오행의 조화 속에서 돌아가는 인간을 포함한 이 세상 모든 오행(만물)의 근간을 나타내고 있으며, 그 총체적이고 함축적인 수가 된다.

☯ 다음, 〈금척천부경〉 원문의 첫 번째 본자리 "地"의 그 "一"의 금척수(16)는 어떤 뜻을 담고 있는지 확인해 본다.

16	●120(3)	■136(10)1	▲256(13)4	합: 512(26)8

✠ 위의 금척수는 완전수인 완전한 땅(地-15)에서 하나 된 그 하나(태극)의 혼을 나타낸다. 이는 세상 속, 완성된 사람(혼)을 지칭하고 있으나, 땅 위 세상을 살아가는 모든 사람들의 혼이 담긴 '팔자', 그 근간을 이루고 있다. →16.

원방각, **하늘자리**는 실체를 가진 하나(태극)의 음양이 완성되어 삼태극을 이루고 있음을 보여 준다. 이는 곧, 앞서 밝혀 증명한 "天(12)"의 완성을 나타내고 있다. →120(3).

땅의 자리는, 실체적인 하나(태극)의 삼태극이 혼을 바탕으로 완성을 이룬 모습이다. 이는 곧, 삼태극의 혼이 바탕이 된 하나의 실체적인 완성을 나타낸다. →136(10)1.

이들 합의 결과물, **자식의 자리**에서는 음양오행으로 완성된 세상(地) 위에서 끝없이 윤회하며 돌아갈 혼의 모습을 예시하고 있다. 또한, 실체적인 음양(200)에서 탄생된 영원한 오행 속의 혼을 나타내고 있다. →256(13)4.

총합의 수는, 실체적인 오행의 조화 속에서 하나로 완성된 음양을 보여 주고

(3) 天(12)一(13)一(14)地(15)一(16)二(17)人(18)一(19)三(20)=144

있다. 이는 즉, 완성된 오행(五-51)의 세상에서 시작되는 음양으로서, 팔괘(팔자)로 돌아가는 음양의 혼을 말하고 있다. 바로 이 땅 위의 인간세상을 일컫는다. 이 또한 **[삼일신고-신훈51]**에서 상통되는 이 말의 뜻을 찾아볼 수 있다. 부(간)합의 수에서도 증명하듯, "一析三極(26)"의 결과물로서 이 모든 것들은 결국, 사람(생명체)의 팔자로 귀결이 된다. →512(26)8.

✕ 이 수(16)를 다시 팔괘로 돌려 증명해 보면,

16×3=48

48×3=144　　48×4=192

⊠ 부모의 근간을 지칭하는 땅(地-15)에서 만들어진 그 하나(地一-16)로서 결국, 하나(태극)의 혼은 본자리의 완성으로 만들어진 팔자가 바탕이 되어 있다. 이는 사람들이 소위, 말하는 **'사주팔자'의 근간**이 됨을 수로써 증명하는 것이다. →48.

이는 실체적인 하나(태극)에서 탄생된 제각기 돌아가는 두 개(음양)의 본자리를 나타낸다. 이는 곧, 사람(생명체)의 근원수(18)가 완성된 것을 말하고 있다. 또한, **〈금척천부경〉** 원문의 첫 번째 본자리 삼태극(천·지·인)의 총체적인 결과물이라고 할 것이다. →144.

더 들어가면, 실체적인 하나(태극)의 대우주가 음양을 바탕으로 완성을 이루며 돌아가고 있는 모습이다. 또한, 이는 하나의 대우주(소우주)가 음양을 바탕으로 구이성십(구궁가일)의 완성을 이루었음을 나타내고 있다. →192.

☯ 다음, 땅의 음양인, "地一二"에서 나온 "二"의 **금척수**(17)에 대하여 확인해 본다.

17	●136(10)1	■153(9)	▲289(19)1	**합:** 578(38-20)2

✠ 이 땅(地) 위에서 만들어진 하나(태극)의 혼(地一-16)은 하늘의 정신인 七축이 뿌리내린 음양이 바탕이 되어 돌아가고 있다. 이는 곧, 하나(태극)의 완성이 낳은 七축(정신)이라고 할 것이다. 결국, "地一二"의 총합수(48)에서 짐작할 수 있듯이 이 음양의 수는 이 세상 땅 위의 **"조상"**이라 일컫는 **사람의 근본(혼)**을 나타낸다. →17.

원방각의 **하늘자리**는, 실체적인 하나(태극)의 삼태극이 혼을 바탕으로 완성되었음을 보여 준다. 즉, 삼태극의 혼이 바탕이 된 하나의 실체적인 완성을 나타내고 있다. →136(10)1.

땅의 자리는 하나(태극)의 실체적인 완성이 낳은 세상 속에 첫발을 드러낸 **독립체인 사람을 지칭**하고 있다. 이는 곧, 삼태극이 바탕이 된 완전수(근본 혼)의 완성이다. 이 수는 차후에 증명하게 될 "一(53)"과 연결되는 중요한 부분이라고 할 수 있다. →153(9).

자식의 자리는 이들 합의 결과물로서, 실체적인 음양의 팔자가 대우주를 바탕으로 완성되었다는 것을 보여 준다. 이는 바로 변화된 사람(三-28)이 대우주를 바탕으로 완성을 이룬 것이다. →289(19)1.

이 모든 결과물인 **총합의 수**는 결국, 땅에서 이루어지는 음양(사람)의 완성을 가리키고 있다. 이는 실체적인 오행의 조화 속에서 탄생한 七축(정신)의 팔자가 완전하게 완성(終-78)된 것을 나타내고 있다. 좀 더 깊게 들어가 보면, 팔자를 바탕으로 영원한 윤회 속의 완성된 음양(大-38)을 암시하고 있음을 알 수 있다. →578(38-20)2.

✺ 이 수(17)를 다시 팔괘로 돌려 증명해 본다.

$$17 \times 3 = 51$$
$$51 \times 3 = 153 \qquad 51 \times 4 = 204$$

(3) 天(12)—(13)—(14)地(15)—(16)二(17)人(18)—(19)三(20)=144

✙ 이는 땅에서 완성된 하나의 음양이 七축(정신)과 하나가 됨을 나타내고 있다. 즉, 완성된 오행 속에서 시작(五-51)되는 사람의 모습을 일컫는 것으로 신의 섭리가 담겨 있음을 [삼일신고-신훈51]에서 찾을 수 있다. →51.

앞서 밝힌바, 실체적인 하나(태극)에서 탄생된 독립된 사람(一-53)을 나타내고 있으며, 여기서 삼태극을 바탕으로 완성된 완전수(15)의 완성은, 곧 세상에 드러날 사람을 예시하고 있다. 이 완전수(15)는 [삼일신고-신훈51]의 *역수로서 앞서 신의 수가 담겨 있다 하였다. →153.

더 들어가면, 본자리를 바탕으로 음양이 실체적인 완성을 이룬 모습을 보여주고 있다. 특히, 이 "地一二"는 이 땅 위 세상의 완성과 함께, 현재를 살아가는 사람의 근본(혼)이 되는 완전수(15)이자, 땅을 지칭하는 조상과도 연결되어 있음을 기억해야 한다. →204.

☽ 이제 첫 번째 본자리 삼태극 "天地人"의 삼태극 중, "人一三"의 "人"의 금척수(18)에 대하여 석삼극해 본다.

18	●153(9)	■171(9)	▲324(9)	합: 648(27-18)9

✙ 위의 금척수는 하나의 완성으로 만들어진 팔자를 나타내고 있다. 이는 팔자(팔괘)를 바탕으로 하나가 완성되어 대우주를 이루고 있는 사람의 모습이다. 이 수에는 사람의 근원이 되는 삼태극의 혼(6.6.6)이 담겨 있다. 또한, 이 수는 이 경의 후반부에 수록된 "人中天地一"의 그 의미가 말해 주듯이, 사람이 신의 반열에 들어선 그 근간을 나타내고 있다. 이는 지금, 이 경을 읽고 있는 모든 사람에게도 해당될 수 있음을 염두에 둔다. 이것은 하늘(天)의 배려이다. 그 의미가 존재하지 않는다면, 두 권의 책은 필요치 않으며, 인간은, 이 경을 읽고 깨우쳐 얻어야만 하는 것에 대하여 의문이 들 수밖에 없다. →*18.

원방각의 **하늘자리**는, 완성된 오행 속 세상 위의 독립적인 첫발을 내딛는 사람(一-53)을 바탕으로 하나의 실체적인 완성을 나타낸다. 이것은 바로, 삼태극을 바탕으로 완성을 이룬 완전수(근본혼)의 모습이다. →153(9).

하늘의 씨를 받은 **땅의 자리**에서는, 앞서 사람들이 살아가는 이 세상, 땅 위의 음양(17)이 완성되어 하나가 됨을 나타내고 있다. 또한, 완성된 七축(정신)을 중심으로 제각기 돌아가는 음양의 근본자리(11)로서 실체적인 하나(태극)에서 탄생된 **"明(71)"** 의 의미가 담겨 있다. 이는 해(양)와 달(음)과 같이 서로 상반되고 또는 공존하며 짝을 이루어 생명탄생의 근본을 완성했다는 뜻이 모두 함축되어 있다. →171(9).

사람의 자리에서는, 완성된 음양의 본자리를 바탕으로 삼태극의 혼백이 실체적으로 완성되었음을 보여 준다. 즉, 본자리를 바탕으로 삼태극의 음양(**地**-32)이 완성을 이룬 것이다. →324(9).

총합의 수에서 전하고 있는 것은, 한마디로 실체적으로 완성된 혼이 낳은 **'사주팔자'** 이다. 즉, 완성된 혼의 본자리(**本**-64)에서 탄생된 팔자(사람)의 모습이다. 또한, 이것이 대우주를 이루는 사람의 근원(근원수)이 됨을 부합의 수에서도 알 수 있다. →648(18)9.

✖ 이 수(18)를 다시 팔괘로 돌려 증명해 본다.

18×3=54

54×3=162　　54×4=216

⊠ 이 사람(생명체)의 근원수(18)는 완성된 오행이 본자리를 바탕으로 돌아가고 있음을 보여 준다. 이는 궁극적으로 오행 속에 속한 **사람(人)**을 나타내고 있다. 원래, 그 세상 속, 나아가는 사람(십오진주)의 길은 말할 수 없이 빼어나고 훌륭한 묘(**妙**-54)함이라 했다. 허나, 이 수에는 완성된 모든 오행의 본자리이기에, 세상의 이치를 그대로 담고 있다고 할 것이다. 하여, 대다수의

(3) 天(12)一(13)一(14)地(15)一(16)二(17)人(18)一(19)三(20)=144

사람들은 그 좁고 잘 드러나지 않는 길목에서 쉽게 눈을 돌려 아득히 멀어질 수도 있는 미묘함도 함께 공존하고 있음을 알아야 한다. →54.

이는 실체적인 하나(태극)의 혼이 음양을 바탕으로 완성을 이루며 돌아가고 있음을 알 수 있다. 즉, 음양을 바탕으로 돌아가는 세상 속, 땅(地一-16) 위의 혼이 완성되었다는 것이다. 이는 또한, 혼의 본바탕(음양)은 변하지 않는다는 것을 수로 증명하고 있다. →162.

더 들어가 보면, 혼을 바탕으로 실체를 가진 음양이 완성되어 하나가 됨을 보여 준다. 이는 바로 생명탄생의 근원이자 시작이 된다. →216.

☑ 人[사람(생명체)의 근원수(18-6.6.6)]

이 〈금척천부경〉의 전문을 통하여 많은 숫자의 금척수를 만나게 된다. 그중에 어떤 것도 소홀할 수 없는 수라는 것은 이미 알고 있겠으나, 이 수는 묘하게도 동서양을 오가며 알든 모르든 인간세상의 가장 그 밑바탕에서부터 깊숙하게 자리하며 다양한 의미로 표현되어 왔다. 사람이 태어나고(生), 성장하면서 그 삶을 유지하는 가장 큰 바탕에는 물(水-6)이 원천임을 이 수를 굳이 거론하지 않더라도 우리는 이미 알고 있다. 이는 비단, 사람뿐 아니라 생명을 가진 수많은 동식물을 아우르는 것이기도 하다. 사람들은 오래전부터 물을 생명수라고 일컬으며 중요시했음에도 알 수 있듯이, 우리 몸의 70% 이상이 물로 채워져 있기 때문일 것이다.

이렇듯 과학적으로도 물은 우리에게 생명과도 같지만 사실, 이 〈금척천부경〉의 전문에서 가장 중심에 있는 글자가 바로 이 "六(41)"이란 것만 보아도 이 수가 차지하는 비중을 짐작할 수가 있다. 이는 글자의 뜻 그대로 물(水)을 나타내고 있으나, 그 속에는 사람 개개인의 근본인 '혼(魂)'이 들어 있기 때문이다. 이 (6) 의 숫자는 〈금척천부경〉에서 **핵심의 주체인 '혼'**을 나타내고 있다. 대우주의 공간 속에서 모든 만물을 키우는 근원이기에 음수 '어머니'로 칭하며 또한 '물(水)'이라고도 한다. 물의 입자가 육각수라는 것을 떠올려 볼 수 있다.

〈금척〉은 한 치의 오차도 없을 것이나, 그 의미는 가히 무한함을 나타내고 있다.

이 물의 수(6)가 셋이 모여서 하나가 되니, 즉, 하늘의 이치가 그러하듯 (삼합일)하여 두 개(음양)의 본자리(팔자)를 바탕으로 만들어져 나온 것이 사람(동물)이다. 그리고 그 수의 합이 바로 우리들이 쉽게 말하는 (18-6.6.6)수이다. 또한 이 (삼합)의 의미는 후에 언급되겠으나 바로 천·지·인(삼태극)이며 성·명·정이다. 앞서 금척수(18)의 증명과 함께 이 과정을 보면, 이 (18)의 수는 참으로 귀(貴)하고 어려운 수가 아니던가. 예부터 우리네 사람들은 참된 의미도 모르면서 욕처럼 비속어로 무심코 내뱉듯이 이 말을 써 왔다. 본성에서 나오는 것일 수도 있다. 한편으론 옛 풍속에, 귀할수록 천하게 대하여 보존하고픈 깊은 뜻이 있을 수도 있겠으나, 그리 쉽게 비속어로 쓸 말은 아니라는 것이다.

여기서 잠시, 유대민족의 경전 〈성경〉에서 이 수(666)를 짐승의 수이자, 사람의 수라 표시하며 이것을 악마의 숫자로 지칭하는 것에 묘한 느낌을 가질 수밖에 없다. 그러나 이 또한 그들의 해석에도 나름의 이유가 있겠으나, 문득 보이는 숫자에만 집착하는 것이 과연, 옳은 것일까. 〈성경〉 또한 神께서 사람에게 주신 것이니, 음양이 존재하듯, 선악 또한 그 어떤 생명체도 아닌, 사람에게 있음을 강조하고 있는 것이리라.

그 구절의 앞 서문에, 神의 말씀이라 "지혜가 여기 있으니 총명 있는 자는 그 짐승의 수를 세어 보라. 그 수는 사람의 수이니 육백육십육이라." [계:13:18].

이 말에서 우리의 [삼일신고-진리훈167] 서문에 수록되어 있는 구절을 살펴본다.

"인물 동수 삼진 왈, 성·명·정 인전지(人全之) 물편지(物偏之)… 이는 사람과 동물이 한 가지로 세 가지 참 됨을 받았으니 곧, 성·명·정이라, 사람은 온전하고 동물은 치우치게 받았으니…"

이 〈금척천부경〉을 처음부터 끝까지 눈과 귀를 열어 정독하고 또 정독하고 나면 이에 대한 결론 또한, 좀 더 명확하게 와 닿을 것이다. 물론, 神의 뜻은 한결같을 것이나, 고대부터 동서양의 종교와 사상 그리고 문화가 그 이치와는 상관없이 상반된 것이 한두 가지인가. 허나, 이 또한, 나름의 생각들이 있으니 각자의 생각과 느낌에 맡겨 본다. 왜냐하면, 지금은 배움을 통한 지식도 중요하겠으나, 이를 통하여 더 나아가 내 안에 잠재되어 있는 그 지혜를 이끌어 내야하기 때문이다.

(3) 天(12)一(13)一(14)地(15)一(16)二(17)人(18)一(19)三(20)=144

☯ 그렇다면 이제, "人一三" 에서 나온 "一" 의 **금척수**(19)는 어떤 뜻을 함축하고 있는지 석삼극하여 원방각으로 확인해 본다.

19	●171(9)	■190(10)1	▲361(10)1	**합**: 722(29-11)2

※ 위의 금척수는 사람(생명체)의 근원수(18)가 하나 되어 완성된 그 하나(태극)의 대우주를 가리키고 있다. 즉, 대우주를 바탕으로 돌아가는 완성된 하나의 사람을 일컫는다. 뒤의 수와 연결하면, 삼합일(일합삼)로 완성된 사람이 된다. 또한, 이 수에는 구궁가일이자, 구이성십의 의미가 함축되어 있다. →19.

원방각, **하늘자리**는 앞서 "人(18)" 에서 밝힌 바 있듯이, 완성된 七축(정신)이 중심이 되어 돌아가는 제각각의 음양의 본자리(11)가 대우주를 이루고 있는 모습이다. 즉, 하나의 실체에서 탄생된 **'음양합일**(明-71)' 의 그 씨라고 할 것이다. 이는, 땅의 음양(地二-17)이 완성되어 새롭게 하나로 시작됨을 일컫는다. 이 또한, 꺼지지 않는 영원한 대우주의 법칙을 예시하고 있다. →171(9).

땅의 자리에서는 완성된 대우주를 바탕으로 하나의 실체적인 완성을 보여주고 있다. 이 또한 역시 구궁가일(구이성십)의 완성을 나타내고 있는 모습이다. →190(10)1.

이들 합의 결과물, **자식의 자리**에서는 실체적인 삼태극의 혼이 완성되어 하나로 새롭게 시작됨을 알 수 있다. →361(10)1.

총합의 수에서는, 음양을 바탕으로 실체적으로 완성된 하늘의 정신(七축), 그 음양(사람)의 완성을 나타내고 있다. 이는 곧, 이 경의 후반부에 수록된 "明人" 의 그 "人(72)" 으로서 밝은 자, 우주창조와 그 번성의 바탕이 되는 사람, 그 근원을 일컫는다. 그의 실체적인 완성을 수로써 보여 주고 있음이다. →722(11)2. ➜ [삼일신고-세계훈72] 참조.

※ 이 금척수(19)를 다시 팔괘로 돌려 증명해 본다.

19×3=57

57×3=171　　57×4=228

※ 위의 금척수는 七축(정신)이 바탕이 되어 오행의 조화 속에서 수없이 되돌아갈(往-57) 사람으로 윤회의 의미가 내재되어 있다. 또한, 더 깊이 들어가 보면, 이 금척수(57)에는 우리가 이 〈금척천부경〉을 지금 이 순간, 반드시 깨우쳐 읽고 행(실천)해야만 하는 그 까닭이 담겨 있다. →57.

이는 완성된 하늘의 정신(七축)을 중심으로 제각기 음양으로 돌아가는 본자리(11)로서 대우주를 이루고 있다. 또한, 하나의 실체적인 완성에서 탄생된 철(밝음)로 가는 자, 곧 음양합일의 완성된 사람(明-71)이 바탕을 이루고 있음을 보여 준다. 앞서 밝혔던 의미에서 짐작할 수 있듯이, 이 금척수에서도 하늘의 이치가 영원한 근본바탕 속에서 돌아가고 있음을 보여 주고 있다. →171.

더 들어가 보면, 실체적으로 완성된 음양에서 새롭게 만든 음양의 팔자로서, 변화된 사람(三-28)을 나타낸다. 이는, 팔자를 바탕으로 제각각의 음양(22)으로 돌아가는 우리가 살아가고 있는 완성된 세상 속, 변화된 사람(人)의 모습을 보여 주고 있다. →228.

☯ 〈금척천부경〉의 첫 번째 본자리 삼태극의 마지막, "人一三"의 그 "三"의 **금척수(20)**에 대하여 석삼극하여 그 의미를 확인해 본다.

20	●190(10)1	■210(3)	▲400(4)	**합:** 800(17)8

※ 이는 한마디로, 음양의 완성을 나타내고 있다. 이는 제각기 돌아가는 음양의 삼태극이 완성되어 이루어진 그 사람의 '三'의 근간이 된다. →20.

(3) 天(12)一(13)一(14)地(15)一(16)二(17)人(18)一(19)三(20)=144

원방각의 **하늘자리**를 보면, 실체를 가진 하나(태극)에서 탄생된 대우주의 완성을 나타내고 있다. 완성된 대우주가 바탕이 된 하나의 실체적인 완성이다. 같은 의미이다. →190(10)1.

하늘의 씨를 받은 **땅의 자리**는 음양이 하나로 완성을 이룬 모습을 알 수 있다. 이 〈금척천부경〉의 전문을 터득함에 핵심적인 내용이자 방법이 된다. 또한, “析三極”의 완성이자, 음양이 하나 된 (삼합일)의 완성이다. →210(3).

이들 합의 결과물, **자식의 자리**에서는 본바탕, 본자리가 실체를 가진 모습으로 완성되었다는 것을 알 수 있다. 수없이 밝히는바, 이 〈천부경〉의 원문과 함께 수록된 금척수는 전반적으로 우리의 현실적인 삶에 깊숙하게 스며들어 놀라운 작용을 하고 있음을 인정하게 될 것이다. 이 금척수 또한, 다를 바가 없다. →400(4).

결국, **총합의 수**에서 알 수 있는 것은 두 개(음양)의 본자리 즉, 팔자가 백(魄-百, 00, 육신)의 옷을 입고 실체적인 완성을 이루었다는 것이다. 이는 곧, 실체적(혼백)으로 완성된 사람(근본)을 지칭한다. →800(8).

✗ 이 수(20) 또한 팔괘로 돌려 다시 증명해 본다.

20×3=60

60×3=180　　60×4=240

⊠ 이 음양의 완성은 곧 **혼의 완성**을 나타내고 있다. 이 말은 완성된 혼이 바탕이 된 음양의 완성(20)을 일컫는다. 이 수는 이 〈금척천부경〉 원문의 후반부에 수록된 “用(60)”을 나타낸다. 이 경은 단 하나의 글자도 헛되이 지날 수 없을 것이나, 이 금척수(60)는 원문의 뜻과 함께 반드시 깨우쳐 행해야 하는 그 비밀을 밝히고 있다. 이 수는 “用變不動本”의 구절에서 엄하고도 무거운 그 심오한 뜻을 더 깊게 살펴보도록 한다. →60.

이는 또한, 사람의 근원수가 완성되었음을 보여 주고 있다. 생명탄생의 시작과 완성을 이 수에서 이미 짐작할 수 있다. →180.

더 들어가 보면, 실체적인 음양이 낳은 본바탕의 완성을 볼 수 있다. 이는 음양의 본자리가 완성되었음을 수로써 증명하고 있는 부분이다. 이 수 또한, 바로 다음 구절에 수록된 "一積十鉅" 부분에서 좀 더 세세하게 밝혀 보도록 할 것이다. →240.

※ 이제, 조금 더 세세하게 들어가서 이 〈금척천부경〉에서 전하고자 하는 뜻을 찾아볼 것이나, 〈금척〉의 깊고 넓은 뜻을 모두 글로써 옮겨 표현할 수 없다는 것을 전제한다. 문득, 심오한 〈금척〉의 경지에 몰입하여 자칫 주제에서 너무 멀리 달려갈까 염려가 되기 때문이다. 〈금척천부경〉은, 이해와 설득을 담은 포교적인 성향의 경이 아니다. 눈과 마음을 열어 정독하고 또 정독하여야 이 경이 전하는 깊고 중한 이치의 길이 보일 것이며, 그 누구도 아닌, 읽는 자 스스로의 깨우침으로 터득되고 행해져야 하는 것이다.

☯ 우선, "天一一" 따로 떼어서, 그 **총합수(39)**가 주는 의미는 한마디로 삼태극의 완성으로 이루어진 대우주를 나타낸다. 또한, 원문의 글자와 금척수가 함께 어우러져 전하는 뜻을 간파할 수 있어야 한다. 이 수가 주는 깊은 뜻과 내용은 이 경의 중반부에 수록된 "大三合六" 구절에서 증명해 본다.

☯ "地一二"의 **합수(48)** 또한, 차후에 수록된 "運三四成環" 부분에서 좀 더 깊게 다룰 것이다. 이 "地一二"가 바로 우리가 입버릇처럼 쉽게 말하는 그 '사주팔자'로서, '조상'의 혼과 기운이 직접적으로 담겨 있는 자리이다. 조상은 곧, 자신의 전생과 연결이 된다. 이 모든 내용을 깊이 파고들자면 그 심오함의 경지를 어찌 인간의 척도로 모두 가늠할 수 있겠는가. 이 또한, 이 경을 통하여 습득한 후, 스스로 깨우치고 터득해야 할 일이다.

(3) 天(12)一(13)一(14)地(15)一(16)二(17)人(18)一(19)三(20)=144   67

☯ 이 **"人一三"**의 **합수(57)** 역시, **〈금척천부경〉** 원문에 수록된 **"萬往萬來用"**의 **"往(57)"**의 금척수와 같다. 또한, **"人一三"**의 중심에 있는 **"一(19)"**을 총체적으로 나타내고 있다. 이는 완성된 오행의 조화 속에서 七축(정신)이 뿌리내린 사람의 모습으로 궁극적으로는 영원한 십오진주(구세주)를 가리키고 있으나, 한편으로는 수없이 되돌아가며 이 세상을 가고 올 완성된 인간(사람)의 모습도 내포되어 있다.
이는 차후, **"萬往萬來"** 부분에서 증명해 보도록 한다.

☯ 이제, 이 최초의 태극에서 시작된 두 개의 본자리 중, 그 첫 번째 근본자리, 삼태극(천 · 지 · 인)을 모두 합한 **총합수(144)**를 원방각을 통하여 증명해 보도록 한다.

144	●10296(18)9	■10440(9)	▲20736(18)9	**합:** 41472(36)9

⊠ 위의 금척수는 앞서 이미 밝혔듯이 최초의 하나(태극)를 **"析三極"**하여 **"無盡本"**한 결과물로서 두 개의 근본자리(11) 중, 첫 번째 본자리(천 · 지 · 인)의 모습이다. 실체적으로 완성된 하나에서 낳은 제각각의 두 개의 본자리(팔자)가 바탕을 이룬 대우주를 나타내고 있다. →144.

원방각, **하늘자리**는 영원한 하나(태극)에서 탄생한 실체적인 음양의 대우주가 혼을 바탕으로 완성을 이룬 것이다. 이는 사람(생명체)의 근원이 되는 수(18)로서 영원한 우주생명의 탄생과 번성의 시작을 암시하고 있다. →10296(18)9.

땅의 자리는 영원한 하나(태극)에서 탄생된 제각각의 음양의 본자리(팔자)가 완성되어 대우주를 이루며 돌아가고 있는 모습이다. →10440(9).

자식의 자리에서는 영원한 태극의 음양이, 삼태극의 혼을 바탕으로 하늘의 정신인 七축이 실체적 완성을 이루며 돌아가고 있는 모습이다. 이 또한, 완성된 사람의 근원수로서 대우주를 이루는 근간이 된다. →20736(18)9.

총합의 수에서 알 수 있는 것은, 영원한 본바탕(본향)의 혼(六-41)에서 탄생된 실체적인 본자리가 완성된 七축(정신)의 음양(人), 곧 밝은 사람(72)을 바탕으로 돌아가며 완성을 이루는 모습이다. 이는 바로, **생명탄생의 시작이자, 영원한 대우주의 번성을 예고하고 있다.** →41472(18)9.

위의 원방각은 제각각의 부합의 수가 모두 '無'의 대우주(9)를 가리키고 있다. 즉, 이는 음양의 근원수로서 양수 아버지(父)이며, 근원지이자, 환경이 된다. 또한, 생명탄생의 시작, 그 배경은 음양오행과 팔괘(팔자), 그리고 혼으로 이루어져 있으며, 이 중심에 七축(정신)이 바탕이 되어 돌고 있다는 것을 나타내고 있다.

✤ 다시 이 수(144)를 팔괘의 수레로 증명해 보면,

144×3=432

432×3=1296   432×4=1728

✵ 제각기 돌아가는 두 개의 본자리를 바탕으로 하나의 실체적인 완성을 이루었다는 것은 곧, 실체적인 본자리에서 탄생되어 완성된 삼태극의 음양을 일컫는다. 또한, 음양을 바탕으로 완성된 하늘의 정신인 **七축(七-43)**을 나타내고 있다. 이는 곧, 변화된 사람이 하늘의 정신으로 완성을 이룬 그 근원을 함축하고 있다. →432.

이는 제각기 완성된 하나(태극)의 실체적인 음양(天-12)의 대우주(소우주)가 혼을 바탕으로 완성을 이룬 모습이다. 즉, 제각기 완성된 음양의 근원수(부모-96)를 바탕으로 하나의 음양(하늘)이 실체적으로 완성되었다는 것이다. 이는 결국, 실체적으로 완성된 하늘의 음양이 제각기 돌아가는 완성된 음양의 근원수를 탄생시킨 모습이다. →1296.

더 들어가 보면, 이는 제각기 완성된 하나(태극)의 七축(정신)에서 탄생된 음양의 변화된 사람(28)을 나타내고 있다. 이는 또한, 제각기 완성된 하나

에서 탄생된 七축(정신)의 음양(人-72)이 팔자를 바탕으로 대우주의 번성을 이루는 모습이다. 이렇듯, 수록된 하나의 금척수마다 여러 가지의 뜻이 함축되어 있으며 이를 모두 글로써 옮길 수는 없다. 더 깊고 심오한 의미는 이 경의 전문을 정독하며 습득해 가는 과정에서 스스로 깨우쳐 나가야 할 숙제이다. →1728.

위의 첫 번째 본자리의 삼태극에서 눈여겨볼 것은 이 삼태극(천·지·인)의 금척수의 합(12+15+18) ➔ 45(9). 이는 바로 네 마디 다섯 치의 구이성십(구궁가일)으로 이루어진 대우주(생명의 근원지)를 가리키고 있다. 또한, 이 〈금척천부경〉 원문의 글자 속에 담긴 첫 번째 본자리 (천·지·인)의 '一(3)'의 합(1+2+3) ➔ (6). 이것은 바로 **물(생명)의 탄생**을 말하고 있다. 이 속에 사람의 혼이 담겨 있음이다.

결국, 〈금척천부경〉 원문에서 이 첫 번째 본자리는 한마디로 삼태극, 그 혼(36)의 탄생으로 그 뜻을 함축하고 있음을 알 수 있다.
모든 이치가 그러하듯 저절로 나고 지는 것은 없다. 이 모든 것의 시작은 하늘(神)의 손끝에서 비롯되었다는 것을 우리는 이 첫 번째 본자리의 본질(1+2+3)이 되는 금척수의 총합수(14+17+20)에서 기억해야 한다.
➔ [삼일신고-신훈51] 참조.

위의 수에서 볼 수 있듯이 태극의 첫 번째 본자리 삼태극은 神의 섭리로 만들어진 모든 만물의 근원지인 대우주공간(9) 속에서 생명의 근원이 되는 물(6)의 탄생을 보여 주고 있다. 이는 이미 밝힌바, 생명보다 더 중(重)한 우리의 혼이 움직이고 있는 곳이다. 결국, 이는 '無'에서 시작된 대우주 공간 속에서 만들어진 물속에 담긴 **삼태극의 혼(36)**을 나타내고 있으며, 그것을 이 경은 증명하고 있으며 더욱 더 확연하게 보여 줄 것이다. 또한, 첫 번째 본자리 삼태극(13+16+19)에서 팔괘(팔자)의 수(48)를 볼 수 있으며, 살아 있는 사람의 **'사주팔자'**의 근본이 생겨남을 알 수 있다. 여기서, 명심해야 할 것은, 이 〈**천부경**〉이 우주창조의 원리와 번성의 이치를 수록한 것에 비추어 본다면 이는 바로, 지금 살아서 이 경을 읽고 있는 자의 그 완성된 근본(혼)을 지칭하고 있음이다.

이 **총합수**(144)의 (1)은 태극의 두 개의 본자리 중, 첫 번째 본자리의 (1)이라는 뜻도 내포하고 있다.

여기서, **하늘(天)은 음양을 주관하고(12)**, 이때의 음양은 태극(혼)의 두 개의 음양을 일컫는다. **땅(地)은 오행의 역할을 다 하며(15), 사람(人)은 팔괘(팔자)안에서 움직이며 성장한다(18)**는 것을 〈금척〉의 수리로 보여 주고 있다. 이는 공교롭게도 금척수의 인지와 습득과는 상관없이 수천 년을 이어 온 역학과 역술의 사주명리에서도 그대로 적용되고 있는 것 또한 사실이다.

* 〈 9: 양수(아버지)　　6: 음수(어머니) 〉

결국, 첫 번째 본자리 삼태극(천·지·인)의 금척수(144)의 증명에서 알 수 있는 것은, 실체적으로 완성된 하나(태극)에서 탄생한 제각각으로 돌아가는 두 개(음양)의 본자리(팔자)라는 것이다. 다시 말해서, 최초의 하나(태극)가 두 개의 본자리(팔자)를 바탕으로 실체적인 완성을 이룬 것이다.

(3) 天(12)一(13)一(14)地(15)一(16)二(17)人(18)一(19)三(20)=144

(4) 一(21)積(22)十(23)鉅(24)=90

먼저, 이〈금척천부경〉을 정독해 나가며 그 뜻을 습득하고 깨우쳐 가는 과정에서 간과할 수 없는 중요한 부분이 있다. 그것은 바로 *역수이다. 이〈금척천부경〉은 수(금척)로써 이 경이 전하고 있는 모든 내용과 그 속에 담긴 깊은 의미를 깨우치고자 하는 것에 있다. 인류 최초의 경이자,〈예언서〉인〈천부경〉이 오늘날, 이 시점에서〈금척〉을 통하여 봉인을 해제하고 하늘의 뜻을 밝혀 보이시는 그 까닭 또한 이 경의 전문에 고스란히 담겨 있다는 것을 알아야 한다. 이 말의 의미는, 이 경을 모두 정독한 후에 스스로 납득하고 터득되어야 할 부분이다. 허나, 그것이 말이나 글과는 달리 수없이 반복되고 한정되어 있는 수의 나열 속에서 그 깊고 심오한 뜻을 깨우쳐 나아가기란 상상, 그 이상으로 힘겨울 수 있다. 하지만, 이렇듯 반복되는 수의 나열 속에서 저마다 담겨진 그 의미를 도무지 깨우칠 수 없다면 무용지물이 되지 않겠는가. 이 역수가 바로 그것이다. 눈과 마음을 열어 정독하고 또 정독하여 수의 정렬이 주는 의미가 무엇인지 깨우쳐 가야 할 것이다. 여기에서 "一(21)"은 음양이 하나 된 그 하나(태극)의 "一"이며 첫 번째 본자리의 하늘(아버지)이다. 앞서 "天一一"의 "天(12)"의 금척수만 보아도 알 수 있다. 이 역수는 주체가 바뀌었다는 것을 뜻하나, 그 본질은 바뀌지 않으니 일맥상통의 의미가 있음을 이미 말하였다. 이 씨를 받아 흡수하는 땅이 생명탄생을 위한 터(基)를 만드는 과정을 볼 수 있다. 여기서 '터'라는 것은 단순히 땅(地)만을 뜻하는 것이 아니라 모든 만물을 품고 키우는 대지, 그 이상의 모든 생명을 키우는 수, '6(水)'을 총칭하고 있음을 기억해야 한다.

"一積十鉅(90)"는 첫 번째 본자리의 삼태극(천·지·인)이 대우주 공간을 돌고 돌며 위의 역할[음양오행과 팔괘(팔자)로 도는 것]들을 한 결과물로서 원문의 내용과 함께 대우주의 완성을 이루는 과정을 나타내고 있다.

☑ **역수(易數)**

역(易)은 해(日)와 달(月)이 합한 글자이다. 해와 달은 가장 대표적인 자연물의 상징이다. 차후에 논할 것이나, "明(71)"과는 앉은 자리가 다름을 유념해 보아야 한다. 물론, 이 또한 음양의 조화이며 가장 역동적인 합이라 할 것이다.

이 둘은 세상의 모든 음양의 이치와 마찬가지로 서로 다른 존재인 듯하지만, 같은 존재로 있다. 그러므로 역수는 서로 주체가 바뀌어 있다는 것이나, 그 근본적인 본성은 일맥상통한다고 본다. 이 네 글자의 뜻을 모를 리 없겠지만, '일맥상통'이라는 뜻과 '동일(同一)'과는 차이가 있다는 것을 말하고 있다. 어떤 부분에서는 서로 '천양지차'의 의미를 담고 있기 때문이다.

지금, 이 〈금척천부경〉에서도 마찬가지로 이 개념은 그대로 상통하고 있음을 유념하고 금척수가 전하는 의미를 습득해 나가야 할 것이다.

☯ 이제, 역수의 시작이자, 이 경의 일곱 번째 수록된 "一"의 **금척수**(21)부터 석삼극하여 원방각으로 증명해 확인해 본다.

21	●210(3)	■231(6)	▲441(9)	**합:** 882(18)9

⊠ 위의 금척수는 이 경의 주제와 같은 금척수리의 가장 주된 방법이자 불변의 법칙으로 증명하고 있는 **"析三極"**의 총합수와 동일하다. 중요한 대목이다. 이는 "天一一"의 "天(12)"의 역수이자 음양의 완성으로 하나 된 최초의 그 태극 "一"을 나타내고 있으며, 또한, 이 〈금척천부경〉의 변화의 시작은 이 완성된 음양의 수가 하나 됨으로 그 시작을 암시하고 있다. 사실, 지금부터는 원문의 글과 숫자가 모든 완성, 그 변화의 시작을 나타내고 있다고 해도 과언이 아니다. →21.

위의 원방각에서 알 수 있듯이, **하늘자리**는 실체적인 음양이 하나로 완성된 삼태극(사람)의 근원을 보여 준다. →210(3).

땅의 자리는 이 실체적인 음양의 삼태극이 완성되어 하나(삼합일)로 시작되는

(4) 一(21)積(22)十(23)鉅(24)=90

혼을 나타내고 있다. 즉, 완성된 음양의 삼태극이 변화의 시작을 보여 주는 모습이다. 이는 곧, 완성된 삼태극의 혼을 말하고 있다. →231(6).

이들 합의 결과물, **사람의 자리**에서는 제각각의 완성된 본자리가 하나 된 대우주를 보여 주고 있다. 이는 혼(六-41)이 바탕이 된 실체적인 본자리의 완성이자, 제각기 돌아가는 두 개(음양)의 본자리(팔자)가 하나로 완성되어 대우주를 이룬 모습이다. 이는 또한, 앞서 "天(12)"의 수이자, 태극의 첫 번째 본자리 합수(144)와 수의 정렬이 바뀐 것을 알 수 있다. 이 수의 함축된 의미는, 이제 그 **주체가 바뀌었다는 것**을 나타내고 있으며, 이것이 바로 **"一積十鉅"**의 주체라는 것이다. →441(9).

총합의 수에서 보여 주고 있는 것은, 음양을 바탕으로 제각기 돌아가는 두 개(음양)의 팔자가 완성된 모습이다. 즉, 음양이 바탕이 된 실체적인 팔자(완성된 사람)에서 새롭게 탄생되어 완성된 팔자를 나타내고 있다. 이는 곧, 완성된 음양이 하나 되어 새롭게 완성될 그 **변화(88)의 시작**을 암시하고 있다. 이 경의 처음 그대로, 모든 존재의 시작, 그 바탕에는 음양이 있다. 제각각의 팔자가 음양을 바탕으로 완성되었음을 보여 주고 있다. 이는 또한, 부합(간합)의 수에서 사람(생명체)의 근원수(18)로서, 궁극적으로 실체적인 완성을 이룬 사람에 의해 돌아가는 대우주의 모습을 보여 준다. 바로, '無'에서 '有'의 주체로 바뀌는 모습을 증명하고 있음이다. →882(18)9.

⌘ 위의 수(21)를 다시 팔괘로 돌려 증명해 본다.

$21 \times 3 = 63$

$63 \times 3 = 189 \qquad 63 \times 4 = 252$

▩ '無'에서 탄생된 음양이 완성되어 새롭게 하나로 시작된다. 이는 혼의 완성으로 만들어진 삼태극을 나타내고 있다. 이 혼은 어디로든 갈 수 있고, 흔들리고(動) 뒤집어지며 움직일 수 있음을 이 수(63)는 암시하고 있으나, 이도 결국 그 근본바탕은 변하지 않는다는 것을 또한, 알게 된다. →63.

이 혼의 삼태극은, 실체를 가진 하나의 팔자가 완성되어 대우주를 이루고 있는 모습이다. 즉, 사람(생명체)의 근원수(18)가 대우주를 바탕으로 완성되었다는 것이다. →189.

더 들어가 보면, 실체적인 완성에서 만들어진 완성된 오행의 음양(十-52)을 볼 수 있다. 이는 곧, 음양이 바탕이 된 음양오행의 완성을 일컫는다. 또한, 완성된 오행을 중심으로 제각각의 음양으로 돌아가는 음양오행의 이치이자, 영원한 대우주의 법칙이라고 할 것이다. →252.

☯ 다음, 이 음양이 하나 된 "一(21)"의 씨를 쌓고 쌓는다는 뜻을 지닌 "積(22)"은 이 경에서 어떤 의미를 부여하는지 석삼극하여 원방각으로 먼저 알아본다.

22	●231(6)	■253(10)1	▲484(16)7	합: 968(32-23)5

※ 이 금척수는 한마디로, 그 하나(태극)의 음양이 완성되어 새롭게 낳은 음양이다. 이는 두 개의 본자리(11)가 제각기 음양을 가지고 완성되어 쌓여서 돌아간다는 뜻이 함축되어 있다. 또한, 이 숫자는 사람이 살아갈 완성된 인간세상을 지칭하기도 한다. →22.

원방각, **하늘자리**는 실체적인 음양의 삼태극이 완성되어 하나로 시작되는 그 혼을 나타내고 있다. 즉, 앞서 그 완성된 하나의 "一(21)"의 씨라고 할 것이다. 중요한 의미이다. 반드시 유념해야 할 부분이다. →231(6).

땅의 자리는 실체적인 음양의 완성으로 탄생되어 완성된 오행의 세상 속에 나온, 독립체의 사람(一-53)의 모습이다. 이는 또한, 삼태극(사람)이 바탕이 된 음양오행의 완성을 보여 주고 있다. 결국, 이 모든 것은 하나의 완성을 가리키고 있다. →253(10)1.

(4) 一(21)積(22)十(23)鉅(24)=90

자식의 자리는 실체적인 본자리의 팔자가 새로운 본자리를 바탕으로 완성된 모습을 보여 주고 있다. 소위, 우리가 습관처럼 말하는 '**사주팔자**'가 새로운 본자리를 낳으며 이를 바탕으로 완성을 이룬 모습이다. 즉, 끊임없이 쌓여지고 있는 본자리 혼의 모습이라고 할 것이다. 이는 바로 완성된 팔자를 중심으로 제각기 돌아가는 음양의 본자리를 일컫는다. 이 모든 것 또한, 영원한 대우주의 법칙 속에 있음을 수로써 증명해 주고 있다. →484(16)7.

총합의 수에서는, '無'에서 시작된 실체적인 대우주의 혼이 팔자를 바탕으로 완성되었다는 것을 알 수 있다. 이는 제각기 완성된 음양의 근원수(**부모**-96)가 팔자를 바탕으로 돌아가고 있는 모습이다. 또한, 대우주가 완성된 혼의 그 태극(太-68)을 바탕으로 돌아가며 실체적인 완성을 이루고 있다. 여기에서 이 바탕을 이루는 금척수(68)는, 최초 그 태극(太)의 의미와 함께 소우주인 어머니의 자궁 속(胎)과 같은 의미도 내포하고 있다. 즉, 이것은 끊임없이 돌아가는 대우주의 법칙 속에서 완성된 오행 속의 땅 위 세상을 나타내고 있다. 차후에 더 깊게 밝힐 것이나, 수의 정렬에 대한 의미를 제대로 습득한다면, 이 의미 또한 이 경의 전문을 통독한 후, 수월하게 납득될 부분이다. →968(32-23)5.

✖ 위의 수(22)를 팔괘의 방법으로 증명해 본다.

22×3=66

66×3=198   66×4=264

✖ 이 제각기 돌아가는 음양은 곧, 제각각의 음양의 혼을 가리킨다. 이는 완성된 혼이 낳은 새로운 혼의 모습으로서, 생명탄생의 주도적인 주체가 된다. 이 혼은 음양의 모습, 그대로 제각각의 다른 면(心-66)을 가지고 쌓여지는 "**積**"이라는 것이다. 음양이라고 하였으나, 수의 정렬을 돌이켜 기억할 수 있다면 이 수는 그 의미에서 동등한 역할과 가치를 나타내는 것이 아님을 깨우칠 수 있어야 한다. 여기에는 또한, 사람의 그 나아가는 길이, 대우주 공간 속에서 묘연한 까닭이기도 하다.

이 금척수의 심오한 뜻을 지금의 흐름에서 완벽하게 파악하기는 어려울 듯하나, 이 경의 후반부에 수록된 "本心本太陽昻明"의 구절에서 좀 더 세세하게 증명해 볼 것이니, 이 경의 전문을 습득하는 과정에서 능히 납득할 수 있을 것이다. →66.

이 제각각(음양)의 혼은 실체적인 하나의 대우주가 팔자를 바탕으로 완성을 이루며 만들어져 돌아가고 있음을 알 수 있다. →198.

더 들어가 보면, 실체적인 음양에서 탄생되어 완성된 혼의 본자리를 보여 주고 있다. 이는 또한, 본자리를 바탕으로 음양의 혼이 완성된 것을 가리킨다. 결국, 이것은 본자리를 바탕으로 이루어진 "一析三極"의 완성을 일컫는다. →264.

위의 수에서 알 수 있듯이, **"積(22)"**은 최초의 그 '一'을 **"析三極(21)"** 하여 본자리 하나를 낳으며 새롭게 완성의 과정을 쌓아가는 모습이라고 할 것이다.

☯ ✳ **"十"**은 〈천부경〉 원문에 수록된 숫자이다. 앞서 "一始無始"의 금척수(10)와 비교하여 이 **금척수**(23)를 석삼극하여 증명해 본다.

23	●253(10)1	■276(15)6	▲529(16)7	합: 1058(41-14)5

※ 위의 금척수는 오행으로 돌아가는 음양의 삼태극이 완성되었다는 것을 나타낸다. 이는 〈금척천부경〉 원문에 나타나 있듯이, '無'에서 탄생되어 완성된 그 하나가 쌓이고 쌓여 **'十'의 완성**을 이룬 수로서의 그 의미를 나타내고 있다. 이미 밝힌바, 이 경에는 억겁과 같은 인간의 눈으로는 가늠할 수 없는 시공이 존재하고 있다. 또한, 전문을 통하여 ✳ '十'의 완성의 숫자는 두 번 수록되어 있다. 그 첫 번째 완성(十)의 금척수(23)는 바로 음양의 완성으로 탄생된 삼태극이다. 즉, 삼태극이 바탕이 되어 돌아가는 음양의 완성이다. 이 숫자가 가진 진정한 의미는 이 〈금척천부경〉 중반부에 수

(4) 一(21)積(22)十(23)鉅(24)=90

록된 "五十(七)一妙衍"에서 그 해답을 찾을 수 있다. 유념해야 할 것은, 이 완성은 앞서 "積(22)"의 금척수리에서 알 수 있듯이, 음양의 혼이 완성된 것이자, 사람의 근본(혼)의 완성이다. →23.

원방각에서 **하늘자리**는, 앞서 밝힌바, 실체적인 음양에서 탄생된 독립체의 사람 "一(53)"을 보여 주고 있다. 이는 또한, 삼태극을 바탕으로 완성된 음양오행을 나타내고 있다. →253(10)1.

땅의 자리는 실체적인 음양의 완성으로 만들어진 七축(정신)의 혼이 바탕이 되어 있다. 이 七축(정신)의 완성으로 만들어진 혼은, 완성된 사람이 (천·지)와 하나가 되어 삼태극(천·지·인)을 이룬 "人中天地一"의 그 "一(76)"로서 십오진주(구세주)를 일컫는다. 이는 지금, 살아서 깨우쳐 가야할 사람, 그 근본의 완성을 일컫는다. 곧, 모든 완성의 근본(혼)이며 시작을 나타낸다. →276(15)6.

이들 합의 결과물, **자식의 자리**에서는, 실체적인 오행으로 돌아가는 음양의 대우주를 바탕으로 완성을 이룬 모습을 보여 준다. 이는 결국, 대우주(소우주)가 바탕이 되어 완성된 사람을 일컫는 것이다. →529(16)7.

총합의 수에서는 제각기 완성된 하나(태극)에서 탄생되어 완성된 오행의 팔자를 보여 준다. 이는 영원한 오행 속에서 돌아가는 팔자를 일컫는다. 또한, 수없이 돌며 쌓고 쌓아 만든 완성된 하나의 본바탕(자리)이라는 것을 말하고 있다. 이 속에는 이미 완성된 오행의 팔자를 바탕으로 끊임없이 돌아올 윤회의 모습이 예시되어 있다. →1058(14)5.

✄ 이 수(23)를 다시 다른 방법으로 증명해 보면,
$$23 \times 3 = 69$$
$$69 \times 3 = 207 \qquad 69 \times 4 = 276$$

✠ 이 완성된 음양의 삼태극은, 완성된 혼이 대우주를 바탕으로 돌아가고 있는 모습이다. 또한, 이 수는 바로 인간세상의 근본(혼)이 되는 음양의 근원수(부모)가 바탕이 됨을 나타내고 있다. →*69.

이는 七축(정신)을 바탕으로 실체적 음양(사람)의 완성을 보여 준다. →207.

더 들어가 보면, 혼이 바탕이 된 실체적인 음양의 七축(정신)이 완성된 모습을 알 수 있다. 이것이 바로 실체적인 음양(사람)의 완성이자, 부모의 본자리가 완성되었다는 것을 수로써 증명하고 있다. 즉, 이 "十(23)"은 바로 변화(化-27)된 혼으로서 이는 이 경의 후반부에 수록된 "人中天地一"의 그 "一(76)"의 근간(근본)이 되는 완성된 실체적인 음양(사람)을 일컫는다. 난해한 듯하나, 이 또한 〈금척천부경〉의 전문을 모두 통독한 후, 되짚어 돌아볼 부분이 될 것이다. →276.

결국, 위의 "十(23)"의 의미는 음양의 근원이자, 우리 자신의 근본(혼)으로서, 조상(부모)의 혼인 음양의 삼태극이 완성되었음을 말하고 있다. '十'의 세세한 증명은 "五十一妙衍" 부분에서 좀 더 깊게 밝혀 보도록 한다.

* 위의 음양의 근원수(부모)인 (69)를 (96)과 같은 의미로 올려놓은 것은 말 그대로 부모의 수로서 음양의 근원이 되는 제각각의 숫자이기 때문이다. 양수(아버지-9)와 음수(어머니-6)의 순수한 수의 개념에서 보는 것이다. 물론, 수의 정렬의 의미에서는 그 전하는 뜻이 다르다는 것을 잊어서는 안 된다. 이미 밝힌바, 역수의 개념을 기억해야 할 것이다.
이 수는 이 경에서 수없이 언급될 수로서 사람의 근본이자 근원이 된다. 다시금, 강조하지만, 이 부모의 근원수는 과거와 현재, 그리고 다가올 미래가 어떻게 갈 것인가를 보여 주는 예로써 작용하게 된다.

☯ 이제, 그 '一'이 쌓이고 쌓여 완성되어 만들어진 이 음양의 삼태극, 부모(69)의 본자리 **"鉅"**의 금척수(24)는 어떤 의미를 부여하고 있는지 확인해 보도록 한다.

| 24 | ●276(15)6 | ■300(3) | ▲576(18)9 | 합: 1152(36)9 |

✠ 이 금척수는 한마디로, 완성된 음양의 본자리를 나타낸다. 이는 곧, 음양의 완성으로 탄생된 본자리이다. 또한, 인간의 생각과 척도로는 가늠할 수 없는 시공(시간과 공간)이 존재하는 〈금척천부경〉의 전문을 통하여, 그 주체가 누구인지 깨우칠 수 있어야 한다. 이는 완성된 사람의 본자리이자, 음양의 근원수인 부모(조상)의 본자리를 일컫는다. 즉, 오늘날 사람들이 쉽게 말하는 그 근본은 이를 두고 하는 말이다. 이는, 선천과 후천의 세상에서 선천의 세상, 그 근간을 일컫는다. →24.

원방각, **하늘자리**를 보면, 앞서 밝힌바, 실체를 가진 음양의 七축(정신)이 혼을 바탕으로 완성을 이룬 모습을 보여 주고 있다. 이는 완성된 사람의 근본(혼)을 나타낸다. 이는 또한, 선. 후천의 세상을 오가는 과정에서 사람들에게 그 근본(혼)의 본자리(주소)가 된다. →276(15)6.

하늘의 씨를 받은 **땅의 자리**에서는, 이 완성된 혼을 받아 삼태극의 실체적(百-00, 혼백)인 완성을 이룬 모습을 볼 수 있다. 즉, 혼백이 완성된 삼태극(사람)이 된 것이다. →300(3).

이들 합의 결과물, **사람의 자리**에서는 실체적으로 완성된 오행의 조화 속에서 만들어진 하늘의 정신인 七축의 혼을 볼 수 있다. 이는 앞서 밝힌바, 세상 속에서 사람이 (천·지)와 하나 되어 삼태극(천·지·인)을 이루게 되는 **"人中天地一"**의 그 **"一(76)"**의 의미가 담겨 있다. 바로 이 모든 근본바탕이 되는 본자리를 일컫는다. 또한, 이 실체적인 오행의 주관 속에서 움직인다는 뜻 속에는 대우주 공간 속에서 끝없이 윤회할 육신을 가진 완성된 사람의 혼이 암시되어 있다. →576(18)9.

총합의 수에서는 처음, 태초의 두 개(음양)의 본자리(11)가 실체적인 완성을 이루며 완성된 오행의 음양(十-52)을 바탕으로 돌아가고 있는 모습이다. 이 수에 담긴 숨겨진 더 깊은 묘미를 간파할 수 있다면 〈금척〉으로 이 〈천부경〉이 전하는 뜻을 거의 습득했다고 하여도 과언이 아닐 것이다. 간합(부합)의 수에서도, 삼태극의 혼으로 이루어진 대우주의 모습을 볼 수 있다. →1152(36)9.

✤ 위의 금척수(24)를 다시 팔괘로 돌려 증명해 보면,

24×3=72

72×3=216　　72×4=288

▩ 완성된 음양의 본자리는 곧, 완성된 七축(정신)이 낳은 음양(사람)으로 대우주를 이루고 있는 모습이다. 즉, 음양이 바탕이 된 하늘(天)의 정신이 완성되었다는 것이다. 이는 바로 대우주 번성의 그 시작이자 근원이 되는 완성된 사람을 가리키고 있다. 또한, 그 바탕이 된다. →72. ➜ **[삼일신고-세계훈72] 참조.**

이는 실체적인 음양이 하나 되어 만들어진 혼을 나타내고 있다. 즉, 혼이 바탕이 된 실체를 가진 음양이 하나로 완성된 것이다. 또한 이는 땅 위 세상의 실체적인 음양이, 혼을 바탕으로 하나로 완성된 그 근원이 된다. 즉, 그 "一(21)"이 혼을 바탕으로 완성되었음이다. →216.

더 들어가면, 변화된 사람(三-28)이 팔자를 바탕으로 완성된 것을 알 수 있다. 즉, 실체적인 음양에서 탄생되어 변화(88)된 제각각의 팔자이자, 음양의 본바탕인 것이다. →288.

☯ 이제, 이 구절 **"一積十鉅"**의 **총합수(90)**를 석삼극하여 증명해 본다.

90	●4005(9)	■4095(18)9	▲8100(9)	합: 16200(36)9

(4) 一(21)積(22)十(23)鉅(24)=90

✴ 위의 금척수는 보이는 수 그대로 대우주의 완성을 가리킨다. 하나가 쌓이고 쌓여 '十'이라는 완성의 단단한 '鉅'를 만든 것이다. 이는 바로 구이성십(구궁가일)의 완성이다. 이것이 곧, 대우주(소우주)의 완성이다. 또한, 이는 그 실체적인 완성(十)의 새로운 시작을 일컫는다. 여기에서 수가 나타내는 의미를 파악할 수 있어야 한다. 원방각의 모든 부합의 수 또한, 대우주를 가리키고 있음을 알 수 있다. '十'이 완성을 의미하는 숫자이나, 여기서 유념할 것은 완성에 대한 의미 또한, 완전(15)하다는 것과는 그 전하는 바가 다르다는 것이다.

이는 이 경의 전문을 통해 수록된 금척수에서 구별할 수 있어야 한다. 물론, 완성은 정점에 이른 것이며 모든 이치가 그러하듯, 새롭게 시작되는 분열과 배분의 법칙 속에서 다가올 변화를 암시하고 있다. 그 최초의 기본적인 환경이 완성된 것이다. →90.

원방각, **하늘자리**는 제각기 완성된 본자리가 오행을 바탕으로 대우주를 이루고 있다. →4005(9).

땅의 자리는 제각기 완성된 본자리가 대우주의 완성을 이루며 오행을 바탕으로 돌아가고 있다. 이는, 사람의 근원수(18)가 바탕이 된 대우주의 모습을 나타낸다. →4095(18)9.

이들의 결과물, **자식의 자리**는 팔자가 하나 되어 실체적인 완성을 이룬 대우주의 모습이다. 결국, '無'에서 시작된 그 '하나'가 실체적으로 완성된 완전한 사람의 또 다른 새로운 시작을 암시하고 있다. →8100(9).

총합의 수에서 볼 수 있는 것은, 영원한 하나(태극)에서 탄생한 혼의 음양이 실체적 완성을 이루고 있는 모습이다. 이 또한, 수에서 짐작하듯, 변하지 않는 (천·지)의 완성 곧, 땅 위의 세상 속에서 변화되어 완성된 사람을 일컫는다. 간합(부합)의 수에서도 완성된 삼태극의 혼으로 이루어지는 대우주를 볼 수 있다. 이 〈금척천부경〉 중반부에 수록된 "大三合六"의 구절에서 좀 더 세세하게 밝혀 보도록 할 것이다. →16200(36)9.

✖ 이 수(90)를 다시 팔괘로 돌려 증명해 본다.

$$90 \times 3 = 270$$

$$270 \times 3 = 810 \qquad 270 \times 4 = 1080$$

✳ 대우주의 완성은 곧 실체를 가진 음양의 七축(정신)이 완성을 이룬 모습을 나타내고 있다. 이는 곧, 완성된 七축(정신)이 바탕이 되어 돌아가는 실체적인 음양(사람)의 완성된 모습을 일컫는다. →270.

이는 또한, 실체를 가진 완전한 팔자가 새롭게 하나로 완성되었음을 나타낸다. 이미 언급한바, 이 금척수는 또 다른 새로운 시작을 위한 완성을 예시하고 있다. →810.

더 들어가 보면, 제각기 완성된 하나(태극)에서 만들어진 팔자가 완성되었음을 볼 수 있다. 이는 팔자를 바탕으로 하나의 완전한 완성을 이루는 것으로써 이는 결국, (108)이 쌓이고 쌓여 완전한 완성을 이루는 모습의 "一積十鉅"의 의미이다. 이는 바로 완성의 과정을 통한 새로운 변화를 나타낸다. →1080.

☑ **일적십거(一積十鉅)(90)**

이 네 글자(四字)의 의미는 바로 사람의 완성된 탄생을 위한 근본과정을 요약한 것이라고 하겠다. 하늘(아버지)의 씨를 받은 땅(어머니)은 하나로 합하여 완성(十)의 시간을 보내며 생명(사람)의 씨[**음양의 삼태극-23**]를 만들고 있는 것을 보여 주고 있다. 이것은 크고 단단한 생명탄생의 본자리(鉅-24), 어머니의 자궁을 만드는 것이다. 즉, 우주만물의 본바탕인 대우주(소우주)의 탄생과정과 완성이라고 할 수 있다. 또한 완전수(96-15)이자, 생명탄생의 근원지인 아버지 '9'의 완성된 '數(90)'이기도 하다. 이 네 글자의 총합수가 (90)이라는 것만으로도 이미 '대우주의 완성'을 의미하고 있음을 알 수 있다.

〈금척천부경〉이 지금 우리 인간에게 전하여 알리고자 하는 뜻이 비록, 어렵고 난해한 듯 보일지라도, 알고 깨우치고자 노력하는 자에게는 어느 순간에 확연하게 드

(4) 一(21)積(22)十(23)鉅(24)=90

러날 것임은 의심의 여지가 없다.

〈금척〉의 수리는 그 심오한 깊이를 인간의 척도로 가늠할 수가 없으며, 파고들수록 그 신비롭고 오묘한 이치(진리)에 도저히 인간이 만들 수 없는 神(하늘)의 수라는 것을 깨닫게 될 뿐이다. 처음부터 많은 것을 얻고 터득하기를 바라는 것은 욕심이다. 무슨 일이든 시간이 필요하다. 세월을 채워 익힌 자에게는 보이지 않는 내공(內攻)의 힘이 있다. 그 내공은 어느 순간에 빛을 발(發)하겠지만, 이것도 그저 얻어지는 것이 아니란 것을 세파(모진 세상)의 경험에서 우리는 이미 알고 있다. 이경을 수없이 반복하여 정독하다 보면 어느 순간에 이미 깨닫고 있는 자신을 보게될 것이다.

위의 "一積十鉅"는 바로 이 깨달음에 의한 완성(十)의 시간을 나타내고 있다. 이것이 선천의 세상에서 완성된 사람(십오진주)이며, 곧 사람의 **근본(혼)의 완성**이라고 할 것이다.

사람들은 오래전부터 이 숫자(108)를 가지고 끊임없는 기도와 수련을 하며 자신을 성장시키고자 하였으며 현재까지도 우리의 삶에 그것은 변함이 없음을 부인할 수없다. 허나, 무엇을 위한 성장이며 무엇을 위한 변화인지 진실로 깨닫고 수도하는 자가 과연, 얼마나 될까. 하늘의 참된 이치를 깨닫지 못하고 어찌 땅의 이치를 찾을 수 있겠는가. 하물며, 무엇인지도 모를 도(道)에 스스로 몰입한 수련과 기도는 지금 이때에는 그저 허송세월일 뿐이다.

여기서 우리가 알아야 할 것은 "一積十鉅"에서도 보여 주듯이, (108)은 **완성의 끝이 아니라 또 다른 시작**이며, 그 마지막 완성을 위한 과정일 뿐이다. 이 수에서 볼 수 있듯이 (108)의 수가 쌓이고 쌓여야 어느 때 그 마지막의 완성(十)을 이루어 본자리(鉅-24)를 만날 수 있음이다. 그 '때(時)'는 깨달음의 때(時)일 것이며, 그날은 神께서 허락하신 그 '때(時)'일 것이다. 또한, 이것이 양백(兩百)에서 그 하나의 완성 '十'이 된다. 지혜 있는 자는 이 뜻을 스스로 깨우쳐 터득할 것이다.

(5) 無(25)匱(26)化(27)三(28)=106

지금부터는 앞서 밝힌 것들의 결과물이다. 아무것도 없는, 보이지도 않는 "無(25)"는 궁극적으로 대우주 공간 속, 우리가 살고 있는 인간세상의 삼라만상에 깃든 음양오행을 나타내고 있음을 이미 〈금척〉의 숫자로 보여 주고 있다.

이로 만들어진 "匱(26)" 또한, 처음, '一'을 '析三極'한 "一析三極"의 결과물과 동일한 금척수임을 알 수 있다. 이 결과물은 七축(정신)을 중심으로 변화된다. "化(27)" 이것이 바로 사람의 "三(28)"이 되는 것이다. 이는 보이는 수 그대로 팔자가 바탕이 된 음양의 모습이다. 여기에서 "化三"을 합한 금척수(55)는 제각기 돌아가는 완성된 오행의 세상 속, 사람(근본)의 모습을 담고 있다.

이 수에서 보여 주듯이, 사람은 오행의 완성을 본바탕으로 돌며 성장하고 대우주 공간 속에서 끝없이 번성하고 퍼져(衍-55)나가며 살아갈 것임을 이미 예시하고 있는 대목이다. **총합의 수**에서도 알 수 있듯이, 이 "**無匱化三**"은 혼이 바탕이 된 하나의 실체적인 완성을 보여 주고 있다.

👁 이 〈금척천부경〉 원문에는 '無'의 글자가 네 번 수록되어 있다. 그 세 번째 수록된 이 "無"의 금척수(25)는 어떤 의미를 가지고 있는지 석삼극하여 원방각을 통하여 확인해 본다.

| 25 | ●300(3) | ■325(10)1 | ▲625(13)4 | 합: 1250(26)8 |

✴ 이미 앞서 '無'에 대하여 밝힌 바 있다. 여기에는 많은 의미가 함축되어 있다. 말이나 글로써 표현할 수 있는 차원이 아니다. 인간을 포함한 모든 우주만물이 속한 대우주(9)가 한마디로 '無'라고 하였다. 이는 바로 금척수에서 말해 주듯이 완성된 음양이 오행을 바탕으로 돌아가는 음양오행의 세상이다. 이는 〈금척천부경〉의 기본바탕이자, 인간을 포함한 만물의 근본

바탕이라고 할 것이다. 또한, 神의 수(7)이며 두 번째 완성(十-52)을 나타 내는 금척수의 역수이기도 하다. 이 수들의 그 내면에 담긴 궁극적인 뜻은 결국 서로 상통하고 있으나, 금척수가 가진 역할은 나름 제각기 존재하고 있 음을 또한, 간과하여서는 안 될 것이다. →25.

원방각의 **하늘자리**는, 혼백(魂魄)으로 완성을 이룬 실체적인 삼태극(사람)을 나타내고 있다. 이는 그 하나의 씨라고 할 것이다. 이는 또한, 바로 앞서 "一積十鉅"의 크고 단단하게 쌓인 본자리의 음양이 합하여 나온 결과물이 다. →300(3).

땅의 자리에서는 실체적인 삼태극의 음양이 오행을 바탕으로 하나의 완성을 이루고 있다. 이는 곧, 혼백(00)의 실체적 완성, 그 삼태극이 음양오행의 세 상 속에서 하나 되어 돌아가고 있는 모습이다. →325(10)1.

이들의 결과물, **자식의 자리**에서는 실체적인 혼의 음양이 오행을 바탕으로 완성되었음을 볼 수 있다. 이 수 또한, 음양오행의 법칙 속에서 일합삼(삼합 일)의 원리가 불변의 이치로 존재하여 그 근본에는 변함이 없음을 나타내고 있다. 허나, 그럼에도 불구하고, 유일하게 부정을 담은 이 금척수(不-62)가 전하는 의미를 간과해서는 안 된다. 한 개의 숫자도 그저 뜻 없이 수록된 것 이 없다는 것이다. 이 또한, 우리의 모든 삶에 스며들어 크고 작은 일들을 일으키며 만들어 왔다는 것을 이 경의 전문을 수없이 통독한 후, 깨우침으로 체감하게 될 것이다. →625(13)4.

총합의 수에서 보여 주고 있는 것은, 제각기 완성된 하나(태극)의 실체적인 음양이 완성된 오행을 바탕으로 돌아가고 있는 모습이다. 이는 곧, "一析三 極"의 결과물과 같으며, 아무것도 없고, 보이지 않는 것의 실체적인 완성이 자, 七축(정신)의 완성을 말하고 있다. 이는 바로 제각기 완성된 하나(태극) 에서 탄생된 음양오행의 완성을 일컫는다. →1250(26)8.

✤ 이 수(25)를 다시 팔괘로 돌려 증명해 본다.

2×3=75

75×3=225　　75×4=300

⊠ 이 '無'에서 탄생한 음양오행은 완성된 七축(정신)이 오행을 바탕으로 돌아가는 땅 위의 세상을 나타낸다. 이 또한 앞서 완전수(15)에서 밝힌바, 땅(地)은 오행의 역할 속에 있다는 말을 기억한다면, 이 수가 〈금척천부경〉 후반부에 수록된 "人中天地一"의 "地(75)"라는 사실에 다시 한번 금척수리가 한 치의 오차도 없음을 깨닫게 된다. 이 경의 세 번째 수록된 '地'를 나타내는 이 수는 현재, 우리가 살아가는 세상의 개념과는 구별되는 부분이다. →75.

오행의 바탕 속에서 제각각의 완성을 이룬 음양을 나타내고 있다. 이 수(22)는 오행의 바탕 속에 살아가는 우리의 완성된 인간세상을 일컫는 것임을 이미 밝힌 바 있다. 즉, 제각각의 음양오행 속에서 돌아갈 완성된 세상, 그 시작의 바탕을 예시하고 있다. →225.

더 들어가면, 이 '無'의 음양오행은 바로 삼태극의 실체적인 완성을 나타내고 있다. 이도 결국, 혼백(육신)으로 완성을 이룬 세상, 그 삼태극(사람)을 일컫는다. →300.

☯ 그렇다면, 음양오행의 바탕 속에서 하늘의 정신인 七축을 중심으로 변화되는 그 시작의 근원을 앞선 금척수(25)에서 볼 수 있었다면, 그 '無'를 담는 "匱", 이는 "一積十鉅" 한 것을 담는 보이지 않는 그릇이다. 이 금척수(26)에 대한 증명은 앞서 "一析三極"에서 밝힌 바 있으므로 생략한다. 위의 금척수는 이미 밝힌바, 음양의 완성으로 낳은 혼이 바탕이 되어 돌아가고 있다. 즉, 혼이 바탕이 된 완성된 음양이라고 할 것이다. 이것은, 앞서 〈금척천부경〉의 핵심적인 비밀의 열쇠가 되는 "一析三極"과 동일한 금척수를

(5) 無(25)匱(26)化(27)三(28)=106

나타내고 있다. 이는 그 뜻과 중(重)함이 서로 일맥상통하고 있다는 것이다. 모든 생명체를 아우르겠으나, 궁극적으로는 인간인 우리의 혼이 시작되고 움직이는 근원이 "匪"의 금척수(26)이기 때문이다. 또한, 이는 이 경의 주체라고 할 수 있는 '혼'의 근원이자, '無'에서 낳은 음양을 가진 **"우주생명의 시작"**이란 커다란 의미를 내포하고 있다. →26.

그렇다면, 이 **"無匪"**는 무엇일까. 이 두 글자의 금척수를 합하면 (51)이다. 이 수는 완성된 오행의 근원적 환경과 시작을 암시하며 **[삼일신고-신훈 51자]**와 그 맥을 같이 한다. 또한 완전수(15)의 역수이기도 하다. 이 모든 뜻이 결국 하나의 맥락으로 좁혀짐을 알아야 한다. 그것은 바로 선천과 후천을 오가는 영원한 완전수(십오진주)이자, 사람의 근본(혼)으로서 하늘의 이치 속에 하나로 귀속된다는 것을 말하고 있다.

여기서 또한, 유념하고 가야 할 것은, 〈천부경〉의 기원과 함께 간과할 수 없는 것이 〈삼일신고〉이다. 단지 (366)자의 〈교화경〉으로만 인지할 수 없음은 이 〈삼일신고〉의 모든 내용은, 〈금척천부경〉이 전하고자 하는 뜻을 그대로 글로써 옮겨, 우리가 깨우치고 행함에 밝은 지혜를 얻게 해 놓은 경이라고 할 수 있다. 그중에 이 [신훈51자]가 들어 있다. 이 수(51)는, 이 경의 전반적인 상황이나 환경이 달라지는 것을 넘어, 이 경이 인류 최초의 〈예언서〉로서 그 근거를 찾을 수 있는 전환점이 된다.

하여, 이는 〈금척천부경〉 원문 중, **"五十一妙衍"** 구절에서 더 깊게 밝혀보기로 한다.

☯ 이제, **"無匪"**에서 완전하게 완성된 사람으로 변화되는 과정의 **"化"**의 **금척수(27)**에 대하여 석삼극해 본다.

27	●351(9)	■378(18)9	▲729(18)9	합: 1458(45-18)9

※ 위의 금척수는 음양의 완성으로 낳은 하늘의 정신인 七축을 일컫는다. 이는 곧, 七축(정신)이 바탕이 된 완성된 음양을 나타내고 있다. 완전한 생명이 잉태

될 때 함께 뿌리내리며 존재하게 될 神(하늘)의 정신을 의미하고 있다. →27.

원방각, **하늘자리**는 삼태극이 "無匱"를 바탕으로 실체적인 완성을 이룬 모습이다. 이는 바로, 완성된 사람(人-35)이 하나로 새롭게 시작되는 대우주를 나타낸다. 즉, 변화되어 완성된 오행의 환경(五-51)을 바탕으로 돌아가는 실체적인 삼태극의 대우주를 보여 주고 있다. →351(9). ➜ [삼일신고-신훈51자] 참조.

땅의 자리에서는, 혼백의 실체적인 삼태극이 七축(정신)의 팔자를 바탕으로 완성을 이룬 대우주를 나타내고 있다. 이는 바로, 팔자가 바탕이 된 사람의 완성을 일컫는다. 또한, 혼백의 실체를 가진 삼태극이 다 이루어 끝마쳤다(終-78)는 것을 보여 준다. 결국, 이 모든 것은 곧 변화가 시작됨을 암시하고 있다. →378(18)9.

이들 합의 결과물, **자식의 자리**는 실체를 가진 七축(정신)의 음양이 대우주를 바탕으로 완성을 이룬 모습이다. 이는 이 경의 후반부에 수록된 "太陽昻明人"의 그 "人(72)"이다. 또한, 대우주의 탄생과 번성을 주도할 변화되어 완성된 사람의 근간(근원)을 이 수에서 증명하고 있다. 유념할 것은, 다양한 완성을 이루고 난 후에 나타날 그 변화는, 선. 후천을 오가며 그 의미 또한 함께 통할 것이나 앞서 밝혔듯이 주체가 누구인지, 무엇을 말하고 있는지, 구별할 수 있어야 한다. →729(18)9. ➜ [삼일신고-세계훈72] 참조.

총합의 수에서 보여 주는 것은, 제각기 완성된 하나(태극)의 실체적인 본자리가 오행의 조화 속에서 팔자를 만들며 대우주 공간 속에서 변화되는 모습이다. 이는 바로, 제각기 완성된 하나(태극)에서 탄생된 구이성십(구궁가일)의 대우주가 팔자를 바탕으로 완성된 것을 나타낸다. 이는 또한, 제각기 완성된 하나(태극)의 실체를 가진 본자리가 완성된 오행의 팔자(萬-58)를 바탕으로 영원히 되돌아올 변화된 사람을 암시하고 있다. 이는 결국, 원방각의 모든 부합의 수가 대우주(9)를 가리키는 것 또한, 이 모든 변화의 과정도 영원한 대우주의 법칙에 귀속되어 있음을 나타내고 있다. →1458(18)9.

(5) 無(25)匱(26)化(27)三(28)=106

※ 위의 수(27)를 다시 팔괘로 돌려 한 번 더 증명해 보면,

27×3=81

81×3=243　　81×4=324

※ 위의 수(27)는 〈금척천부경〉의 핵심이라고 할 수 있는 최초의 그 '一'을 "析三極"하여 "匱(26)"에서 나온 결과물로서, 변화의 그 시작을 나타내고 있다. 결국, 이 경의 마지막, 완성된 팔자에서 새롭게 시작하는 "一(81)"과 그 뜻이 일맥상통하고 있다. 시공의 흐름 속에 담긴 다른 듯, 같은 그 주체를 구별해 보며 이 말의 의미를 파악할 수 있어야 한다. →81.

이는 실체적인 음양의 본자리가 삼태극을 바탕으로 완성되었음을 나타낸다. 이는 바로 "一積十鉅"한 그 단단하게 쌓인 "鉅(24)"의 본자리가 완성되어 만들어 낸 삼태극이다. 또한, 음양이 神의 정신인 七축(7=43)을 바탕으로 실체적인 완성을 이루었다는 것을 〈금척〉의 수로 다시 한번 증명하고 있다. →243.

더 들어가 보면, 이 또한, 삼태극이, 단단하게 쌓아 올린 "鉅(24)"라는 본자리의 바탕 속에서 실체적인 완성으로 변화된 것이다. 이 변화는 곧, 삼태극의 음양이 본자리를 바탕으로 완성을 이룬 것을 나타낸다. →324.

☯ 그렇다면, 이제 '無匱'에서 탄생하여 완전하게 변화되어 완성된 사람을 지칭하고 있는 "三"의 금척수(28)를 석삼극하여 원방각으로 증명해 본다.

28	●378(18)9	■406(10)1	▲784(19)1	합: 1568(47-11)2

※ 위의 금척수는 음양이 팔자를 가지며 변화되고 완성된 사람을 나타내고 있다. 이때의 삼태극은 처음으로 "化三"하여 음양이 오행 속에서 돌아가는 **사람의 그** '三'을 말하고 있다. 〈금척천부경〉 전문을 통하여 '三'은 여덟 번 수록되어 있다. 여기서 이 수(28)는 완성된 완전한 사람을 지칭하는 근간

이 된다. 이는 바로, 우주만물과 번성의 원리로 돌아가는 선. 후천의 관점에서 이 경을 읽고 깨우침에 다다른 자, 그 사람의 '조상', 바로 그 '人'을 일컫는다. 즉, 바로 지금 자신의 근원(뿌리)인 "三"의 의미가 내포되어 있다고 할 것이다. 왜냐하면, 지금 이 경이 현재의 사람들에게 전하여 깨우치고자 하는 그 기회의 비밀을 모두 포괄하고 있기 때문이다. →28.

원방각, **하늘자리**는 삼태극이 七축(정신)을 바탕으로 두 개(음양)의 본자리(팔자)를 가지며 실체적으로 완성되었음을 나타낸다. 이는, 실체적인 삼태극(사람)의 완성으로 **다 이루어 끝마쳤다(終-78)**는 의미가 함축되어 있다. 차후, 다시 논하겠으나 유념할 것은 금척수, 그 원래의 뜻과 이 경의 전문을 통하여 전하는 수의 의미와 혼돈하지 않아야 할 것이다. →378(18)9.

땅의 자리는 혼을 바탕으로 실체적인 완성을 이룬 본자리의 모습을 볼 수 있다. 이 또한, 하나의 완성을 나타내고 있다. →406(10)1.

자식의 자리에서는 七축(정신)의 팔자가 본자리를 바탕으로 완성된 것을 나타낸다. 이는 완성된 실체를 가진 하늘 정신(七축)의 팔자가 끝(終-78)을 맺고 새롭게 변화된 본자리가 탄생했음을 알려주고 있다. →784(19)1.

총합의 수에서는 제각기 완성된 하나(태극)에서 탄생한 실체적인 완전수(15)가 새로운 혼의 팔자(太-68)를 바탕으로 돌아가며 완성된 모습이다. 이 바탕은 곧, 태극의 太(68)이자, 어머니의 자궁 속(胎)의 모습을 나타내고 있다. 이는 결국, 실체적으로 완성된 사람(근본혼-부모)이 어머니의 자궁 속에서 완성되었다는 말과 같다. 궁극적으로는 사람의 모습으로 드러날 십오진주(구세주)의 사인불인(사람인 듯, 사람이 아닌)을 암시하고 있으나, 한편으로는 변화되어 완성된 사람(근본혼)을 지칭한다. 이 모든 것은, 영원한 대우주의 법칙 속에 존재하고 있으며 현재의 삶을 살고 있는 사람, 그 인간세상의 근간이 된다. 또한, 오행 속에서 끊임없이 윤회할 생명체(만물), 그중에 가장 중요한 인간, 사람의 근본을 예시하고 있는 수가 된다. →1568(11)2.

(5) 無(25)匱(26)化(27)三(28)=106

※ 위의 금척수(28)를 팔괘로 다시 돌려 증명해 본다.

28×3=84

84×3=252　　84×4=336

⊠ 이 변화된 사람(三)은 한마디로, 본자리를 바탕으로 완성된 두 개의 본자리 즉, 완성된 팔자를 일컫는다. →84.

이는 실체적인 음양이 완성된 오행을 바탕으로 새롭게 음양을 낳았음이다. 즉, 완성된 오행을 중심으로 제각기 돌아가는 음양(사람)의 모습을 볼 수 있다. 이는 바로, 음양오행으로 돌아가는 영원한 대우주의 법칙 속에 있는 변화되어 완성된 사람을 일컫는다. →252.

더 들어가 보면, 실체적인 삼태극(사람)이 낳은 완성된 삼태극의 혼을 볼 수 있다. 이는 곧, 혼이 바탕이 되어 돌아가는 땅의 음양(地二-33)이 완성되었음을 일컫는다. 즉, 태극의 그 변화된 사람 "三"을 말함이다. →336.

☯ 그렇다면, 이 변화된 사람 "化三(55)"에 대한 〈금척〉의 수리도 짚고 가야 할 부분이다. 이는 한마디로, 완성의 실체(현실)이다. 변화되어 제각각의 완성된 음양오행 속의 완성된 사람을 나타낸다. 이 수는 차후에 증명하게 될 "衍(55)"의 금척수와 동일하다. 원문의 글자의 뜻 그대로 완성된 사람이 묘(妙)하게 퍼져 나아가는 모습을 나타낸다. 여기에 이 경의 비밀이 담겨 있다. 이 수의 증명은 "五十一妙衍"의 부분에서 좀 더 상세하게 증명하도록 할 것이다. 단, 명심할 것은 이 "化三(55)"과 "衍(55)"은 분명, 같은 뜻을 담은 금척수이나 원문의 글자가 다르듯이 그 주체와 의미가 상이함을 구별할 수 있어야 한다. 〈금척〉의 수가 더해지지 않았다면 이를 어찌 같은 맥락에서 생각해 볼 수 있겠는가.
이런 부분이 〈예언서〉와 〈우주창조의 원리〉로 구분되어지는 이유이기도 하다. 또한, 이 경은 처음부터 끝까지 가늠할 수 없는 시공의 흐름이 존재하고 있기에 가능할 수 있다. 다만, 이는 서로 다른 듯하지만, 또한 서로 같은 의미로 제각기 돌아가는 오행 속, 음양의 사람을 지칭하고 있다. 다시 언급하여 밝히는바, 이 또한 이 〈금척천부경〉의 전문을 정독하고 정독해 나가면서 스스로 깨우쳐야 할 일이다.

☯ 이제, 이 모두를 연결하여 합한 "無匱化三"의 금척수(106)에 대한 의미를 석삼극하여 원방각으로 나타내본다.

106	●5565(21)3	■5671(19)1	▲11236(13)4	합: 22472(53)8

✠ 위의 금척수는 하나의 실체적인 완성으로 낳은 혼이 바탕이 되어 돌아가는 모습을 보여 주고 있다. 이 실체적으로 완성된 하나에서 탄생된 '혼'은 바로 변화된 삼태극의 '三'으로서 완성된 사람의 실체적인 생명의 근원을 나타낸다. →106.

원방각, **하늘자리**는 변화된 사람(55)이 완성된 혼의 본자리(本-65)를 바탕으로 실체적인 완성을 이룬 것이다. 이는 제각기 완성된 오행의 세상(地-32)에서 완성된 혼을 중심으로 제각각(음양)으로 돌아가는 오행의 모습이다. 결국, 이는 실체적으로 완성되어 변화된 사람(55)이 완성된 혼의 본자리(65)를 바탕으로 끝없이 윤회할 것임을 암시하고 있다. →5565(21)3.

땅의 자리에서는, 제각기 완성된 오행의 조화 속에서 실체적인 혼의 본자리(67)가 완성되어 하나가 됨을 나타내고 있다. 한마디로 '無'에서 탄생한 '匱'에서 변화된, 완전하게 완성된 하나의 '사람'을 일컫는다. 차후에도 언급될 것이나, 이 금척수(567)는 오행 속의 하나의 물상인 인간을 지칭하고 있다. 더 나아가 〈예언서〉의 관점에서만 본다면, 이는 **음양합일(明-71)의 그 완성된 사람**을 지칭하고 있다. 이가 완성되어 하나가 되었다는 것을 금척수리로 증명하고 있다. →5671(19)1.

(5) 無(25)匱(26)化(27)三(28)=106

93

자식의 자리는, 제각기 완성된 영원한 태극의 본자리(11)에서 탄생한 음양이 삼태극의 혼을 바탕으로 실체적인 완성을 이룬 모습을 볼 수 있다. 이는 곧, 삼합일의 이치로 완성된 본바탕을 나타내고 있다. →11236(13)4.

총합의 수에서 알 수 있는 것은, 제각각의 영원한 음양(22)에서 만들어진 본자리가, 七축(정신)의 음양(人-72)을 낳으며 이를 바탕으로 실체적인 음양을 이루었다는 것이다. 이는 음양이 하나 된 '一'이 쌓이고 쌓여 만들어진 "鉅(24)"에서 만들어진 완성된 사람을 가리킨다. 이 또한, 이 경의 후반부에 수록된 "本心本太陽昻明" 하여 "人中天地一" 로 갈 그 "人(72)" 과 일맥상통한다. 이는 바로 대우주 번성의 근간을 예시하고 있다. 이 또한, 영원한 대우주의 의미가 함축되어 있다. 간합(부합)의 수에서도, 완성된 오행으로 시작하는 독립된 완전한 사람(53-8)의 모습을 수로써 증명하고 있다. →22472(53)8. ➜ [삼일신고-세계훈72] 참조.

✖ 이 금척수(106)를 다시 팔괘로 돌려 증명해 본다.

106×3=318

318×3=954　　318×4=1272

▩ 실체를 가진 하나(태극)에서 탄생한 혼(6)은 곧, 팔자를 바탕으로 실체적으로 완성된 삼태극이 하나 되어 시작되는 모습을 나타낸다. 삼합일의 완성이다. 이는, 삼태극이 사람(생명체)의 근원수(18)를 바탕으로 실체적인 완성을 이룬 것이다. 한마디로, 생명탄생의 근원을 보여 주고 있다. →318.

이는 '無'의 대우주가 완성된 오행의 본자리를 바탕으로 실체적으로 완성된 것을 나타낸다, 이는 실체적인 대우주의 그 나아갈 흐름이 묘(妙-54)할 것임을 함축하고 있다. 또한, 이 '無'에서 탄생되어 완성된 사람이 세상 속에서 그 나아가는 길이 빼어나게 아름답고 훌륭할 것을 묘사하고 있지만, 그 묘함의 뜻 속에는 좁고 잘 드러나지 않아 쉽지 않을 것임이 암시되어 있다. →954.

더 들어가 보면, 제각기 완성된 하나(태극)의 실체적인 음양에서 만들어진 완성된 사람(人-72)은 대우주의 바탕이 되어 번성하고 번성할 것을 이미 수에서 예시하고 있다. →1272. → [삼일신고-세계훈72] 참조.

수에 대하여 세세하게 증명의 작업을 하는 이유는, 농부가 곡식을 얻기 위해 정성스레 밭을 일구어 경작하는 과정과 같다. 이는 즉, 좀 더 이 경의 의미를 습득하는 데 도움이 될 수 있기 위함이다. 하지만, 나무의 결을 파악하는 데 몰두하여 거대한 산과 숲이 보여 주는 놀랍도록 찬란하고 아름다운 풍경을 보지 못하는 어리석음은 최악의 낭패일 수밖에 없다. 이 글 전체가 주는 맥락과 주제를 놓치지 말고 그 흐름을 잘 기억해야만 할 것이다.

(5) 無(25)匱(26)化(27)三(28)=106

(6) 天(29)二(30)三(31)地(32)二(33)三(34) 人(35)二(36)三(37)=297

처음, 태극에서 나온 두 개의 본자리(11) 중, 두 번째의 본자리인 (천·지·인)이다. 이 두 번째 (천·지·인)의 제각각의 '三'은 모두 첫 번째 본자리에서 얻은 총체적인 삼태극을 나타낸다. "化三"된 그 '三'의 씨를 모두 받았음을 알 수 있다.

이 두 번째 삼태극(천·지·인)에서 유념해야 할 것은, 바로 제각각의 삼태극(천·지·인)이 모두 제각기 완성(十-23)된 것을 원문의 숫자(二三)에서 간파할 수 있어야 한다. 이는 바로, 제각각(삼태극)의 혼(6)이 완성됨을 암시하고 있다. 이 완성의 의미는 차후에 끊임없이 이 경의 전문을 통하여 그 뜻이 연결되어 있기에 이를 염두에 두고, 또 다른 〈금척〉의 깊고 오묘한 이치를 깨우쳐 나가야 할 것이다.

한편, 이들은 (삼합)의 결과물로서, 두 번째 본자리 삼태극이 모두 '三'을 동시에 받아 합이 양수, 아버지이며 대우주(9)이다. 이 대우주란, 모든 생명 탄생의 근원으로서 세상만물의 씨앗이 된다. 바로 사람(생명체)의 '三'의 그 근원(근간)을 말하고 있다. 또한, 〈천부경〉 원문의 수로써 증명해 보아도 두 번째 삼태극(천·지·인)의 이전, 첫 번째 본자리를 그대로 받음으로써 양수의 근원수(69)를 이루고 있음을 알 수 있다. 단편적(표면적)으로 보여 주는 원문의 수의 모습은 첫 번째 본자리의 합수(1+2+3=6)와 두 번째 본자리의 합수(3+3+3=9)에서 음양의 근원수(69)이자 근본(부모)의 탄생을 엿 볼 수 있다.

이 수의 과정을 보면 마치 땅(터, 근원지)이 먼저 시작되어 그 생명(씨, 근원)의 탄생을 기다리고 있는 듯 보인다. 허나, 여기서 또 한 번 금척수의 정교함과 절묘함을 엿볼 수 있다. 왜냐하면, 이 생명의 씨앗이라고 할 수 있는 근원은 앞서 물(혼)의 탄생, 그 원천이 되기 때문이다.

이 두 번째 본자리는 제각각의 합(96, 99, 102)을 나타내고 있다. 이는 첫 번째 본자리(936)에서 자리수가 바뀐 (693)의 부합의 수를 보여 주고 있다.

앞의 첫 번째 본자리가 '無'의 대우주에서 만들어진 삼태극의 혼(36)이었다면, 이제 이를 받은 두 번째 본자리의 이 삼태극의 혼이 부모(69)가 되어 실체적인 완성을 이루며 낳은 진정한 사람(생명체)을 낳는 과정을 담고 있다. 또한, 하늘의 정신인 '七축'이 바탕이 되어 실체적인 사람의 근본이 완성될 것임을 총합의 수에서 짐작할 수 있다. 이 두 개의 근본자리 삼태극(천·지·인)을 통하여 사람을 포함한 모든 만물의 근원수(69)의 생성과정을 엿볼 수 있다. 한마디로 생명탄생의 근원과 근원지에 대한 과정을 나타내고 있음이다.

이 근원과 근원지의 구분은 앞서 밝힌 바와 같이 수의 모습처럼 실로 미묘하다. 이것을 글로써 구분하여 표현하기에는 한계성을 느낄 수밖에 없다, 이후에도 수없이 언급될 것이나, 삼라만상의 이치가 눈에 보이는 것이 전부가 아니듯, 이 음양의 구분 또한, 수의 모양(96-69)과 같이 서로 어울려 조화를 이루고 있기 때문이다. 하여, 이 대우주와 터의 표현을 글자 그대로 받아들이면 혼란스럽다. 터(基)는 또한 생명수인 물도 되기 때문이며, 대우주(9)는 소우주에 비유되는 엄마의 자궁으로도 표현되기 때문이다.

이 〈금척천부경〉 본자리 1과 2의 관계는 거듭 밝히는바, 시공을 초월한 개념으로 봐야 한다. 이 구분은 절대적인 의미가 없다. 허나, 이 음양은 분명, 먼저와 나중 됨이 있으니, 수의 뜻과 모양 그대로 그 역할을 하고 있다는 것이다. 무엇보다도, 우리가 살고 있는 이 땅 위의 세상은 대우주의 법칙 그대로 어떤 방식이든 끊이지 않고 돌아갈 것이나, 지금, 이 비밀의 열쇠를 풀어, 현재를 살고 있는 사람의 그 나아갈 길을 제시함은 반드시 돌이킬 수 없는 양단의 길이 있기 때문이 아니겠는가. 이 경에서 밝히는 시공의 이 흐름이란, 인간의 관점에서 ＊찰나일 수도, ＊억겁의 시간일 수도 있다. 천양지차란 말처럼, 하늘과 땅이 다르듯이 神의 생각과 인간의 생각이 같을 수 없으니, 神의 수(섭리, 시간)를 어찌 인간의 생각과 시간으로 측정하고 가늠할 수 있겠는가. 하물며 이것에 연연하지 않아야 할 것이다.

다시 반복하여 강조하는 것은, 이 〈금척천부경〉은 분명, 시공의 흐름이 존재하고 있으나 그것은 또한 인간의 눈으로 가늠할 수 없는 시공을 초월한 치밀한 神의 수(섭리)로 채워져 있다는 것이다.

이러한 〈금척〉의 심오한 이치를 깨우쳐 스스로 터득하는 경지에 오른다면,

---

(6) 天(29)二(30)三(31)地(32)二(33)三(34)人(35)二(36)三(37)=297

글자를 몰라도 도통하듯, 수리에 밝지 못해도 산사(算師-금척스승)가 될 수 있지 않겠는가.

* **찰나(刹那)**: 불교적인 용어로써, 지극히 짧은 순간을 뜻하는 시간의 최소단위를 말한다.

* **억겁(億劫)**: 인간의 시간으로 가늠하기 어려운 무한히 길고 오랜 세월을 일컫는다.

◉ 이제부터, 이 두 번째 본자리 "天二三"의 "天"에 관한 **금척수(29)**를 살펴볼 것이다. 다시 밝히는바, 수에 대하여 낱낱이 살펴보는 이유는, 나타내고 있는 금척수를 좀 더 명확하게 전달하여, 이 경에 대한 메시지를 더 깊고 무겁게 깨닫는데 도움이 되고자 하는 것에 있다. 수 하나의 의미에 집착하여 이 〈금척천부경〉 전문이 전하는 그 주제를 잊어서는 안 될 것이다.

29	●406(10)1	■435(12)3	▲841(13)4	합: 1682(35-17)8

✳ 위의 금척수는 한마디로 음양의 완성으로 이루어진 대우주이다. 즉, 대우주가 바탕이 된 음양의 완성을 일컫는다. →29.

원방각에서, **하늘자리**는 실체적인 본자리가 완성되어 낳은 혼을 보여 주고 있다. 이는 곧, 혼이 바탕이 된 실체적인 본자리(본바탕)의 완성이다. 음양의 완성을 실체(양백, 육신)라는 말로 표현하였으나 이 의미 또한, 인간의 관점이나 척도로는 가늠할 수 없는 시공이 존재하고 있다는 것을 기억해야 한다. →406(10)1.

땅의 자리는 실체를 가진 본자리의 삼태극이 오행을 바탕으로 돌아가고 있음을 볼 수 있다. 이는 곧, 사람의 근본이 될 그 "人(35)"을 바탕으로 실체적 완성을 이룬 본자리를 나타내고 있다. →435(12)3.

이들 합의 결과물, **사람의 자리**에서는 실체적으로 완성된 팔자가 새롭게 낳은 본자리의 혼(六-41)을 바탕으로 하나 되어 돌아가고 있는 모습을 볼 수 있다. 여기서 "六(41)"은 "大三合六"에서 상세히 밝혀 증명할 것이나, 숫자에서도 알 수 있듯이, 이는 오행이 바탕이 된 사람의 근본(근간)이 되는 혼을 나타낸다. 삼태극이 하나로 완성(삼합일)이 된 본자리의 모습을 부합의 수에서 볼 수 있다. →841(13)4.

총합의 수에서 나타내고 있는 것은, 제각기 완성된 하나(태극)의 실체적인 혼의 팔자가 음양을 바탕으로 돌아가고 있는 모습이다. 이는 곧, 제각기 완성된 하나(삼태극)의 "太(胎-68)"가 음양을 바탕으로 완성되었다는 것이다. 또한, 우리의 근본인 조상(부모), 그 땅 위의 세상(16)이 실체적인 완성을 이루며 낳은 팔자의 음양(사람)을 볼 수 있다. 결국, 이는 첫 번째 본자리에서 탄생된 변화된 사람(근본혼)과 함께 이를 바탕으로 또 다른 완성을 위한 그 시작을 예시하고 있다. →1682(35-17)8.

✕ 이 수(29)를 다시 팔괘로 돌려 증명해 본다.

29×3=87

87×3=261　　87×4=348

⊠ 위의 수는 완성된 음양의 대우주로서 七축(정신)이 바탕이 된 팔자의 완성을 일컫는다. 이 뜻은 두 번째 본자리 하늘(天)은 변화된 사람이자, 근본혼(근본혼)으로 시작되는 그 정신이라고 할 것이다. →87.

'無'에서 탄생한 "匱(26)"의 완성이자, 곧, 실체적으로 완성된 음양의 혼이 하나 되어 새롭게 시작됨을 나타낸다. 즉, 삼합일(일석삼극)로 완성된 하나의 혼이 그 변화의 시작을 나타낸다. →261.

더 들어가 보면, 혼백의 실체적인 삼태극의 본자리가, 팔자를 바탕으로 완성된 모습을 볼 수 있다. 이는 "運三四"로 정해진 팔자의 모습을 나타낸다. 결국,

(6) 天(29)二(30)三(31)地(32)二(33)三(34)人(35)二(36)三(37)=297

이 수에는 실체적인 삼태극(사람)의 완성으로 만들어진 **'사주팔자'** 를 말하고 있으며, 이 또한 단순한 사람(육신)의 태어남을 넘은, 더 깊은 뜻이 담겨 있다는 것을 이 경의 전문을 습득해 가면서 터득할 수 있어야 한다. →348.

☯ 이제, 하늘의 음양이라고 일컫는 "天二三"의 "二(30)"에 대하여 원방각으로 증명해 본다.

30	●435(12)3	■465(15)6	▲900(9)	합: 1800(36)9

※ 위의 금척수는 앞서 밝힌 구절 중, "無盡本"의 총합수와 동일한 금척수를 보여 주고 있다. 이 원문의 글자는 삼태극이 '無'의 대우주 공간 속에서 더 할 수 없이 끝까지 가서 이룬 완성을 나타내고 있다. 그 뜻이 함축되어 있는 삼태극의 완성을 나타내는 하늘(天)의 음양이라는 것이다. →30.

원방각, **하늘자리**는 실체적인 본자리의 삼태극이 오행을 바탕으로 완성되었음을 알 수 있다. 즉, 오행이 바탕이 된 **七축**(43)의 완성을 일컫는다. 또한, 실체적인 본자리의 완성으로 탄생된 사람(**人**-35)의 모습을 보여 준다. 이는 곧, 음양이 하나 된 삼태극(완성된 사람)을 나타낸다. →435(12)3.

땅의 자리는 실체를 가진 본자리의 혼이 오행을 바탕으로 완성되었음을 알 수 있다. 이는 오행을 바탕으로 실체적인 혼이 운행(**運**-46)되어 완성을 이룬 모습이다. 즉, 완전수(부모)의 혼을 나타낸다. →465(15)6.

이들 합의 결과물, **자식의 자리**에서는 한마디로, 대우주의 실체적[혼백, 양백, 00-이 모든 것들의 함축)]인 완성을 보여 주고 있다. 이는 곧, 생명체의 근원이 되는 대우주의 그 실체적인 완성을 나타낸다. 즉, 근원수(근원) 아버지(9)의 실체적인 완성이자 하늘(天)이 실체적인 음양(변화된 사람)으로 화(化)한 것이다. →900(9).

결국, **총합의 수**에서 알 수 있는 것은, 제각기 완성된 하나(태극)의 팔자가 혼백의 실체적인 완성을 이룬 모습이다. 이는 곧, 제각각의 삼태극의 혼(6.6.6)이 삼합하여 사람(생명체)의 근원수가 되어 실체적인 완성을 이룬 모습이라고 할 수 있다. 이는 바로, 완전한(완성된 사람) 생명탄생의 시작을 예고하고 있는 대목이다. 간합(부합)의 수에서도 완성된 삼태극의 혼(36)으로 이루어진 대우주를 나타내고 있다. →1800(36)9.

※ 이 수(30)를 다시 팔괘로 증명해 보면,

30×3=90

90×3=270　　90×4=360

※ 이 삼태극의 완성은 바로 대우주(9)의 완성을 일컫는다. 이는 곧, 하나가 쌓이고 쌓여 이루어진 "一積十鉅"와 동일한 금척수임을 알 수 있다. 말뜻 그대로다. →90.

이는 한마디로, 음양의 七축(정신)이 완성되었다는 것을 보여 준다. 즉, 완성된 七축(정신)이 바탕이 되어 완성된 실체적인 음양(사람)의 변화를 나타내고 있다. →270.

더 들어가 보면, 삼태극의 혼이 완성을 이룬 모습이다. 다시 말해, 혼의 완성으로 이루어진 삼태극의 실체적인 완성을 나타낸다. 이것은 **사람(혼)의 근간이자 근본(조상, 부모)의 완성이 된다.** →360.

☯ 다음, 하늘의 완성(23)된 삼태극을 지칭하는 "天二三"의 "三"의 **금척수(31)**는 어떤 의미를 담고 있는지 석삼극하여 원방각으로 그 의미를 확인해 본다.

31	●465(15)6	■496(19)1	▲961(16)7	**합:** 1922(50-14)5

(6) 天(29)二(30)三(31)地(32)二(33)三(34)人(35)二(36)三(37)=297

✻ 위의 금척수는 보이는 수 그대로 완성된 삼태극이 하나 된 모습이다. 이후에도 수없이 거론하게 될 삼합일(일합삼)의 원리를 그대로 증명하고 있는 수로써, 완성된 사람의 근본(근원)이 된다. 또한, 이렇게 하나 된 '三'은 첫 번째 본자리(천·지·인)에서 완성되어 변화된 그 사람(근본혼)의 '三(성·명·정)'을 그대로 받아 하나 된 것이다. →31.

원방각에서, **하늘자리**는, 실체적인 본자리의 혼이 오행을 바탕으로 완성을 이룬 모습이다. 즉, 실체를 가진 본바탕에서 탄생된 혼의 본자리(本-65)를 나타내고 있다. 또한, 오행이 바탕이 되어 실체적인 운행(運-46)의 완성을 보여 주고 있다. 결국, 이는 완전수(근본)로서 그 완성된 혼의 씨를 나타내고 있다. 더 깊이 들어가 보면, 이 속에는 현재의 삶에 대한 까닭(근원)이 내재되어 있다. →465(15)6.

땅의 자리는 실체적인 본자리의 대우주가 혼을 바탕으로 완성(成-49)되었음을 나타낸다. 이는 실체적으로 완성된 본자리에서 탄생된 제각기 완성된 음양의 근원수(부모-96)를 보여 주고 있다. →496(19)1.

자식의 자리는 실체를 가진 대우주가 낳은 혼이 완성되어 하나로 변화된 것을 알 수 있다. 즉, 제각기 완성된 음양의 근원수(부모-96)가 하나로 새롭게 완성되어 시작됨을 나타낸다. 앞서 밝힌바, 수의 정렬이 어떻게 시작되었는지 숫자의 개념에서 파악할 수 있어야 한다. 간합(부합)의 수에서도 보여 주듯이, 이 삼합일의 의미는 곧 완성된 하나(태극)의 혼으로서 땅 위에서 완성된 하늘의 정신(七축)이 내재되어 있다. →961(16)7.

총합의 수에서 알 수 있는 것은, 제각기 완성된 하나(태극)의 실체적인 대우주가 제각각으로 돌아가는 음양을 바탕으로 완성을 이룬 것이다. 즉, 삼태극의 완성으로 시작된 이 하늘(天)의 "三(31)"은 구이성십(구궁가일)으로 이루어진 대우주가, 완성된 인간세상(22)을 바탕으로 실체적인 완성을 이룬 것을 말하고 있다. 이는 또한, 부합(간합)의 수에서 알 수 있듯이, 사람이 살아갈 완성된 인간세계의 바탕으로써, 우주의 삼라만상에 깃든 음양오행의 완성과 일맥상통하고 있다. →1922(50-14)5.

✠ 이 수(31)를 다시 팔괘로 돌려 증명해 본다.

31×3=93

93×3=279 93×4=372

⊠ 이 금척수는 대우주가 삼태극을 바탕으로 완성(삼합일)을 이루었다는 것을 나타낸다. 이는 곧, '無'의 대우주가 완성되어 낳은 삼태극을 가리킨다. →93.

이는 실체를 가진 음양의 七축(정신)이 대우주를 바탕으로 완성되었다는 것이다. 이는 바로, 실체적으로 완성된 七축(정신)의 변화의 완성을 말하고 있다. →279.

더 들어가 보면, 음양을 바탕으로 완성된 삼태극을 지칭하는 "三(37)"의 완성을 나타내고 있다. 또한, 모든 대우주의 번성을 일컫는 "人(72)"이 바탕이 된 삼태극(사람)의 실체적인 완성을 보여 준다.
결국, 이 삼합일의 이치를 나타내는 이 수(31)는 영원한 대우주의 신비와 오묘한 이치가 담긴 〈금척천부경〉의 주제가 된다. 이는, 우리가 이 경을 습득하고 깨우쳐야만 하는 가장 주된 이유와 목적, 그 근원이 함축되어 있다. →372.

☯ 다음, 두 번째 본자리 "地二三"의 "地(32)"는 이전 땅(地-15)의 금척수와 어떤 차이를 가지고 있는지 석삼극하여 확인해 본다.

32	●496(19)1	■528(15)6	▲1024(7)	합: 2048(41-14)5

⊠ 위의 금척수는 보이는 수 그대로 완성된 삼태극의 음양이다. 즉, 이 속에

(6) 天(29)二(30)三(31)地(32)二(33)三(34)人(35)二(36)三(37)=297

는, 음양이 바탕이 되어 완성을 이룬 땅 위 세상(地-32)을 일컫는 것이자, 땅 위 세상의 변화된 그 사람을 지칭하고 있다. →32.

원방각, **하늘자리**는 실체적 본자리의 대우주가 혼을 바탕으로 *완성(成-49)을 이루고 있다. 이미 밝힌바, 실체를 가진 본바탕에서 탄생된 제각기 완성된 음양의 근원수(부모)를 나타낸다. 이미 금척수리에서 보여 주듯, 이전의 수, 하늘(三-31)에서 땅의 자리수로, 그 하나 된 완성의 씨를 일컫는다. →496(19)1.

땅의 자리는 실체적 완성의 오행 속에서 탄생되어 변화된 사람(三-28)을 나타내고 있다. 이는 바로 실체적인 오행의 음양이 팔자를 바탕으로 완성(十-52)을 이루고 변화되었다는 것이다. 이는 곧, 완전하게 완성된 사람의 그 근원 속 환경을 보여 주고 있는 부분이다. →528(15)6.

사람의 자리에서는, 삼태극이 제각기 하나로 완성되어 만들어진 이 땅 위의 세상, "匱(24)"를 볼 수 있다. 즉, 쌓이고 쌓여 만들어진 음양의 본바탕(자리)으로서, 하늘의 정신인 七축을 나타내고 있다. →1024(7).

총합의 수에서는, 삼태극의 음양이 제각기 완성되어 만들어진 '사주팔자'가 바탕이 된 오행 속, 땅 위의 세상을 나타내고 있다. 이는 바로 이 땅 위 세상의 완성된 사람의 그 바탕을 보여 주는 수이다. →2048(41-14)5.

✖ 이 수(32)를 다시 팔괘로 돌려 증명해 본다.

　　32×3=96

　　　　96×3=288　　　96×4=384

✺ 이 삼태극의 음양은 바로 제각기 완성된 음양의 근원수(부모)를 가리키고 있다. 이는 곧, 혼이 바탕이 된 대우주의 완성이라고 할 것이다. →*96.

제각기 돌아가는 음양의 팔자를 바탕으로 땅 위 세상(地)의 실체적인 음양의 완성을 볼 수 있다. 이는 바로 팔자를 바탕으로 변화된 사람(28)의 완성을 일컫는다. →288.

더 들어가 보면, 이는 혼백의 실체적인 삼태극이 새로운 본자리를 바탕으로 돌아가며 팔자의 완성을 이룬 모습이다. 이는 본자리를 바탕으로 사람의 팔자(팔괘), 그 최초의 근원이 되는 사람의 완성을 보여 주고 있다. 또한, 이는 차후에 증명하게 될 "大(38)"가 본자리를 바탕으로 완성을 이룬 모습이다. 이는 바로, 현재를 살아가는 사람들의 근본(근간)으로서, 그 본바탕이 완성되었음을 말하고 있다. →384.

☯ 그렇다면 이제, 완성된 땅의 음양으로 표기된 "地二三"의 "二"의 금척수(33)에 대하여 석삼극하여 원방각으로 그 세세한 뜻을 확인해 보도록 한다.

33	●528(15)6	■561(12)3	▲1089(18)9	합: 2178(45-18)9

✳ 위의 금척수는 땅(地) 위의 제각기 돌아가는 완성된 음양의 삼태극을 나타내고 있다. 이 또한, 궁극적으로 땅 위의 완성을 이룬 음양의 근원수(69)를 지칭함이자, 그의 실체적인 완성을 나타내고 있다는 것을 "地(32)"에서 이미 밝힌 바 있다. →33.

원방각에서 **하늘자리**는 실체적인 오행의 완성으로 만들어진 변화된 사람을 나타내고 있다. 이는 바로, 팔자를 바탕으로 실체적으로 완성된 오행 속 음양(사람)을 가리키고 있다. 간합(부합)의 수에서 완전수(부모)의 혼을 볼 수 있다. →528(15)6.

땅의 자리에서는, 실체적인 오행 속에서 완성되어 변화된 혼(變-61)의 새로운 시작을 나타내고 있다. 또한, 이 수에는 오행으로 끝없이 윤회할 삼태극의 혼이 암시되어 있다. →561(12)3.

이들 합의 결과물, **자식의 자리**에서는, 제각기 완성된 하나(태극)에서 만들어진 팔자가 대우주를 바탕으로 완성을 이룬 모습이다. 이는 바로 대우주가 바탕이 되어 "一積十鉅"하여 부모의 근원이 완성되었다는 것을 나타내고 있다. →1089(18)9.

총합의 수에서 보여 주고 있는 것은, 제각기 완성된 음양이 하나 되어 실체를 가지고 낳은 완성된 七축(정신)의 팔자이다. 이는 곧, 이 하나의 실체적으로 완성된 음양이 그 모습을 모두 **종(終-78)**할 것임을 가리키고 있다. 결국, 이는 완성의 다른 표현일 뿐, 또 다른 생산과 분열을 위한 변화를 암시하고 있다. →2178(45-18)9.

✿ 위의 수(33)를 다시 팔괘로 돌려 증명해 본다.

33×3=99

99×3=297   99×4=396

✵ 이 제각각(음양)의 삼태극은 곧, 제각기 돌아가는 음양의 대우주를 일컫는다. 이는 바로 완성된 대우주가 또다시 새롭게 낳은 대우주를 바탕으로 돌아가고 있는 모습이다. 또한, 이는 이 땅 위 세상을 나타내는 완성된 대우주(소우주) 그 자체를 나타내고 있다. →99.

이는 음양의 대우주가 七축(정신)을 바탕으로 완성된 것을 보여 주고 있다. 또한, 최초 태극의 두 번째 본자리(천·지·인)의 총합수와 동일한 금척수를 나타내고 있다. →297.

더 들어가 보면, 실체를 가진 삼태극의 대우주가 완성되어 낳은 혼을 볼 수 있다. 또한, 혼백의 실체적인 삼태극에서 탄생한 제각기 완성된 음양의 근원수를 나타내고 있다. 이는 부모가 바탕이 된 삼태극의 실체적인 완성을 일컫는다. 이 근원수에 담긴 심오한 신의 수를 이 경의 말미에는 스스로 깨우쳐 터득할 수 있어야 할 것이다. →396.

☯ 다음, "地二三"의 "三(34)"을 석삼극하여 원방각으로 증명해 밝혀본다.

| 34 | ●561(12)3 | ■595(19)1 | ▲1156(13)4 | 합: 2312(44)8 |

✾ 위의 금척수는 삼태극이 본바탕, 본자리를 바탕으로 완성을 이룬 모습이다. 즉, 완성된 삼태극의 본자리를 일컫는다. 다시 말해서, 땅(地)에서 만들어진 음양의 삼태극, 그 본바탕을 수로써 증명하고 있다. →＊34.

원방각, **하늘자리**는 실체적인 오행의 조화 속에서 완성된 혼의 변화(變-61)된 모습을 나타내고 있다. 그 내면 속에는, 오행 속 수많은 혼들이 완성되어 하나 된 모습이 함축되어 있다. 이는 결국, 새롭게 음양이 하나로 완성된 삼태극을 가리키고 있다. →561(12)3.

하늘의 씨를 받은 **땅의 자리**에서는, 오행을 바탕으로 영원히 다시 되돌아올 완성된 사람을 말하고 있다. 바로 영원한 윤회 속에 되돌아올 것임을 암시하고 있다. 이는 곧, 완성된 대우주를 중심으로 제각각의 음양으로 돌아가는 오행을 보여 주고 있다. 또한, 대우주 공간 속에서 생장소멸을 되풀이하며 퍼져나갈 사람의 모습이 암시되어 있다. 이는 바로, 〈천부경〉에서 전하는 우주창조, 그 조화의 원리와 번성, 그 이치가 여기에 모두 함축되어 있음을 알 수 있다. →595(19)1.

이들 합의 결과물, **자식의 자리**에서는, 하나(태극)의 실체적인 두 개(음양)의 본자리(11)가 완성된 오행 속의 혼이 바탕이 되어 돌아가며 완성을 이룬 모습을 보여 준다. 이 음양의 태극(혼)은 수에서 알 수 있듯이, 하나의 삼태극으로 이루어진 본자리를 나타내며 끝없이 윤회할 사람(혼)의 그 본향을 예시하고 있다. →1156(13)4.

총합의 수에서 알 수 있는 것은, 음양이 하나로 완성된 그 바탕 위에서 "一積十鉅" 하여 완성했던 그 "十(23)"의 실체적인 완성을 볼 수 있다. 이는 바로 우리가 사는 땅 위 세상, 그 본바탕의 완성을 일컫는다.
이는 곧, 거대한 음양의 울타리 속에서 삼합일의 이치로 완성된 사람을 나타내고 있다. 또한, 간합의 수(44)는 바로 제각기 돌아가는 두 개(음양)의 본자리를 가진 사람(생명체)의 근본이자, 이 땅(地) 위의 세상을 가리키고 있음을 알 수 있다. 이는 결국, 바로 완성된 사람의 본자리, 본바탕을 지칭하는 것이라 하겠다. →2312(44)8.

⌘ 이 수(34)를 다시 팔괘로 돌려 증명해 본다.

34×3=102

102×3=306　　102×4=408

⊠ 이 수는 실체적인 하나의 완성으로 만들어진 음양을 나타내고 있다. 이는 궁극적으로 땅 위 세상의 완성된 사람을 일컫는다. →102.

이는 혼백의 실체적인 삼태극이 낳은 혼이 바탕이 되어 돌아간다. 즉, 혼이 바탕이 된 삼태극의 실체적인 완성(십오진주)으로 이루어진 완성된 대우주(소우주)를 나타낸다. →306.

더 들어가 보면, 실체적인 본자리가 팔자를 바탕으로 완성되었음을 볼 수 있다. 이 말은 곧, 실체적인 본자리에서 탄생된 팔자의 모습이다. 이 말은, 모두 앞서 나타낸 완성된 땅 위 세상과 그 속에서 완성된 사람, 이 모두를 지칭하고 있다. →408.

* 이 수(34)는 이 후에 증명하게 될, "運三四"와 연결되어 있다. 이는 우리가 살고 있는 땅 위 세상, 그 음양의 삼태극을 가리킨다. 앞서 첫 번째 본자리(천지인)의 완성과 지금 이 완성의 결과물이 어떻게 변화되어 가는지 이 〈**금척천부경**〉의 흐름을 유념해서 볼 일이다. 이 경을 통하여 인간의 척도를 벗어난 시공의 흐름을

간파할 수 있어야 한다. 금척수의 묘미이자, 신비일 수 있으나, 이 단순한 '三'과 '四'의 사이에는 인간의 생각만으로 가늠할 수 없는 시공이 흐르고 있음을, 가운데 존재하는 숫자 '0'에서 짐작해 볼 수 있다.

☯ 이제, 두 번째 본자리 삼태극의 "人二三"의 "人"의 금척수(35)에 대하여 석삼극해 본다.

35	●595(19)1	■630(9)	▲1225(10)1	합: 2450(38-11)2

✵ 위의 금척수는 한마디로, 삼태극이 오행을 바탕으로 완성을 이룬 모습을 보여 준다. 이는 곧, 팔괘(팔자)로 돌아가는 완성된 삼태극(천·지·인)의 오행속, 사람(人)을 일컫는 총칭이라고 할 수 있다. →35.

원방각, **하늘자리**에서는, 우리가 살고 있는 땅(地) 위의 세상 속에서 변화되어 완성된 사람[십오진주(化三-55)]이 나아가는 길(衍-55)의 모습이다. 또한, 이는 영원한 대우주 공간 속에서 또다시 되돌아올 윤회의 모습이 암시되어 있다. 즉, 완성된 대우주를 중심으로 제각기 다른 음양으로 돌아가는 오행 속의 완성된 사람을 나타내고 있다. 이는 또한, 구이성십(구궁가일)의 대우주(소우주)의 모습, 그 근간이 되어 음양오행의 법칙으로 돌아가는 영원한 대우주(소우주) 속, 사람(人)이 되는 것이다. →595(19)1.

땅의 자리에서는 실체적인 혼의 삼태극이 완성되었음을 나타낸다. 수없이 오가며 "動(63)"하는 혼의 삼태극이 완성된 것이다. 끊임없이 움직이며 돌아갈 대우주 공간 속의 완성된 사람의 모습을 일컫는다. 이 수 또한, "用變不動本"에서 세세하게 증명해 볼 것이나, 이 경의 흐름과 그 주체적 의미를 항상, 염두에 두어야 할 것이다. →630(9).

자식의 자리에서는, 제각기 완성된 하나(태극)에서 탄생한 제각각의 음양이 오행을 바탕으로 하나로 완성된 것을 보여 준다. 이는, 음양오행을 바탕으로 하나의 음양이 실체적인 완성을 이룬 것을 나타낸다. →1225(10)1.

총합의 수에서는, 제각기 완성된 음양의 실체적인 본자리가, 완성된 오행을 바탕으로 돌아가고 있는 모습이다. 이는 곧, 제각기 완성된 음양에서 만들어진 구이성십의 대우주가 완성되었다는 것이다. 이는 부합(간합)의 수에서도 보여 주듯이, 그 최초(태극), 음양의 본자리(11)가 실체적 완성을 이뤘다는 것이다. →2450(11)2.

⌘ 이 數(35)를 다시 팔괘로 돌려 증명해 본다.

35×3=105

105×3=315　　105×4=420

⌘ 이는 실체를 가진 하나(태극)가 오행을 바탕으로 완성을 이룬 사람(人)을 나타내고 있다. →105.

이는 실체적인 삼태극이 하나(삼합일)로 완성되어 오행을 바탕으로 돌아가고 있는 모습이다. 즉, 완전수(15)가 바탕이 된 혼백을 가진 실체적인 삼태극(사람)의 완성을 말하고 있다. 이는 바로 완전수(십오진주)의 근원을 나타내고 있다. →315.

더 들어가 보면, 실체적인 본바탕의 음양이 완성되어 생명(生-42)을 가진 사람의 모습을 볼 수 있다. →420.

☯ 다음, "人二三"의 "二"의 **금척수**(36)가 전하는 의미가 무엇인지 석삼극하여 확인해 본다.

36	●630(9)	■666(18)9	▲1296(18)9	**합:** 2592(45-18)9

⌘ 위의 금척수는 한마디로, 완성된 삼태극(사람), 그 음양의 혼을 나타낸

다. 또한, 삼태극의 혼을 일컫는 이 수에는 이 〈금척천부경〉의 핵심적인 수가 모두 집약되어 있다고 해도 과언이 아니다. 한마디로 이 경의 주체, 그 바탕의 근원을 나타내고 있다. 차후, "大三合六"의 구절에서 이 수가 주는 더 깊은 의미를 좀 더 명료하게 깨우칠 수 있을 것이다. →＊36.

원방각, **하늘자리**는 실체적인 혼의 삼태극이 완성되어 대우주를 이루고 있는 모습을 볼 수 있다. 이는 이 〈금척천부경〉의 후반부에 수록된 "用變不動本"의 "動(63)"에서 이 의미를 더 깊게 습득하고 납득할 수 있을 것이다. 이는 곧, 삼태극(사람)의 완성, 그 근원이 실체적인 혼에 있음을 말하고 있다. 즉, 사람의 음양을 이루는 근본은 물에 담긴 혼이 그 원천임을 증명하는 것과 함께 또한, 어디로든 갈 수 있음을 암시하고 있다. →630(9).

땅의 자리는 제각기 돌아가는 삼태극의 혼이 사람(생명체)의 근원수로서 대우주를 형성하고 있다. 이는 바로 실체적인 혼에서 탄생되어 완성된 사람의 마음(心-66)이, 대우주를 이루고 있다는 것이다. →666(18)9.

이들 합의 결과물, **자식의 자리**에서는 제각기 완성된 하나(태극)의 실체적인 음양에서 만들어진 완성된 음양의 근원수(96)를 볼 수 있다. 이는 곧, 처음 시작된 그 하늘(天)의 씨가 혼을 바탕으로 돌아가며 대우주의 완성을 보여주고 있는 모습이다. →1296(18)9.

총합의 수에서는, 실체적인 음양의 조화로 이루어진 대우주가 음양을 바탕으로 돌아가며 완성된 것을 알 수 있다. 또한, 거대한 음양의 울타리 속에서 끊임없이 다시 되돌아올(來-59) 오행 속 대우주(소우주)의 완성을 가리킨다. 이는 곧, 영원한 대우주의 법칙과 같이 끊임없이 다시 올 구이성십(구궁가일)의 완성된 사람을 일컫는다. 결국, 이는 실체적으로 완성된 음양오행 속의 사람의 모습으로서 변함없는 영원한 대우주의 법칙과 함께 이 경의 비밀을 함축하고 있다. →2592(45-18)9.

(6) 天(29)二(30)三(31)地(32)二(33)三(34)人(35)二(36)三(37)=297

✳ 이 수(36)를 다시 팔괘로 돌려 증명해 본다.

　　36×3=108

　　　108×3=324　　　108×4=432

✠ 실체적으로 완성된 하나(태극)에서 만들어진 팔자가 바탕이 되어 있다. 이는 바로 하나의 근본(혼)이 만들어져 완성되었음을 암시하는 대목이다. 그러나 이는 완전(혼백, 양백, 음양)한 완성으로 마침(終)이 아니라, 그 완성(終)을 위한 과정이란 것을 이미 밝힌 바 있다. 이 수가 또 쌓이고 쌓여 실체적인 완성을 이루는 것이다. 지금까지 증명하며 밝힌 이 경의 원문과 금척수리를 되돌아 살펴본다면 답을 찾을 수 있을 것이다. 이는 부합의 수(9)에서도 그 의미를 짐작해 볼 수 있다. →108.

이는 삼태극의 음양이 본자리를 바탕으로 실체적인 완성을 이룬 것이다. 또한, 이는 실체적인 삼태극이 낳은 완성된 음양의 본자리로서, 쌓이고 쌓여 만들어진 본바탕(鉅-24)이라고 할 것이다. 다시 말해서, 완성된 음양의 본자리를 바탕으로 혼백의 실체적인 삼태극의 완성을 나타내고 있다. →324.

이는 결국, 실체적인 본바탕에서 만들어진 삼태극의 완성을 일컫는다. 이는 바로, 음양을 바탕으로 완성된 하늘의 정신인 七축(43)으로서 곧, **밝은 사람(72)**을 지칭한다. 이 수(72)는 이 경의 후반부에 수록된 "人中天地一"의 그 "**人(72)**"이자, 대우주 번성의 근원을 나타내고 있다. →432.

☯ 그렇다면, 이제 두 번째 본자리 삼태극의 사람의 자리, "人二三"의 "三(37)"의 **금척수**는 어떤 의미를 담고 있는지 석삼극하여 증명해 본다.

| 37 | ●666(18)9 | ■703(10)1 | ▲1369(19)1 | 합: 2738(47-20)2 |

✠ 위의 금척수는 하늘의 정신인 七축이 그 바닥 중심에 돌아가며 완성된 삼태극의 "三"으로서 완성된 사람을 일컫는다. 즉, 완성된 삼태극이 낳은

七축(정신)이 바탕이 된 완성을 이룬 사람(십오진주)이다. →37.

원방각, **하늘자리**는 실체적인 혼이 제각각의 음양의 혼(心-66)을 바탕으로 완성된 모습을 나타낸다. 또한, 제각각의 삼태극의 혼이 삼합하여 사람의 근원수(18)로서 완성된 하나의 팔자(팔괘)가 되어 대우주를 이루고 있다. 결국, 이 삼태극으로 하나가 된 완성된 사람, 그 '人'을 이루는 본바탕, 근본 정신(天)은 이렇게 제각각의 세 개의 혼(666)이 삼합일의 이치로 만들어진 수(18)라는 것을 말하고 있다. →666(18)9.

땅의 자리는 삼태극이 바탕이 되어 돌아가고 있는 七축(정신)의 실체적인 완성을 보여 주고 있다. 이 또한, 하나의 완성을 일컫는다. →703(10)1.

자식의 자리에서는 제각기 완성된 하나의 실체를 가진 삼태극의 혼이 대우주를 바탕으로 완성을 이룬 모습이다. 또한, 하나의 실체적인 삼태극이 음양의 근원수(69)를 바탕으로 완성되었음을 나타낸다. 이는 앞서 이미 완성된 음양의 근원수(96)와 수의 정렬이 달라졌음을 알 수 있다. 그 주체의 모습이 달라졌다는 것을 말하고 있다. 이 의미가 무엇을 뜻하고 있는지 간파할 수 있어야 한다. 물론, 지금은 난해할 수 있으나 이 또한 이 경의 전문을 모두 습득한 후에는 스스로 납득이 되어야 할 부분이다. →1369(19)1.

총합의 수에서는 제각기 완성된 음양의 七축(정신)이 삼태극(사람)의 팔자(大-38)를 바탕으로 실체적인 완성을 이루고 있다. 즉, "無匱"에서 변화(化-27)되어 만들어진 삼태극이 팔자를 바탕으로 실체적 음양의 완성을 이룬 것이다. 간합의 수에서도 그 의미를 수로써 증명해 주고 있다. →2738(20)2.

✖ 이제, 이 수(37)를 다시 다른 방법으로 증명하여 본다.

$37 \times 3 = 111$

$111 \times 3 = 333 \qquad 111 \times 4 = 444$

✠ 七축(정신)이 바탕이 되어 완성된 이 삼태극은 태극의 음양 중, 태양(太陽)을 가리킨다. 이는 또한, 삼태극(천·지·인)의 태양(혼)을 일컫는다. 이는 차후, 이 경의 후반부에 수록된 "本心本太陽昻明"의 그 "太陽"의 의미도 함께 내포하고 있다. 이는 '無'에서 탄생되어 완성(十-23)을 이룬, 사람의 근본에 뿌리내린 하늘(神)의 정신이라고 할 것이다. 이가 바로, 제각각으로 돌아가는 삼태극의 근본(혼)이 된다. →111.

제각기 돌아가는 땅의 음양(地二-33)을 바탕으로 혼백의 삼태극이 실체적인 완성을 이룬 모습이다. 이는 바로, 제각각의 완성된 삼태극의 태양(혼)을 나타내고 있다. →333.

더 들어가 보면, 이 제각기 돌아가는 삼태극(혼)은 제각각의 완성된 본바탕, 본자리를 가지고 있음을 알 수 있다. 이 완성된 제각각의 본자리는 또 다른 변화, 그 시작의 바탕을 암시한다. →444.

☻ 여기서, 두 번째 본자리, 〈금척〉의 합수에 대하여 증명해 본다. 먼저 이는 삼태극(천·지·인)의 합수이자, 앞서 표기한 제각기 완성된 ＊**음양의 근원수(96)**를 나타낸다. 이 〈금척천부경〉은 **81자의 숫자**를 원문과 함께 수록하여 그 뜻을 전하고 있다. 이 근원수에 관한 의미는 차후에 논하게 될 **"陽(69)"**에서도 언급하겠으나, 이 **수(96)**는 분명, 또 다른 의미를 부여하고 있음을 알아야 한다. 이제, 이 **금척수(96)**에 대하여 원방각으로 좀 더 명확하게 그 의미를 밝혀 본다.

96	●4560(15)6	■4656(21)3	▲9216(18)9	합: 18432(54-18)9

✠ 위의 금척수는 한마디로, 생명탄생의 근원과 시작을 나타내고 있다. 이는 최초 '無'의 대우주가 완성을 이루어 낳은 혼의 모습을 보여 주고 있다. 이는 곧, 음양의 근원수(15), 그 시작이자 근간이 된다. 태극의 본자리(11)에서 탄생된 양백(00-실체적 완성)의 완성 중, 그 첫 번째 근본(혼)을 가리킨다고

할 것이다. 주체가 바로 '無'의 대우주라는 것을 명심해야 한다. →96.

원방각, **하늘자리**는, 네 마디 다섯 치, 그 완성(구이성십)된 실체적인 대우주에서 탄생된 완성된 혼을 볼 수 있다. 이는 바로 완전수(부모)의 완성된 그 혼의 씨를 나타낸다. →4560(15)6.

땅의 자리는, 실체적으로 완성된 본자리의 혼이, 완성된 오행을 바탕으로 새롭게 낳은 혼을 보여 주고 있다. 이는 곧, 제각기 완성된 본바탕에서 오행을 중심으로 제각각의 음양으로 돌아가는 혼을 나타내고 있다. 이 또한, 불변의 법칙으로 돌아가는 영원한 대우주의 모습이다. →4656(21)3.

이들의 합, **자식의 자리**에서는, 제각기 완성된 대우주에서 실체적인 음양이 혼을 바탕으로 하나로 완성된 모습이다. 이는 거대한 부모(96)의 울타리 속에서 완성되어 시작되는 사람의 근원을 볼 수 있다. 즉, 제각기 완성된 대우주에서 탄생된 사람의 근원수(18)이자, 대우주 번성의 근원이 되는 완성된 사람(人-72)을 일컫는다. →9216(18)9.

총합의 수에서 알 수 있는 것은, 영원한 사람의 근원수(18)가, 실체적인 본바탕으로 낳은 땅(地-32)의 세상에서 완성되었다는 것이다. 이는 곧, 영원한 생명의 근원수(18)에서 탄생되어 완성된 '**사주팔자**'의 사람을 지칭한다. 이 사람이란, 완전수(부모)를 가리키고 있으나, 이 **〈금척천부경〉**은 궁극적으로, 또 다른 심오한 의미가 내재되어 있음을 〈예언서〉를 통하여 알 수 있게 될 것이다. 간합(부합)의 수에서도, 인간세상 속 묘함으로 그 나아감을 나타내고 있다. 또한, 이 수에는 대우주의 번성을 이루는 근본(혼)이 고스란히 담겨 있음을 알 수 있다. →18432(54-18)9.

✖ 이 수(96)를 다시 팔괘로 돌려 증명해 본다.

96×3=288

288×3=864　　288×4=1152

(6) 天(29)二(30)三(31)地(32)二(33)三(34)人(35)二(36)三(37)=297

✖ 이 완성된 대우주가 낳은 혼으로 이루어진 **제각기 완성된 음양의 근원수 (96)**는, 실체적으로 완성된 음양이 제각각으로 돌아가는 음양의 팔자를 바탕으로 완성을 이룬 모습이다. 이는 또한, 팔자를 바탕으로 변화된 사람(三 -28)의 완성된 모습을 나타낸다. →288.

이는 완성된 혼의 본자리(本-64)가 바탕이 된 실체적인 팔자(사람)의 모습이다. 이는 곧, 실체적으로 완성된 팔자가 본자리를 바탕으로 혼의 완성을 이룬 것이다. →864.

더 들어가 보면, 최초(태극), 그 음양의 본자리(11)가, 완성된 오행의 음양 (十-52)을 바탕으로 실체적으로 완성을 이룬 모습을 보여 주고 있다. 이는 곧, 음양(부모)의 근원이 되는 본자리, 본바탕의 실체적이자, 영원한 완성을 일컫는다. →1152.

☑ 음양의 근원수(96-69)

(9)와 (6)은 음양의 근원수로서 이미 말했듯이 아버지(父), 어머니(母)로 표현할 수 있다. 이 수를 간합하면 바로 완전수(15)가 된다. 이는 생명을 탄생시키는 대우주(자궁=씨)의 아버지(9)와 그 속에서 생명을 기르고 완성시키는 물(水), 어머니 (6)의 다른 표현이다. 여기에서 대우주(9)를 어머니의 자궁에 비유하는 것에 혼돈 되지 말아야 한다. 또한, 자궁은 앞서 말한 어머니의 태내이기에 음수로 생각하면 잘못된 예산과 추측이다. 이는 생명의 근원지인 아버지의 수, 양수(9)이다. 반복해서 되풀이하지만, 근원과 근원지라는 표현에 묘한 갈등이 생김은 어쩔 수가 없다. 우주의 법칙을 논함에 있어 언어적 표현의 한계성 때문이다. 일반적으로 전자와 후자를 모를 리 없지만, 보이는 현상이 모두 진실이 아니듯, 이 글의 표현이 그대로 진실을 표현하는 것이 아니란 것이다. 중언부언하지만, 이 경을 수없이 반복하여 정독하다 보면 스스로 깨우침이 올 것이다. 깨달음은 이해시키는 것이 아니요 스스로 터득해 나가는 것이기 때문이다.

우리들은 흔히 부모님의 은혜를 기리는 뜻으로 하는 말이 있다. 아버지 날 낳으시고 어머니 날 기르시니… 이 말에서 이미 수의 뜻이 모두 나왔다. 비록 육신의 몸은 우리가 말하는 어머니의 몸에서 아기가 태어나니, 어머니가 아이를 낳는 것 같지만, 그 깊은 뜻과 진실은 우리가 보는 것과는 다르게 그 이전에 벌써 정해져 있지 않았던가. 보는 바와 같이 (69)는 음수(6)와 양수(9)가 서로 같은 모습을 하고 거꾸로 마주하며 둥근 원을 그리고 있는 모양이다. 이 뜻은 음양의 조화처럼 서로 어우러져 짝을 이루며 동일한 개념과 존재의 가치를 가지고 공존하고 있다는 것을 알 수 있다. 어머니의 몸속에 아버지의 씨가 담겨 하나의 생명이 되듯, 다른 양(量)의 수이지만 동등한 가치의 의미를 가질 수 있음을 내포하고 있다. 이는 곧, 하나의 개념이다. 그것은 어떤 우위도 허락지 않으며, 그 모습 그대로 수의 이치, 만물의 이치에 있어서도 서로의 부족한 부분을 채워주는 모습으로 나타나 있다. 이 수 **(69)는 바로 지금 이 땅 위, 세상을 살고 있는 인간이 지향하고 나아가야 할 모습이다.** 하지만 유념할 것은, 엄연히 숫자 (6)과 (9)는 그 수의 양과 질이 서로 다르다. 이는 저마다의 역할이 있다는 것이다. 서로의 모습은 닮았으나 그 위치와 역할이 다르다는 것을 그 수의 모양 그대로 보여 주고 있다. 양수(9)는 위에서 이끌고 음수(6)는 밑에서 받치고 지탱하며 돌아가는 둥근 대우주의 모습이다. 이는 마치 대지 위의 생명이 싹트는 이치와 같은 모습이다. 여기서 어느 하나라도 부족하거나 과(過)하여 치우쳐 오르거나 누르고자 한다면 그 조화는 깨지고 그 생명력은 도태되거나 썩어 소멸될 수밖에 없다. 이는 발전의 변화와는 그 개념이 다르다. 한마디로, 몰락이다. 수의 모양에서 증명하듯, 뒤집어지고 일그러지면 이제 그 수의 역할뿐 아니라 수의 본 모습조차 잃어버리지 않겠는가. 이는 항상, 움직이고 돌아가는 우리의 인간세상을 보여 주고 있다. 일그러진 바퀴는 결코 나아갈 수 없기 때문이다. 반면, 앞서 증명한 이미 완성된 음양의 근원수(96)를 보자. 이는 양수(9)가 앞에서 음수(6)와 서로 등을 맞대고 기대어 단단하게 버티고 서 있는 모습이다. 숫자의 크기도 다르다. 이는 서로 자신의 역할대로 자신의 자리를 지키고 있는 모습이나 이 또한, 그 모습이 영원한 무한궤도를 보여 준다. 바로 天(神)의 영역이자, 영원한 대우주의 법칙을 보여 주고 있다. 하지만, 이 수에는 인간세상의 화합이 존재하지 않는다. 화합이 필요하지 않는 존재, 그 자체로서의 수이기 때문이다. 엄밀하게 논하여, **이 수(96)는 말 그대로 음양의 근원이 되는 수, 그 시작이자 마지막의 수, 본연의 모습이다.**

(6) 天(29)二(30)三(31)地(32)二(33)三(34)人(35)二(36)三(37)=297   117

삼도(三道)의 역리를 논하는 〈하도낙서-河圖洛書〉의 이치에서도 그 의미를 찾아 볼 수 있다. 허나, 이는 〈하도낙서〉의 이치에서 보면 **천지비[天地否(96)]의 세상**이다. 인간의 수가 아니기에 인간세상이 지향할 수 없는 수이기도 하다. 사람(만물)이 지배하는 세상은 음양(혼백)이 존재하고 이가 화합하여 돌아갈 때, 수승화강의 이치로 모든 생명이 빛을 발하며 제 역할을 하게 된다. **이가 바로 지천태[(地天泰)(69)]의 세상이다.** 이 세상이야말로, 생명수(六-41)를 토대로 화합과 성장을 해 나가는 완성된 인간세상이라 할 것이다. 이러한 모든 것이 영원한 대우주의 법칙이자, 음양오행의 조화와 화합을 말하고 있으며 또한, 이 〈금척천부경〉에서는 수의 정렬이 주는 중요성을 암시하고 있다. 이 말은, 역수가 동일과는 그 개념이 다르다는 것을 증명하고 있는 부분이다. 단순한 이치이다. 이러한 세상의 이치를 스스로 깨우칠 수 있다면, 우리의 삶 속에서 제 분수를 아는 아량과, 눈에 보이는 현상들이 얼마나 많은 모순이 있는지도 가려내는 밝은 눈을 가질 수 있지 않을까 이 〈금척천부경〉을 정독해 나가면서 깨우칠 수 있기를 기대한다. 또한 앞서 논한 바와 같이, 글자의 표현에 연연하지 말고 좀 더 마음의 눈을 열어, 글에 담긴 의미에서 이 글이 주는 심오하고 중요한 메시지를 찾는 깨달음이 있어야 할 것이다.
다시 한번 언급하길, 이 〈금척천부경〉은 **우주창조의 원리와 번성, 그 오묘한 조화의 이치**를 통하여 현재를 살고 있는 오행 속의 인간이 반드시 지금, 이 시간 깨우쳐 나아가야만 할 길을 제시하고 있는 〈**예언서**〉이자, '**진경**'이다.

☯ 그렇다면 이제, 첫 번째 본자리 삼태극에서 나온 결과물 '三'을 동시에 모두 받은 두 번째 본자리 삼태극(천·지·인)에서, 그 '三'의 **총합수** [(31+34+37=102)]에 대하여 증명해 본다.

102	●5151(12)3	■5253(15)6	▲10404(9)	**합:** 20808(36-18)9

※ 위의 금척수는 실체적인 하나의 완성에서 탄생된 음양을 나타내고 있다. 이는 곧, 음양이 바탕이 된 하나의 실체적인 완성을 말하고 있다. 또한, "地二三"의 그 "三(34)"에서 나타내는 뜻과 일맥상통하고 있는 모습이다. →102.

〈금척천부경〉 원문 중, 첫 번째 삼태극의 본자리 (一, 二, 三)의 금척수가 모두 **총 51자[삼일신고-신훈51자]**인 것을 앞서 밝힌 바 있으니, 염두에 두고 볼 일이다.

원방각에서 **하늘자리**를 보면, 神의 섭리로써 실체적으로 완성된 오행의 환경 속에서 제각각의 음양으로 돌아가는 인간세상의 완성된 사람(化三-55)을 나타내고 있다. 또한, 변화된 오행의 제각기 완성된 환경을 보여 주고 있다. 이는 결국, 태극의 첫 번째 (근본)자리의 음양을 그대로 받아 삼태극을 이루고, 변화된 오행의 환경 속에서 십오진주(구세주)의 완성을 암시하고 있다. →5151(12)3.

땅의 자리는, 실체적으로 완성된 오행의 음양(부모)에서 탄생한 오행의 삼태극을 볼 수 있다. 또한, 이 수에는 차후, 더욱 확연하게 알게 될 것이나, 우리가 살고 있는 세상(地-32) 속, 어머니의 태내에서 구궁가일의 열 달(十-52)을 채우고 세상 밖에 드러난 **독립체**로 완성된 사람(一-53)의 모습을 나타내고 있다. 이는 곧, 간합(부합)의 수에서 보여 주듯이, 하나의 완성이 오행을 바탕으로 돌아가는 혼의 모습이라고 할 것이다. →5253(15)6.

이들 합의 결과물, **자식의 자리**는 영원한 하나(태극)에서 만들어진 실체적으로 완성된 본자리가 새로운 본자리를 바탕으로 돌아가고 있는 모습이다. 최초의 하나에서 탄생한 실체적인 대우주는, 인간의 척도로 가늠할 수 없는 시공의 흐름이 존재하고 있다는 것을 이 〈금척〉의 숫자에서도 짐작할 수 있다. →10404(9).

총합의 수에서는, 영원한 태극의 음양이 낳은 실체적인 팔자가 새롭게 낳은 팔자를 바탕으로 돌아가고 있는 모습이다. 이는 곧, 팔자를 바탕으로 변화된 사람(人)의 완성된 모습을 일컫는다. 이 또한, 그 과정이 앞서 밝힌바, 억겁의 시간이 흘러간들 어찌 인간의 눈으로 가늠할 수 있겠는가. 간합의 수에서도 완성된 삼태극의 혼을 나타내고 있음을 알 수 있다. 이것이 바로 대우주를 이루고 있다는 것을 수로써 증명하고 있음이다. →20808(36)9.

(6) 天(29)二(30)三(31)地(32)二(33)三(34)人(35)二(36)三(37)=297

✖ 이 수(102)를 한 번 더 팔괘로 돌려 증명해 본다.

102×3=306

306×3=918　　306×4=1224

⊠ 하나(태극)가 음양을 바탕으로 실체적으로 완성된 모습이다. 이는 곧, 하나의 실체에서 낳은 음양을 일컫는다. 이는 실체적으로 완성된 삼태극이 혼을 바탕으로 돌아가는 대우주를 나타내고 있다. 유념할 것은 실체적인 삼태극에서 탄생된 혼 속에는 가늠할 수 없는 완성(十)의 시간이 존재하고 있다는 사실이다. →306.

이는 실체적으로 완성된 대우주에서 만들어진 사람(생명체)의 근원수(18)이다. 즉, 실체를 가진 대우주가 하나로 완성되어 탄생된 팔자(팔괘)의 모습이다. 이는 궁극적으로 완성된 사람의 그 근원을 나타내고 있다. →918.

더 들어가 보면, 제각기 완성된 하나(태극)의 실체적인 음양이 새롭게 낳은 음양의 본자리를 바탕으로 완성을 이룬 모습을 볼 수 있다. 이는, 제각기 완성된 하나에서 제각각의 음양이 쌓이고 쌓여(積-22) 탄생된 새로운 본자리라는 것을 알 수 있다. 결국, 처음 완성된 하늘(天-12)의 그 하나의 씨가 음양의 본자리를 바탕으로 실체적인 음양을 이룬 것이다. →1224.

☯ "天二三"의 **금척수**는 (90)이다. '**無**'의 **대우주가 완성**되었다는 것이며 또한, 하늘(天)의 음양의 삼태극이 구이성십(구궁가일)의 완성을 이루었다는 것이다. 앞서 논하였던 "**一積十鉅**(90)"와 금척수가 동일하다. 이는 그 뜻이 일맥상통하고 있다는 것을 보여 주고 있다. 이 금척수의 증명은 앞서 밝힌바, 생략할 것이나 원문의 글과 흐름을 연결하여 수가 전하는 의미를 구분할 수 있어야 한다.

☯ "地二三(99)"은 보이는 수 그대로 제각각으로 돌아가는 음양의 대우주를 나타내고 있다. 이는 하늘에서 완성한 대우주의 씨를 받은 땅이 제각각의 음양으로 돌아가는 완성된 대우주의 환경을 보여 주는 것과 같다. 이는 곧, 소우주로 비유되는 태내의 환경이 완성된 모습이라고 할 수 있다. 이 수에서도 알 수 있듯, 하늘(天)과 땅(地)을 쉽게 양음으로 지칭할 수 없음을 유념해야 한다. 이것에 대한 증명은 이 〈금척천부경〉의 중반부에 수록된 "運三四成環" 부분에서 밝혀보도록 한다.

☯ 다음, "人二三(108)"은 팔자(팔괘)를 바탕으로 하나의 실체적인 완성을 이룬 모습이다. 즉, 하나의 실체적인 완성으로 만들어진 팔자(사람)를 나타내고 있다. 앞서 증명한 금척수 "二(36)"와 의미가 일맥상통한다. 대우주의 번성과 사람이 하나로 완성되는 부분이 함축된 수이다. 수에서 보여 주듯이, 삼태극 중, 사람의 근본(혼)이 완전한 완성(終)에 이르는 과정을 나타낸다. 이 수(108)를 통하여 이 경이 전하고자 하는 큰 하늘의 뜻을 볼 수 있어야 한다.

지금 이 〈금척천부경〉은 처음부터 끝까지 우주창조의 원리, 그중에서 인류의 근원(근본)과 번성이 선천과 후천의 세상을 통하여 어떻게 연결되고 있는지를 전하고 있다. 더불어, 그 과정 속에 담긴 예언을 통한 십오진주(구세주)의 여정을 통하여 함께 실체적인 완성으로 갈 수 있는 길을 알리고 있다. 명심해야 할 것은, 무엇보다 지금 이 경이 사람들에게 전하는 그 까닭에 있다. 그것은 바로, 대우주의 법칙은 영원할 것이나, 하늘의 이치를 깨닫지 못한 한낱 인간의 생명이란, 그 존속조차 영원토록 보장받지 못함을 경고하고자 함이다.

☯ 마지막으로, 이 두 번째 본자리 "天二三地二三人二三"의 총합수(297)에 대하여 그 의미를 찾아본다.(수가 복잡하나, 순서의 과정이므로 석삼극하

(6) 天(29)二(30)三(31)地(32)二(33)三(34)人(35)二(36)三(37)=297　　　121

여 증명해 본다.)

| 297 | ●43956(27)9 | ■44253(18)9 | ▲88209(27)9 | 합: 176418(72-27)9 |

❊ 이 두 번째 본자리에서 만들어진 금척수는 실체적인 음양의 대우주가 神의 정신인 七축을 바탕으로 돌아가며 완성을 이룬 모습이다. 이는 곧, 완성된 하늘(天-29)의 정신이라고 할 것이다. →297.

원방각, **하늘자리**는 제각기 완성된 영원한 본자리 삼태극(七축-43), 그 하늘(天)의 정신에서 탄생된 실체적인 대우주가, 영원한 오행 속의 혼을 낳으며 완성을 이룬 모습이다. 다시 말해서, 영원한 본자리에서 탄생된 "大三合(39)"이 완성된 오행의 혼을 바탕으로 실체적인 완성을 이루며 돌아가고 있는 모습이다. 이는 이미 밝힌바, 끝없는 윤회가 바탕에 암시되어 있다. 부합(간합)의 수에서 보여 주듯이, 이는 곧 완성된 음양의 정신(七축)으로서 영원한 대우주를 가리키고 있음을 알 수 있다. →43956(27)9.

땅의 자리에서는, 영원한 두 개(음양)의 본자리(八-44)에서 만들어진 음양(부모)이 오행의 삼태극을 바탕으로 실체적인 완성을 이룬 모습을 볼 수 있다. 이는 바로 세상 속, 모습을 드러낸 독립체로서의 사람(一-53)의 근원을 나타내고 있다. 간합(부합)의 수에서도 사람(생명체)의 근원수(18)로서 이루어진 대우주를 보여 주고 있다. →44253(18)9.

이들 합의 결과물, **사람의 자리**에서는, 영원한 제각각의 음양의 팔자에서 만들어진 실체적인 음양(부모)이 대우주를 바탕으로 완성됨을 보여 주고 있다. 이 또한, 하늘의 정신인 七축이 바탕이 된 음양의 대우주를 가리키고 있다. →88209(27)9.

총합의 수에서 보여 주고 있는 것은, 영원한 하나(태극)의 정신(七축)에서 만들어진 실체적으로 완성된 혼의 본자리(64)가 사람의 근원수(18)를 낳으며 돌아가고 있는 모습이다. 이는 완성된 사람의 근원(혼)을 나타내고 있다.

한마디로 이는 완성된 사람을 일컫는다. 이 모든 것이 곧, 이 경의 후반부에 수록된 "人中天地一"의 그 "人(72)"의 근원이자, 대우주의 번성을 이루는 근원이 된다. →176418(72-27)9.

✤ 이 금척수(297)를 다시 팔괘로 돌려 증명해 본다.

297×3=891

891×3=2673   891×4=3564

✺ 이 금척수는 *실체적인 팔자의 대우주가 완성되어 하나로 시작된 그 두 번째 본자리(11), 그 삼태극(천·지·인)의 모습을 보여 준다. →891.

이는 *음양의 혼(匯-26)이, 완성된 七축(정신)의 삼태극(中-73)을 바탕으로 실체적인 완성을 이룬 것이다. →2673.

더 들어가 보면, 완성된 혼의 본자리를 바탕으로 사람(人-35)의 실체적인 완성을 증명하고 있다. 다시 말해서, 혼의 본바탕, 본자리를 바탕으로 실체적으로 완성된 사람[완전수(십오진주)]을 나타내고 있다. →3564.

이 과정에서, 위의 금척수(297)를 세세하게 글로써 증명하기에는 너무 복잡하다. 그 뜻이 심오함은 물론, 전하는 의미가 다양하여 습득하기 난해하다. 하여, 이 수의 더 깊은 의미들은 이 경의 전문을 통하여 모두 습득한 후, 이 경이 전하는 전체적인 의미와 함께 밝혀 헤아려 보아야 한다.

이미 여러 번 언급하였듯이, 이 〈금척천부경〉은 보이는 수처럼 명료하게 그 답이 정해져 있는 것 또한, 사실이다. 하지만 그 답 속에 담긴 뜻과 깊이는 절대적으로 무한하다. 어떠한 표현도 이 〈금척〉의 이치를 모두 대변할 수는 없다. 이는 이 경을 읽는 자, 스스로 깨우치고 터득해 나가야 하는 끝을 알 수 없는 득도의 과정이며, 〈금척〉의 배움에 대한 깨달음 또한 그 시작의 일부일 뿐이다. 어떠한 일이든 쉽게 얻어지는 것은 또 쉽게 잃어버릴 수 있다는 세상의 이치를 기억한다면, 수에 대한 깨우침과 터득 또한, 무한

(6) 天(29)二(30)三(31)地(32)二(33)三(34)人(35)二(36)三(37)=297

하게 노력하는 만큼 얻을 것은 불을 보듯 명약관화하지 않겠는가.

이로써 하늘과 땅, 즉, 부모의 생명탄생의 가장 근본뿌리가 완성되어 만들어졌음을 알 수 있다. 두 번째 근본자리 삼태극에서 대우주(9)와 이 모든 것을 돌리는 중심축인 하늘의 정신, 그 七축의 바탕도 엿볼 수 있다.

＊ 위에서 표기한 실체적인 팔자, 음양의 혼, 완성된 사람은 모두 한 가지로 통하고 있다. 이 세 가지는 모두 **하나의 주체**를 지칭하고 있다.

이 〈금척천부경〉은 〈예언서〉와 함께 〈인류(만물)탄생의 이치〉를 담고 있다. 이미 언급한바, 이 경은, 전자(예언서)를 차치하고, 한 편으로 위의 모든 표기들이 바로 이 경을 읽는 지금 현재의 사람, 그 근본(부모)이 완성된 것을 가리키고 있다. 이 또한, 이 경의 전문을 통하여 한 가지로 연결되게 된다. 이런 하늘의 이치 속에서, 神(하늘)께서 사람에게 향한 배려를 깨우칠 수 있어야 한다. 왜냐하면, **이 경을 읽고 있는 자가 곧, 다시 올 십오진주(구세주)와 함께 그 영원한 본향(本鄕)으로 들어갈 수 있는 기회가 바로 지금이기 때문이다.**

1. **本1 ➜ 144:** 하나의 실체적인 완성에서 탄생된 음양의 본자리(팔자-선천운)
2. **本2 ➜ 297:** 실체적인 음양의 대우주(소우주)와 七축(정신)

＊ 오늘날, 현대의학과 한의학 그리고 과학의 범주에서도 인간의 몸 구조를 소우주에 비유하곤 한다. 인간의 몸 구조와 생체적 리듬, 흐름을 대우주의 생장소멸의 법칙과 동일시하며 비교하고 분석한다는 것이다. 그것은 바로 그들과 인간의 몸이 가진 숫자의 공통점 때문일 것이다. 하지만 왜, 동일한 것인지에 대해서는 과연, 얼마만큼 이해하고 그것을 증명할 수 있을까?

이제, 이 〈금척천부경〉에서 대우주의 생성과 사람의 몸, 생명체의 탄생이 같은 선상에서 같은 의미로 함께 하고 있음을 완벽하게 납득할 수 있게 될 것이다. 이것은 우리 몸이 바로 대우주의 축소판이라는 것을 금척수리로 더욱 명료하게 증명해 주고 있기 때문이다. 대자연의 한 개체로서 생장소멸의 법칙에 속해 있는 사람의 몸은 (366)개의 기혈을 통해 혈류를 움직이며 생명을 유지한다. 우리는 흔히 한 개체의 기질을 논제에 올릴 때가 있다. 글자 그대로 기(氣)와 질(質), 기는 보이지 않으며 형체가 없어 변형되는 것이고, 질은 눈에 보이는 것으로 육체, *오장을 가리키는 것으로 알고 있다. 그 속에서도 서로 상생과 상극의 작용을 하며 화합을 이루며 나가고 있는 것 또한 사실이니, 이 또한, 대우주의 오행과 별반 다르지 않다.

세상의 모든 만물의 이치가 그렇듯이 저절로 이루어지는 것은 단 하나도 없으며, 그 무엇도 당연한 것은 없다. 그런데도 어찌하여 사람들은 그 이치를 깨우치기보다는 무조건 믿는 것이 옳다 하고 무리지어 따라다니고 있는지, 참으로 안타깝고 어리석지 아니한가? 사람들은 종종 말문이 막힐 정도로 어처구니가 없고 황당할 때, 또는 표현할 수 없을 정도로 놀라울 때 '기가 막히다'는 표현을 쓴다. 하지만, 그 뜻을 정확하게 알고 쓰는 것인지에 대해서는 의문이다. 일반적인 대중을 폄하하고자 함이 아니다. 다만, 이 또한 자신도 모르는 사이에 젖어 들어 있는 선인(先人)들의 가르침이자, 습(習)이라는 것을 짐작할 뿐이다.

이렇듯, 이 '기(氣)'라는 것은 우리 눈에 보이지 않지만 분명, 존재하여 우리의 생명을 존속시키고 있음은 부인할 수 없는 사실이다. 예로, 어떤 사건이나 일에 있어 가시적이고 논리적인 근거와 검증을 중시하는 과학자나 그 부류의 사람들조차도 눈에 보이지 않는 기체의 존재는 인정하고 있다는 것이다. 물론, 그들의 논리로 그것은 과학적으로 검증된 것이라고 반박하겠으나, 그것은 단지, 인간의 한계일 뿐이다. 더불어 우리가 밟고 숨 쉬고 있는 이 지구는 약 1년, 약 (366)일의 시간 속에서 태양을 한 바퀴 돌아간다. 즉, 공전하고 있다. 같은 의미라고 하겠다.

이 〈천부경〉의 표면적 내용을 모두 담고 있는 〈교화경〉으로 흔히 알려져 있는 〈삼일신고〉 또한 모두 (366)자이다. 그리고 이와 함께 〈치화경〉으로 세상에 전해지는 〈참전계경〉 또한, 8강 (366)사(事)이다.

이 수의 의미를 〈금척〉의 수리로 풀어 본다면, [혼백의 실체적인 삼태극에서 탄생된 제각각의 음양의 혼을 나타낸다. 이는 결국, 제각각의 음양(心-66)의 혼이 바탕이 된 실체적으로 완성된 삼태극(완성된 사람)을 일컫는

(6) 天(29)二(30)三(31)地(32)二(33)三(34)人(35)二(36)三(37)=297

125

다.] 이 속에는 대우주의 법칙과 함께 영원하다는 뜻이 담겨 있다. 설령, 사람을 포함한 그 모든 만물이 나고, 자라서 그 수명을 다하여 소멸을 거듭하더라도 대우주의 법칙은 처음에도 '無'였듯이, 끝도 없이 영원(無)하다는 하늘의 이치를 〈금척〉의 수리로 전하고 있음이라.

이 수들을 그저 공교롭게도 우연의 일치라고 하겠는가. 수는 하늘의 섭리에 있다. 수의 법칙 속에서 움직이는 대자연의 이치를 깨우친다면, 그 속에 속한 모든 만물이 음양오행의 조화 속에서 이루어지고 있음을 알게 된다.

들판의 아주 조그만 풀꽃조차도 생명의 뿌리를 내리고 그 존속을 위해 씨앗을 흩날리는 그 존재의 이유가 있으니, 살아 숨 쉬는 생물의 몸 속 세포 하나하나에 神의 이치(數)가 들어 있음을 기억해야 한다. 이것은 비단, 수의 의미가 아니라 바로 '존재' 그 자체에 대한 존엄성을 깨우쳐 주는 부분이다. 오행 속에 속한 인간이 함부로 대자연의 조화를 해(害)하고 범(犯)하여 치우치게 만들 수 없다는 것이다. 만약, 대우주의 법칙을 역행하는 오행의 존재는 단지, 소멸될 수밖에 없는 미비한 오행 속, 하나의 물상에 지나지 않는다. 이는 물론, 인간도 예외일 수 없다는 사실이다.

이렇게 여러 가지로 비유를 한 것은, 이 경이 일반적인 〈경전〉이 아니라 인류 최초의 경이자, 〈예언서〉이기 때문이다. 그리고 지금, 이 단락에서 인간인 우리에게 이 수가 만들어져 함축하여 전하는 여러 가지의 의미이다. 바로 강하고도 포괄적인 경고임을 우리는 반드시 명심해야 한다.

＊ 오장(五臟): 다섯 가지 내장이라는 뜻으로 곧, 간, 심장, 폐장, 신장, 비장을 통틀어 이르는 말이다.

☑ **태양력(太陽曆)**
일반적으로 윤년(閏年)이 들어 있는 해(年)를 말한다. 이 경우, 일 년은 (366)일이 되며 이것이 윤년이 되는 것이다. 이는 지구가 태양을 한 바퀴 도는 주기가 (365)일 (5)시간 (49)분여, 정도가 소모된다. (365)일을 제외한 시간들을 모아 태양력에서는 (4)년마다 한 번 (2)월 (29)일을 두어 하루를 늘리고, 태음력에서는 평년이 (354)년이므로 계절과 역월(曆月)을 조절하기 위하여 (19)년에 (7)번의 비율로 윤월을 끼워 일 년을 (13)개월로 한다. 윤년이 아닌 해는 평년이라고 한다. 태양력의 윤년은 (12)지에서 (申, 子, 辰)띠에 해당한다.

〈천부경〉 원문 중, "本心本太陽昻明"에서도 알 수 있듯이 태극의 궁극적인 원점은 태양이다. 또한, (4)의 수는 본바탕, 본자리의 의미다. 완성된 일 년을 의미한다. 이 모든 것을 차치하더라도 사실, **완벽한 일 년은 (366)일이 더 이치에 부합한다.**

(6) 天(29)二(30)三(31)地(32)二(33)三(34)人(35)二(36)三(37)=297

(7) 大(38)三(39)合(40)六(41)生(42)=200

대우주의 모든 궤도가 神의 섭리 속에서 돌아가듯이, 생명이 탄생하는 한순간도 이렇듯 커다란 대우주의 법칙 속에서 한 치의 오차도 없이 생겨났음을 이 〈금척천부경〉을 통해 새삼 확인하고 인정할 수밖에 없다. 이 구절은 바로 그 실체적인 생명탄생의 완성된 근본바탕을 나타내고 있는 대목이다.

총체적인 금척수(200)의 의미에서 이미 그 뜻을 찾을 수 있다. 이는 神의 섭리와 같은 무한궤도의 모습과 함께 영원한 우주창조의 비밀, 그 중요한 전환점이 되는 구절이다.

최초, 태극의 두 개의 근본자리(11)에서 완성된 삼태극(천·지·인)은 글자의 의미 "大(38)"와 함께 큰 삼태극 "三(39)"이 되어 본바탕, 본자리에서 "合(40)"을 이루며 완성된다. 이미 밝힌바, 완성은 그 자리에서 새롭게 다시 하나로 합이 되고 변화되어 하나의 탄생을 이루니 그것이 바로 생명을 가진 물속의 혼을 일컫는 "六(41)"이라고 할 것이다. 이가 실체를 가지고 "生(42)"하였다는 것이다. 이는 바로 새 생명탄생의 근본적인 모습이 된다. 이 경의 중심에서 하나의 실체적인 완성을 이루는 순간이 된다. 물론, 그 바탕이 되는 환경은 차후에 밝혀볼 것이다.

부분적인 원문의 글에서도 금척수와 완전하게 부합됨을 알 수 있다. 최초, 태극의 두 개의 본자리(11) 삼태극(천·지·인) 중, 첫 번째 삼태극(3)이 완성되어 두 번째 삼태극(6)과 완성된 본바탕(40)에서 제각기 서로 합을 하여 탄생된 의미가 그대로 담겨 있다. 이 수는 제각기 완성된 최초, 태극의 두 개의 본자리(11)를 모두 지칭하는 원문의 글자 "大"로서 그 의미를 나타내고 있다. 물론, **금척수(38)**의 의미 또한 이와 뜻이 상통하다는 것을 짐작할 수 있다. 또한, 이 구절 중, "大三合六(158)"의 금척수를 살펴보면, 이 의미는 음양의 근원수(부모)인, 완전수(15)가 팔자를 바탕으로 완성을 이룬 의미가 내재되어 있다. 이는 실체를 가진 하나가 낳은 오행 속의 팔자로 **영원한 윤회 속의 완성된 사람의 근본을 암시하고 있는** 부분이기도 하다. 즉, 이 구절에는 사람(생명체)의 근본(혼), 그 실체적 완성을 명확하게 명시하고 있다. 바로 그 실체적 완성의 결과물이 "**大三合六生(200)**"인 것이다.

☻ 먼저, 태극의 두 개의 본자리(11)를 모두 지칭하고 있는 "**大**"의 금척수(38)를 원방각으로 표기해 그 뜻을 확인해 본다.

| 38 | ●703(10)1 | ■741(12)3 | ▲1444(13)4 | 합: 2888(35-26)8 |

✠ 위의 금척수는 원문의 의미 그대로 이전의 '三'과는 그 틀이 다르다는 것을 함축하고 있다. 이는 팔자를 바탕으로 완성된 삼태극으로 이루어져 있다. 팔자가 바탕이 된 완성된 삼태극은 곧, 태극의 두 개의 본자리(11)가 제각각의 팔자를 바탕으로 완성되었음을 나타낸다. 이는 또한, '大'라는 글자의 뜻 그대로 **크다(위대하다)**는 의미와 **전체(전체, 전부)**라는 뜻이 모두 기본적으로 함축되어 있다. 한마디로, 삼태극의 완성이다. 더 깊이 들어가면, 이는 팔자(팔괘)를 바탕으로 현세의 영원한 근본이 되는 선천(부모)의 뜻도 내포되어 있다. 앞서 밝힌바, 그 **주체**를 알아야 한다. 이는 실체적으로 완성된 사람(부모)의 탄생, 그 기반이 된다. 더불어, 현재를 살아가는 사람의 근본, 그 실체(완전)적인 완성이 이 수와 글자에 모두 내포되어 있다. →38.

원방각, **하늘자리**는 실체적인 七축(정신)의 완성으로 만들어진 삼태극이 바탕이 되어 하나의 완성을 이루고 있음을 알 수 있다. 이는 바로, 하나(태극)의 본자리(11)가 제각기 삼태극을 바탕으로 七축(정신)의 실체적인 완성을 이룬 모습이다. →703(10)1.

땅의 자리에서는, 하늘(天)의 정신인 七축이 혼(六-41)을 바탕으로 실체적인 완성을 이룬 것을 나타낸다. 이는 바로 七축(정신)의 본자리(天-74)가 완성되어 하나 된 모습이다. 한마디로 하늘의 정신에서 탄생되어 완성된 사람을 일컫는다. →741(12)3.

(7) 大(38)三(39)合(40)六(41)生(42)=200

자식의 자리는 제각기 완성된 하나의 실체적인 본자리가 제각각의 음양의 본자리(팔자)를 바탕으로 완성을 이룬 모습이다. 한마디로, 이미 제각기 완성된 하나(태극)에서 탄생된 제각각의 삼태극, 그 본자리를 나타내고 있다. 이는 제각기 완성된 하나(태극)에서 만들어진 삼태극의 사람(三-37)의 모습을 일컫는다. 즉, 이 자리에서 알 수 있는 '大'의 함축적인 의미는 완성된 하나의 삼태극으로 이루어진 본자리를 말하고 있다. →1444(13)4.

총합의 수는 제각기 완성된 음양이 낳은 제각각으로 돌아가는 완성된 삼태극의 팔자를 보여 주고 있다. 이는 곧, 변화된 사람(28)이 제각기 돌아가는 음양의 팔자를 바탕으로 실체적인 완성을 이룬 모습이다. 이 "大(38)"라는 의미에는, 대우주 공간 속에서 영원히 사라지지 않고 돌아가는 무한궤도의 완성된 삼태극이 내재되어 있다. 이는 '크다' '위대하다' 이 모두를 아우르는 **사람의 근본적(뿌리)인 완성**을 나타내는 의미를 모두 포괄한다. 무엇보다 근본의 주체를 기억해야 한다. 이는 수에서 보여 주듯이, 제각기 돌아가는 음양의 팔자를 바탕으로 실체적인 완성을 이루어 변화된 사람(三-28)의 모습을 일컫는다. 중요한 대목이다. →2888(35)8.

이 모든 금척수의 조합은 이 경의 전반에 걸쳐 수록된 원문의 글자와 그 의미를 공유하고 있는 부분이 있다. 그러나 궁극적인 의미에서 그 수가 주는 뜻은 일맥상통하고 있으나, 그 주체를 구분할 줄 알아야 한다. 세상만사가 그렇듯이, 사건의 주체를 알 수 없다면 그 일은 결국, 무용지물이 아니겠는가. 이 수(741) 또한 마찬가지이나, 이 과정에서 충실하게 습득되어 스스로 깨우칠 수 있다면, 이후의 금척수리가 한층 수월해질 것이다.

✖ 이 수(38)를 다시 팔괘로 돌려 증명해 본다.

$$38 \times 3 = 114$$
$$114 \times 3 = 342 \qquad 114 \times 4 = 456$$

✖ 위의 수는 하나(태극)의 본자리(11)가 새로운 본바탕으로 완성을 이루었음을

보여 주고 있다. 또한, 이 수는 차후에 증명하게 될 "萬萬"의 금척수(114)와 같다. 하여, 이 수에는 영원한 근본(혼)의 본자리, 본향으로서 변하지 않는 대우주의 법칙이 깊숙하게 자리 잡고 있다. →114.

이는 실체를 가진 삼태극의 본자리가 음양을 바탕으로 완성되었다는 것이다. 이는 궁극적으로 혼백의 실체를 가진 삼태극이 본자리의 완성으로 혼을 낳으며 생(生)하였다는 것을 말하고 있다. 즉, 대우주 속, 완성된 사람의 생명 탄생을 보여 주고 있다. →342.

더 들어가 보면, 실체적인 본자리의 완성된 오행 속에서 만들어진 혼을 나타내고 있다. 이는 역(易)으로 '無'의 대우주가 혼을 바탕으로 구이성십(구궁가일)의 완성을 이룬 모습이다. 같은 뜻이다. 궁극적으로는, 본바탕에서 만들어진 오장육부(56)를 가진 사람이, 영원히 되돌아가야 할 근본(혼)이자, 본향을 암시하고 있다. 여러 가지 의미로 나타내었으나, 이는 그저 조족지혈의 표현일 뿐, 수없이 정독하고 난 후, 이 수가 주는 깊이를 감지할 수 있다는 것이다. →456.

☯ 이제, 앞서 증명한 "大(38)"에 대한 결과물을 함축하고 있는 이 "三"의 금척수(39)에 대하여 금척수리로 증명해 본다.

| 39 | ●741(12)3 | ■780(15)6 | ▲1521(9) | 합: 3042(36)9 |

✳ 이 금척수는 "天――"의 **총합수(39)**와 그 금척수가 동일하다. 이는, '無'의 대우주가 바탕이 된 삼태극의 완성을 나타내고 있다. 이는 곧, "大三合"과 총체적인 의미가 서로 상통한다. 이 원문의 숫자와 금척수가 함께 전하는 의미는 한마디로, 태극의 두 개의 본자리(11)가 제각기 실체적인 완성을 이룬 삼태극, 사람을 일컫는다. 즉, **우리의 근본(혼)**이다. 글자가 보여 주는 의미와 금척수는 그 상황과 환경에 따라 다양한 표현으로 나타날 것이나, 결국은 이 또한 서로 일맥상통하며 한 가지로 통하고 있다. →39.

(7) 大(38)三(39)合(40)六(41)生(42)=200

원방각, **하늘자리**는, 실체적으로 완성된 하늘의 정신인 七축이 낳은 혼(六 -41)의 모습을 나타내고 있다. 이는 바로 실체적인 七축(정신)의 본자리인 그 하늘(天-74)의 완성으로 하나 된 삼태극의 모습이다. 유념할 것은 수없이 언급한바, 바로 완성의 주체이다. →741(12)3.

땅의 자리는 七축(정신)의 팔자가 완성되어 모두 끝마쳤다(終-78)는 것을 보여 주고 있다. 즉, 완성된 팔자를 바탕으로 하늘의 정신(七축)이 실체적인 완성을 이룬 것이다. 이는 하나(태극)에서 탄생되어 완성된 완전수를 나타낸다. 이는 바로, 사람의 근본(혼), 그 뜻이 함축되어 있다. →780(15)6.

이들 합의 결과물, **자식의 자리**는 실체적으로 완성된 완전수(父母)가 완성된 음양을 바탕으로 하나가 됨을 알 수 있다. 이는 곧, 최초 그 두 개의 본자리(11), 그 커다란 울타리 속에서 실체적인 오행의 음양으로 완성(十-52)을 이룬 대우주의 모습을 나타내고 있다. →1521(9).

총합의 수에서 알 수 있는 것은, 제각기 완성된 삼태극의 세상(三天-3000)에서 만들어져 생(42)한 본자리의 음양을 볼 수 있다. 이 "三"은 곧, "天一一"의 하늘(아버지)이자, 삼태극의 근본(혼)의 완성을 나타내고 있다. 이는 곧, 완성된 사람의 근본(혼)이 생(42)하였다는 것을 수로써 증명하고 있다. →3042(36)9.

✖ 이 수(39)를 다시 팔괘로 돌려 증명해 보면,

$$39 \times 3 = 117$$

$$117 \times 3 = 351 \qquad 117 \times 4 = 468$$

✺ 위의 금척수는 태극의 두 개의 본자리(11)가 七축(정신)을 바탕으로 완성을 이룬 모습이다. 이는 궁극적으로 "大三合"의 결과물을 나타낸다. 또한, 이 경의 중반부에 수록된 "萬往萬來"의 "萬來"의 금척수와 동일하다. 이는 이 경에 수록된 여덟 번의 '三' 중, 일곱 번째로 수록된 그

근거를 보여 주고 있다. 또한, 현재를 살아가고 있는 인간세상 속, 미래를 예시하고 있는 부분이기도 하다.

영원히 변하지 않을 대우주의 법칙이자, 선천과 후천을 오고 가며 완성된 근본(정신)의 모습이다. 이는 곧, 대우주의 번성을 이루는 근원, 그 완성된 사람(십오진주)을 나타내고 있다. →117.

이는 혼백의 실체적인 삼태극이 완성된 오행을 바탕으로 하나가 됨을 나타내고 있다. 이 수에는 이미 밝힌 바 있는, 사람(人-35)의 완성, 그 새로운 변화의 시작을 암시하고 있다. 또한 이는 바로 神의 섭리[삼일신고-신훈51]가 바탕에 깔려 있는 혼백으로 완성된 삼태극의 모습이다. →351.

더 들어가 보면, 결국, 실체적인 본자리에서 만들어진 완성된 혼의 팔자를 볼 수 있다. 이는 곧, 본바탕의 혼이 팔자를 바탕으로 완성된 것이다.

여기서 혼의 팔자는 이 〈금척천부경〉 후반부에 수록된 "本心本太陽昂明"의 "太(68)"를 일컫는다. 이 또한 다양하고 깊은 뜻이 내재되어 있겠으나, 근본적으로 최초의 태극(太-68)을 가리키고 있으며, 이는 바로 어머니의 자궁과 같은 모태(胎)가 바탕이 된 실체적인 본자리의 뜻도 내포되어 있음이다. →468.

❂ 그렇다면 이제, 이 제각각의 음양의 七축(정신)으로 완성되어 돌아가는 "大三"이 "合"하는 이 금척수(40)는 어떤 자리인지 먼저 석삼극하여 원방각으로 확인해 본다.

40	●780(15)6	■820(10)1	▲1600(7)	합: 3200(32)5

✠ 위의 금척수는 한마디로 "大三"이 "合"하여 본자리의 완성을 가져온 것이다. 무엇이든 합(合)은 작(作)의 결과물을 가져온다. (작)이라는 것은 완성품의 의미가 담겨 있다. 또한, 그것은 생산이든, 분열이든 변화를 가져온다는 것을 암시하고 있다. 또한, 이 수를 중심으로 볼 수 있어, 완성된 본바탕에서 혼백의

실체적인 완성을 이룬 삼태극의 혼이 하나로 새로운 생명탄생을 이루는 교량의 역할도 가지고 있다. 이 수는 바로 그 모든 변화를 예고하고 있는 것으로 말 그대로 '본자리'로서 다양하고 중요한 역량을 발휘한다는 것을 글자의 원문에서도 짐작할 수 있다. →40.

원방각, 하늘자리는 하늘의 정신인 七축에서 만들어진 두 개(음양)의 본자리(팔자)가 실체적으로 완성되었다는 것을 말하고 있다. 이 완성에는 모든 것을 다 하여 끝마쳤다(終-78)는 의미가 내포되어 있다. 앞서 그 완성된 사람(부모)의 씨, 그 완전수(15)로서 혼을 나타내고 있다. →780(15)6.

땅의 자리에서는, 보이는 것과 같이, 완성된 음양을 바탕으로 실체적인 팔자(사람)의 완성된 모습을 전하고 있다. →820(10).

자식의 자리는 이들 합의 결과물로서, 제각기 완성된 하나(태극)의 혼이 백[魄(百)-실체, 육신)]을 가진다는 것이다. 즉, 하나의 혼이 실체적인 완성을 이룬 모습이다. 금척수(16)에서도 알 수 있듯이 이는 바로 〈금척천부경〉 원문의 "地一"의 그 "一(16)"로서 이 땅(地) 위 완성된 세상을 지칭하고 있다. 이는 바로, 현재의 사람이 살고 있는 이 인간세상의 바탕이 실체적인 완성을 이루었다는 것을 보여 준다. →1600(16)7.

총합의 수는 마찬가지로 〈금척천부경〉 원문에 수록된 "地(32)"의 실체적인 완성을 보여 준다. 이는 모두 땅의 원천이자, 본향의 원천을 일컫는다. 또한, 생명체를 보듬고 키우는 어머니의 자리로서 실체적(혼백)인 완성을 나타내고 있다. 즉, 완성된 땅(地) 위의 인간세상이다. 이는, 아래의 [삼일신고-천궁훈40]에서 더욱 확연하게 그 의미를 찾아볼 수 있다. →3200(5).

✻ 이 수(40)를 다시 팔괘로 돌려 증명해 본다.

    $40 \times 3 = 120$

        $120 \times 3 = 360$ $120 \times 4 = 480$

※ 이 완성된 본자리는 곧, 실체적인 하나에서 탄생된 음양의 완성을 말하고 있다. 이는 바로, 처음 하나(태극)의 본자리 하늘(天-12)의 완성을 일컫는다. →120.

이는 바로 실체를 가진 삼태극의 혼이 완성되었다는 것을 보여 준다. 이는 곧, 완성된 사람(삼태극)의 혼을 나타내고 있다. →360.

더 들어가 보면, 한마디로 실체적인 본바탕에서 만들어진 팔자가 완성되었음을 알 수 있다. 이는 사람들이 소위, 말하는 **'사주팔자'의 완성**을 나타낸다. 이 금척수 또한, 헤아릴 수 없는 심오한 뜻이 담겨 있음을 유념해야 한다. →480.

天神國　有天宮　階萬善　門萬德　一神攸居

群靈諸哲　護侍　大吉祥　大光明處

惟性通功完者　朝　永得快樂

하늘은 신의 나라이며 그곳엔 하늘 궁이 있으니 선으로 가득 찬 계단과
덕으로 가득 찬 문이 있나니 곧 유일천신이 기거하시는 곳이니라.
여러 신령과 밝은이들이 수호하고 있어 너무나 상서롭고
밝은 기운이 넘치는 곳이라.
오직 본성을 깨닫고 공이 완전한 자라야
일신을 뵙고 영원한 즐거움을 얻을 지니라.
[삼일신고 - 천궁훈40자]

(7) 大(38)三(39)合(40)六(41)生(42)=200

☯ 그렇다면, 여기서 "大三合"의 금척수(117)를 원방각으로 증명해 본다. 이 수는 〈금척천부경〉 원문에 수록된 "萬來" 부분에서 다시 언급될 것이나, 원문과 〈금척〉이 전하는 의미가 어떻게 연결되는지 유념해서 보도록 한다.

| 117 | ●6786(27)9 | ■6903(18)9 | ▲13689(27)9 | 합: 27378(72-27)9 |

�֍ 위의 금척수는 보이는 수 그대로 최초, 그 태극(음양)의 두 개의 본자리(11) 삼태극이 七축(정신)을 바탕으로 완성을 이룬 그 합이다. 재차, 강조하는 것은, 〈금척〉은 인간의 척도로 그 오묘하고 심오한 경지를 다 가늠할 수 없다. 허나, 이 경은 지금 우리 인간이 깨닫고 행해야 하는 까닭에 그 만큼의 깊이를 부여해 주었음을 이 〈금척〉의 수리에서 습득하고 터득해야 할 것이다. 위의 수는 곧, 신의 정신(七축)이 바탕이 된 최초 그 태극의 음양의 본자리(11)가 완성된 모습을 나타낸다. 이는 또한, 영원한 대우주의 법칙 속에서 끊임없이 돌아올 신의 정신(七축)을 예시하고 있다. →117.

원방각, **하늘자리**는 영원한 혼의 울타리로 돌아가는 대우주의 모습을 나타내고 있다. 혼으로 시작한 모든 것이 완성되어 마쳤다(終-78)는 것이며 그 결과물로 다시 시작되는 혼의 바탕을 보여 주고 있다. 이것이 바로 혼으로 돌아가는 끝나지 않을 대우주의 모습을 암시하고 있다. →6786(27)9.

땅의 자리에서는, 원문의 글자 뜻 그대로, 삼태극을 바탕으로 음양의 부모(69)가 실체적인 완성을 이룬 모습이다. →6903(18)9.

이들 합의 결과물, **자식의 자리**는 제각기 완성된 영원한 하나에서 탄생한 실체적인 삼태극의 혼이 대우주를 바탕으로 완성된 팔자를 이루며 돌아가고 있음을 알 수 있다. 이는 바로, 영원한 하나의 삼태극(삼합일.일합삼)이 낳은 혼의 팔자(太-68)가 대우주를 바탕으로 완성된 모습이다. 이 완성된 혼의 팔자 "太(68)"는 최초의 태극을 가리키고 있으며 곧, 어머니의 자궁 속 모태의 의미도 함께 내포하고 있다. →13689(27)9.

총합의 수에서 보여 주고 있는 것은, 영원한 음양의 七축(정신)에서 탄생된 삼태극(사람)이 완성된 七축(정신)의 팔자(終-78)를 바탕으로 실체적인 완성을 이루며 끝마쳤다는 것이다. 또한 이는, 원방각의 모든 부합의 수(9)에서도 알 수 있듯이 이 '無'에서 시작된 대우주는 음양의 七축(정신)이 바탕이 되어 영원한 대우주의 번성을 이루며 수없이 돌아올 것임을 예시하고 있다. 이 수와 마찬가지로 금척수의 정렬에는 더 깊고 놀라운 하늘(神)의 뜻이 담겨 있다. 글 속에 다 담을 수 없는 무한의 세계를 새삼 절감할 뿐이다. →27378(72-27)9.

※ 이 수(117)을 다시 팔괘로 돌려 증명해 본다.

117×3=351

351×3=1053　　351×4=1404

※ 이 수는 이미 밝힌바, 七축(정신)이 바탕이 된 두 개의 근본자리(11), 그 완성으로 끊임없이 돌아올 윤회 속의 하늘(神)의 정신을 나타낸다. 이는 바로 혼백의 실체적인 삼태극이 완성된 오행의 바탕 속에서 하나가 됨을 말하고 있다. 곧, 사람(삼태극)이 신의 말씀[**삼일신고-신훈51**]이자 섭리 속에서 하나의 완성을 이룬 모습이라고 할 것이다. →351.

이는 제각기 완성된 하나(태극)에서 탄생한 완성된 오행 속의 사람(一-53)을 나타내고 있다. 더불어 또한, 인간세상의 독립체로 완성된 사람으로서의 탄생을 암시한다. →1053.

더 들어가 보면, 하나(태극)의 본자리가 새로운 본자리를 바탕으로 실체적인 완성을 이룬 모습이다. 이는, 하늘의 그 하나(태극)의 본자리가 새롭게 만든 본자리를 바탕으로 실체적인 완성을 이룬 것을 나타낸다. 즉, 사람의 완성된 근본(혼)의 본자리, 그 근원을 예시하고 있는 것이다. →1404.

(7) 大(38)三(39)合(40)六(41)生(42)=200

☯ 이제 다시, 〈금척천부경〉 원문 중, 가장 중심에 있는 글자이자 숫자인 "六"의 **금척수(41)**에 대하여 석삼극하여 원방각으로 그 의미를 증명해 본다.

41	●820(10)1	■861(15)6	▲1681(16)7	합: 3362(41)5

✴ 위의 금척수를 좀 더 엄밀히 따져 본다면, 〈금척천부경〉의 전문 중, "一析三極(26)"을 우주생명, 그 탄생의 시작이라고 한다면 이 "六(41)"은 바로 그 생명을 주도하는 주체라고 해야 마땅하다. 이는 "大三"이 (합)하여 나온 결과물, (작)일 뿐 아니라, "大"의 대상이 되는 三(3)의 바탕, 그 생명의 근원이 되는 "六(6)"을 일컫는 것이다. 이 모두의 완성된 본바탕, 본자리에서 삼태극과 하나가 된, 물속에 담긴 그 **혼(6)**을 나타내고 있다. →41.

이제 이 **수(41)**에 대하여 증명하여 알아보겠으나, 그 중(重)함이 얼마나 큰 지는 바로 이 〈금척천부경〉의 가장 중심에 있는 글이라는 것만 보아도 가히 짐작할 수 있을 것이다. 왜냐하면, 이 〈천부경〉은 원래 가로와 세로가 한 치의 오차도 없이 자(尺)로 맞추듯이 구구횡간 81자로 이루어져 있다. 그 가운데를 줄로 그어 '十字'로 교차하면 중앙에 이 글자 "六(41)"이 있다. 이는 원문의 내용에서도 '六'의 숫자로 표기되어 물속에 깃든 혼을 나타내고 있다.

먼저, 위의 원방각, **하늘자리**를 보면, 실체적으로 완성된 팔자(십오진주)에서 만들어진 음양의 완성을 볼 수 있다. 이는 곧, 실체적인 하나의 완성(사람)을 일컫는다. →820(10)1.

땅의 자리에서는, 실체를 가진 팔자에서 만들어진 혼의 완성으로 하나가 됨을 나타내고 있다. 즉, 실체를 가진 팔자(사람)가 낳은 변화된 혼의 모습이다. 이 또한, 근원수가 되는 완전수(15)를 나타내는 혼을 일컫는다. →861(15)6.

사람의 자리에서는, 실체적으로 완성된 최초, 그 태극의 땅 위 세상(**地一** -16)에서 탄생되어 완성된 팔자의 시작을 볼 수 있다. 땅 위 세상의 실체적인 완성은 곧 완전수의 실체를 나타낸다. 또한, 우리의 근본이 되는 실체적인 부모(조상)가 낳은 새로운 생명의 그 시작(81)이 바탕에 깔려 있음을 암시하고 있다. 이는 결국, 최초(태극)의 본자리(11)가 거대한 울타리가 되어 새롭게 탄생한 "모태(太-68)" 의 완성이다. →1681(16)7.

총합의 수를 보며 지금까지의 **〈금척천부경〉**이 나타내고 있는 의미를 다시금 되짚어본다. 앞서 "一積十鉅" 하여 "無匱化三" 한, 변화된 사람의 "三(28)" 을 기억해야 한다. 그 수는 또한, 우리 사람의 근원이 되는 수라고 했다. 지금의 자신이 존재할 수 있는 부모의 근원수이기도 하다. 총합수는 바로 이 수(28=336)에서 낳은 음양을 나타내고 있다. 이미 언급한바, 이 **〈천부경〉**은 조화의 원리 곧, 우주창조의 이치 속에서 인간이 가야 할 길을 제시하고 있다. 이는 바로, 현재를 살며 이 경을 읽고 있는 사람 그 부모의 혼이자, 자신이 속한 사람의 근본바탕도 함께 내포하고 있다. 결국, 이는 영원히 죽지 않는 사람의 근본(혼)이 되어 오행과 하나가 되어 돌아갈 것임을 수에서 증명하고 있음이다. →3362(41)5.

✖ 위의 금척수(41)를 다시 팔괘로 돌려 증명해 본다.

41×3=123

123×3=369　　123×4=492

▣ 이 **금척수**(41)를 다시 좀 더 살펴보면, **〈천부경〉** 원문의 "六" 을 그대로 〈금척〉의 수와 연결해서 정렬하면 (641)이 된다. 이는 실체를 가진 혼의 본바탕이 완성되어 하나로 시작된다는 것을 이 **금척수**(41)를 통하여 좀 더 명확하게 알 수 있다. 이 수는 하나(태극)의 실체에서 탄생된 음양의 삼태극이자, 삼태극이 바탕이 된 하늘(天-12)의 완성이다. →123.

이는 대우주를 바탕으로 실체적인 삼태극의 혼이 완성됨을 보여 주고 있다. 이는 바로, 대우주를 바탕으로 완성된 음양의 사람(人-36)을 나타낸다. 또한, 음양의 근원수(부모)가 바탕이 되어 완성된 혼백의 삼태극(사람)을 나타낸다.

(7) 大(38)三(39)合(40)六(41)生(42)=200

결국, 이는 이 경의 근본적인 주체라고 할 것이다. →369.

더 들어가 보면, 실체를 가진 본자리의 대우주가 음양을 바탕으로 완성된 모습을 볼 수 있다. 이는 곧, 음양을 바탕으로 근본(혼)이 완성(成-49)된 것을 일컫는다. →492.

이 "大三合六"의 구절은 앞서 태극의 두 개의 근본자리(11)가 제각기 완성되어 만들어진 결과물이 생명탄생의 근원으로서 그 변화의 시작을 보여주고 있는 모습이다. 결국, 이는 궁극적으로 '大三'이 하나로 합하여 탄생한 '六'을 말하고 있다. 허나, 여기에는 〈금척〉의 또 다른 묘수가 있다. '大'를 뺀, 오로지 '三'과 '六'의 합으로 볼 수 있다. 이는 수 그대로 이 〈금척천부경〉에서 가장 중심이자 주체가 되는 **삼태극의 혼(36)**이 되기 때문이다. 원래, 이것은 태극의 첫 번째 본자리 삼태극(천·지·인)의 결과물을 받은 두 번째 본자리 삼태극(천·지·인)의 결과물이라는 것을 앞서 이 경의 앞 구절들에서 밝힌 바 있다. 〈금척〉의 수리는 어떤 관계를 대입시켜도 그 의미는 결국 하나로 통한다는 것을 증명하고 있다.

거듭 강조하길, 이 〈금척천부경〉은 분명, 시공이 존재하고 있음을 기억하여 이 모든 흐름을 습득하고 깨우쳐야 한다. 원문의 내용과 금척수가 주는 의미를 놓치지 않아야 전체적인 이 경의 중(重)한 뜻을 간파할 수 있을 것이다. 왜냐하면, 구문의 구분이 불분명한 (81)자의 숫자(31)와 한문(50)으로 표기된 〈천부경〉은 읽는 자의 의도에 따라 그 내용과 해석이 천차만별로 다양할 수밖에 없다.

☯ 여기서, 앞서 밝힌바, '大'를 뺀 "三合六"의 금척수(120)에 대하여 한 번 짚고 간다. 이 수가 주는 의미를 증명하여, 이 경의 전체적인 흐름을 비교하고 파악하는 데 도움이 되고자 한다.

120	●7140(12)3	■7260(15)6	▲14400(9)	합: 28800(36-18)9

⊠ 위의 금척수는 한마디로, **하늘(天-12)의 완성**을 나타내고 있다. 이는 실체를 가진 하나(태극)가 낳은 음양의 완성을 일컫는다. 원문의 뜻 그대로, 완성된 삼태극과 혼의 합을 나타내고 있다. 이가 곧 **사람의 근본(혼)이 되는 삼태극의 혼**(36)이자, 이 **〈금척천부경〉**의 근본(근원)적인 주체라고 할 것이다. 이 부분 또한, 이 경의 흐름을 통하여 주체가 누구를 지칭하고 있는지 유념하고 있어야 한다. 이 금척수는 이 경의 원문에 수록된 '大'가 이미 전제되어 있다는 사실이다. →120.

원방각, **하늘 자리**에서는, 완성된 본자리를 바탕으로 "明(71)"의 실체적인 완성을 볼 수 있다. 이는 또한, 하나의 음양이 바탕이 된 삼태극을 나타내고 있다. 이 "明(命)"에 대한 더 깊은 뜻은 차후에 증명해 보도록 할 것이나, 고운 선생께서 표기하신 **〈천부경〉** 원문의 "成環五(七)一"의 본래의 까닭이기도 하다. 이 원문의 글자와 금척수는 이 경의 후반부에 수록된 "本心本太陽昻明"에서 밝혀 볼 것이다. 그럼에도 불구하고 원문의 글자만으로도 그 전하는 뜻을 짐작해 볼 수 있다. "明"은 곧 '해와 달'을 지칭한다. 이는 대표적인 우주의 음양이다. 또한, 미시적이며 더 깊은 의미로 들어가 보면, 사람의 '명(命)'의 완성을 나타내고 있다. 허나, 글로써 모든 의미를 표현할 수는 없다. 이 또한 수없이 밝힌바, 이 경의 전문을 모두 통독한 후, 스스로 깨우치고 터득해야만 할 것이다. →7140(12)3.

땅의 자리에서는, 완성된 혼을 바탕으로 七축(정신)의 음양으로 거듭난 사람, "人(72)"의 실체적인 완성을 나타내고 있다. 또한, 이 완성된 삼태극의 혼(36)은 영원한 대우주 법칙 속에서 번성의 근원이자 그 "用(60)"의 근간(뿌리)임을 수에서 예시하고 있다. 이는 곧, 완전수(부모)가 바탕이 된 혼을 일컫는다. →7260(15)6.

자식의 자리에서는, 영원한 하나(태극)에서 만들어진 제각기 돌아가는 음양의 본자리가 실체적인 완성을 이루었음을 알 수 있다. 이는 곧, 영원한 하나(태극)에서 탄생한 우리들이 말하는 '사주팔자'의 실체적인 완성으로 음양

(7) 大(38)三(39)合(40)六(41)生(42)=200

의 본바탕, 본자리가 완전한 완성을 이룬 것을 나타낸다. 다시 말해, **이 실체적인 혼백**(00, 양백)**이 모두 완성**된 것을 일컫는다. 이가 대우주를 이루고 있음이다. 공교롭게도 이 숫자에는 우리가 이 경을 읽고 반드시 깨우쳐야 할 그 이유와 결과가 함께 내재되어 있다. →14400(9).

총합의 수에서는, 변화된 제각각의 음양의 팔자, 곧 사람의 실체적인 완성(변화된 사람)을 볼 수 있다. 이는 영원한 음양이 실체적으로 완성된 음양의 팔자를 바탕으로 돌아가고 있는 모습이다. 즉, 사람 자신의 근본(혼)이 제각기 완전한 완성을 이루었다는 것이다. 이는 곧, 사람의 근원수(18)이자 곧, 삼태극의 혼(36)으로 이루어진 대우주를 가리킨다. →28800(36-18)9.

✼ 이 수(120)를 다시 팔괘로 돌려 증명해 본다.
120×3=360
360×3=1080   360×4=1440

✳ 이 하나의 음양이 완성된 것은 곧, 실체적인 삼태극의 혼이 완성되었다는 것을 말하고 있다. 이는 곧, 대우주 번성의 근원이자 사람의 근본(혼)이 된다. →360.

이는 제각기 완성된 하나가 쌓이고 쌓여 그 어느 때 이루어진 "一積十鉅(90)"의 실체적인 완성이자, 구이성십(구궁가일)의 완성, 이 모든 것의 결과물이 된다. 이 모든 과정의 완성된 표현은 언제나 그랬듯이 하늘의 이치와 대우주의 법칙 속에서 영원히 다시 올 십오진주(구세주)로 통하고 있다. 또한, 지금 이 경을 읽는 사람이 구도(몸과 마음을 닦음)하고 깨우쳐 완성해야 할 종착점이기도 하다. →1080.

더 들어가 보면, 제각기 완성된 하나(태극)의 실체적인 본자리가 새로운 본자리를 바탕으로 완성을 이룬 모습이다. 이것은 결국, 최초(태극)의 근본자리(11), 그 첫 번째 본자리(천·지·인)의 완성이자, 처음 그 하늘(天-12)의 완성을 나타내고 있다. 이 수를 유념하면서 이 경을 정독해 나가도록 한다.
→1440.

결국, 이 "三合六(120)"의 모습은 영원한 대우주의 법칙 속에 번성하는 사람(생명체)의 근원이 되는 수라고 할 것이다. 이는 앞서 밝힌바, 사람(생명체)의 근원수(18-6.6.6)가 완성을 이룬 모습으로 완성된 사람, 곧 삼태극의 '人'의 자리의 그 음양을 가리키는 "人二"의 금척수(36)와 서로 상통하고 있다.

蒼蒼非天　玄玄非天　天無形質　無端倪
無上下四方　虛虛空空　無不在　無不容

저 푸른 창공이 하늘이 아니며 저 까마득한 검은 것도 하늘이 아니니라.
하늘은 모양과 바탕이 없고 시작과 끝도 없으니
위아래와 사방도 없으며 비어 있는 듯하나 꽉 차 있어서
있지 않은 곳이 없으며 어떤 것도 포용하지 않는 것이 없느니라.

[三一神誥-天訓36字] 中

위의 [삼일신고-천훈36]의 글에서 보듯, 神의 수[마음(心), 섭리, 정신]는 우리의 눈에 보이는 것과 생각이 모두 진실이라고 단정하지 말라 하신다. 하늘(天)은 저 높고 먼 곳에 있는 것이 아님을 전하고 있다.
우리는 때때로 '빙산의 일각'이라는 말을 쓰곤 한다. 그 말의 의미처럼, 지금 우리가 눈으로 보고 있는 세상은, 드러나 있는 빙산의 일각처럼 작아서, 잠겨 있는 거대한 빙산의 몸체는 보통의 사람은 볼 수도 없기에 볼 의지도

(7) 大(38)三(39)合(40)六(41)生(42)=200

없다. 이처럼 인간이란, 바닷가 모래사장의 한 줌 흙처럼 작고 미약한 존재임을 부정할 수 없다. 그렇다고 하여, 허무주의나 염세주의로 빠져들어서는 안 될 것이다. 지금의 이 삶이, 이 순간이 얼마나 소중한 가치를 지니고 있는지를 알려 주고 있기 때문이다. 허나, 그 가치의 기준을 어디에 두어야 하는지에 대한 답은, 이 〈금척천부경〉의 전문을 모두 통독한 후, 스스로 깨우쳐 터득해 나가야 하는 개개인의 몫일 것이다.

인간이 받은 재능이 아무리 뛰어나다 하여도 하늘의 이치를 벗어날 수 없고, 음양오행의 조화 속에 있음을 잊지 말아야 한다. 또한, 변함없는 대우주의 법칙, 그 생장소멸의 법칙 속에서 끝없이 돌고 있음을 부인할 수도 없다. 이는 곧, 인간은 평생을 살아도 가지고 있는 뇌의 30%를 결코 더 쓸 수 없다는 사실이다. 〈금척〉에서 증명하듯, 그 이상은 하늘(神)의 영역이기 때문이다.

여기에서 잠시 짚고 갈 것은, 이 〈금척천부경〉의 구절을 나누어 〈금척〉의 이치를 증명하는 이유이다. 이는 물론, 이 경의 내용에 대하여 더욱 명료한 방식으로 좀 더 수월하고 명확한 전달을 위함이나, 이 또한 까닭이 있지 않겠는가. 스스로 〈금척〉의 수리에 통달이 되었다고 자부심이 든다면, 이 나눔에 대한 납득의 차원이 아닌, 〈금척천부경〉이 전하는 또 다른 깊은 뜻도 스스로 밝힐 수 있을 것이다. 왜냐하면, 이 경이 전하고자 하는 그 깊은 의미는 글로써 설명하고 이해시키는 그런 범주가 아니기 때문이다.

❂ 이제, 여기서 더 나아가 구절의 처음 "大"를 연결하여 "大三合六"에 대한 **금척수(158)**를 석삼극하여 증명해 본다. 또한, 여기서 '**大**'가 주는 의미가 무엇인지 어떤 역할을 하고 있는지 전체적인 흐름을 통해 깨우칠 수 있도록 한다.

| 158 | ●12403(10)1 | ■12561(15)6 | ▲24964(25)7 | 합: 49928(50-32)5 |

✳ 위의 금척수는 완성된 완전수가 낳은 팔자가 바탕이 된 모습으로 오행 속에서 끝없이 윤회할 하나의 실체(사람)를 암시하고 있다. 또한, 앞서 밝힌바,

'**大三合**'의 '**大**'는 원문의 뜻 그대로 '크다(위대하다)'라는 의미가 내재되어 있다. 이 〈천부경〉이 〈예언서〉라는 것을 잊지 않고 있다면, 이 의미 또한 분명하게 이 전체적인 흐름 속에서 존재하고 있는 십오진주(완전수)를 암시하고 있음을 알 수 있다. 하지만 그럼에도 불구하고, 이 경이 사람에게 전하는 것은, 이 '**大**'에는 완성된 사람의 근본이자 뿌리의 개념 곧, 개개인의 근원이 되는 조상(先)이라는 뜻을 포괄하고 있기 때문이다. 또한, 앞서 언급한바, 하도낙서의 역리가 여기에 있으니, 이 "**大三合六**"은 결국, 선천하도에 속한다. 즉, 선천하도와 후천낙서의 양백(兩百) 중, 선천하도의 완성이 이 수에 나타나 있다. 결국, 이 수는 팔자를 바탕으로 완전수의 완성으로서, 이 글을 읽고 있는 사람, 그 **근본(부모, 조상)의 완성**을 일컫는다. →158.

원방각, **하늘 자리**는 영원한 하나(태극)의 음양의 본자리가 삼태극을 바탕으로 실체적인 완성을 이룬 모습을 나타낸다. →12403(10)1.

땅의 자리에서는, 영원한 하나(태극)의 음양이 실체적인 오행의 주관 속에서 완성된 혼으로 새롭게 하나가 되었음을 나타내고 있다. 이는 또한, 영원한 하나(태극)의 실체적인 음양오행에서 탄생되어 완성된 혼의 변화된 모습을 보여 준다. →12561(15)6.

이들 합의 결과물, **자식의 자리**는, 영원한 음양의 본자리에서 탄생된 실체적인 대우주가 완성된 혼의 본자리를 바탕으로 돌아가는 음양오행의 세상을 보여 주고 있다. 이는 곧, 영원한 음양의 본자리에서 만들어진 제각각의 완성된 음양의 근원수(부모, 조상)가 새로운 본자리를 바탕으로 돌아가고 있는 모습이다. 이 모든 것은, 영원한 대우주 공간 속에 깃든 변하지 않는 음양오행의 법칙을 밝혀 주고 있다. →24964(25)7.

총합의 수는 영원한 본자리에서 탄생한 제각각(음양)의 대우주가 음양의 팔자(변화된 사람)를 바탕으로 실체적 완성을 이루며 돌아가고 있는 모습이다.

(7) 大(38)三(39)合(40)六(41)生(42)=200   145

완성되어 변화된 사람(三-28)이 바탕이 된 영원한 본자리가 낳은 "地二三(99)"의 실체적인 완성을 나타낸다. 한마디로, 변화된 사람, 그 음양의 실체적인 완성을 일컫는다. 이는 또한, 간합(부합)의 수에서 알 수 있듯이, **완성된 오행의 환경, 그 변화의 주체를 나타내고 있다.** →49928(50-32)5.

✖ 이 수(158)를 다시 팔괘로 돌려 증명해 본다.

158×3=474

474×3=1422   474×4=1896

✺ 이 팔자를 바탕으로 완성된 완전수(부모)는 곧, 완성된 七축(정신)을 중심으로 제각각의 다른 모습의 음양의 본자리로 돌아가고 있다. 이 또한, 영원히 변함없는 대우주의 법칙이라고 할 것이다. →474.

이는 하나의 본자리가 제각기 돌아가는 음양(사람이 살아가는 완성된 인간세상 -22)을 바탕으로 실체적인 완성을 이룬 것을 나타낸다. 모든 수가 그러하듯, 이 금척수 또한, 그 속에 내재된 수많은 뜻을 글로써 모두 표현할 수는 없다. →1422.

더 들어가 보면, 완성된 대우주가 바탕이 된 사람(생명체)의 근원수(18)가 실체적인 완성을 이루며 낳은 혼을 볼 수 있다. 이는 곧, 완성된 음양의 근원수(96)가 바탕이 된 사람의 근원, 그 실체적인 완성을 나타내고 있다. 한마디로, 사람의 근본(부모)이 완성되었다는 것이다. →1896.

이 "**大三合六(158)**"의 원문과 금척수가 주는 의미는 〈예언서〉라는 의미뿐만 아니라, 〈우주창조의 근원과 원리, 그 이치〉의 가장 기본이 된다. 즉, 이는 우리 자신의 뿌리, 그 근본(혼)이 실체적으로 완성(완전수)되는 과정을 나타내고 있다. 이는 곧, **선천의 완성**이다. 또한, 팔자를 바탕으로 완전수(부모)의 완성을 이룬 모습에서 **수없는 윤회의 암시**도 내재되어 있다. 이는 바로, 영원히 변하지 않을 대우주의 법칙, 그 근원의 틀을 또 다른 모습의 수로써 증명하고 있다.

● 이제, "大三合六"하여 "生"한 이 금척수(42)대한 구체적인 의미를 금척수리의 증명을 통해 확인해 보도록 한다.

42	●861(15)6	■903(12)3	▲1764(18)9	합: 3528(18)9

✠ 위의 금척수는 생명(체)을 가진 살아 있는 혼, 사람의 탄생이다. 완성된 본자리에서 낳은 음양이 말 그대로 '살아서(生)' 생명을 가졌다는 것이다. 즉, 육신(6)의 생명을 만드는 '생명수'의 역할을 내포하고 있다. 이 수(6) 의 의미는 곧, 앞서 "大三合六"의 합작품을 '生'함에 수로써 나타내고 있음이며 또한, 이 경을 읽고 있는 육신을 가지고 살아가는 현재의 사람, 개개인이 깨우쳐 알아야만 될 가장 근본이 되는 핵심적인 수에 속한다. →42.

원방각, 하늘 자리는 완성된 혼의 변화를 바탕으로 실체적인 팔자(사람)의 완성을 나타내고 있다. 이는 생명을 얻은 혼의 탄생을 의미한다. 간합(부합) 의 수에서도 나타나듯, 혼의 주체를 기억해야 한다. →861(15)6.

땅의 자리에서는, 삼태극(사람)이 바탕이 된 대우주의 실체적인 완성을 보여 주고 있다. 이는 곧, 실체적으로 완성된 살아서 '생명'을 가진 대우주를 나타내고 있다. →903(12)3.

이들 합의 결과물 자식의 자리는, 제각기 완성된 하나의 실체를 가진 七축 (정신)이 낳은 혼의 본자리(64)를 볼 수 있다. 이는 혼의 본자리를 바탕으로 땅의 음양(地二-17)이 실체적인 완성을 이룬 것이다. 결국, 하나에서 탄생한 사람[이는 곧 (천·지)와 하나 된 "人中天地一"의 그 "一(76)"]이 본자리를 바탕으로 사람의 근원수로서 대우주를 이루었다는 것이다. 이 말의 의미 또한, 앞서 모두 언급하였다. →1764(18)9.

총합의 수에서 보여 주고 있는 것은, 실체적으로 완성된 "人(35)"에서 만들어진 음양의 팔자(변화된 사람)이다. 이는 곧, 제각기 완성된 삼태극에서 만들어진 실체적인 오행의 음양이 팔자를 바탕으로 구이성십(구궁가일)의 완성

(十-52)을 이룬 것을 수로써 증명하고 있다. →3528(45-18)9.

✕ 이 수(42)를 다시 팔괘로 돌려 증명해 본다.

42×3=126

126×3=378　　126×4=504

▩ 이 금척수는 최초의 태극을 "一析三極(26)" 한 것과 같다. 그 실체를 가진 하나(태극)의 음양이 생명을 가진 혼을 바탕으로 완성을 이루었다는 것이다. 결국, 이 '生' 하게 된 주체는 바로 최초의 그 하나에서 변화된 사람, 그 실체적인 완성에서 탄생한 음양의 혼임을 알 수 있다. 결국, 금척수에서 보여주듯, 이미 그 시작의 모습이 달라졌음을 간파할 수 있어야 한다. →126.

이는 실체를 가진 삼태극의 완성을 말하고 있으나, 이 완성은, 다 하여 끝마쳤다는 "終(78)" 과 같으며, 새로운 것의 시작(생)을 의미한다. 즉, 팔자가 바탕이 된 사람의 "三(37)" 이 완성된 것을 수로써 증명하고 있다. 한마디로, 팔자를 바탕으로 돌아가는 실체적인 사람의 완성을 일컫는다. →378.

더 들어가 보면, 이 또한, 오행의 실체적인 완성으로 만들어진 하나의 새로운 본자리를 볼 수 있다. 이가 대우주를 이루고 있음이다. 실체를 가진 완전한 환경의 변화를 나타내고 있다. →504.

☯ 여기서 잠시, 총합수를 논하기 전, 한 번 더 앞의 "六" 과 연결하여 **"六生"** 의 **금척수(83)**를 밝혀 증명하여 그 의미를 짚어보고 가도록 한다. 이 구절에서 더 많이 세세하게 나누어 증명하는 까닭은 그만큼 이 경의 중심에 놓인 원문과 금척수가 가지고 있는 의미가 이 경의 중요한 전환점이 되기 때문이다. 이 **"六生(83)"** 은 이 **〈금척천부경〉** 의 전문 (81)자 중, 그 가운데(十字)를 교차하는 시점에 놓여 있다. 또한, 그 교차하는 시점에서 원문과 금척수가 주는 의미가 현재 이 글을 읽는 자에게 전하는 가장 중(重)한

메시지가 될 수 있음을 전제로 하고 있음을 기억해야 한다.

83	●3403(10)1	■3486(21)3	▲6889(31)4	**합:** 13778(62-26)8

※ 위의 금척수는 한마디로, 삼태극이 바탕이 된 팔자의 완성이다. 이는 곧, 생명을 가진 **혼의 생**(42)함을 가리킨다. 혼은 '六' 이라는 숫자에 함축된 커다란 의미이나, 우리의 말 자체가 **음소문자**인 까닭에, 말 그대로 물로 만들어진 육신의 뜻도 담고 있어 육신의 생함도 내포하고 있다. 이는 말 그대로 육신과 함께 살아 있는 생명, 그 자체를 나타낸다. 수없이 밝힌바, 이 〈**천부경**〉은 영원한 대우주의 법칙 속에서 돌아가는 선천과 후천의 세상을 거시적인 관점에서 보여 주는 〈예언서〉이자, 〈우주창조의 근원과 번성, 그 조화의 이치〉를 전한다 하였다. 무엇보다 이 **수**(83)가 특별함은, 이 〈**금척천부경**〉은 처음 그 시작부터 마지막까지 단 하나의 글자도 그 중(重)함에서 빠질 것이 없으나, 이 **금척수**(83)의 특별함을 파악하여 짐작할 수 있어야 한다. 왜냐하면, 이 경의 전문에서 가장 중심이 되는 자리에 수록되어 있다는 것이다. 이는 곧, 그 마지막 때(時)에, **산 자와 죽은 자 모두에게 해당**될 수 있는 수이기 때문이다. →83.

원방각의 **하늘 자리**는, 제각기 완성된 삼태극의 본자리가 새롭게 낳은 삼태극을 바탕으로 실체적인 완성을 이룬 모습이다. 이는 곧, 땅 위의 세상이 삼태극의 바탕 속에서 실체적으로 완성된 것을 나타낸다. 또한, 뒤에 증명하게 될 "運三四成環"의 그 "三四"의 실체적인 완성(사람)이 내재되어 있다. 이 뜻은 다음 구절을 습득한 후, 스스로 터득될 일이다. →3403(10)1.

땅의 자리에서는, 앞서 언급한바, 완성된 팔자의 혼이 바탕이 된 실체적인 사람의 완성 곧, "三四"의 실체적인 완성을 나타낸다. 이는 제각기 완성된 삼태극이 낳은 본자리의 팔자로서 즉, '사주팔자'가 혼을 바탕으로 완성을 이룬 모습이기도 하다. →3486(21)3.

사람의 자리에서는, 실체적인 완성을 이룬 혼(십오진주)의 팔자(太-68)가

(7) 大(38)三(39)合(40)六(41)生(42)=200

대우주를 바탕으로 새로운 팔자의 완성을 낳은 모습을 볼 수 있다. 이 수를 좀 더 거시적인 관점에서 볼 수 있다면, 음양의 근원수(69)인 부모가 거대한 울타리를 만들고 그 안에서 제각각으로 돌아가는 음양의 팔자가 **변화**(88)되어 완성됨을 보여 주고 있다. 이 모든 것은 결국, 하나의 결과물이 된다. 난해함 속에 놀랍도록 심오한 금척수리의 이치를 간파할 수 있어야 한다. 간합(부합)의 수에서도 알 수 있듯이 바로 삼태극의 완성으로 하나 된 그 (삼합일)의 원리를 볼 수 있음이다. →6889(31)4.

총합의 수에서 알 수 있는 것은, 결국 '無'에서 시작된 그 최초의 태극, 그 영원한 하나에서 만들어진 사람(37)이, 완성된 七축(정신)의 팔자를 바탕으로 실체적인 완성을 이룬 모습이다. 즉, 하나의 완성된 혼백의 사람이 이룬 그 마지막(終-78)의 완성을 나타낸다.
이는 간합의 수에서 "一析三極(26)"의 원리로 완성된 팔자로서, (삼합일, 일합삼)의 이치를 내포하고 있다. 이미 수없이 밝힌바, 진경인 〈금척천부경〉의 전문은 처음부터 끝까지 하나로 연결되는 시공의 흐름이 존재한다 하였다. 그럼에도 불구하고 이 "六生(83)"은, 그 가장 중심에 자리 잡고서, 깊고 높은 하늘의 이치 속에 마지막 神의 뜻을 함축하고 있다는 것을 이 전문을 정독하고 또 정독하면서 스스로 터득할 수 있어야 한다. →13778(62-26)8.

✖ 이 수(83)를 다시 팔괘로 돌려 증명해 본다.

83×3=249

249×3=747　　249×4=996

▣ 이 삼태극을 바탕으로 완성을 이룬 팔자의 생합이란, 음양의 본자리가 대우주를 바탕으로 완성을 이루었다는 것이다. 이는 곧, "大三合六生"의 완성으로 실체적인 음양(사람)의 완성을 전하고 있다. →249.

또한, 이는 완성된 본바탕, 본자리를 중심으로 제각기 음양의 七축(정신)으로 돌아가는 영원한 대우주의 법칙을 보여 주고 있다. →747.

더 들어가 보면, 혼이 바탕이 되어 돌아가는 제각기 완성된 음양의 대우주를 나타낸다. 또한, 땅 위 세상(地二三=99)이 혼을 바탕으로 완성된 것이다. 즉, 이는 '無'에서 탄생된 대우주가 제각기 완성된 음양의 **근원수(96)**를 바탕으로 실체적인 완성을 이룬 것을 보여 주고 있다. 이 수의 정렬에서 이미 제각기 완성된 음양의 근원수(96)는, 바로 사람이 변화되어 갈 그 영원한 본향을 암시하고 있다. →996.

◉ 이제, 이 구절의 총합수 "大三合六生"의 금척수(200)를 원방각으로 증명하여 이 글과 숫자가 주는 의미를 살펴본다.

200	●19900(19)1	■20100(3)	▲40000(4)	합: 80000(26)8

✣ 위의 금척수는 음양의 실체적인 완성을 나타낸다. 즉, 음양의 부모(근본)가 실체적인 완성을 이룬 모습이다. 최초 하나의 그 근본자리(11)인 삼태극(천·지·인)이 가늠할 수 없는 시공을 돌아 완성되고 변화(28)되어 이가 "大三合"하여 "六(魂)"을 "生"하였다는 의미가 모두 이 수에 함축되어 있다. →＊200.

원방각, **하늘 자리**는 영원한 하나(태극)에서 탄생한 음양의 대우주가 제각기 실체적으로 완성된 모습을 나타낸다. 이 세상 모든 유무형의 삼라만상이 대우주의 법칙 속에 들어간다는 것을 보여 주는 대목이다. 그 까닭에 사람의 몸 또한, 소우주에 비유할 수 있음이다. 이 〈금척〉의 수는 영원한 하나에서 시작된 그 본자리(11)의 두 번째 (천·지·인) 중, **땅 위 세상(99)의 실체적인 완성**을 이끌어낸다. 또한, 이 수에는 구이성십(구궁가일)의 이치가 내재되어 있다. →19900(19)1.

땅의 자리는, 제각기 완성된 그 태극의 영원한 음양이 낳은 하나가 실체적으로 완성되었음을 보여 주고 있다. →20100(3).

(7) 大(38)三(39)合(40)六(41)生(42)=200

이들 합의 결과물, **사람의 자리**는, 본자리가 제각기 실체적인 완성을 이루며 영원(萬, 卍, 百百)히 돌며 가고 옴을 반복하는 본향이라는 것을 예시하고 있다. →40000(4).

총합의 수는, 음양의 본자리(팔자)가 제각기 음양의 혼백을 가진 실체적인 완성으로 영원히 돌아가고 있는 모습이다. 이는 바로 이 **〈금척천부경〉**의 중심에서 선천과 후천, 그 양백의 중심에 있는 **영원한 중천, 곧 선경(仙境) 의 세상**을 일컫는다. 이는 사라지지 않는 영원의 수이자 본향으로, 사람이 살아서 깨우쳐야 할 마지막 목적지라고 할 것이다. 간합(부합)의 수에서는, 음양의 삼태극(혼)이 제각기 물로써 돌아가는 팔자(팔괘)의 모습을 볼 수 있다. 이는 바로 **"一析三極(26)"**의 결과물과 같다. 이는 음양의 삼태극(혼)이 쌓고 쌓아 만들어진 **"匱(26)"**가 생명체를 가진 사람의 '三'이 되어 영원히 돌고 있음을 수로써 증명하고 있는 것이다. →✳80000(26)8.

✕ 위의 수(200)를 팔괘로 다시 증명해 본다.

200×3=600

600×3=1800　　600×4=2400

▣ 이 음양의 실체적인 완성은 곧 혼의 실체적인 완성을 의미하고 있다. 물론, 이 '六'이라는 숫자에는 육신의 완성이 내재되어 있어 실체를 가진 생명으로 살아 있는 혼을 얻었음을 밝히고 있다. →600.

이는 삼태극의 혼(666)으로서 사람의 근원수(18)가 실체적 완성을 이룬 것을 나타낸다. 즉, 생명을 가진 실체적 완성을 이룬 사람을 가리키고 있다. →1800.

더 들어가 보면, 제각기 완성된 음양의 본자리가 실체적으로 완성되었다는 것이다. 이는 바로, '一'의 하나에서 쌓이고 쌓인 그 단단한 **"鉅(24)"**가 완전한 생명을 가지고 실체적인 완성을 이루었음을 수로 증명하고 있다. →2400.

(00)의 수는 음양의 실체적인 완성이자, 혼백의 완성을 나타낸다. 이는 '無'에서 시작된 '有'의 완전한 완성을 가리킨다.

앞서 수없이 언급한바, 이 〈금척천부경〉은 전문을 통하여 인간의 척도로는 가늠할 수 없는 시공의 흐름이 존재하고 있다. 지금까지의 내용을 통하여 명확하게 증명되는 것은 바로 그 하나의 음양이 실체적으로 완성(十)된 것이다. 이것은 바로 [삼천변화도]로 나타낼 수 있는 양백의 하나인 하도선천이 된다. 이 수에는 영원과 반복(윤회)의 의미가 함께 내포되어 있다. 또한, 차후에 증명될 것이나, 현재를 살아가는 사람은 하나의 육신을 가지고 시작된다. 이는 바로 낙서후천의 세상이며 여기서 실체적(00) 완성이란 '有'에서 '無'의 완성을 이루어내는 것이다.

이 선천하도와 후천낙서의 실체적 완성이 곧 양백(兩百)이며 이 영원히 돌며 가고 옴을 반복하는 萬萬(卍)의 중심에 들어가는 인부중천이 곧 본향이며 윤회를 벗고 영원의 생을 얻는 길임을 이 경은 전하고 있는 것이다.

이 〈금척천부경〉은 그 하늘의 이치를 살아서 깨우쳐 본향인 중천의 선경으로 가야 함을 전하고 있다. 그 길을 인도할 현세의 십오진주(구세주)가 드러남이 수에 나타나 있어 이 경을 또한, 〈예언서〉라 하였다.

☑ 200(兩百)

"大三合六生"의 원문의 글을 담고 있는 이 금척수는 〈금척천부경〉의 전문을 통해 또 하나의 중요한 전환이자, 시작점이 된다. 표면적인 수의 의미는 두 개의 음양이 제각기 완성되어 대우주 공간을 영원히 돌아간다는 것이지만, 神께서 우리에게 주는 더 깊은 뜻의 메시지는 음양의 근원(부모) 즉, 음양이 완전한 모습으로 완성이 되었다는 것을 전하고 있다. 그리고 이 음양은 혼백의 완성을 이룸이다. 이는 바로 혼(魂)과 육신의 백(魄-00)을 말함이다. 음양이 온전한 형태를 가지며 완성을 이룬 순간을 말하고 있다. 이 경에서 이 수의 실체는 우리의 몸을 낳게 한 부모의 실체라고 할 수 있다. 이 숫자의 근거를 좀 더 찾아가 보면, '大'라는 원문의 글자와 금척수(38)에 함축되어 있다. 이는 음양의 근원이 되는 완전수(15)의 시작점에 조상을 아우르는 근본(혼)의 탄생이 암시되어 있다는 사실이다.

(7) 大(38)三(39)合(40)六(41)生(42)=200

153

또한, 이 수에서 [하도낙서]의 역리를 찾아볼 수 있다. 여기에는 [선천하도]와 [후천낙서]로 돌아가는 양백(兩百)의 이치를 품고 있다. 이미 앞서 수에서 밝힌바, 이 〈금척천부경〉의 가운데 그 중심에 [중천인부]로 들어가는 바로 "六生"에서 그 놀라운 해답의 비밀이 숨어 있다.

☑ 80000(26)

이 금척수는 음양의 실체적 완성(200)을 좀 더 깊이 들어가 보는 원방각, 그 총합의 수이다. 우리의 〈천부경〉은 이미 서두에 언급하였듯이, 인류 최초의 〈조화경〉이자 〈예언서〉이다. 조금 더 심오한 영역이겠으나, 〈금척천부경〉에는 천하만민을 심판하는 권세가 있는 神의 성신인 해인의 이치가 담겨 있다.

이 경의 의미를 가장 대표적으로 알 수 있는 것은, 외부에서 유입된 교리 중, 하나로 역사에 기록된 불교, 이 불교적인 사상을 배경으로 호국의 정신을 담은 유물로 고려시대의 **팔만대장경** 〈국보 제32호〉이 있다. 이는 현존하는 세계 최고(最古)의 완벽한 대장경이다. 세계의 수많은 장경 특히, 중국의 그것들이 이 경을 모본(母本)으로 했음을 역사는 기록하고 있다.

물론, 기록된 역사란 것 또한, 사람의 손에 의한 것이라 얼마든지 왜곡될 수 있음을 감안하더라도, 현재, 이 〈팔만대장경〉을 보관하고 있는 사찰이 결국 "**해인사(海印寺)**"라는 것이 참으로 놀라울 따름이다. 이는 분명, 오래 전부터 옛 선조들이 스스로 〈천부경〉에 담긴 해인과 금척수리의 이치를 그들의 삶 속에서 깨닫고 활용하고 있었던 것을 짐작케 하는 것이나, 이 또한, 神의 섭리가 없었다면 가능할 수 없었을 것이리라.

오랜 고난과 역경의 역사 속에서도 지금까지 세계 최고(最古)의 대장경으로서 이 〈팔만대장경〉은 우리나라의 호국정신의 그 뜻대로 장엄하고 찬란한 모습을 간직한 채 우리에게 전해짐이 단언컨대, 우연이 아님은 이미 숫자(80000)에서 보여 주듯이, 제각기 완성된 두 개(음양)의 본자리가 하나로 합하여 팔괘(팔자)가 되어 양백(선천, 후천)의 실체적인 완성을 이루며 돌아가고 있다. 이는 결코 사라지지 않고 영원(萬-卍)토록 전해지고 또한 전해질 것이다.

이 〈팔만대장경〉이야말로 대한민국의 국보 제1호가 되어야 마땅하나 문득, 단순한 수의 정렬에 가치를 둠이 아니라 더 큰 범주에서 이를 본다면, 지금의 국보 제 32호라는 그 의미가 오히려 더 이치에 맞다 하겠다. 이 팔괘(팔자)는 완성된 땅 위 세상(地-32)에서 영원토록 생명과 영토를 수호하는 존재임을 증명하고 있다.

이 〈금척천부경〉에서 깨우쳐 나가야 할 것과는 별개로, 대우주의 법칙 속에서 과거에도 그랬듯이, 이 세상의 영원함은 변함없이 반복될 것이나, 그 환경은 장담할 수 없음이다. 새삼, 이 모든 수가 하늘(神)의 이치 속에서 움직이고 있음을 절감할 뿐이다.

(7) 大(38)三(39)合(40)六(41)生(42)=200

(8) 七(43)八(44)九(45)=132

앞 구절 "大三合六生"은 한마디로, 우리의 근본(혼)이자 완전수(부모), 그 음양의 실체적인 완성을 수의 증명으로 보여 주었다. 허나, 모든 우주만물의 이치가 그러하듯, 그 완성에는 적합한 조건이 있으며, 이 "七八九"는 바로 이 생명탄생에 동반되는 실체적인 배경이라고 할 것이다. 즉, 이 삼태극의 혼(36)이 실체적인 생명으로 탄생되기 위한 환경으로써 소우주로 비유되는 어머니의 자궁 속 태내와 같다.

이 환경을 의미하는 이 "七八九"는 공교롭게도 〈천부경〉 원문의 글과 〈금척〉이 나타내는 제각각의 부합의 수가 동일하다. 먼저 七축(정신)에서 시작되었으며, 그것이 중심이 되어 사람(생명체)의 팔자를 정하는 팔괘(八)를 만들고 이 모든 것을 담아서 돌아가는 소우주에 비유되는 자궁(태내)의 환경과 같은 대우주(九)의 모습이 펼쳐진다. 이들 금척수의 합(132)에서도 天(1)과 地(2) 사이, 人(3)을 완성한 근본바탕을 볼 수 있다.

〈금척천부경〉은 〈금척〉으로 이 경이 전하고자 하는 의미와 메시지를 깨닫고 터득하는 데 중점을 둔다. 이 구절은 모두 낱자의 **숫자**가 나오는 부분이다. 이 〈금척천부경〉에 수록된 원문의 숫자는 〈금척〉과 하나가 되어 그 오묘하고 심오한 비밀의 이치를 드러내게 된다. 이미 원문의 숫자에 대한 기본적인 의미는 습득하고 있겠으나, 〈금척〉과 함께 어우러진 금척수리에서 좀 더 깊은 그 수의 근원을 살펴볼 수 있어야 한다.

☯ 이제, 하늘의 정신, 神의 정신인, "七(43)"에 대하여 석삼극하여 증명해 본다.

43	●903(12)3	■946(19)1	▲1849(22)4	합: 3698(53-26)8

✠ 위의 금척수는 〈천부경〉 원문의 수 "七"에서 알 수 있듯이 하늘(神)의 수이자 정신인 七축을 의미한다. 보이는 수 그대로 본자리의 완성으로 만들어진

삼태극이 바탕이 되어 하늘의 정신과 하나가 됨을 알 수 있다. 이는 처음, 혼백의 완전한 모습으로 사람으로 생(生)할 때, 그 중심에 神(하늘)의 정신인 七축이 뿌리내려졌다는 것을 수로써 증명하고 있다. →43.

→ 자성구자 강재이뇌[삼일신고-신훈51자] 참조.

원방각, **하늘 자리**는 '無'에서 탄생된 대우주가 삼태극을 바탕으로 실체적인 완성을 이루며 돌아가고 있는 모습이다. 이는 하나의 음양으로 이루어진 삼태극을 나타내고 있다. →903(12)3.

땅의 자리에서는, 실체를 가진 대우주의 본바탕이 완성되어 낳은 혼의 모습을 볼 수 있다. 이는 곧, 실체적으로 완성된 대우주가 본자리의 혼을 바탕으로 운행(運-46)하고 있음을 보여 준다. →946(19)1.

자식의 자리에서는, 제각기 완성된 하나(태극)의 실체적인 팔자(사람)에서 만들어진 본자리가 대우주를 바탕으로 완성(成-49)되었다는 것을 알 수 있다. 이는 한마디로, 사람의 완전한 실체적(00) 완성을 나타내고 있다. 또한, 이는 간합의 수에서도 알 수 있듯, 바로 우리가 반드시 깨우쳐 살아가고, 살아가야 할 완성된 인간세상(22)을 나타낸다. →1849(22)4.

총합의 수에서 알 수 있는 것은, 제각기 돌아가며 완성된 삼태극의 혼(123-369)에서 만들어진 팔자를 볼 수 있다. 즉, 삼태극의 혼이, 완성된 대우주의 팔자를 바탕으로 실체적인 완성을 이룬 것이다. 이는 곧, 제각기 완성된 삼태극에서 탄생된 음양의 부모(69)가 팔자를 바탕으로 완성된 것을 나타내고 있다. 이렇듯 여러 관점에서 결과물을 보여 주고 있으나, 모두 같은 뜻을 함축하고 있다. 간합(부합)의 수 또한, 완성된 오행 속의 삼태극(사람)으로 돌아가는 팔자(팔괘)의 모습이다. 이는 결국, 완성된 두 개의 본자리(팔자)로서, 완성된 오행 속에 돌아갈 음양의 혼, 그 독립체의 완성된 사람을 나타낸다. 이가 바로 선천의 완성이자, 사람의 부모(조상) 그 근본(혼)의 완성을 일컫는 것이다. →3698(53-26)8.

(8) 七(43)八(44)九(45)=132

이 금척수는 원문의 '七'로서 곧 하늘(神)의 정신인 七축에 해당한다고 하였다. 하지만, 원방각 어디에도 '七'의 수는 찾아볼 수 없다. 이는 바로 대우주를 포함한 우주만물의 모든 근원이 "七(43)", 하늘의 정신이며 그 본체라는 것을 말하고 있다. 한 예로, '無'로 시작된 음양오행(25) 또한 (7)을 나타내고 있음이 이와 부합되는 수의 증명일 것이다.

⌘ 위의 금척수(43)을 다시 팔괘로 돌려 증명해 본다.

43×3=129

129×3=387 129×4=516

⌘ 위의 금척수는 삼태극이 바탕이 되어 돌아가는 본자리의 완성으로, 이는 하나(태극)의 음양이 대우주를 바탕으로 완성되어 돌아가고 있음을 보여 준다. 또한, 실체적인 하나(태극)가 하늘(天-29)을 바탕으로 완성을 이룬 모습이다. 이가 곧 七축(정신)을 나타내고 있다. →129.

혼백의 실체를 가진 삼태극의 팔자가 七축(정신)을 바탕으로 완성을 이루며 돌아가고 있다. 이는 곧, 모든 것의 위대하고 중(重)한 七축이자, 하늘의 정신이 바탕이 된 그 삼태극의 팔자 '大'의 완성을 일컫는다. 바로, 그 '大'한 **七축(정신)의 본체**를 나타내고 있는 것이다. →387.

더 들어가면, 실체를 가진 오행으로 하나의 완성을 이룬 혼을 보여 준다. 땅(地一-16)의 세상이 바탕이 된 오행의 실체적 완성이다. [삼일신고-신훈 51]에서도 밝히듯, 하늘(神)의 말씀이 담긴 (혼)이며, 정신이다. →516.

〈금척〉은 다양한 관점에서 수의 뜻을 파악하고 볼 수 있어야 한다. 허나, 어떤 관점과 해석에도 결국 그 종착점은 하나의 길로 통하고 있다는 것을 깨닫게 된다. 허나, 이 〈금척〉의 수리를 통하여 얻게 되는 그 깨달음의 시간과 깊이는 각 자의 몫이며 이 또한 천양지차일 것이다.

❸ 다음은, 이 실체(육신)를 가진 생명탄생의 환경 그 중심에서 돌아가는 "八"의 "금척수(44)"를 석삼극하여 원방각으로 증명해 본다.

44	●946(19)1	■990(18)9	▲1936(19)1	합: 3872(56-11)2

✠ 위의 금척수는 두 개(음양)의 본자리가 제각각 돌아가며 팔괘(팔자)를 이루고 있음을 알 수 있다. 즉, 완성된 본자리에서 새롭게 탄생된 본자리를 나타내고 있다. 우리들이 일상에서 쉽게 말하는 그 **'사주팔자'의 본바탕**이며, 또한 살아서 숨 쉬고 있는 사람의 본바탕을 말하고 있다. →44.

원방각, **하늘 자리**는 실체적인 대우주의 본자리가 혼을 바탕으로 운행(運-46)되어 완성되었음을 나타낸다. 이 또한, 구이성십(구궁가일)으로 하나가 된 완성을 일컫는다. →946(19)1.

땅의 자리에서는, 제각기 돌아가는 대우주의 음양이 완성된 것을 볼 수 있다. 한마디로, 땅 위의 세상 "地二三"의 완성을 나타내고 있다. 이는 곧, 대우주(소우주)의 실체적 환경이 완성되었다는 것이며 더 나아가, 자신의 탄생배경이 될 근본환경이 완성되었다는 것을 암시한다. →990(18)9.

이들의 합, **자식의 자리**에서는, 하나(태극)의 실체적인 대우주에서 탄생된 삼태극의 혼을 볼 수 있다. 즉, 삼태극의 혼이 바탕이 된 하나의 실체적인 대우주, 구이성십(구궁가일)의 실체적인 완성을 나타낸다. 결국, 이 결과물은 완성된 사람을 일컫는다. →1936(19)1.

총합의 수에서는 결국, 그 모든 것을 포괄한 실체적으로 완성된 "大(38)"가 七축(정신)의 음양(人-72)을 낳으며 돌아가고 있는 모습을 보여 주고 있다. 이는 곧, 대우주 공간 속에서 번성하고 번성해 나갈 그 바탕이 되는 사람(팔자), 그 "人(72)"의 근원을 나타내고 있다. 이는 〈금척천부경〉 후반부에 수록된 "明人(143)" 속, 그 "人(72)"의 근간이 된다. 간합(부합)의 수에서도 알 수 있듯이, 최초 하나(태극)에서 시작된 두 개의 본자리

(11)가 완성된 것을 나타내고 있으며 또한, 그 완성된 오행 속에서 수없이 되돌아갈 혼의 영원한 본바탕, 본자리(본향), 그 음양을 수로써 예시하고 있다. →3872(56-11)2.

※ 이 "八(44)" 을 다시 팔괘로 돌려 증명해 본다.

44×3=132

132×3=396　　132×4=528

※ 제각각의 두 개(음양)의 본자리(팔자)는 실체를 가진 하나(태극)의 삼태극(삼합일)이 음양을 바탕으로 완성을 이룬 것이다. 즉, 태극이 낳은 삼태극의 음양(사람)을 일컫는다. 또한, 이 구절의 구문에서 다시 증명하게 될, 생명을 탄생시키는 이 모든 배경이 되는 **"七八九"** 의 금척수(총합수)와 동일하다는 것이다.

이는 바로 (천·지) 가운데 하나로 완성된 사람의 그 근원과 함께 모든 각자의 선천운이자, **'명(命)'** 이 되는 **'사주팔자'** 의 완성을 이루는 환경과 조건이 된다. →132.

이는 혼을 바탕으로 실체적인 삼태극의 대우주가 완성된 것을 나타내고 있다. 즉, 혼이 바탕이 된 "大三合" 의 완성이라고 할 것이다. 이는 또한, 완성된 대우주의 혼으로서 제각기 완성된 음양의 부모(96)가 바탕이 된 혼백의 실체적인 삼태극(사람)의 완성을 나타내고 있다. →396.

더 들어가 보면, 실체적으로 완성된 오행의 조화 속에서 탄생된 변화된 사람의 "三(28)" 을 볼 수 있다. 이는 또한, 팔자를 바탕으로 실체적인 오행의 음양이 완성(十-52)되어 돌아가는 모습으로 결국, 완성된 사람을 일컫는다. 이 완성(52)에 대한 원문의 글자와 금척수에 대한 증명은 차후, "五十(七)一妙衍" 에서 세세하게 증명해 보도록 한다. →528.

☯ 이제, '無'에서 탄생한 대우주(소우주), 이를 칭하는 **"九"**의 금척수 (45)를 석삼극하여 원방각으로 증명해 본다.

| 45 | ●990(18)9 | ■1035(9) | ▲2025(9) | **합: 4050(36)9** |

�֎ 위의 금척수는 보이는 수 그대로 본바탕, 본자리가 오행의 바탕 속에서 완성되어 돌아가는 대우주를 가리키는 '九'를 나타내고 있다. 이는 앞서 밝힌 바 있는 〈금척〉의 유래에서도 전하듯, 네 마디 다섯 치로 되어 그 허실의 수가 九(9)가 되어 十(10)을 이루니 **구이성십(구궁가일)**이라 하였다. 이것이 바로 대우주이며 천부(天符)의 수로서, 神의 수(섭리)라고 할 것이다. 사실, 〈금척〉을 논함에 있어, 수록된 대부분의 수가 하늘의 이치 속에 속한 神의 수라고 해도 과언이 아닐 것이다. 더욱 더 깊은 하늘의 이치가 담긴 〈금척〉 의 수리를 습득할수록 이 말의 뜻을 납득하고 터득하게 될 것이다. →45.

위의 원방각, **하늘 자리**는 음양의 대우주가 제각각으로 돌아가며 완성을 이룬 모습이다. 또한, 최초 하나(태극)의 본자리 중, 두 번째 삼태극(천·지·인)의 "地二三"의 완성이자 대우주의 완성을 일컫는다. →990(18)9.

땅의 자리는 제각기 완성된 이 하나(삼태극)에서 만들어진 사람(人-35)이 바탕이 되어 돌아가는 대우주를 나타내고 있다. →1035(9).

이들의 합, **자식의 자리**는 제각기 완성된 하나, 그 음양의 삼태극이 음양오행의 바탕 속에서 돌아가는 대우주의 모습이다. 이는 바로, 앞서 밝힌 바 있는 음양오행의 바탕 속에서 완성된 "大三合六生(200)"의 완성을 보여 주고 있다. 〈금척〉의 수리는 이렇게 한 치의 오차도 없이 모든 수가 연결되어 하늘의 이치를 수로써 증명하고 있다. →2025(9).

총합의 수에서 알 수 있는 것은, 제각기 실체적으로 완성된 본자리가 완성된 오행을 바탕으로 돌아가고 있는 모습이다. 이 수에는 구이성십(구궁가일)으로 이루어지는 대우주의 완성을 볼 수 있다. 또한, 이 과정에서 얼마나 많은 완성의 시간이 함축되어 있는지 인간의 척도로는 감히 가늠할 수가 없다. 그 만큼 '無'에서 시작된 그 '一'이 실체를 가진 완성의 대우주로 오기까지 억겁의 시공이 존재하였음을 기억해야 한다. 이는 완성된 삼태극의 혼으로 이루어진 대우주를 나타내고 있으며, 궁극적으로 생명탄생의 근원(근원지)으로서 소우주인, **태내의 환경**을 뜻하는 것이기도 하다. →4050(36)9.

⌘ 이 금척수(45)를 다시 팔괘로 돌려 증명해 본다.

45×3=135

135×3=405　　135×4=540

⊠ 위의 수는 〈천부경〉 원문의 숫자 '九'로서 앞서 '七'과 '八'처럼 금척수와 그 뜻을 같이 하고 있다. 이는 실체적인 하나의 삼태극이 오행을 바탕으로 완성을 이루며 돌아가는 모습이다. 불변의 법칙이자 네 마디 다섯 치의 〈금척〉을 대변하고 있는 구이성십의 이 대우주는, 실체를 가진 하나(태극)에서 만들어진 사람(人-35)으로 이루어져 있다는 것을 알 수 있다. 또한, 오행을 바탕으로 일합삼(삼합일)의 이치로 완성된 대우주(소우주)라는 것을 수로써 증명하고 있다. →135.

이는 실체적으로 완성된 본자리가 오행을 바탕으로 대우주를 이루고 있는 모습이다. →405.

더 들어가 보면, 실체적인 오행의 조화 속에서 돌아가는 본바탕, 본자리의 완성을 볼 수 있다. 그 완성되어 가는 대우주 속의 본바탕의 모습은, 궁극적으로는 말할 수 없이 빼어나게 훌륭한 모습으로 나아갈 것이며 또한 그렇게 완성됨을 나타내고 있다. 허나, 또한 그 속에 미묘함이 있으니 그 길이 어디로 갈지 알 수 없어 오묘하다 했다. 하여 그 나아가는 길의 묘(妙-54)함에는 단정할 수 없는 모습의 대우주도 함께 내포되어 있다. 이 모든 묘함의 완성이 곧, 대우주이다. →540.

☯ 이제 "大三合六生"의 그 중요한 실체적 생명탄생의 총체적인 배경이 되는 이 구절 "七八九"의 금척수(132)를 석삼극하여 본다.

| 132 | ●8646(24)6 | ■8778(30)3 | ▲17424(18)9 | 합: 34848(72-27)9 |

✺ 위의 금척수는 〈천부경〉 원문에 숫자로 수록된 부분이다. 원문의 숫자 그대로 그 의미를 함축하고 있다. 태초의 태극(一)은, 그 시작이 '無'에서 탄생된 하늘의 정신인 七축(七)이자, 그 속의 음양의 본자리(極-8)이며, 또한 대우주(九)임을 이미 금척수리의 증명에서 밝힌 바 있다. 그 七축(정신)을 중심으로 팔괘(팔자-八)로 돌아가는 완성된 사람의 탄생과 그들로 이루어진 대우주(九)의 모습이, 바로 수의 정렬 그대로 "七八九"이다. 〈금척〉의 합수 또한, 하나의 완성된 삼태극(사람)이 음양을 바탕으로 돌아가는 모습이다. 이는 단순하게 금척수의 의미로 보아도 하늘(天-아버지)과 땅(地-어머니) 사이에 태어난 팔자(人-자식)의 하나로 완성된 혼(6)의 모습을 수로 나타내고 있다. 이 모두는 생명탄생의 조건이자 배경이 된다. 결국, 영원한 대우주의 법칙은 곧, 소우주(태내)의 인간세상을 지칭하고 있음을 수로써 다시금 증명하고 있다. →132.

원방각, **하늘자리**는 제각기 완성된 두 개의 본자리(팔자)에서 탄생된 실체적 혼의 본자리가 새롭게 낳은 혼을 바탕으로 완성되어 돌아가고 있음을 알 수 있다. 이는 곧, 제각기 완성된 팔자의 실체적인 혼이 완성된 본자리의 혼을 바탕으로 운행(運-46)되어 완성되는 모습과 같다. 즉, 쌓이고 쌓여 완성(鉅-24)된 혼으로 만들어진 음양의 본자리를 나타내고 있다. →8646(24)6.

땅의 자리에서는, 변화되는 거대한 팔괘(팔자)의 울타리 속에서 제각각(음양)의 七축(정신)이 하나(一)의 중심으로 돌아가며 삼태극의 완성을 이룬 모습이다. 이는 하나에서 탄생된 실체적인 삼태극의 완성(終-78)과 함께 새로운 삼태극(사람)의 시작을 암시하고 있다. →8778(30)3.

또한, 이들 합의 결과물, **자식의 자리**에서는, 영원한 하나(태극, 萬)에서 탄생된

七축(정신)의 본자리가, 완성된 음양의 본자리를 바탕으로 실체적인 완성을 이루며 돌아가고 있는 모습이다. 이는 즉, 완성된 음양의 본자리를 바탕으로 "生七八九"의 실체적인 완성을 보여 주고 있다. →17424(18)9.

총합의 수는, 영원한 삼태극에서 만들어진 제각각의 음양으로 돌아가는 본자리의 팔자로서 곧, **'사주팔자'**의 모습이다. 즉, 영원한 삼태극이 낳은 제각기 돌아가는 혼백의 실체를 가진 '사주팔자'라고 할 것이다. 또한, 제각각의 음양으로 돌아가는 '사주팔자'가 바탕이 된 대우주 공간(태내) 속의 영원한 삼태극을 가리킨다. 이것이 바로 간합(부합)의 수에서도 알 수 있듯이, 궁극적으로는, 영원히 번성하고 번성하는 대우주의 바탕(72)이자, 근원(근간)이 되는 완성된 사람(성인)의 모습을 일컫는다. 더불어, 이 경을 읽고 있는 사람의 그 근본(혼)의 완성도 함께 내재되어 있다는 것이다. 허나, 여기에는 곧, 이 **〈금척천부경〉**을 읽는 자가, 이 경 속에 담긴 하늘의 이치를 스스로 깨우쳐 나아가야 함을 명시하고 있다. →34848(72-27)9.

✖ 위의 금척수(132)를 다시 팔괘로 돌려 증명해 본다.

132×3=396

396×3=1188　　396×4=1584

▩ 위의 금척수는 실체적인 하나의 삼태극이 음양을 바탕으로 완성된 모습으로, 궁극적으로는 '無'에서 탄생된 삼태극의 대우주가 혼을 바탕으로 완성된 것을 나타내고 있다. 즉, 이 금척수(396)는 **"大三合六"**의 내외적인 의미와 일맥상통하고 있음을 간파할 수 있어야 한다. 이 또한, 변하지 않는 영원한 대우주의 법칙을 나타내고 있는 부분이다. →396.

이는 최초의 태극(一), 그 두 개의 본자리(11)가 제각각의 음양의 팔자를 바탕으로 실체적 완성을 이룬 것이다. 이 제각각의 음양의 팔자는 소위, 우리가 말하는 '사주팔자'와는 그 결이 다르다. 수에서 보여 주듯이, 제각각의 음양이 모두 팔자를 나타내고 있음이 그 바탕이 이미 실체적(00, 양백)으로 완성된

사람임을 알 수 있다. 이는 곧, **커다란 변화(88)의 시작, 그 바탕을 암시하고
있다.** →1188.

더 들어가 보면, 음양의 근원이 되는 십오진주[완전수(부모)]가 완성된 팔자
의 본자리를 바탕으로 세상 속에서 실체적인 완성을 이룬 모습이다. 이 또한
영원한 대우주의 법칙 속에 있음을 말하고 있다. →1584.

☑ 七(43)-정신

〈천부경〉 원문에 나오는 七. 그리고 〈금척〉의 수(43)에 대하여 잠시 짚고 간
다.

물론, 둘은 같은 의미라고 할 수 있다. 이미 밝혔듯이, 이 수의 의미는 七축, 대우
주의 중심(축)이며 정신, 그리고 북두칠성의 칠성이며, 삼태성이자, 두함화주[頭含
火珠-입에 여의주를 문 용(龍)]를 상징하고 있다. 〈금척천부경〉은 현재를 살아가
는 우리에게 놀랍고도 신비로운 비밀들을 알려 주지만 그만큼 두려움의 무게와 삶
의 질을 바꿔 놓을 〈예언서〉이다. 하나하나의 숫자에 중요한 의미가 담겨 있음은
말할 것도 없겠지만, 그중에서 이 七(43)은 내 혼이 가야 할, 반드시 닿아야 할 목
적(지)이다. 이 〈금척천부경〉은 하늘(天)神의 말씀이며 정신이자, 그 자체가 이치
이다. 이 모든 것을 함축한 神을 뜻하는 수가 바로 '七'이기 때문이다. 이 수(7)
는 곧, 神의 영역을 뜻하고 있다. 음양오행의 법칙 속에서 생장소멸을 거듭하고 있
는 만물, 그 속에 속한 우리 인간은 (3)의 영역, 그 이상은 쓸 수 없다는 것을 내
포하고 있다. 이렇듯 분명하게 구분되어 있으나, (7)과 하나가 된다는 '성통'의
의미에는 또 다른 뜻이 있다. 이 말의 뜻은 이 〈금척천부경〉의 전문을 모두 통독
한 후, 습득될 일이다. 거듭 강조하는 것은, 깨달음은 이해시키는 것이 아니요, 스
스로 깨우치고 얻는 것이니 마음의 눈과 귀를 열어 이 경을 정독하고 또 정독하면
서 스스로 터득해 나가야 할 것이다.

(9) 運(46)三(47)四(48)成(49)環(50)=240

지금까지의 〈금척〉의 수리를 통하여 〈천부경〉 원문의 수록 부분에서 근본이자 근원이 되는 삼태극의 혼이 어떻게 시작되어 혼백의 실체적인 완성을 이루며 생명탄생을 가져왔는지를 살펴볼 수 있었다. 더불어, 조상을 아우르는 이 혼백의 실체적인 부모로부터 시작되는 근본(혼)이 어떻게 현재의 자신, 사람을 존재하게 하는지, 살펴볼 수 있는 부분이다.

〈천부경〉은 전문의 한 구절, 한 구절이 얼마나 중(重)한 메시지를 담고 있는지 그 깊이를 가늠하기가 힘들 것이나, 정작 현재를 살아가는 사람이 깨닫고 행해야 하는 부분은 **중, 후반부에 수록**이 되어 있다는 것을 이 흐름을 통해 파악할 수 있어야 한다. 왜냐하면, 지금까지의 내용은 현재를 살고 있는 사람, 그 자신의 근본(혼)이 어떻게 탄생되어 성(成)하였는지에 대한 과정이 모두 함축되었다고 할 수 있다. 수를 하나씩 따로 떼어서 본다면 사실, 우리의 삶에 해당되지 않는 부분이 없겠으나, 더욱 집중하여 이 〈금척천부경〉이 전하는 뜻을 습득하고 터득해 나갈 수 있어야 한다. 이 〈금척천부경〉은 처음 밝힌바, 두 가지의 측면을 모두 함축하고 있다는 것을 염두에 두어야 한다. 하지만, 이것을 글로써 모두 표현하여 기술(記述)한다는 것 자체가 불가능하다. 하여, 그 뜻을 습득하기에 조금 난해할 수 있을 것이나, 먼저 무엇이든지 하나의 과정에 몰두하여 습득하다 보면, 어느 순간, 하늘의 이치가 폭포수처럼 쏟아져 더욱 더 깊고 넓은 세상의 큰 그림도 볼 수 있지 않겠는가.

"運(46)"은 보이는 수 그대로 밝힌바, 완성된 본바탕의 혼이라고 하겠다. 또한, 부모의 완성된 혼이자, 사람의 근본(혼)이다. 원문의 글에서 '움직인다' 는 뜻의 '運' 이 쓰였음은 바로 **시간(공)의 흐름**이다. 사람들이 흔히 말하는 **세월**이다. 허나 이 또한, 시간이라고 표현하였으나 인간의 개념에서 가늠할 수 있는 것이 아님을 알아야 한다. 이 수는 이제부터 다시 금척수리로 세세하게 알아볼 것이며, 여기에 **"三(47)"**이 되는 것은, 바로 神의 수가 들어갔음을 암시한다. 중요한 대목이다. 이는, 선천에서 완성된 완전수(부모)의 그 씨이기도 하다. 또한, 그 씨가 담겨 하나의 새로운 생명탄생을 예고하고 있다. 항상, 시작은 하늘의 정신이자 神의 정신인 **七축**이라는 것을 유념하고 있어야 한다. 그 씨가 뿌리내려 근본의 완성을 이루며 하나의 생명을 탄생(運三-93)시킨 것이다. 이로써 세상 밖으로 나올 때를 정하는 것이 "四(48)"가 된다. 우리가 흔히 말하는 '사주팔자'가 정해지는 순간이다. 수의 합(運三四-141)에서 하나(태극)의 실체에서 탄생된 혼을 볼 수 있다. 이것은 바로, 완성된 본바탕을 중심으로 돌아가는 제각각의 음양의 근본(11)자리로서 영원한 대우주의 법칙을 나타내고 있다. 이는 후에 다시 논할 것이나 그 근본은 변하지 않음을 이미 수에서 암시하고 있다. 하여, 이렇게 완성된 사람(成-49)은 완성된 오행의 조화 속에서 바뀐 환경의 운명(명운) 속으로 들어가게 되는 것이다(環-50).

〈금척천부경〉 원문의 "成(49)"은 완성을 의미한다. 본자리(4)가 주축이 된 바탕이 대우주를 돌아 그 자리를 다하였으니(成), 오행의 바탕 고리인 "環五(101)"로 바뀌어 가는 과정이다. 이는 바로, 다시 올 십오진주(구세주)와는 별개로, 아무것도 없는 '無'의 대우주에서 탄생된 현재, 이 글을 읽고 있는 보통의 사람이겠으나 깨어 있는 사람, 바로 그 사람의 완성에 대한 것이다. 이것이 현재, 이 경을 읽고 깨우쳐야 할 인간(사람)에게 부여된 마지막 기회이자 하늘(神)의 배려라고 할 것이다.

◉ 그렇다면 이제 먼저, "運"의 금척수(46)에 대하여 증명해 볼 것이다. 앞서 실체적인 완성으로 탄생된 혼, 그 완성된 본자리가 어떻게 흐르는지 그 의미를 원방각을 통하여 확인해 본다.

| 46 | ●1035(9) | ■1081(10)1 | ▲2116(10)1 | 합: 4232(29-11)2 |

✠ 위의 금척수는 앞서 밝힌바, 완성된 본자리의 혼을 나타내고 있다. 또한, 본바탕의 혼이 움직이며 흘러가고 있는 모습이다. 이 움직임은 인간의 척도로 가늠할 수 없는 시간의 흐름이 잠재되어 있다. 사람들이 흔히 입버릇처럼 올리는 '운명' 또는 '명운'이라고 하는 그 '運'이 바로 이 글자 속에 있다. →＊46.

(9) 運(46)三(47)四(48)成(49)環(50)=240

원방각, **하늘자리**는 제각기 완성된 하나(태극)에서 만들어진 완성된 삼태극(사람)이 오행의 바탕 속에서 대우주를 이루고 있다. 이는 이미 밝힌바, 사람(人-35)이 바탕이 된 대우주를 일컫는다. →1035(9).

땅의 자리는 이 제각기 완성된 하나(태극)에서 탄생된 팔자(팔괘)가 완성되어 새롭게 다시 하나로 시작될 것임을 나타내고 있다. →1081(10)1.

이들 합의 결과물, **자식의 자리**에서는, 하나의 혼을 바탕으로 음양이 하나로 실체적인 완성을 이루며 돌아가고 있는 모습이다. 이는 또한, 제각기 완성된 음양에서 시작된 두 개의 본자리(11)가 혼을 바탕으로 제각기 완성되었음을 나타내고 있다. →2116(10)1.

총합의 수에서 알 수 있는 것은, 삼태극의 음양(地-32)을 바탕으로 본자리의 음양이 실체적인 완성으로 '生' 하였다는 것이며, 땅 위 세상의 근본바탕이 되는 그 주체가 실체적인 완성을 이루며 운행(運-46)된다는 것이다. 이는 곧, 대우주가 바탕이 된 완성된 음양으로 최초의 태극, 그 처음의 본자리(11)에서 탄생한 완성된 음양(부모)을 일컫는다. 이 완성된 음양은 결국, 선천의 세상에서 현세와 함께 또다시 돌아올 후천의 세상, 그 길목을 연결하는 주체가 된다. 그 주체로서 끊임없이 오행의 윤회 속에 있는 사람의 탄생과 함께, 또다시 올 그 실체적인 완전한 완성(사람)을 위한 준비를 하고 있는 것이다. →4232(29-11)2.

✖ 이 금척수(46)를 다시 팔괘로 돌려 증명해 본다.

46×3=138

138×3=414 138×4=552

⊠ 실체를 가진 하나의 삼태극(사람)이 팔자를 바탕으로 완성되었다는 것을 알 수 있다. 이는 바로 실체적으로 완성된 하나에서 만들어진 그 "大(38)" 로서, 한마디로 완성된 사람의 근본(부모)을 일컫는다. 이 수에는 거스를

수 없는 시간적 개념이 내재되어 있다. →138.

이는 본자리를 바탕으로 혼(六-41)의 완성을 나타내고 있다. 즉, 실체를 가진 본바탕이 하나로 완성되어 새롭게 낳은 본자리를 바탕으로 돌아가고 있음을 알 수 있다. 이 수는 또한, 완성된 하나(태극)가 중심이 되어 제각각의 음양으로 돌아가는 본자리의 모습이다. 이 모습은 곧, 우리의 삶에서 보여주는 것처럼, 그 모양이 대립되어 있다. 이는 소위, '사주팔자'의 그 '運'의 상반된 음양의 자리로서, 간지(干支)의 자리를 돌리고 있는 모습을 연상할 수 있다. 글로써 대립이라고 썼으나, 동등한 힘과 가치가 담겨 있는 것이 아님을 수의 질량에서 파악할 수 있어야 한다. 이 말은, 수(음양)의 크기가 다르듯, 제각각의 의미도 다름을 일컫는다. 이는 비단, 이 수뿐만 아니라 〈금척〉의 모든 수에 해당된다.
이것이 바로 영원한 대우주 법칙 속에 오행으로 운행되는 혼의 모습을 암시하고 있다. →414.

더 들어가 보면, 음양을 바탕으로 제각각으로 널리 퍼져가며 완성된 오행의 모습을 볼 수 있다. 이는 곧, 음양을 바탕으로 변화되어 완성(化三-55)된 사람의 모습이다. 또한 더불어, 실체적인 오행의 조화 속에 살아가는 사람의 모습을 나타내고 있다. →552.

☑ 運(46)
이 〈천부경〉은 우주창조의 비밀, 그 조화의 원리 속에서 인간이 가야 할 길을 (81)자로 기록한 경전이다. 또한, 이는 고대(古代), 神들의 세상, 환국시대(桓國時代) 그 이전부터 이미 구전(口傳)되어진 우주창조의 원리를 글로써 만든 [구전지서(口傳之書)]이다. 이 (81)자는 단 한 글자도 스쳐 지나거나, 스스로 완성되지 않은 글자가 없다. 이 말의 의미는 이 글자에 더해진 금척수에서 그대로 그 모습을 드러내고 있으며, 정십자(正十字)의 가운데 혼을 중심으로 돌아가는 (81)자에 우주창조와 하늘(神)의 이치, 그 답이 고스란히 담겨 있기 때문이다.

(9) 運(46)三(47)四(48)成(49)環(50)=240

이 "運(46)"의 글자 또한 금척수의 뜻 그대로 본자리의 완성에서 탄생된 혼으로 시작된다. 그것은 〈천부경〉의 처음, "一始無始"의 그 "始(4)"에서 비롯된 것이며, 사람들은 일생을 사는 동안 자신의 한계를 넘어선 그 이상의 무언가를 접(接)하거나 경험하였을 때, 그것의 길흉(吉凶)을 떠나 '運'이란 말을 입버릇처럼 내뱉곤 한다. 그 일상(日常)의 무심한 말에 사람의 태어난 '년월일시'의 사주(명)를 더하여 소위, '명운' 또는 '운명'이라 일컫는 것이다. 또한, 이 '명운'라는 것이 이미 대우주와 같은 태내(소우주)에서 이미 정해졌음을 이 구절을 통하여 증명될 것이다. 사실, 수천 년의 세월을 지나오면서 사람의 '명운'을 유추(類推)해 온 역학(역술)에서조차 이 말의 어원(語源)이 우리의 〈천부경〉에서 시작된 것인 줄 과연, 짐작조차 할 수 있었을까.

'명운'을 거론하는 역학계는 물론, 동서양의 종교(宗敎)와 사상(思想) 속, 대다수의 잠재된 의식에는 현재를 살고 있는 사람의 생(生)은 모두 선천의 운(예정론)에 있다고 믿는다. 사실이 그러하다. 이 〈금척천부경〉이 확연하게 증명하고 있지 않은가. 이 '運'의 주인은 수에서 말해 주듯이, 바로 완성된 음양의 삼태극(十-23) 즉, 좀 더 포괄적인 의미에서 이는 음양의 근원수(부모)로서 현재, 이 경을 읽고 있는 사람의 근본(혼)이 된다. 허나, 이 '運'과 함께 자신의 '명(命)'을 만드는 주체는 바로 자기 자신이 되는 것임을 이 경을 정독하고 또 정독해 나가는 과정에서 명료하게 밝혀질 것이다. 이 '선천운'에 대한 더 깊은 뜻은 차후에 밝혀 보도록 한다.

❧ 그렇다면, 이 움직이는 "運(46)"과 합하여 하늘(神)의 정신인 七축으로 뿌리를 내리며 완성될 혼백을 가진 사람이자 우리의 실체가 될 "三(47)"에 대하여 확인해 본다.

47	●1081(10)1	■1128(12)3	▲2209(13)4	합: 4418(35-17)8

✳ 위의 금척수는 본자리의 혼이 운행(運-46)하면서 七축(정신)이 더 하여 뿌리내린 삼태극을 나타낸다. 七축(정신)이 바탕이 되어 돌아가는 완성된 본자리의 삼태극을 일컫는다. 이는 바로, 완성된 사람을 지칭하고 있다. →47.

이를 좀 더 자세히 살펴보면 원방각, **하늘자리**에서는 제각기 완성된 하나(태극)에서 만들어진 팔자가, 완성되어 새로운 하나의 시작을 보여 주고 있다. 이 수는 한마디로 "一積十鉅(90)"하여 완성을 이룬 그 하나의 시작과 일맥상통하고 있음을 알 수 있다. →1081(10)1.

땅의 자리는 최초, 태극(음양)의 본자리(11)가 실체적인 완성으로 낳은 그 **변화된 사람**(三-28)을 나타내고 있다. 이는 곧, 새롭게 완성되어 세상에 드러날 독립된 사람의 그 바탕을 암시하고 있는 부분이다. →1128(12)3.

이들의 결과물, **사람의 자리**에서는, 실체를 가진 제각각의 음양이 완성되어 대우주를 바탕으로 돌아가고 있는 모습이다. 이는 곧, 사람이 살아가는 인간세상(22)의 그 실체적 완성을 보여 주고 있다. →2209(13)4.

총합의 수에서 알 수 있는 것은, 제각기 돌아가는 실체적인 음양의 본바탕이 팔자를 바탕으로 하나의 완성을 이룬 모습이다. 이는 바로, 제각기 실체적으로 완성된 음양의 본자리가 사람의 근원수(18)라는 것을 말하고 있다. 간합(부합)의 수에서도, 七축(정신)을 바탕으로 하나 된 사람(人-35)의 팔자를 볼 수 있다. →4418(35-17)8.

여기에서 잠시, 이 **수**(47)를 다른 방식으로 대입해 보면 이 수가 가진 의미를 좀 더 쉽게 납득하고 터득할 수 있다. 앞서 밝힌 바 있는 神의 정신을 일컫는 七축의 "七(43)"을 기억해 볼 일이다. 이 수를 금척수와 그대로 나열해 보면 (743)이다. 여기서, 지금 "三(47)"을 다시 그대로 나열하면 (347)이 된다. 무엇이 다른가. 이는 수의 정렬이 다르다는 것을 알게 된다. 우리의 말과 글처럼, 묘함 속에 이 또한 분명한 법칙이 있다는 것을 지금까지의 금척수리로 간파할 수 있어야 한다. 이 수의 정렬에는 시공의 흐름이 있다. 또한, 그것은 바로 주체와 목적, 그리고 객체의 조합으로 구분이 된다. 수의 해석에도 여러 관점이 있을 것이나, 이 또한 개인의 역량이다.

〈금척〉이라는 하나의 큰 틀에서 보면 결국 한 가지로 통하겠으나, 분명,

현재 나타내고 있는 수에는 저마다의 **주객**이 있다는 것이다. 허나, 맹목적으로 수의 자리에만 치중해서는 안 된다. 모순된 말인 듯하나, 〈금척〉은 앞서 언급한바, 다양한 관점에서 접근할 수 있어야 하기 때문이다.

글로써 이 모든 것에 대한 전부를 표현하며 기술할 수는 없다. 왜냐하면, 수의 법칙이란 결국, 영원한 대우주의 법칙 속에서 神의 섭리로 돌아가는 하늘의 이치에 있기 때문이다. 이는 이 〈금척천부경〉의 전문을 통하여 금척수리에 대한 이치를 습득하고 난 후, 스스로 깨우쳐 가야 할 부분이다.

전자(743)는 七축(정신)의 실체적인 본자리가 삼태극을 바탕으로 완성되었다는 것을 알 수 있다. 이는 바로 제각기 돌아가는 七축(정신)의 음양(77)을 나타내고 있다. 성통의 경지에 이른, 완성을 이룬 사람(십오진주)의 본바탕을 나타낸다.

후자(347)는 경지를 가진 삼태극(사람)의 본바탕에 뿌리내린 七축(정신)을 나타내고 있다. 한마디로, 실체를 가진 삼태극(사람)의 음양(33)을 말하고 있다. 이미 밝힌바, 혼백의 실체적인 사람의 조건이라고 할 수 있다.

이와 같이 수의 정렬이 바뀌었을 뿐이나, 그 전하는 의미는 서로 상이하다는 것이다. 수가 주는 의미는 변함이 없을 것이나, 원문의 내용에 따라 그 주체가 누구인지 제대로 파악할 수 있어야 한다. 이 수를 보는 눈에서 자유로움을 느낄 때 비로소, 이 〈금척천부경〉이 전하는 진정한 神(하늘)의 메시지를 받아들일 수 있다. 또한, 어떤 관심이나 방향에서 보더라도 한 치의 오차도 허락지 않는 금척수리의 이치와 묘미를 더욱 실감하게 될 것이다.

중요한 것은, 〈금척〉의 수가 전하는 의미를 볼 수 없고 깨우칠 수 없다면, 하늘(天)이 현재를 살아가는 우리 인간에게 전하고자 하시는 그 말씀을 결국 알아들을 수 없으니 더더욱 행할 수는 없지 않겠는가. 다소 어려울 수도 있으나, 〈금척〉의 수를 읽는 것 또한, 깨우침의 과정일 것이니 "一積十鉅"의 마음으로 정독하고 또 정독해야 할 것이다.

✖ 이 수(47)를 다시 팔괘로 돌려 증명해 본다.

$$47 \times 3 = 141$$

$$141 \times 3 = 423 \qquad 141 \times 4 = 564$$

🞿 이 七축(정신)이 바탕이 된 완성된 본자리는 곧, 실체적인 하나(태극)에서 만들어진 본자리가 하나의 완성을 이룬 사람을 나타낸다. 즉, 혼(41)이 바탕이 된 하나의 실체적 완성이다. 이는 흐르는 "運(46)"의 중심이, 완성된 본자리로 바뀌어 제각각의 음양으로 돌아가고 있는 모습이다. →141.

이는 완성된 음양의 삼태극(十-23)을 바탕으로 실체적인 본자리가 완성되었음을 나타내고 있다. 이는 곧, 삼태극을 바탕으로 실체적인 본자리의 음양이 완성되어 생(生-42)하여 생명을 얻었음이다. →423.

더 들어가 보면, 이는 실체적인 오행이 완성된 혼의 본자리를 바탕으로 돌아가고 있는 모습이다. 즉, 본자리를 바탕으로 오행 속의 혼이 완성을 이룬 모습을 나타낸다. 결국, 영원한 혼의 본향으로 돌아가며 윤회하는 사람의 모습을 암시하고 있다. →564.

☑ 三(47)

이 금척수는 표면적인 모습에서 완성된 본자리, 근본(혼)이라고 할 수 있는 그 바탕에 하늘의 정신인 七축이 중심이 되어 있다는 것을 알 수 있다. 이는 곧, 새롭게 완성될 독립된 사람의 그 내면의 정신을 가리키고 있다. 앞서 수없이 언급한바, 이 수(47)에는 이 경을 읽고 있는 사람 개개인에게 해당되는 좀 더 깊고 심오한 메시지가 담겨 있다. 사람의 근본(혼)의 완성은 음양의 삼태극(23)으로, 이미 앞서 밝힌바, "一積十鉅"의 그 "十(23)" 속에 담겨 있다. 여기에 神의 정신(七축)이 음양으로 심겨졌다는 것이다. 이것이 本(11)이다. 이로써 사람의 본자리는 이 수(24)가 되는 것이다. 이것이 음양의 합(48)이며 이를 우리는 '사주팔자'라고 한다. 소위, 사람(人)이 어머니의 배 속(태내)에서 **'명(사주팔자-년월일시)'**을 타고 나올 때는 이미 神의 씨(七축-정신)가 뿌리내려져 있다는 것을 이 수에서 알 수 있다. 한마디로 (근)본바탕이라고 할 수 있다. 허나, 이는 자신의 근본 속에 담긴 '혼'과는 다름을 알아야 한다. 이 말은 이 경에서 자주 거론이 될 것이다. 그만큼 중요하고 핵심적인 내용이기 때문이다.

〈천부경〉의 전문에 〈금척〉을 올려 원문의 글과 금척수의 심오한 조화를 다시

적어 옮겨 놓은 것이 〈금척천부경〉이다. 대우주의 법칙, 그 모든 하늘의 이치가 바로 소우주 속에 담긴 땅 위, 사람의 이치임을 알아야 한다.

한 예를 보아도 알 수 있다. 우리 부모(인간)의 염색체가 제각기 (23)개씩, 보통 사람의 염색체(수)는 (46)개이다. 사람의 순수한 근본이자 바로 (혼)이라고 하겠다. 여기에 분명, 보이지 않는 神의 정신(七축)이 살아 있는 사람의 그 바탕에 뿌리내려져 있다는 것을 보여 주고 있다. 하지만, 대부분은 그 뿌리의 존재도 알 수 없으니 찾을 생각조차 없다. 당연하다고 여길 것이나 이 경은 그 당연함이 얼마나 무서운 결과를 얻게 되는 지를 경고하고 있으니 그 까닭인즉, 이 경이 우주창조의 원리와 번성뿐만 아니라 그 속에 놀라운 하늘의 계시가 담긴 〈예언서〉이기 때문이다.

이제, 이를 깨닫는 자, 철(哲)로 가는 밝은 자, 〈천부경〉 원문의 "本心本太陽昂明人"이는 바로 "人中天地一"로 가는 자로서 〈삼일신고〉의 "성·통·공·완(性通功完)"의 경지에 다다른 자로서 곧, 완성된 사람(십오진주)이다. 이를 전하는 것과 함께 무릇 깨우쳐 그 십오진주(성인)와 함께 가야할 자들에게 이 경은 바로 이것을 알리고자 하는 것이다. 말이나 기운으로 바라고 빈다 하여 뵐 수 있는 것이 아니니, 저마다의 본성에서 씨앗을 찾아야만 너희 머릿속에 내려와 계시니라.

→ [성기원도 절친견 자성구자 강재이뇌 - 삼일신고-신훈51자] 참조.

☉ 이제, 앞서 밝혔듯이, "運三"하여 정해지는 완성된 본자리의 팔자로서 "四"의 금척수(48)는 어떤 의미와 역할을 가지고 있는지 증명해 본다.

| 48 | ●1128(12)3 | ■1176(15)6 | ▲2304(9) | 합: 4608(36-18)9 |

✠ 위의 금척수는 오늘날 자신의 근본(혼) 속에 七축(정신)이 담긴 본바탕이라고 할 수 있다. 곧, 본자리의 완성이 팔자(팔괘)를 바탕으로 돌아가고 있는 모습이다. 이것은 또한, 현재를 살아가는 자의 삶이자, 자신의 '사주팔자'의 명이 정해지는 수를 나타내고 있다. 여기에는 자신의 명이라고 하나, 개개인의 선천의 운에서 가져오는 것이며 그 속에 神의 수(섭리)가 들어 있음을 알게 된다. 더 깊이 들어가 보면, 이 수가 어머니의 태내(자궁)에서 정해지는 그 팔자만을 지칭하고 있는 것만은 아님을 알 수 있다. →48.

금척천부경

원방각, **하늘자리**는 최초의 태극에서 탄생된 음양의 근본자리(11)가, 변화된 사람(三-28)을 낳으며 실체적 완성을 이루며 돌아가고 있다. →1128(12)3.

땅의 자리에서는 제각기 실체적인 완성을 이룬 태극의 본자리(11)가 낳은 완성된 七축(정신)의 혼을 볼 수 있다. 이 자리는, 혼이 바탕이 된 "大三合"의 완성을 수로 증명하고 있다. 또한, 이 수에는 선천의 실체적 완성의 결과물이 내재되어 있다. 더불어, 땅 위 세상 사람들이 가야 할 궁극적인 길이기도 함을 수에서 이미 암시하고 있음이다. →1176(15)6.

자식의 자리는 제각각의 음양의 삼태극(사람)이 본자리를 바탕으로 실체적인 완성을 이루며 돌아가고 있는 대우주의 모습이다. 이는 본자리를 바탕으로 차후, 증명하게 될 "萬往萬來"의 완성을 암시한다. →2304(9).

총합의 수에서 보여 주고 있는 것은, 본자리의 혼이 팔자를 바탕으로 실체적인 완성을 이루며 돌아가고 있는 모습이다. 또한, 실체적인 음양의 부모를 통하여 돌아가는 운(運) 속에서 사람의 '**사주팔자(8)**' 즉, '**명(命)**'이 정해지고 있음을 말하고 있다. 이 실체를 가진 본자리의 혼(46)은 곧 "**運(46)**"으로서 실체적인 부모가 완성의 시공(운행)을 거쳐 팔자를 낳았다는 것을 보여 주고 있다. 결국, 이는 간합(부합)의 수에서도 알 수 있듯이, 사람의 근원수(18)로서 대우주를 이루는 사람의 그 '**사주팔자**'를 나타내고 있다. →4608(36-18)9.

✖ 이 금척수(48)를 다시 팔괘로 돌려 증명해 보면,

48×3=144

144×3=432   144×4=576

✖ 위의 금척수는 제각기 돌아가는 두 개(음양)의 본자리를 바탕으로 하나의 실체적인 음양을 나타내고 있다. 즉, 하나(태극)의 실체적인 완성에서 탄생된 사람(44)으로서, 태극의 첫 번째 본자리 삼태극(천·지·인)의 금척수리와

(9) 運(46)三(47)四(48)成(49)環(50)=240

동일함을 알 수 있다. 이는 결국 앞서 밝힌바, 사람의 근본(조상)이 첫 번째 본자리에 깃들어 있음을 금척수리로 증명하고 있음이다. →144.

이는 실체적으로 완성된 본바탕, 본자리에서 탄생된 삼태극의 음양(사람)을 가리키고 있다. 이는 또한, 음양이 바탕이 되어 돌아가는 하늘의 정신인 "七축(七-43)"의 완성을 나타내고 있다. →432.

더 들어가 보면, 수의 의미는 실체적인 오행의 조화 속에서 만들어진 七축(정신)의 혼을 나타내고 있다. 이 완성된 하늘의 정신인 **七축의 혼**은 곧 거듭난 사람이 나아가는 "人中天地一"의 그 "一(76)"의 모습이다. 또한, 수없이 밝히는바, 현재를 살아가는 사람이 깨우쳐 가야 할 길이기도 하다. 이는, 혼이 바탕이 되어 실체적인 오행 속에서 수없이 되돌아 찾아갈(往-57) 하늘의 정신, 그 七축의 정신을 일컫는다. 즉, 이는 神의 수(섭리)가 들어간 사람의 '명'을 나타내고 있다. 바로 [삼일신고-신훈51]의 의미가 깊이 들어가 있기 때문이다. 한마디로, 이미 현재, 자신의 명(命)에 神의 수가 개입이 되어 있다고 하여도 과언이 아님을 알 수 있다. →576.

∗ '0'은 곧 '十'과 동일하다. 태내에서 열 달(十-만 9개월)의 시간을 지나 사람의 육신이 완성되어 세상 밖으로 얼굴을 내미는 것 또한 구궁가일(구이성십)의 완성을 나타내는 것이니, 대우주 공간 속에 돌아가는 모든 대자연의 완성의 수는 '十'이며 곧 '0'이라 할 것이다.

∗ 위의 '四(48)'에 대한 의미를 논하자면 다른 금척수와 마찬가지로 그 깊이를 어찌 글로써 다 옮길 수 있겠는가. 이는 어머니의 모태에서 갓 태어난 신생의 명(운)을 지칭하는 것이나, 궁극적으로는 이 정신(7)의 '사주팔자'로 거듭난 이 현세의 성인을 가리키고 있다. 고운 선생께서 '十'을 '七'로 옮기신 그 까닭이기도 하다. 그럼에도 불구하고, 이를 다시 '十'으로 옮겨 〈금척천부경〉을 전하고자 함에는 그 까닭이 있지 않겠는가. 이에 대한 세상의 다양한 이론들은 차후 증명하게 될 "萬往萬來"에서 선천운에 대한 언급으로 밝혀 보도록 한다.

이미 여러 번 밝힌바, "一(76)"은 이 경의 후반부에 수록된 "人中天地 一"의 그 "一(76)"이다. 이 수에는 더욱 심오한 〈금척〉의 의미가 담겨 있으니, 바로 이 경을 읽어야 하는 이유이기도 하다.

〈금척〉의 수리는 그 심오함과 변화무쌍하고 다양한 의미를 결코 인간의 척도로 모두 가늠할 수는 없다. 이 〈금척천부경〉을 통하여 스스로 그 맥을 잘 잡고 깨우쳐 나가야 할 것이다.

❂ 그렇다면 이 구절을 끊어, **"運三四"**의 **총합수(141)**에 대하여 증명해 본다.

141	●9870(24)6	■10011(3)	▲19881(27)9	합: 39762(54-27)9

✠ 위의 금척수는 실체적인 하나(태극)에서 만들어진 혼(41)이 운행되어 사람(자신)의 '**사주팔자**'가 정(定)해지는 모습을 나타내고 있다. 이는 바로, 완성된 본바탕을 중심으로 제각기 음양으로 돌아가는 태극(혼)을 보여 주고 있다. 이는 결국, 영원한 대우주 공간 속에서 변함없이 돌아가는 근본(혼)을 말하고 있다. →141.

그렇다면 원방각의 **하늘자리**는 '無'의 대우주(天)에서 만들어진 실체적인 팔자(사람)가 七축(정신)을 바탕으로 완성되었음을 나타내고 있다.

이는 수의 정렬에서 〈금척천부경〉의 이전, "六生七八九"를 기억해 본다면 이 수의 흐름을 좀 더 쉽게 납득할 수 있을 것이다.

하늘의 정신인 七축에서 시작된 '**七八九**'에서 수의 자리가 '**九八七**'의 완성으로 바뀌었음을 볼 수 있다. 이는 바로 사람의 근본혼(三)이 운행하여 탄생한 본자리(四)라는 것을 말하고 있다. 그 씨라는 것이다. 이는 곧, 쌓고 쌓아 만든 단단한 "**鉅(24)**"로 새롭게 혼을 잉태하였음을 보여 주고 있다. →9870(24)6.

땅의 자리는, 영원한 하나의 실체적인 완성으로 만들어진 두 개(음양)의 본자리(11)를 보여 준다. 즉, 삼태극의 근본(바탕)이다. 이 또한, 영원토록 변함없이 운행되는 대우주의 법칙을 수로써 증명하고 있다. →10011(3).

(9) 運(46)三(47)四(48)成(49)環(50)=240

177

이들 합의 결과물, **자식의 자리**는 영원한 하나(태극)의 대우주에서 탄생된 제각각(음양)의 완성된 팔자가 다시 하나로 시작됨을 보여 주고 있다. 이는 바로, 완성된 음양의 七축(정신)으로 이루어진 대우주가 그 시작과 끝이 변함이 없다는 것을 나타내고 있다. →19881(27)9.

총합의 수에서 보여 주는 이 **"運三四"**의 의미는 결국, 제각기 완성된 영원한 삼태극으로 이루어진 대우주를 가리키고 있다. 이가 만든 실체를 가진 七축(정신)의 혼(一-76)이 음양을 바탕으로 완성을 이룬 것이다. 복잡한 듯 보이나, 다시 말해서 이 영원한 삼태극의 대우주는 곧, **"大三合"**에서 탄생된 **"人中天地一"**의 그 **"一(76)"**의 음양으로 운행된다는 것이다. 이는 곧, 선천의 십오진주(완전수)이자, 완성된 음양의 부모, 그 완성된 씨(혼)가 바탕이 되어 돌아가고 있음을 나타내고 있다. 또한, 이 운행하는 흐름에 그 묘함이 있음을 부합(간합)의 수에서도 엿볼 수 있다. 그것은 바로 대우주 법칙 속, 변화된 사람의 모습이다. 하지만, 그럼에도 불구하고 그 근본바탕은 변화되지 않는다는 것을 수로써 증명하고 있다. →39762(54-27)9.

✖ 위의 수(141)를 팔괘를 돌려 한 번 더 증명해 본다.

141×3=423

423×3=1269　　423×4=1692

▩ 실체적으로 완성된 본바탕이 낳은 음양의 삼태극을 볼 수 있다. 실체적인 본자리의 음양이 삼태극을 바탕으로 生(42)하여 완성된 것이다. →423.

이는 제각기 완성된 하나의 실체적인 음양이 낳은 혼이 대우주를 바탕으로 완성된 모습이다. 이는 다시 말해서, 제각기 완성된 하나가 대우주를 바탕으로 **"一析三極"**의 완성을 이룬 것이다. 결국 이는, 음양의 근원수(69)가 바탕이 된 하나의 음양이 실체적인 완성을 이루었음을 일컫는다. →1269.

더 들어가 보면, 제각기 완성된 하나(태극)에서 탄생된 근원수(**부모**-69)가 음양을 바탕으로 완성되어 대우주의 근원(근간)을 이루며 돌아가는 모습이다. →1692.

이 "運三四(141)"는 현재를 살아가고 있는 사람의 삶에 대한 본질을 알려 주고 있는 부분이다. 큰 틀에서, 이는 대우주 공간(태내) 속에서 제각기 팔자로 돌며 하나의 완성체로 성장되어 세상 밖으로 나가는 그때와 같다. 전적으로, 이 경을 읽는 개개인의 측면에서 전한다면, 이는 곧, 이 "運三四"에서 현재의 삶이 어떤 모습으로 살아갈 것인지 모두 결정된다고 해도 과언이 아닐 것이다. 사람들은 종종 자신의 '사주팔자'를 거론하며 '기구한 자신의 운명'을 한탄한다. 사실, 이 기구의 의미를 역학의 한 이론적 개념의 시선에서 보아도 '기구한(忌.仇.閑) 神'이 있으니, 말 그대로다. 그런데 그 모든 근원이 이미 밝혔듯이, 이 〈금척〉으로 열어 본 〈천부경〉에 있다는 사실이다. 또한, 그 모든 것이 이 세 글자 "運三四"에서 정해진다는 것이며, 이 또한 쉽게 이루어진 것이 아님을 이 경은 전하고 있다.

이 경을 모두 정독하고 난 후, 이 '명' 또한, 그 누구도 아닌, 자신이 만들어 오는 것임을 이 〈금척천부경〉은 〈금척〉의 수리로 확연하게 증명하고 있다. 물론, 神의 수가 개입이 되어 있음을 이미 언급하였다. 허나, 그것 또한 자신이 만든 것에 대한 결과라는 것을 알아야 한다. 결국, 현재의 삶은 이미 예정된 삶이라는 것을 이 〈금척천부경〉은 너무도 명확하게 다시 경고하고 있다. → 사람(동물)의 현재의 삶(사주팔자): *선천운.

◎ 이제, "運三四"로 정해진 '사주팔자'의 '명'을 타고 현재의 삶을 시작할 그 완성의 배경인 "成環(99)"에 대하여 살펴본다. 먼저, 완성을 나타내는 "成(49)"에 대하여 석삼극하여 원방각으로 증명해 본다.

| 49 | ●1176(15)6 | ■1225(10)1 | ▲2401(7) | 합: 4802(32-14)5 |

✠ 위의 금척수는 본자리의 완성으로 이루어진 대우주가 그 모습을 모두 갖추고 완성되었다(成-49)는 뜻이 담겨 있다. 이는 곧, 현재를 살아가는 사람의 모습이 정해졌다는 것을 말하고 있다 물론, 더 깊은 의미의 뜻은 차후에

(9) 運(46)三(47)四(48)成(49)環(50)=240

밝혀 보기로 한다. 즉, 생장소멸의 그 시작이며, 소우주로 비유되는 자궁(태내)의 본바탕, 환경이 완성되었다는 것이다. →＊49.

원방각, **하늘자리**는 제각기 완성된 실체적인 태극의 본자리(11)가 낳은 七축(정신)의 혼을 나타내고 있다 이는 하늘의 정신에서 만들어진 그 "一(76)"로서, 이가 바탕이 된 태극의 본자리(11)가 실체적 완성을 이룬 모습이다. 이는 십오진주(구세주)이자, 완성된 혼의 완전수(부모)를 일컫는다. →1176(15)6.

땅의 자리에서는, 제각기 완성된 하나의 음양(天-12)이 음양오행을 바탕으로 실체적인 완성을 이룬 모습이다. 즉, 제각기 완성된 삼태극에서 만들어진 제각각의 음양(22)이 오행의 바탕 속에서 하나로 완성된 것이다. 이는 바로, **사람이 살아갈 완성된 인간세상**을 가리키고 있다. →1225(10)1.

자식의 자리에서는, 음양의 본자리가 실체적인 완성을 이루어 새로운 하나로 시작됨을 볼 수 있다. 결국, 그 완성(成-49)은 곧, 부합의 수에서도 보여주듯이, 하늘의 정신인 七축의 모습을 나타내고 있다. →2401(7).

총합의 수에서는, 음양이 바탕이 된 본자리 팔자의 실체적 완성을 보여 준다. 즉, '사주팔자'를 가진 사람의 실체적인 완성으로 그 시작의 바탕을 일컫는다. 한편으로는, 어머니의 몸 속(태내)에서 七축(정신)의 씨로 혼백의 실체를 가진 사람의 모습을 갖추게 된 것이다. 바로 완전한 사람의 모습으로 세상 밖으로 나갈 모든 것이 준비가 됨을 일컫는다. 여기서 완전한 사람이란 뜻을 두 가지 입장에서 생각해야 하는 까닭은 이제 더 이상, 언급할 일이 없다. 부합의 수에서도, 이미 완성된 오행의 바뀐 환경에서 이 의미를 짐작해 볼 수 있다. →4802(32-14)5.

✄ 이 수(49)를 다시 팔괘로 돌려 증명해 본다.

$49 \times 3 = 147$

$147 \times 3 = 441$　　$147 \times 4 = 588$

※ 이 금척수는 실체적인 하나(태극)의 본자리가 七축(정신)을 바탕으로 완성을 이룬 모습이다. 이는 곧, 실체를 가진 하나에서 탄생된 삼태극의 그 "三(47)" 을 나타내고 있다. 또한, 이 수에는 이 경이 전하고자 하는 놀라운 비밀이 담겨 있다. 이 또한, 전문을 모두 통독한 후, 스스로 터득할 부분이다. →147.

이는 실체적인 본바탕이 혼(六-41)을 바탕으로 완성된 모습을 보여 준다. 또한, 제각각으로 돌아가는 음양의 본자리가 대우주 공간(태내) 속에서 완성되어 하나가 된 것을 나타낸다.
이는, 새로운 시작을 암시하고 있다. 여기서, 금척수의 (6)과 (41)이 전하는 그 정교하고 치밀한 의미를 이 수에서도 찾아볼 수 있다. 반복하는 말이지만, 알고자 할수록 깊고 심오한 〈금척〉의 비밀을 글로써 표현하는 것에는 한계가 있다.
지금, 이 수(441) 또한, **〈금척천부경〉** 원문 중, 처음 두 개의 본자리, 삼태극(천 · 지 · 인) 중, 첫 번째(천 · 지 · 인)의 역수라는 것을 기억해 낼 수 있다면, 앞서 언급한 수의 정렬에 대한 의미와 함께 이 수의 뜻도 더욱 명확하게 와 닿을 것이다. →441.

더 들어가 보면, 실체적인 오행의 완성으로 돌아가는 제각각의 음양의 팔자를 볼 수 있다. 이는 바로 실체적으로 완성된 오행 속에서 돌아가며 제각각의 완성을 이룬 음양의 사람을 지칭하고 있다. 물론, '사주팔자' 를 가진 모든 살아 있는 생명체(동물)가 포함될 수 있다. 하지만, 이미 앞서 밝힌 바이 수는 궁극적으로 '인물동수삼진(人物同受三眞)' 으로 받았으나, 모든 것을 온전하게 받은 인간, 그 사람에게 해당되는 것임을 알 수 있다. 또한 이는 바뀔 환경의 그 세계(세상)를 위한 완성을 나타내고 있다. 실체적인 세상 속, 변화를 암시한다. →588.

☑ 成(49)

이 수는 〈금척천부경〉에서 대우주(소우주)가 바탕이 된 본자리의 완성을 나타내고 있다. 이는 바로 '사주팔자(48)'의 '명'을 타고날 사람의 실체적 완성을 일컫는다. 이는 또한, 새로운 환경의 시작을 암시한다. 한마디로 완전하고 새롭게 오행의 울타리 속에서 태어날 준비를 뜻한다. 이 완성은 "運三四"하여 정해진 '명(命)'의 완성으로 다시 다가올 전환점을 포괄하고 있음을 유념해야 한다. 더 깊이 들어가 보면, 이 완성에는 앞서 "六生(83)"의 결과물로서 그 목적지가 되는 "中天(147)"이 내포되어 있다.

여기서 잠시, 불교의 '49재(齋)'를 살펴본다. 이는 이미 죽은 사람을 위해 칠일을 일곱 번씩, (49)일 동안 기도하며 새로이 좋은 곳에 환생하길 기원하는 천도재이다. 앞서 이미 언급한 바 있지만, 인류 최초의 경전인 우리나라의 〈천부경〉에 나타나 있는 금척수의 의미와 일맥상통하고 있는 부분이 있다. 완성을 이루고, 새로이 환생한다는 의미는 같은 뜻이라고 할 수 있다. 하지만, 엄밀히 말하면, 이 '천도재'라는 말은 이 〈금척천부경〉의 이치에서 보면, 맞지 않다. 왜냐하면, 죽은 자를 위하여 살아남은 자가 49재를 지낸다고 하여 이 '죽은 자'의 '명운'이 바뀔 리가 없기 때문이다. 이는 남아 있는 자의 희망과 위안일 뿐이다. 하지만, 이 말이 조상과 근본을 무시해도 된다는 의미는 결코 아니다.

이 〈천부경〉의 흐름을 대충 습득하여 짐작해 보아도, 조상(부모)이 없는 자신의 근본(혼)은 존재할 수가 없다. 또한, 이 생(生)을 떠났다하여 그 혼의 존재가 사라지는 것도 아님을 알아야 한다. 조상은 분명, 효성을 다하듯 정성을 다하는 후손을 돕는 것이니, '運'은 흐르는 것으로써, 순리이며 역행하지 않는다는 뜻이다. 이미 밝혔듯이 "運三四"는 자신이 스스로 만든 것을 다음 세상에 쓸 뿐이다. 단, 그 속에 神의 수(섭리)가 들어 있음을 명심해야 한다. 다시 말하지만, 자신의 '명운'은 자신이 만들어 온다는 것이다. 물론, 이 경이 두 가지의 의미를 담고 있기에 이 수 또한, 예외가 없을 리 만무하다.

이 〈천부경〉은 우주창조의 원리와 이치 속에서 생명탄생을 이룬 인간이 가야 할 길을 (81)자에 수록해 놓은 것이다. 또한, 이 글 속에는 놀라운 예언이 담겨 있다. 이는 인간의 척도로는 가늠할 수 없는 시공이 존재하며 그 시공을 통하여 확연하게 깨우치게 됨은 바로 근본이다. 다시 언급하기를, 이는 우리가 소위, 부모가 자식에게 하듯 '내리사랑'이 무한하다는 것에 이 전문의 절반을 할애하고 있음을 알아야 한다. 이는 바로, 근본(조상)을 알고 소중히 행함은 바로 자신의 '명'을 바꾸는 '후천운'에 그대로 영향을 주는 것이자, 하늘의 이치를 깨우침에 조금 더 가까워지는 길일 것이다. 어떤 깨우침도 생명을 가지고 살아 있을 때 얻는 기회만큼 좋은 것은 없다.

이 말로써 앞의 모든 것을 함축하고자 한다. 물론, 인류의 종교와 사상, 그 이전의 〈금척〉이겠으나, 타지(他地)인 인도가 본산이라고 역사에 전해지며 역으로 이 땅에 전파되어 온 불교가 이 수(49)를 사용하고 있다는 사실이다. 이 모든 것의 진위를 떠나, 이 수(49)가 완성의 숫자라는 것을 알고 있으니, 이는 바로 사람의 지식이 아닌 하늘(神)을 통한 인간의 깨달음과 지혜의 산물이 아니겠는가.

단지, 이를 〈금척〉으로 더욱 명확하게 증명해 보여 주고 있을 뿐이다.

이 예에서도 짐작할 수 있는 것은, 이미 대우주는 태고부터 하나였으며, 새삼 세상의 중심이 어디에서 시작되었는지를 보여 주는 증거이기도 하다. 지혜 있는 자는 이 또한, 스스로 판단해 볼 수 있을 것이다. 영원한 대우주의 법칙 속에서 인간이 머무는 하나의 지구, 이 또한 수없는 선천과 후천을 돌아가며 흥망성쇠를 거듭하였으니, 지금, 〈금척〉으로 이 비밀의 열쇠를 열게 하심은 단언컨대, 이 세상이 그 한 자락의 끝에 걸쳐 있음을 계시하고 있는 것이리라. 이것에 대한 답 또한, 이 경의 전문을 끝까지 정독하고 또 정독하다 보면, 어느 순간 더욱 명료하게 와 닿을 것이다.

☯ 다음, 모든 환경이 완성된 오행으로 바뀌어 돌아가며 전환될 고리 "環"의 금척수(50)를 석삼극하여 원방각으로 증명해 본다.

50	●1225(10)1	■1275(15)6	▲2500(7)	합: 5000(32)5

▩ 위의 금척수는 한마디로 **오행의 완성이자 대전환점**이다. 이는 오행의 환경이 바뀌어져 제각기 실체적 완성을 이룬 모습이다. 이는 바로 사람(만물)이 대우주 공간(태내) 속에서 생장소멸을 거듭하는 그 바탕의 완성을 보여 주고 있다. →50.

원방각의 **하늘자리**는, 하나의 음양이 음양오행을 바탕으로 실체적 완성을 이루며 하나가 된 모습이다. 즉, 제각기 완성된 하나(삼태극)에서 만들어진 제각각의 음양(22)이 오행을 바탕으로 완성된 것이다. →1225(10)1.

땅의 자리는 이 제각기 완성된 하나가 낳은 음양의 七축(정신)이 오행을 바탕으로 변화(**化**=27)되어 완성된 모습이다. 이는 간합(부합)의 수에서 보여주듯, 완전수(근본)의 혼이 바탕에 깔려 있음을 암시한다. →1275(15)6.

자식의 자리는 "**無**(25)"에서 탄생한 음양오행이 실체적 완성을 이룬 모습을 나타낸다. "**環**(50)"을 기점으로 음양이 모두 제각각의 형체마저 가지게 되니 완전하게 오행이 완성됨이다. 이것은 인간세상의 삼라만상에 깃든 속성과 환경이자, 七축(정신)의 실체이기도 하다. →2500(7).

총합의 수에서는, 오행이 제각기(삼태극) 완성(十)되어 실체를 가진 완성으로 드러났다는 의미를 포괄하고 있다. 또한, 이 금척수는 간합(부합)의 수에서도 알 수 있듯이, **"地(32)"의 세상**(天-000)을 가리키고 있다. 이는 바로, 완성된 음양의 사람, 그 완성된 오행의 세상 속에 들어왔다는 것이며 또한, 선천과 후천을 연결하는 고리(**環**-50)이자 영원의 바탕이 되는 것이다. →5000(32)5.

※ 이 수(50)를 다시 팔괘를 돌려 증명해 본다.

50×3=150

150×3=450　　150×4=600

⊠ 이 오행의 완성은 바로 **새로운 완전수**(15)**의 완성**을 나타내고 있다. 이는 선천의 세상에서 다시 후천의 세상에 드러날 존재에 대한 암시이다. 또한, 금척수에서 알 수 있듯이, 완성된 오행을 바탕으로 하나의 실체적인 완성을 보여 준다.

이 〈**천부경**〉의 처음, "一始無始"하여 "一析三極"한 그 "一(5)"의 완성이자, 오행의 완성을 일컫는다. 이 완성은 곧, 완전수(부모)의 완성이자, '無'

에서 시작된 생명을 가진 근본(혼)의 실체적 완성을 나타내고 있다. →150.

이는 실체적인 본자리, 본바탕의 오행이 완성되었다는 것이다. 또한, '無'에서 탄생된 모든 만물의 근원(근본)이며 환경이 될 대우주(소우주)로서, 〈금척〉의 유래가 되는 네 마디 다섯 치, 구이성십(구궁가일)의 완성을 모두 내포하고 있다. →450.

더 들어가 보면, 이 고리 속에 전환되어 돌아갈 오행의 완성이란 한마디로 혼의 실체적인 완성이다. 또한 이는, 모태(자궁)에서 구궁가일(구이성십)로 완성되는 실체를 가진 혼(사람)을 포괄하고 있다. →600.

☯ 그렇다면, 이 구절의 총합수를 살펴보기 전, 이 완성의 고리로 모든 환경의 바탕이 전환된 것을 나타내는 두 글자 **"成環"**의 금척수(99)에 대하여 석삼극하여 본다.

| 99 | ●4851(18)9 | ■4950(18)9 | ▲9801(18)9 | 합: 19602(54-18)9 |

❇ 위의 금척수는 제각기 돌아가는 음양의 대우주가 완성의 고리로 전환되는 환경을 나타내고 있다. 즉, 이는 앞서 두 번째 본자리(천·지·인)의 "地二三(99)"과 같은 금척수로서, 인간세상을 포함한 모든 만물의 무한한 대우주의 완성된 모습을 암시하고 있다. →99.

원방각, **하늘자리**는 실체적으로 완성된 본자리의 팔자(四-48)가 완성된 오행을 바탕으로 새롭게 하나로 시작되고 있다. 이는 혼백의 실체적인 완성을 이룬 '사주팔자(사람)'가 神의 섭리(五-51)가 바탕이 되어 돌아가고 있는 모습이다. 이 또한, 사람의 근원수(18)로서 대우주를 이루는 바탕이 된다. 또한, 神의 수[신훈51자]가 개입되어 있으나, 수의 정렬에서도 알 수 있듯이, 이는 바로 완성된 사람(근본)에 의한 결과물이라는 것을 명심해야 한다. →4851(18)9.

(9) 運(46)三(47)四(48)成(49)環(50)=240

185

땅의 자리에서는, 놀랍게도 이 경의 흐름을 그대로 받은 모습을 나타내고 있다. 제각기 완성된 본자리의 대우주가 완성된 오행의 바탕 속에서 실체적 완성(成-49)을 이루었음을 보여 주고 있다. 이는, 제각기 완성된 본바탕, 본자리에서 만들어진 그 "三四(95)"의 완성을 그대로 나타내고 있으니, 〈금척〉의 수리는 결코 한 치의 오차도 벗어나지 않는 하늘(神)의 수라는 것이다.

또한, 이 수는 〈금척천부경〉의 전문을 통하여, 다른 의미의 완성과 변화를 맞이한다. 이는 **현재를 살아가는 자의 생의 전환점**이 된다. 왜냐하면, 이 전환의 고리는 바로 지금, 이 경을 읽고 있는 사람이 완성된 오행의 세상 속에서, 생명을 가진 사람으로서 첫발을 내딛는 그 자리가 될 수 있기 때문이다. 즉, 선천과 후천의 환경이 이 완성된 고리(成環-99)를 중심으로 돌아가며 수없이 반복된다는 것을 이 금척수에서 짐작할 수 있다. →4950(18)9.

사람의 자리는, 제각기 완성된 대우주에서 만들어진 팔자가 실체적으로 완성되어 하나로 다시 시작되는 대우주의 모습을 나타낸다. →9801(18)9.

총합의 수에서는, 영원한 하나의 대우주에서 탄생된 실체적인 혼이 새롭게 낳은 음양을 바탕으로 완성된 것을 볼 수 있다. 이는 또한, 영원한 태극의 완성된 실체적 음양의 근원수(96)가 새로운 음양을 바탕으로 돌아가고 있는 모습이기도 하다. 앞서 밝혔듯이, 이 **음양의 근원수(96-69)**에서 수의 정렬이 주는 의미를 구별할 수 있어야 한다. 이는 주체의 구별이자, 거시적인 대자연의 법칙 속에 돌아가는 선천의 세상과 후천의 그것에 대한 분별이기도 하다. 이 또한, 난해한 듯하지만, 이 경의 전문을 정독하고 정독해 나가면서 터득되어야 할 중요한 부분이다. 한편, 이 원방각을 포함한 모든 간합(부합)의 수가 사람(생명체)의 근원수(18)로서 대우주(9)를 나타내고 있다. 이는 바로 완성되어 전환된 음양의 대우주로서, 이 "成環(99)"은 바로 대우주(태내)의 완성을 가리킨다. 또한, 궁극적으로는 완성된 사람을 지칭한다. 허나, 이는 모든 생명체(만물)를 아우르며 오행 속의 본바탕이 나아가는 모습이 뛰어나게 훌륭하고 아름다운 그 특별함 속에 또 다른 묘(妙-54)함을 가지고 흘러갈 것을 수로써 암시하고 있다. →19602(54-18)9.

✤ 이 수(99)를 다시 팔괘로 돌려 증명해 본다.

99×3=297

297×3=891　　297×4=1188

▩ 이 완성되어 바뀐 제각기 돌아가는 음양의 대우주는 실체적인 음양의 대우주가 七축(정신)을 바탕으로 완성되었다는 것이다. 또한, 이 수는 두 번째 (천 · 지 · 인)의 총합수와 동일하다. 이는 곧, 태극의 두 개의 본자리(11)가 모두 완성되었음을 다시 한번 확인해 주는 부분이다. →297.

이는 실체적인 팔자(사람)가 완성된 대우주를 바탕으로 하나 되어 새롭게 시작됨을 나타내고 있다. →891.

더 들어가 보면 최초(태극), 그 하나의 본자리(11)가 제각기 완성된 팔자를 바탕으로 실체적인 완성을 이룬 것이다. 즉, 완성의 고리로 전환되어 변화된 환경을 나타내는 제각기 돌아가는 음양의 대우주(99)를 가리키는 것이다. →1188.

☯ 이제, 이 경에서, 또한 현재를 살아가고 있는 우리의 삶에서 하나의 대전환이라고 할 수 있는 이 모두를 합한 구절 **"運三四成環"** 의 **총합수**(240)를 석삼극하여 증명해 본다.

240	●28680(24)6	■28920(21)3	▲57600(18)9	**합:** 115200(63)9

▩ 위의 금척수는 한마디로 실체를 가진 음양의 본자리가 완성된 것이다. 이는 하나의 음양이 쌓이고 쌓여서 완성된 그 단단한 본자리 "鉅(24)" 가 완전한 음양의 합으로 완성되어 바뀌었다는 것을 나타내고 있다. 이는 곧, **"一積十鉅" 의 완성**을 일컫는다. 또한, 좀 더 들어가 보면, '無' 에서 시작된 대우주의 실체적 완성이라는 것도 유추해 볼 수 있다. 이것은, 또 다른 변화와 전환의 시작을 예고하고 있다. →240.

(9) 運(46)三(47)四(48)成(49)環(50)=240

원방각, **하늘자리**는 영원한 음양의 팔자, 이 "三(28)"에서 탄생된 실체적인 혼의 팔자가 완성된 것을 알 수 있다. 또한, 그 영원한 태극에서 변화된 사람(28)의 실체적 혼이, 완성된 팔자를 바탕으로 돌아가고 있는 모습이다. 모두 같은 뜻이다. 이는 제각기 완성된 태극의 그 변화된 사람(28)이 완성된 모태(太-68)]를 바탕으로 돌아가고 있는 모습이다. →28680(24)6.

땅의 자리는, 영원한 음양의 팔자 즉, 변화된 사람(三-28)이 실체적으로 완성된 대우주의 바탕 속에서 음양의 완성을 이루고 있는 모습이다. 문득, 원문과 금척수를 함께 보다 보면, 글로써 표현함이 오히려 더욱 복잡하고 난해할 수 있다는 것을 절감한다. 수의 모습을 자세히 살펴보면 단순하고 명료한 이치이다. 이는 음양이 하나 된 삼태극을 가리킨다. →28920(21)3.

이들 합의 결과물, **사람의 자리**에서는 제각기 완성된 영원한 오행 속에서 탄생한 七축(정신)의 혼이, 실체적으로 완성을 이룬 모습을 볼 수 있다. 이는 영원한 오행 속에서 탄생된 "人中天地一"의 그 "一(76)"의 실체적인 완성이 바탕이 되어 돌아가는 대우주의 모습이다. 이 또한 [삼일신고-신훈51]에서 그 의미를 찾아볼 수 있다. 더 들어가 보면, 이 수는 사람의 오장육부와 비유되는 완전한 완성을 가리키고 있다. 즉, 실체적으로 완성되어 바뀐 오행의 환경(태내)에서 변화되어 완성된 실체(육신)를 가진 사람을 일컫는다. 바로 구원의 관점에서 수없이 오고 갈 윤회 속의 **사람(혼)의 모습**이다. →57600(18)9.

총합의 수에서는 결국, 영원한 태극의 본자리(11)에서 탄생한 오행의 음양이 실체적인 완성을 이룬 모습이다. 즉, 영원한 하나의 본자리(11)가 낳은 완성(5200)이다. 이는 오행으로 돌아가는 음양의 실체적인 완성(十-52)을 말하고 있다. 뒤에 수록된 "五十一妙衍"에서 밝혀 볼 것이나, 한마디로 구이성십(구궁가일)의 실체적인 완성을 일컫는다. 이 수는 앞서, "環(50)"의 금척수에서 "地(32)"의 세상(天-000)을 나타낸다 하였다. 즉, 제각기 완성된 오행의 세상은, 완성된 땅 위의 세상이며 이 오행의 세상 속으로 들어서는 실체적인 음양(200)의 사람을 낳았다는 것이다. →115200(63)9.

⌘ 이 금척수(240)를 다시 팔괘로 돌려 증명해 본다.

240×3=720

720×3=2160　　720×4=2880

⌘ 이 수는 완성된 음양을 바탕으로 七축(정신)의 실체적 완성을 나타낸다. 이는 앞서 "一積十鉅"의 완성이라고 밝힌바, 변하지 않는 영원한 대우주의 법칙을 가리킨다. 또한, 이는 [삼일신고-세계훈72]의 전조현상으로써, 사람을 포함한 모든 만물의 번성을 예고하고 있다. →720.

이는 제각기 완성된 음양의 하늘(天)에서 하나의 실체적인 혼의 완성을 이루어냄을 볼 수 있다. 이 말은 완성된 혼을 바탕으로 제각각의 음양이 하나로 실체적인 완성을 이룬 모습을 일컫는다. →2160.

더 들어가면, 제각기 완성된 음양의 하늘(天)에서 만들어진 혼백의 실체를 가진 팔자가 새롭게 다시 팔자를 가지며 완성(終-80)되었다는 것을 알 수 있다. 이는 최초 태극에서 탄생한 변화된 사람이 완성된 팔자를 바탕으로 "終(80)"하였다는 것이다. 좀 더 깊게 들어가면, 이 수에는 앞서 밝힌 바 있는 "地(32)"의 세상이 완성되었다는 뜻이 함축되어 있다. 하나의 수가 담고 있는 뜻을 글로써 모두 드러낼 수는 없다. 즉, 이 말은, 새로운 실체적인 생명(사람)의 탄생(완성)과 함께 또 다른 시작을 암시한다. →2880.

다시금 강조하는 것은, 이 〈금척천부경〉에는 원문과 함께 단 한 자의 수도 헛되이 적혀 지나가지 않는다는 것이며, 이 무한한 〈금척〉의 깊이를 깨우쳐 말로 표현하고자 한들 어찌 다 할 수 있을 것이며 더더욱 글로써 옮김은 가히 조족지혈일 뿐이다. 또한, 이 경은 가늠할 수 없고, 시작도 끝도 없으나, 분명하게 시공의 흐름이 있어 그 주체가 존재하고, 그에 따른 대상과 목적이 있음을 유념해야 한다. 같은 숫자에도 그 수가 부여하는 주체에 따라 그 의미가 판이할 수 있음을 말하고 있다.
중요한 부분이다. 이를 간파할 수 없다면, 이 경 속에 담긴 하늘(天)의 중

(9) 運(46)三(47)四(48)成(49)環(50)=240

(重)한 말씀을 올바르게 터득하고 깨우치기는 힘들 것이니, 자신의 생명을 구해야만 하는 이때에, 올바르게 행하기는 더더욱 어렵지 않겠는가.

(10) 五(51)十(七)(52)一(53)妙(54)衍(55)=265

❋ 잠시 짚고 가야 할 대목이다.

이 〈천부경〉은 태고시대의 환국에서 전승된 세계 경전 역사상 가장 오래 되었으며 대우주의 오묘한 이치 속에, 神의 섭리와 數가 담겨 있는 경전으로 사람들에게 '구전지서(口傳之書)'로 전해져 왔다.

그 후, 환웅께서 ❋신지혁덕에게 명하여 ❋[녹도문(鹿圖文)]으로 이를 비문(碑文)에 새겨 기록하게 한 것이다. 그리고 이후, 신라시대 대학자이신 고운 최치원 선생께서, 옛 비문에 새겨진 〈녹도문천부경〉을 ❋갱부작첩하여 지금의 〈천부경〉으로 종횡구구행간구문의 총(81)자의 한자와 숫자로 옮겨 세상에 전한 것이다.

이 〈천부경〉에 대한 그 무엇도 글로써 모두를 옮겨 전할 수 없음을 한탄한다. 다만, 〈녹도문천부경〉의 전문을 살펴보다가, 고운 최치원선생의 〈천부경〉, 그 여섯 째 구간의 표기 중, **[運三四成環五七一妙衍]**에서 '七'에 대한 표기에 묘함이 있다. 분명, 원래 〈녹도문천부경〉에는 완성의 '十'으로 새겨져 있으나, 〈천부경〉 원문에는 '七'로 표기되어 있음이다. 이제, 이 숫자를 원래의 '十'으로 고쳐 지금, 현재를 살아가는 사람들이 반드시 깨우쳐 알아야만 할 것을 전하고자 한다.

이 난해한 원문의 작업을 하신 고운 선생께서 이를 모르고 옮겼을 리가 없다. 짐작컨대, 고운 선생께서는 그때 이미 〈금척〉의 비밀에 대한 고뇌를 안고 계셨는지도 모른다.

지금 이렇게 (81)자의 함축된 숫자(31)와 한자(50)로 옮겨진 〈천부경〉만으로는 더 할 수 없이 심오하고 무궁무진한 하늘(天)의 이치를 전달함에 한계가 있을 수밖에 없다. 이 〈천부경〉이 가장 오래된 진리의 〈예언서〉임에도 불구하고, 세상에 널리 전파되지 못한 것은, 바로 그 뜻이 극도로 함축된 한자의 난해함과 오직, 그 원문의 글자만으로 의미를 파악하기에는 그 보는 관점과 생각들이 제각기 너무 다양하고 그 뜻이 어려워, 정작 우리 글로 옮긴 내용조차 설득력이 떨어져 습득하기가 어려웠던 것 또한 사실이다.

오늘날의 우리말과 한글이 존재할 수 없었다면 그 어떤 말과 문자로도 이 심오하고 감춰진 깊은 뜻을 지금, 이 비밀의 열쇠인 〈금척〉으로 옮겨 본다 한들, 이 〈천부경〉을 이 정도라도 전달할 수는 없다고 감히 확신한다. 이 〈천부경〉의 깊은 이치는, 지금까지 밝혀 본 금척수리의 증명처럼 우리의 글(한글)과 말(소리)이 하나가 됨으로 비로소 완성을 이루는 〈경전〉이자 〈진경〉이다. 문득, 현재의 글자(한글)가 없었던 삼국시대를 돌이켜 본다. 물론, 그 화려하고 찬란했던 그 시대의 문화적 유산과 우리 선조들의 뛰어난 지혜를 감안해 본다면, 이 숫자의 개념 또한, 어쩌면 이미 통상되고 있었을지도 모른다. 물론, 추측이다. 그렇다면 과연, 고운 선생께서는 어떤 생각을 하셨을까. 그 고뇌의 깊이를 결코 후인(후세의 사람)이 감히 거론할 수는 없을 것이다. 고운 선생께서 마지막을 고뇌하고 구도하며 보내신 곳 또한 [해인사]였음은, 단지 우연만으로 치부할 수는 없는 이유가 여기에 있다. 이 〈천부경〉은 우주창조의 이치 속에, 인류의 흥망과 개인의 그것이 세상 속에서 함께 공존하는 인류 최초의 〈예언서〉이다. 모든 것은 때(時)가 있음이다. 굳게 닫힌 비밀의 자물쇠는 기다림의 시간이 필요했을 것이다. 그때 고운 선생께서 작업을 하신 이유(때)가 있을 것이며, 지금 이 〈금척〉으로 이 경을 세상에 드러내야 하는 이유(時)가 있기 때문이다. 물론, 여기에서 '七'과 '十'은 숫자 그 자체만의 궁극적인 의미는 일맥상통하고 있음을 금척수리를 제대로 습득하였다면 스스로 납득하고, 터득하며 깨우칠 수 있을 것이다. 하지만, 전하고자 하는 그 차이를 나열하자면, 가히 천양지차라 해도 과언이 아니다.

〈금척〉은 비밀을 푸는 열쇠이다. 이 모든 것의 답은 〈금척〉에 있다. 이제, 이 〈천부경〉원문에 〈금척〉의 숫자가 쏟아져 내리며 그 비밀의 자물쇠는 드디어 오랜 침묵의 입을 열었다. 이 깨달음은 이미 하늘(神)의 허락이며 계시라고 믿는다.

〈천부경〉은 〈삼일신고〉, 〈참전계경〉과 함께 〈삼화경〉의 하나이다.

〈천부경〉의 (81)자 속에 〈삼일신고〉의 (366)자, 〈교화경〉의 내용이 놀랍게도 〈금척〉의 숫자로 고스란히 함축되어 있다는 사실이다.

＊ 신지혁덕(神誌赫德): 신지는 직책이며, 그 당시의 神의 말씀을 기록하는 신선으

로 신지선인이라고도 칭하기도 하였다.

* 녹도문(鹿圖文): 태고시대(환국)의 환웅께서 인간을 넓고 크고 이롭게(홍익인간의 이념)하기 위하여, 신지혁덕으로 하여금, 비문에 새겨 문자로 남기게 한 것으로, 이는 사람들에게 구전지서로 전해지던 우주 창조의 원리와 神의 오묘한 섭리를 담고 있는 경전이다. 이에 신지혁덕은 눈 덮인 숲속에서 사슴이 지나간 자리의 발자국을 보고 그 모양을 본떠 이 내용을 (81)자로 비문에 새겼기에 이를 〈녹도문〉이라 칭한다.

이는 배달민족인 우리 겨레의 옛 문자이며 **인류 최초의 문자에 대한 발견**이라 할 것이다. 시대적 흐름으로도 이는 **상형문자의 기원**이라고 해도 과언이 아니다.

이를 보아도 〈조화경〉인 〈천부경〉은 세상의 근원이 되는 참 진경의 경전이라 할 것이다. 또한, 현재의 한자의 근원이 어디에서 시작되었는지 가늠해 볼 수 있는 근거 있는 자료가 될 수 있지 않을까 추론해 본다.

* 갱부작첩(更復作帖): –첩이란 탁본을 했다는 것이고 이 탁본을 근거로 한문으로 번역하여 두루마리로 만들었다는 것을 나타내고 있다.

이제, 이 구절에서, 고리 "環(50)"을 통하여 바뀐 완성된 오행의 세상 속으로 들어온 만물, 그중에서도 현재를 살아가고 있는 사람에게 전하는 말씀이다. 이제부터 지금, 이 세상을 살아갈 생명을 가진 사람, 바로 그 완성된 사람의 삶이 시작되었다고 해야 하겠다. 여기서, 완성의 뜻은 바로 그 구이성십(구궁가일)으로 **완성된 십오진주(구세주)의 출현**, 그 의미와 더불어 어머니의 태내에서 열 달(만 9개월)을 채우고 태어나 이 시대를 살아가고 있는 자로서, 바로 지금 **이 경을 읽는 자** 그 두 가지의 의미가 공존하고 있다. 이 구절의 서두에 언급한대로 고운 선생께서 고뇌하신 부분이 바로 이것이다. 이 경의 모든 중심을 영원히 다시 올 십오진주(성인), 그 하늘의 이치에 두셨기에 '七'로 수록하셨음이라. 오직 〈예언서〉의 경전이 된다. 허나 이 경은 지금, 현재를 살아가는 자들을 깨우치기 위한 神의 깊고 무거운 말씀을 전하고 있다. 그것은 똑같은 의미로 앞서 선천의 세상과 같이 오늘날,

(10) 五(51)十(七)(52)一(53)妙(54)衍(55)=265

그 기운으로 다시금 재생(再生)한 십오진주가 세상에 드러날 이때, 이 시대에 그와 함께 더불어 깨우쳐, 마지막 영원한 죽음에서 벗어날 기회를 사람에게 주고자 함이다.

이것이 바로 이 〈금척천부경〉인 것이다. 이는 바로 거시적인 모습의 선천과 후천이 돌아가는 세상이며, 지금 이 세상을 살아가는 사람의 미시적인 관점에서는, 개인의 선천과 후천의 세상을 보여 주고 있다. 이 모든 하늘의 이치에 대한 비밀을 스스로 깨우치고 터득하기 위한 열쇠가 바로 이 〈금척〉인 것이다. 무엇보다, 이 글의 서두에 밝힌바, 이 〈천부경〉이 전하고 있는 의미가 전자(거시적)와 후자(미시적)의 의미가 다소 상이하여 함께 논할 수는 없다.

이 "五十一妙衍"은 〈금척천부경〉 전문에 수록된 여러 완성과 함께 전환되는 시점 중, 가장 중요한 전환점이 된다. 또한, 〈천부경〉 원문의 글과 금척수가 동일한 의미를 부여하며 시작되어 가는 시점이다. 이는 바로 완성된 오행으로 시작되는 환경의 바탕을 말하고 있다. 앞서 언급한 두 가지 측면은 이 〈금척천부경〉의 마지막까지 그 의미가 담겨 있음에 명심해야 한다.

유념할 것은, 지금 이 경은 전적으로 이 경을 읽고 있는 자의 입장에서 전문을 해석하고 증명해 나가고 있다. 오직, 이 땅 위 생명을 가진 자를 위한 전문의 내용은, 우주창조의 원리와 오묘한 神의 섭리가 담긴 경전으로서, 자신의 근본(혼)과 그 근원(太, 胎)의 시작과 과정, 그리고 앞으로 나아가야 할 길과 그 길의 마지막을 제시하고 있다. 또한, 지금 현재 이렇게 사람의 생을 살고 있으나 하늘의 이치를 깨우치지 못한다면, 지금까지 수없이 가고 왔을 무한한 육신의 윤회조차도 더 이상 얻지 못할 수 있음을 경고한다. 그 까닭은, 바로 이 모든 이치가 오행 속에서 돌아가고 있는 것이며, 인간과 모든 만물은 이 오행에 속하여 있다는 사실이다.

결국, 이 〈천부경〉이 두 가지 내용을 모두 담을 수 있는 것은, 바로 〈금척〉을 통하여 지금, 우리의 한글이 있기에 가능한 것이며, 이렇게 전할 수 있는 것이리라.

이 원문의 "五"와 금척수(51)는 모두 오행으로 시작되는 완성된 사람을 나타낸다. 또한, 이 경을 읽고 있는 이 시대의 사람도 해당된다는 것을 전제로 한다. 이 오행은 음양과 함께 이미 태초부터 우리가 살고 있는 모든 삼라만상에 깃들어 있으며 사람 또한 그 속에 속하여 있다는 것이다.

완성되어 바뀐 오행의 환경(태내) 속에서 잉태된 사람(五-51)은 ＊열 달(만 9개월)의 시간을 지나 완성(十-52)되고, 세상 밖으로 얼굴을 내민다. 이가 바로 구이성십(구궁가일)의 법칙으로 돌아가는 **하늘(天)의 이치**이다. 이 세상 밖으로 나온 독립된 사람(一-53)은 제각기 두 개의 본자리(팔자)를 가지고 오행의 조화 속에서 살아간다. 본디, 이 모습은 예상치 못하였으나, 말할 수 없이 빼어나고 훌륭하여 **묘(妙-54)**하다 하였다. 또한, 그 나가는 길이 좁고 험난할 것이나, 널리 멀리 퍼지며 전파(衍-55)됨을 암시한다.

여기에서 바로 그 두 개로 나눠진 이 경의 비밀을 간파할 수 있어야 한다. 이 묘에는 바로 그러한 의미가 담겨 있다. 허나, 이 모든 세상의 **사람**은 하늘(天)의 뜻과는 다른 제각각의 근본(혼)이 있으니, 그 길이 미묘하여 또한, 오묘하게 갈라지고 멀어져 온 세상에 퍼져(衍-55) 나가는 것 또한 지금의 모습이라고 할 것이다. 이 말의 뜻을 납득할 수 있어야 한다.

이는 바로 태초의 그 하나(태극)에서 시작한 음양의 혼이 "一析三極(26)" 하여 새로운 오행의 세상에 나아가고 완성되는 과정을 나타내고 있다. 또한, 위 원문의 글자, "五十一"은 바로 공교롭게도 음소문자(音素文字)인 우리말에서 금척숫자(51)과 같은 의미를 가진다. 여기에는, [삼일신고-신훈51]의 중요한 神의 뜻이 담겨 있음을 수의 증명을 통해 알게 된다.

사람들이 티끌처럼 하찮게 생각하는 하루살이조차도 종족번식을 위한 단 하루를 위해 물속에서의 일 년이라는 유충의 시간을 견디어 낸다는 사실이다. 인간의 눈에는 너무도 보잘것없는 그들의 삶조차도 쉽게 얻어지는 것은 아님을 알 수 있다. 그들 또한, 그 존재의 이유가 있지 않겠는가. 하물며 그 어떤 만물보다 온전한 생명체로 받은 사람이기에, 각 자의 생각(心)을 갖게 하고, 이와 더불어 神의 씨(七축)까지 심어 주셨음이 이 숫자에 담겨 있다는 것을 상기해 볼 수 있다면, 지금 자신의 삶이 얼마나 대단한 것인지 새삼 놀라게 될 것이다. 그렇다면, 더 나아가 이러한 이치를 깨우치지 못한 죽음 뒤에 또 어찌 다시 올 자신의 삶을 기대할 수 있겠는가.

(10) 五(51)十(七)(52)一(53)妙(54)衍(55)=265

✳ **완성을 나타내는 위의 원문과 금척수(十-52)는, 태내에서의 사람이 완성되어가는 열 달의 과정을 그대로 증명하고 있다. 이는 곧 가득 찬 (만 9개월)이라는 것을 우리의 옛 선인들은 이미 알고 있지 않은가. 이가 바로 구궁가일이며, 〈금척〉의 유래가 되는 구이성십인 것이다. 물론, 이 내용은, 완성을 이룬 십오진주(성인)께서 세상에 드러남과 같은 의미이다. 온전하게 구세주(진인)만을 밝히는 것이라면, 이 수(52)는 고운 선생께서 옮기신 '七'이 합당할 것이다. 하지만 앞서 밝혔듯이 이 〈금척천부경〉은, 이 경을 읽고 스스로 깨우쳐야 할 이 땅 위의 사람 또한, 그 중심에 내재되어 있다는 것을 말하고 있다. 이것이, 하늘(天)의 이치 속에서 인간(사람)에게 베푸신 神의 배려라고 할 것이다.**

✳ **(五十一)은 수의 정렬 그대로 (511)의 금척수로도 볼 수 있다. 하여, 원래 (十一)이겠으나, 〈금척〉의 수리로 (11)로 읽을 수 있음이 바로 수가 가지고 있는 비밀이며 묘미이다. 하여, 선천과 후천의 세계가 바뀌었듯이, 본자리(11)가 실체적으로 완성된 오행의 조화 속에서 시작한다는 의미가 함축되어 있다.**

☯ 그렇다면 먼저, 오행의 완성으로 바뀐 환경의 "五"의 **금척수**(51)를 석삼극하여 증명해 본다.

51	●1275(15)6	■1326(12)3	▲2601(9)	**합:** 5202(36)9

⊠ 위의 금척수는 **[삼일신고-신훈51]**의 의미처럼 하늘의 말씀이며 하늘(神)의 정신이 깃들어 있다. 또한, 오행의 완성으로 하나 된 '一'로서 전환의 시작을 나타낸다. 이는 실체적인 소우주(태내) 속, 완성된 사람의 시작을 위한 환경이라고 할 것이다. 이것은, 소우주에 비유되는 개개인의 사람을 나타낸다. 바로 완전한 형체를 한 사람이 태내에서 세상 밖으로 나올 준비를 하는 그 시작이다. 잉태된 그 순간부터 실체적인 오행의 세상 속에 들어왔다는 것이다. 이 바탕에는 완벽하게 바뀐 오행 속에서 神의 수(數, 手)가 개입되었음을 암시하고 있다. →51.

원방각, **하늘자리**는, 제각기 완성된 하나(태극)에서 만들어진 실체적인 음양의 七축(정신)이 오행을 바탕으로 완성을 이룬 모습이다. 이는 완성된 땅 위 세상(地-75)을 바탕으로 하늘(天-12)의 실체적인 완성을 나타낸다. 간합(부합)의 수에서 완전수(근본-부모)의 혼을 볼 수 있다. →1275(15)6.

땅의 자리에서는, 제각기 완성된 하나(태극)에서 탄생된 땅 위 세상 "地(32)"가 혼을 바탕으로 완성을 이룬 모습이다. 또한, 음양의 혼이 바탕이 된 하나의 삼태극(사람)이 실체적인 완성을 이루며 돌아가고 있음을 보여 준다. 이는 바로 일합삼(삼합일)의 원리(이치)로 완성된 사람의 혼을 일컫는다. →1326(12)3.

이들 합의 결과물, **사람의 자리**에서는, 제각기 완성된 음양의 혼이 실체적인 완성으로 낳은 새로운 하나를 보여 주고 있다. 이는 "無"에서 만들어진 "匱"의 실체적인 완성이자 "一析三極(26)"의 **실체적인 완성**(사람)의 결과물로서, 그 시작을 나타내고 있다. 이가 곧 대우주(소우주)의 바탕이 된다. →2601(9).

총합의 수에서는 한마디로 이 땅 위의 세상 "地(32)"를 나타내고 있다. 이는 제각기 완성된 오행 속의 음양(十-52)이 새로운 음양을 바탕으로 실체적 완성을 이루었다는 것이다. 결국, 최초 그 하나의 태극에서 탄생되어 완성된 삼태극의 혼으로 이루어진 대우주를 가리키고 있다. →5202(36)9.

음양의 의미라는 것이, 성별이나 밝고 어두움, 서로 대립되어 극단적인 것만을 지칭하는 것은 아니다. 무엇이든 둘이 합을 하여 작(결과물)을 이루는 것이니, 결국, 이것이 대우주(소우주)이다. 이 대우주 또한, "成環(99)"에서도 알 수 있듯이 음양이 존재함을 증명한 바 있다.
이는 궁극적으로, 완성된 오행의 세상은 이미 태내(소우주)에서 시작되었으며 더불어, 세상 밖으로 나오기 위한 열 달(十)의 시간을 보내고 있는 완벽한 환경의 자궁(태내)을 묘사하고 있다.

(10) 五(51)十(七)(52)一(53)妙(54)衍(55)=265

神　　　訓

神　在無上一位　有大德大慧大力

生天　主無數世界　造牲牲物　纖塵無漏

昭昭靈靈　不敢名量

聲氣願禱　切親見　自性求子　降在爾腦

신께서 가장 으뜸자리에 계시며, 큰 덕과 큰 지혜와 큰 힘을 가지시니

하늘을 만드시고 무수한 세계를 주관하시고 일체 만물을 지으셨으니

아주 작은 것도 빠뜨리지 않으시고 밝고 신령스러움은 감히 헤아릴 수가 없다.

말이나 기운으로 바라고 빈다 하여 뵐 수 있는 것이 아니니

저 마다의 본성에서 씨앗을 찾아야만 너희 머릿속에 내려와 계실 것이다.

[三 一 神 誥] 中

❧ 이 수(51)를 다시 팔괘로 돌려 증명해 본다.

　51×3=153

　　153×3=459　　　153×4=612

✠ 이 금척수는 [삼일신고-신훈51]의 내용이 모두 함축되어 있음을 수없이 반복하여 강조하여도 지나치지 않음은, 이 수가 현재를 살아가고 있는 사람에게 주는 무게와 그 관계의 밀접함이 너무도 크기 때문이다. 또한, 이 수는 완전수(15)의 역수이다. 이는 선천과 후천의 세상, 그 관계처럼 그 시작이 바뀌어 있을 뿐이다. 역수는 서로 일맥상통하고 있으나, 그 주체가 다르다. 완전수(15)는 주체가 사람(근본)이며, 이 "五(51)"의 주체는 완성된 오행의 환경(태내)을 가리킨다. 이 수가 실체를 가지고 잉태한 삼태극(자식)이 바로 현재의 사람이 된다. 다시 말해서, 완성된 완전수(부모)에서 새롭게 탄생된 삼태극(자식)을 수로써 증명하고 있다. →153.

이는 실체적인 본자리의 오행이 대우주를 바탕으로 완성을 이룬 모습이다. 즉, 구이성십으로 완성된 대우주(소우주)를 나타내고 있다. 이 경의 〈예언서〉로서의 비밀이 이 수에서 예시되어 있다는 것과 더불어, 앞서 원방각에서 밝힌 "地(32)"의 완성을 금척수리로 증명하고 있다. 또한, 지금 이 경을 읽고 있는 사람이 반드시 깨우쳐 행하여 나아갈 길을 예시하고 있다.

이 수는, 우리가 자궁 속에서 보내며 완성을 이루는 시간(만 9개월)과 일치한다. 이 또한, 구궁가일(구이성십)의 소우주(대우주)를 일컫는다. 이 수의 증명만으로도 선인들의 지혜로운 삶 속에 〈금척〉이 어떻게 스며들어 사용되고 있었는지 짐작해 볼 수 있다. →459.

더 들어가면, 실체적 혼이 하나로 완성되어 낳은 음양(사람)을 볼 수 있다. 음양이 바탕이 된 실체적 혼의 용변(變-61)을 나타낸다. 거듭 강조하지만, 이 혼의 변화를 일으킨 주체가 누구인지 구별할 수 있어야 한다. →612.

☯ 이제, 이 구절의 쟁점이 되는 중요한 부분이라고 할 수 있다. "環五"하여 완성된 오행의 환경 속에서 그 완성의 시간을 이루는 ＊"十(七)"의 금척수(52)에 대하여 그 의미를 원방각으로 증명해 본다.

52	●1326(12)3	■1378(19)1	▲2704(13)4	합: 5408(44-17)8

✠ 이 금척수는 전환된 오행으로 잉태한 음양이 완성(十-52)되었다는 것이다. 이는 〈금척천부경〉 원문의 "無匱化三"의 "無(25)"의 역수이자, 음양오행의 의미를 가진 부합의 수(7)이다. 곧, 하늘의 정신인 "七(43)"과 서로 일맥상통한다. 이는 완성이라는 의미에서 서로 그 뜻을 함께하고 있다. 수차례 밝힌바, 두 가지의 뜻을 구분 짓는 것에 대하여 표면적으로 드러난 그 시작의 대표적인 원문의 글자(숫자)라고 할 수 있다. "七(52)"의 표기는 오직 하늘의 정신(七축)으로 거듭 완성된 사람(성인)만을 가리키고 있다. 하지만, 더불어 여기 "十(52)"은, 대우주와 비교되는 소우주(태내)에서의 인고의 시간을 채우고 완성된 사람의 의미가 공존하고 있기 때문이

(10) 五(51)十(七)(52)一(53)妙(54)衍(55)=265

199

다. 즉, 최초(태극)의 '無'에서 탄생한 음양오행의 완성(無-25)과는 달리, 위의 금척수(52)는 어머니의 태내에서 열 달(十)을 보내고 세상 밖으로 나온 완성된 독립적인 사람이 된다. 여기에는, 실체라는 의미가 들어 있다. 또한, 수의 정렬이라는 주체적인 문제도 내포되어 있다. 알다시피, 궁극적인 완성의 근원은 神의 정신에 있으며, 이 〈금척천부경〉이 두 가지의 의미로 분류될 수밖에 없는 이유이기도 하다. 즉, 과정이 다르기 때문이다. '七'은 바로 '十'의 과정을 거쳐 올곧게 하늘의 정신(七축)만으로 새롭게 완성(재생)된다는 뜻이며 사실, 그렇게 가야만 하는 과정이다. 이런 과정에서 본다면 이 둘의 숫자는 하나의 맥락으로 연결할 수 있다. 허나, 이는 '동일하다'는 개념과는 분명 다름을 알아야 한다. '七'과 '十' 사이에는 '三'이라는 실체(육신, 생명)가 존재한다. 이는 바로 인류창조의 번성, 그 근본 바탕이며, 십오진주(구세주) 또한, 세상 속, 사람으로 드러난다는 것을 모두 포괄하고 있다. 이 원문이 "十(52)"이 되는 까닭이다. →＊52.

원방각, **하늘자리**는 제각기 완성된 하나(태극)의 삼태극(사람)이 음양의 혼을 바탕으로 실체를 가지고 완성을 이룬 모습을 볼 수 있다. 이는 바로, 제각기 완성된 태극에서 만들어진 땅 위의 세상, "地(32)"에서 탄생한 혼으로 세상 속의 완성된 사람을 나타낸다. →1326(12)3.

땅의 자리에서는, 하나(태극)의 삼태극이 七축(정신)의 팔자(終-78)를 바탕으로 실체적인 완성을 이룬 모습을 나타낸다. 이는 일합삼(삼합일)의 원리로 탄생된 사람의 완성을 나타내며 모두 다 이루었다, 끝마쳤다(終-78)는 것을 보여 주고 있다. →1378(19)1.

이들의 결과물, **사람의 자리**는 한마디로, 새로운 본자리를 바탕으로 음양의 七축이 실체적인 완성(사람)으로 변화되었다는 것이다. →2704(13)4.

총합의 수는, 제각각의 오행으로 돌아가는 본자리가 팔자를 바탕으로 실체적인 완성을 이룬 것이다. 팔자를 바탕으로 완성된 오행 속에서 살아갈 그 완전한 사람의 묘한 길의 사실적인 모습을 암시한다. 더불어, 현재, 자신의 명(선천운)이 실체적으로 완성되었다는 것도 내포하고 있다. 물론, 완성으로 시작된 사람(십오진주)이 나아갈 빼어나게 아름답고 훌륭한 그 길의 시작과 함께, 세상에 첫 모습을 드러낸 사람(독립체)의 그 나아가는 길이 알 수 없음에 또한, 미묘함을 수로써 나타내고 있다. →5408(44-17)8.

⌘ 위의 금척수(52)를 다시 팔괘로 돌려 증명해 본다.

52×3=156

156×3=468　　156×4=624

▩ 이 금척수는, 혼이 바탕이 된 완전수(근본)의 완성을 보여 주고 있다. 또한, 실체적인 하나의 완성된 오행 속에서 수없이 윤회할 혼의 모습을 나타낸다. →156.

이는 실체를 가진 본자리의 혼이 운행되어 만들어 낸 팔자로서, 팔자를 낳으며 운행(運-46)의 완성을 이루었다는 것이다. 이는 본자리 태극(太-68)의 실체적인 완성을 나타낸다. 또한, 어머니의 자궁 속 태내의 모습을 나타내고 있으며 이것이 바탕이 된 본자리가 오행의 음양으로 실체를 가지고 완성되었다는 것이다. →468.

더 들어가면, 혼이 음양의 본자리를 바탕으로 실체적 완성을 이루었다는 것을 알 수 있다. 본자리를 바탕으로 실체적인 혼의 음양이 완성되었으나, 그 근본자리는 변함이 없다는 것을 수(不-62)로써 증명하고 있다. →624.

☑ 十(52)

이 원문과 위의 금척수는 이 〈금척천부경〉이 지금, 이 세상에 〈금척〉을 통하여 현재를 살고 있는 사람들에게 왜 반드시 읽고 깨우쳐야만 하는지 그 이유를 담고 있다. 또한, 고운 선생께서 가장 고뇌하신 흔적이 역력한 원문의 숫자이기도 하다. 하늘의 이치는 한결같으나, 그 속에 담긴 뜻은 무한하며 그 깊이는 사람의 눈과 척도로는 헤아릴 수가 없다.

이 〈천부경〉은 천지창조의 원리, 곧 우주창조의 이치 속에서 인간이 가야 할 길을 (81)자로 기록한 인류 최초의 경전이자 〈예언서〉라고 하였다. 이미 알다시피 이 경에는 총 (50)자의 글자(한자)와 (31)자의 숫자로 수록되어 있다. 옛 비문에 새겨진 〈녹도문천부경〉을 갱부작첩 하여 지금의 〈천부경〉으로 종횡구구행간구문(가로세로 9행 구문)의 한자로 옮겨 세상에 드러낸 고운 최치원 선생께서는 그중, 완성을 나타내는 '十'의 숫자를 "一積十鉅"의 그 "十(23)"만 수록해 놓았음을 기억할 것이다. 분명, 〈녹도문천부경〉과는 달리, 왜 고운 선생께서 이 수를 '七'로 수록해 놓았을까. 다시 밝혀 말하길, 그것은 바로 이 경이 〈예언서〉로서, 반드시 선천의 운을 타고 후천의 이때, 이 마지막에 다시 올 재생의 십오진주(구세주)를 염두에 두신 까닭이다. 더불어 이 경을 접한 자에게 이 깨달음의 길은 이 수(七)를 거치지 않고서는 닿을 수 없는 길임을 암시하고 있다. 이는 또한, 때가 이르지 않은 까닭이며, 지금의 한글이 존재하지 않았기 때문이다. 하여, 고운 선생께서 얼마나 깊은 고뇌와 시름으로 이를 행했을지, 후대는 짐작조차 할 수가 없다. 다만, 신인(神人)의 경지에 계셨던 고운 선생께서는 이미 신선의 선경(땅)에 들어가 계심을 확신할 따름이다.

지금, 이 〈금척천부경〉의 작업을 통하여 고운 선생께서 "七(52)"로 옮겨 수록해 놓은 것을 다시 "十(52)"이라 할 수 있는 것은, 이것이 가능한 그때가 되었음이며 또한, 〈금척〉의 열쇠로써, 그 비밀을 열게 하셨기 때문이다.

이제부터 이 두 번째 "十(52)"이 왜 이 수(十)인지, 그리고 왜 이 수(十)이어야만 하는지, 그 까닭은 '七'로서는 지금의 세상을 살고 있는 보통의 사람들에게 영원한 생명의 기회가 닿지 않기 때문이다. 또한, 하늘의 정신(七축)으로 시작되는 모든 연결된 구문은, 오직 십오진주(구세주)의 길을 예시하고 있으니, 세속의 일반적인 사람에게는 '十'의 과정을 통과하지 않고서는 '七'의 완성을 접할 수 없으며, 어떤 완성도 그에 따른 변화와 번성도 기대하기 어려운 것 또한 사실이다. 왜냐하면, 이 세상의 마지막 완성의 끝은 하늘의 정신(七축), 바로 그것의 완성이기 때문이다. 물론, '十'이라는 숫자 또한, 십오진주(구세주)의 존재가 당연하게 중심이 되기에 〈예언서〉라 하였다. 왜냐하면, 그 모습 또한 **사람(三)으로 오시기 때**문이다.

'十' 이라는 수는 神의 영역이자, 인간세상에서 완성의 절대적인 표현이다. 허나, 이 완성은 곧 다가올 변화가 암시되어 있다. 그것이 생산이든 분열이든 또 다른 변동의 시작을 예고하고 있다. 이 경에 수록된 두 번의 '十'은 〈금척〉과 함께 어우러져 더욱더 구체적이고 명확한 모습을 드러내고 있다.

첫 번째 완성의 "十(23)" 은 음양의 삼태극이 완성된 모습이나, 더 깊은 내면에는 **'무형'의 음양오행으로 이루어진 사람 그 자신의 근본(육)의 완성**을 나타내고 있다. 이 〈금척천부경〉은 시공의 흐름이 있음을 밝힌바 있다. 이는 그대로 **두 번째 완성의 "十(52)"** 에서 그 의미를 명료하게 증명하고 있다. 이 금척수(52)는 바로 완성된 오행 속에서 탄생한 음양을 나타내고 있다. 즉, 실체를 가진 음양으로서, 궁극적으로는 구이성십이며, 소우주의 자궁에서의 열 달(만 9개월)이 채워져 하나가 더해진 구궁가일로 완성된 '사람'을 일컫는다. 바로 **실체를 가진 사람의 완성**이다.

다시 말해서, 첫 번째 "十(23)" 은 무형에서 탄생한 근본의 실체적인 완성, 그리고 두 번째 "十(52)" 은 그 실체적인 완성의 근본(혼)을 받아 완성된 실체적인 사람의 완성이다. 이는 인간의 척도로는 가늠할 수 없는 시공의 흐름 속에서 神의 수(7)가 개입이 되어 이루어진 완성의 수라고 할 것이다. 여기에는 크나 큰 비밀이 숨어 있다. 육신이 하늘의 정신(七축)을 그 씨 가운데(中)에 담고 함께 완성되었으니, 사람이 신(선)의 반열에 오를 수 있다는 암시를 이 수는 내포하고 있다. 또한 더불어 더욱 놀라운 비밀을 금척수에 감춰 두고 있다.

[하도낙서]의 [삼천변화도]에서 이미 이 세상은 '선천과 후천'을 윤회하고 있음이다. 허나, 이 완성의 숫자 "十(52)" 은 바로 '중천'으로 들어가 그 끝이 없던 삶과 죽음의 반복된 육신의 윤회를 '終'할 수 있다는 것을 알리고 있다.

그것이, 바로 지금 이때, 이 〈금척〉의 열쇠로 비밀을 열게 하신 이유이기도 하다. 이 〈금척천부경〉의 전문을 모두 통독하고 난 후에는 어느 순간, 스스로 깨우침이 올 것이다.

☯ 이제, 〈금척천부경〉 전문에 수록된 열한 번의 '一' 중, 여덟 번째로 수록 된 "一(53)"에 대하여 석삼극하여 원방각으로 확인해 본다.

(10) 五(51)十(七)(52)一(53)妙(54)衍(55)=265

| 53 | ●1378(19)1 | ■1431(9) | ▲2809(19)1 | 합: 5618(47-20)2 |

✠ 위의 금척수는 완성된 오행으로 시작하는 삼태극이 하나로 완성이 되어 팔괘(팔자)의 수레바퀴 속으로 들어왔다는 것을 나타낸다. 한마디로, 오행의 조화 속에서 독립적인 완전한 사람으로서 세상에 얼굴을 내밀게 된 것이다. 이 독립적인 사람이란 의미는, 태내에서 이제 막 세상에 얼굴을 내민 신생아와 같은 의미로, 재생(정신)한 십오진주(구세주)가 세상에 드러남과 그 뜻을 견주어 볼 수 있다. 그때를 앓은, 이 〈금척천부경〉의 또 다른 〈예언서〉의 측면에서 증명하며 밝혀 볼 수 있을 것이다.

〈금척〉은 한 치의 오차도 허락지 않으니, 이 또한, 비켜 가지 않고 神(天)께서 정하신 그때가 될 것이다. 이제는 굳이 덧붙여 설명하지 않아도 이 모든 〈금척〉의 수에서 공존하고 있다는 것을 유념해야 한다. 부합의 수가 (8)을 나타내는 것 또한 우리가 살고 있는 세상의 팔자(팔괘) 속으로 들어왔다는 것을 일컫는다. 〈금척〉의 이치는 하늘의 이치와 한결같아서 〈천부경〉에 수록된 11번의 '一'에서 이제, 그 수의 의미를 간파해 볼 수 있어야 한다. 이미 (11)이란 수의 의미를 밝힌 바 있으니, 그 속에서 이 여덟 번째에 속한 '一'은 그 순서만으로도 팔괘(팔자)의 의미가 담겨 있음을 알 수 있다. 이미 앞서 사람은 팔괘(팔자)로 돌아가는 것을 증명[첫 번째 본자리 "人一三"의 "人(18)"]한 바 있다.

금척수리는 이처럼 수학의 공식처럼 단순해 보이지만, 더 깊은 정교함과 치밀함 속에 가늠할 수 없는 오묘하고 심오한 神의 섭리가 담겨 있다는 것을 알 수 있다. →53.

원방각에서 **하늘자리**는, 제각기 완성된 하나의 실체적인 삼태극이 七축(정신)의 팔자를 낳으며 완성을 이루고 "終(78)"한 모습을 나타낸다. 또한, 완성된 태극에서 탄생한 사람(三-37)이 팔자를 낳으며 완성되었다는 것이다. →1378(19)1.

땅의 자리는 하나(태극)에서 만들어진 실체적인 본자리가 낳은 삼태극이, 완성되어 하나 된 모습을 나타낸다. 이는 곧, 최초 그 태극의 七축(정신)이 완성되어 새롭게 하나로 시작됨을 알 수 있다. →1431(9).

이들 합의 결과물, **자식의 자리**에서는, 하나(태극)의 변화된 사람 "三(28)"이 대우주(소우주)를 바탕으로 실체적인 완성을 이룬 모습이다. 이는 바로, 구이성십(구궁가일)의 완성으로, 세상 속에 드러난 완전한 독립체의 사람을 수로써 증명하고 있다. →2809(19)1.

총합의 수에서 보여 주고 있는 것은, 제각기 완성된 오행의 세상(地-32)에서 만들어진 혼이, 사람의 근원수(18)를 바탕으로 실체적인 완성을 이룬 모습이다. 이는 또한, 간합(부합)의 수에서도 새롭게 만들어진 음양의 완성을 보여 준다. 이는 바로 현재를 살고 있는 인간세상의 시작과 함께 오행 속에서 변화된 팔자(사람)의 모습이다. 또한, 이는 사람의 근원수(18)가 바탕이 된 영원한 윤회(萬-56)의 암시가 내포되어 있다. →5618(47-20)2.

✥ 위의 금척수(53)를 다시 팔괘로 돌려 증명해 본다.

$$53 \times 3 = 159$$
$$159 \times 3 = 477 \qquad 159 \times 4 = 636$$

✠ 오행으로 시작된 독립적인 사람으로 세상에 나온 "一(53)"은 바로 대우주(소우주)가 바탕이 되어 돌아가는 완전수(십오진주)의 완성을 보여 주고 있다. 더불어, 완전수(부모)에서 만들어진 구궁가일의 독립된 완전한 사람을 모두 포괄하고 있다. 또한, 수에서 알 수 있듯이, 실체적인 하나에서 탄생되어 언제나 그랬듯이, 미래(來-59)의 의미를 담고, 완성되어 다시 돌아올 것임을 예시하고 있다. →159.

이는 실체를 가진 본바탕에서 탄생된 제각각의 음양으로 돌아가는 하늘의 정신(七축)을 나타내고 있다. 이는 실체적인 본자리에서 탄생된 마지막의 그 "一(77)"로서 결국, 이 경을 읽고 깨우친 자가 가야 하는 길을 제시하고 있다. →477.

더 들어가 보면, 이는 실체적인 혼의 삼태극이 새롭게 낳은 혼을 바탕으로 완성을 이룬 모습이다. 즉, 삼태극의 혼을 바탕으로 혼의 실체적인 완성을 나타내고 있다. 한마디로, 사람의 완성이다. 이 의미 또한, 새삼 언급할 일이 없다. →636.

☯ 그렇다면, "環五"하여 오행으로 시작되는 "十一"을 합한 금척수(105)에 대하여 그 의미를 찾아보도록 한다.

| 105 | ●5460(15)6 | ■5565(21)3 | ▲11025(9) | 합: 22050(45)9 |

✠ 위의 "十一"은 읽는 수의 모습 그대로 (11)의 숫자로 쓸 수 있다. 여기에서 "十一"은 완성된 오행을 바탕으로 새롭게 시작되는 두 개(음양)의 본자리(11)와 같은 의미라는 것을 이미 밝힌 바 있다. 여기에는 선천과 후천의 환경과 주체가 다름이 있다. 이 금척수는 바로 그것을 증명한다. 이 의미는 바로 태극의 두 개(음양)의 본자리(11)와 같은 뜻으로 다시 오행의 바탕 속에서 실체(육신)의 완성을 이루고 이 땅 위, 세상으로 나와 드러남을 일컫는다. 이 오행이 바탕이 된 하나의 실체적인 완성에는 큰 의미가 내포되어 있다. →105.

원방각, **하늘자리**는 제각기 완성된 오행의 본자리가 완성된 혼을 바탕으로 실체적인 완성을 이루고 있다. 그 모습은 빼어나게 훌륭할 것이나, 잘 드러나지 않는 좁고 힘든 길임을 수에서 파악할 수 있어야 한다. 이는 완성된 혼을 바탕으로 묘하게 퍼져 나갈 완성된 십오진주(완전수-15)의 모습을 예시하고 있으나, 더불어, 제각기 완성된 오행의 본자리 혼이 운행되어 완성(독립체)되는 모습에는 또 다른 미묘함이 있다는 것을 유념하고 있어야 한다. →5460(15)6.

땅의 자리에서는, 변화된 사람(化三-55)이 혼의 본자리를 바탕으로 실체적인 완성을 이룬 모습을 볼 수 있다. 이는 완성된 "**地(32)**"의 세상에서 만들어진, 완성된 혼을 중심으로 제각각의 오행으로 돌아가고 있는 대우주의 법칙을 보여 준다. →5565(21)3.

이들 합의 결과물, **사람의 자리**에서는 영원한 하나(태극)에서 시작된 두 개의 본자리(11)가 음양오행을 바탕으로 제각기 완성을 이루며 대우주와 하나가 된 모습이다. →11025(9).

총합의 수에서 보여 주고 있는 것은, 영원한 하나(태극)의 음양이 완성된 오행의 바탕 속에서 제각각의 실체적인 완성을 이루며 돌아가고 있는 모습이다. 이는, 사람이 살아갈 완성된 영원한 인간세상(22)과 그 바탕의 완성된 오행의 환경을 나타낸다. 결국, 이 완성된 오행에서 시작되는 본바탕, 본자리(11)는 현재의 사람이 나아가는 그 기본바탕이며 그 시작점의 중요성을 제시하고 있다. 간합(부합)의 수에서도 하나의 실체적인 완성으로 이루어진 구이성십의 대우주(소우주)를 보여 주고 있다. →22050(45)9.

�֎ 이 금척수(105)를 다시 팔괘로 돌려 증명해 본다.
    105×3=315
        315×3=945   315×4=1260

�֎ 실체를 가진 삼태극이 하나(삼합일)로 완성되어 오행을 바탕으로 돌아가고 있는 모습이다. 이는 또한, 혼백의 실체를 가진 삼태극에서 탄생된 완전수(근본)를 보여 준다. 더불어, 완전수(부모)의 바탕 속에서 만들어진 실체적으로 완성된 삼태극(사람)의 모습을 나타내고 있다. →315.

이는 '無'의 대우주가 실체를 가지고 낳은 본자리가 오행을 바탕으로 구이성십(구궁가일)의 완성을 이룬 모습이다. 즉, 이 땅 위, 세상의 모든 배경(근원)이 되는 실체적인 음양의 대우주를 보여 주고 있다. →945.

(10) 五(51)十(七)(52)一(53)妙(54)衍(55)=265

더 들어가 보면, 제각기 완성된 하나의 실체적인 음양이, 완성된 혼을 바탕으로 돌아가고 있는 모습이다. 이는 곧, 제각기 완성된 하나에서 탄생된 음양의 혼(사람)이 완성된 것을 일컫는다. 또한, 최초의 태극이 "一析三極(26)" 하여 나온 결과물의 완성체라고 할 것이다. →1260.

☯ 이제, "環五" 하여 오행의 완성으로 환경이 바뀐 세상, 그 첫 시작을 나타내는 세 글자를 합하여 본다. 이는 구이성십(구궁가일)의 시간을 거쳐 완전하게 독립된 한 사람의 시작으로서, 이 "五十一"의 금척수(156)를 원방각으로 확인해 본다.

156	●12090(12)3	■12246(15)6	▲24336(18)9	합: 48672(45-27)9

✠ 위의 금척수는 〈천부경〉 원문의 숫자 "五十一"이나, 이 원문을 소리 나는 그대로 읽으면 (51)의 숫자가 된다. 이는 곧, 이 원문의 "五(51)"에 함축된 내용을 모두 포괄하고 있음을 알 수 있다. 또한, [삼일신고-신훈51]과 그 의미가 서로 상통함을 수에서 암시하고 있다. 즉, 이 세상을 살아가고 있는 인간을 위한 神의 말씀이다. →[삼일신고-신훈51] 참조.
위의 원문을 (511)의 수로도 표기할 수 있음은, 그 의미가 바로 곧, 실체적인 완성을 이룬 오행의 조화 속에서 시작되는 두 개의 본자리(11)를 그대로 나타내고 있기 때문이다. 이것이 바로 수가 보여 주는 묘미이다. 허나, 단순히 수가 주는 묘미에 그치는 것이 아니라 그 의미 또한 가당한 것이, (511)이란, 오행의 실체적인 완성이란 뜻이 되는데 사실, 현재 우리의 삶이 유·무형의 실체적인 오행의 바탕을 모두 포괄하기 때문이다. 이 완성된 오행으로 시작되는 '一'은 십오진주(성인)를 지칭하나, 더불어 세상 속에서 살아가는 개개인의 사람도 속해 있다. 즉, 완성된 완전수(부모)에서 탄생된 혼이 바탕이 되어 시작되는 바뀐 환경 속의 음양이다. 이는 세상 속에서 독립된 개체로서 새롭게 시작되는 그 처음의 수에서 이미 예견되어 있다고 하겠다. →156.

위의 원방각에서, **하늘자리**는 영원한 하나(태극)의 음양이 대우주의 완성을 낳으며 이를 바탕으로 실체적인 완성을 이룬 모습이다. 이는 곧, 음양이 하나 된 삼태극을 가리킨다. →12090(12)3.

땅의 자리에서는, 이 영원한 하나(태극)가 낳은 제각기 돌아가는 음양의 본자리가 혼을 바탕으로 완성을 이룬 모습을 볼 수 있다. 이는 바로, 영원한 태극에서 탄생된 사람이 살아갈 완성된 인간세상(22)이 본자리의 혼을 바탕으로 운행(運-46)됨을 나타내고 있다. →12246(15)6.

이들 합의 결과물, **자식의 자리**에서는, 영원한 태극의 음양에서 탄생된 七축(精神-43)이 삼태극의 혼을 바탕으로 실체적인 완성을 이룬 모습을 볼 수 있다. 즉, 영원한 음양의 본자리가, 제각기 돌아가는 삼태극의 혼을 낳으며 새롭게 시작되는 대우주의 모습을 나타내고 있다.
다만, 이 금척수에서 새삼 짐작할 수 있는 것은 고운 선생께서는 그때 이미 〈금척〉의 이치를 통달하고 계셨으리라. 하지만, 이제 이 〈금척천부경〉은, 지금 바로 이때에 다시 드러나 오실 십오진주(구세주)와 함께, 우주만물의 창조와 그 이치를 깨우쳐 대우주의 번성, 그 바탕에 존재할 만물 중, 인간(사람)에게 전해야 하기 때문이다. →24336(18)9.

총합의 수에서는, 영원한 본자리의 팔자(48)에서 만들어진 실체적인 혼이, 七축(정신)의 음양(人-72)을 바탕으로 번성하고 번성하는 대우주의 모습을 볼 수 있다. 이 수에는 영원한 '사주팔자' 속에서 번성해 가며 이 완성된 세상을 살아갈 사람의 모습이 예시되어 있다.
이는 바로, [삼일신고-세계훈72]의 실체적인 시작을 알리고 있다. 이는 또한, 七축(정신)이 뿌리내린 음양(사람)이 구이성십(구궁가일)의 대우주를 이루는 모습이기도 하다. →48672(45-27)9.

✖ 이 수(156)를 다시 팔괘로 돌려 증명해 본다.
$$156 \times 3 = 468$$
$$468 \times 3 = 1404 \qquad 468 \times 4 = 1872$$

※ 위의 수는 실체적인 본자리의 혼이 팔자를 바탕으로 완성된 것으로, 본자리의 혼이 운행(運-46)하여 낳은 팔자를 나타낸다. 또한, 실체를 가진 본자리가 최초의 태극(太-68)을 바탕으로 완성을 이룬 것이다. 이는 곧, 소우주를 지칭하는 모태(자궁)가 바탕이 되어 완성된 실체적인 본바탕, 본자리라는 것을 말하고 있다. →468.

이는 제각기 완성된 하나(태극)의 본자리(본바탕)가 실체적인 완성을 이루며 새로운 본자리를 바탕으로 돌아가고 있는 모습이다. 이는 또한, "大三合(117)"에서 그 근간을 찾을 수 있다. →1404.

더 들어가 보면, 이는 실체적으로 완성된 하나(태극)의 팔자에서 만들어진 사람(人-72)으로 대우주의 번성을 예시하고 있다. 즉, 완성된 사람(人-72)이 바탕이 된 개개인의 완성이라고 하겠다. 이 七축의 사람(人-72)은 차후, "人中天地一"에서 더욱 깊게 밝혀 보도록 한다. →1872.

☯ 이제, 완성된 오행의 바탕 속에서 시작하는 완성된 사람, "一(53)"이 나아가는 길 **"妙"**의 **금척수(54)**에 대하여 원문과 함께 전하고 있는 뜻을 살펴본다.

54	●1431(9)	■1485(18)9	▲2916(18)9	**합:** 5832(45-18)9

※ 위의 금척수는 **"成環"**하여 바뀐 세상 속의 완성된 오행 중에, 세상 밖으로 나온 독립된 사람(53)이 나아가는 그 길을 묘사하고 있다. 여러 번 언급한바, 이는 본디, 말할 수 없이 빼어나고 훌륭한 길의 본바탕을 나타낸다. 허나, 이 묘(妙-54)에는 그 길의 미묘함도 있어 전혀 다른 길을 갈 수도 있다는 것을 함께 내포하고 있음을 유념해야 한다. →*54.

원방각, **하늘자리**는 제각기 완성된 하나에서 탄생한 실체적 본자리의 삼태극이 하나로 완성되어 대우주를 이루고 있다. 이는, 최초 태극에서 탄생된 七축(정신)이 완성되어 다시 새롭게 하나로 시작됨을 나타낸다. →1431(9).

땅의 자리는 하나(태극)에서 만들어진 완성된 사람으로, 오행의 바탕으로 돌아가는 '사주팔자' 속의 완성을 나타내고 있다. 하지만 수없이 밝힌바, 그 완성이란 것에는 여러 가지 의미가 함축되어 있음을 잊지 말아야 한다. →1485(18)9.

자식의 자리는 완성된 하나의 혼을 바탕으로 음양의 대우주가 실체적인 완성을 이루며 돌아가고 있는 모습이다. →2916(18)9.

총합의 수에서는, 제각기 완성된 오행의 세상(地-32)에서 음양을 바탕으로 "六生(83)"의 완성을 이룬 모습이다. 이 구문은 이 〈금척천부경〉의 가장 중심에 있다. 바로 **살아서 깨우쳐 가야 할 그 곳(중천)의 모습**이며 지금, 이 경이 전하는 이유이자 목적이기도 하다. 그 길의 묘수(방법)가 바로 이 "**妙(54)**"에 있다는 것을 암시하고 있다. 이는, 이 〈금척천부경〉의 전문을 모두 정독하고 또 정독한 후, 스스로 깨우쳐야만 들어갈 수 있는 자리일 것이다. 위의 원방각 부합의 수가 모두 **대우주(9)**를 가리키고 있음은, 대우주의 법칙 속에서 살아갈 인간과 동물 그리고 생명을 가진 모든 만물의 모습을 반영하고 있다. 이는 바로 오행 속에 존재하는 사람, 그 자신의 모습을 간접적으로 표현하고 있는 부분이다. →5832(45-18)9.

�֍ 이 수(54)를 다시 팔괘로 돌려 증명해 본다.

$$54 \times 3 = 162$$

$$162 \times 3 = 486 \qquad 162 \times 4 = 648$$

✸ 〈천부경〉 원문의 "**妙**"는 글자의 뜻 그대로 묘하다는 것이다. 이 묘하다는 말의 속내는 특출함과 같은 긍정적인 요소가 더 많이 함축되어 있다. 하지만, 딱히 답을 단정할 수 없다는 표현도 내재되어 있다. 무엇이 묘하다는 것일까? 이는 오행으로 시작하여 그 오행 속에 살아가는 사람의 모습이 제각기 달라지는 것을 표현하고 있다. 중요한 것은, 그 **묘함은 바로 자신이 가는 길이다.** 긍정과 부정의 의미는 그 결과물에서 나올 뿐이다. 그 이유를 이 금척수에서 찾아볼 수 있다. 이 수는 오행으로 시작되는 본바탕은 결국,

(10) 五(51)十(七)(52)一(53)妙(54)衍(55)=265

실체를 가진 하나에서 탄생한 혼의 음양이라는 것. 혼이 나뉜다는 것은 혼란과 갈등을 가져올 수 있으니, 그 자체가 부정(不-62)이라고 할 것이다. 그럼에도 불구하고, 그 근본(혼)은 불변하다는 것이다. →162.

이는 실체를 가진 본자리의 팔자가 완성되어 만들어진 혼을 나타낸다. 즉, 혼이 바탕이 되어 돌아가는 '사주팔자'의 완성을 말하고 있다. →486.

더 들어가 보면, 실체적인 혼에서 탄생한 '사주팔자'의 모습을 볼 수 있다. 또한, 혼의 본자리(64)가 팔자를 바탕으로 완성을 이룬 모습이다.
사실, 이 〈금척천부경〉에서 이 원문의 글자 "妙(54)"가 가지는 의미가 얼마나 중요한지 감지할 수 있어야 한다. 이 완성된 오행으로 돌아가는 본자리가 묘하다는 것은, 사람 모두에게 해당되기 때문일 것이나, 이 묘함의 차이는 애매함이 아니라, 하늘과 땅이 다르듯, 천양지차의 모습일 수 있다는 것을 기억해야 한다. →648.

결국, 오늘날 사람의 '사주팔자'는 이미 밝힌바 *선천운(運三四)에서 정해져 이 세상을 살아가는 것이나, 그것 또한 이미 내가 이전의 삶에서 주도하여 만들어 낸 현생의 환경이요, 삶이라는 것이다. 바로 지금, 이 삶의 길이 묘하다는 것이 이 의미를 두고 하는 말이다. 현재를 살아가는 각자의 모습에서 다음 생에 다시 올 자신의 '사주팔자'를 만들고 있다는 것을 위의 수에서 짐작할 수 있음이다. 이 '妙'함은, 혼의 갈라짐과, 수의 정렬이 달라짐에서 그 주체가 바뀌듯 결과는 판이하게 달라질 수 있음을 경고하고 있다. 그럼에도 불구하고 그 근본은 불변하다 하였으니, 지금 이 마지막 때에 깨달음을 얻을 수 있다면, 그것보다 더한 축복과 기회는 없을 것이다.

☑ 妙(54)
이 원문의 한 글자에 담겨 있는 의미는 참으로 복잡하고 또 미묘하다.
이 〈천부경〉에서 제시하고 있는 '묘'라는 개념은 사람이 생각할 수 있는 그 모든 것, 그 이상을 포괄하고 있다. 한마디로, 이 또한 神의 영역이라고 할 것이다. 가끔 곤경에 처한 상황에서 해결을 구해야 할 때, 생각지도 못한 기발한 방법으로 최상의 결과를 찾아냈을 때 사람들은 神의 한 수, 또는 묘수라는 용어를 보편적으로 사용하곤 한다. 이 또한, 놀랍게도 그러한 모든 묘의 근원이 어디에서 출발하였는지 알 수 있는 대목이다.

이 〈천부경〉은 역사상 가장 오래된 우주창조의 이치와 神의 섭리가 담긴 경전이다. 그 참되고 심오한 하늘의 이치가 이 하나의 글자(묘) 속에 함축되어 있음을 전문을 모두 습득한 후에는 온전하게 납득할 수 있기를 기대한다. 이 "妙(54)"의 주된 주체 역시, 궁극적으로는 이 경의 주체인 십오진주(구세주)의 모든 것을 함축적으로 묘사하고 있다. 그 나아가는 길은 마땅히 빼어나게 훌륭할 것이나, 그 길은 좁고, 쉽게 드러나지 않는 예상치 못한 길이자, 쉬운 길이 아님을 원문의 글자 조합(女+少)에서 이미 암시하고 있다. 이는 마찬가지로 금척수(54)에서도 그 의미를 짐작할 수 있다.

이 금척수(54) 속에는, 본자리를 바탕으로 완성된 대자연의 모든 오행이 해당될 수 있기 때문이다. 이 말은, 바로 관습의 생각 밖에 있는 길로써, 지금 이 경을 읽고 있는 사람, 개개인의 삶과 무관하지 않음을 말하고 있다. 바로 현재의 사람, 자신이 이 글자(妙)의 어느 곳이나 속하여 역할을 할 수 있다는 것이며, 그 결과는 무엇을 상상하든, 무한한 오행 속에서 돌아갈 것임을 암시하고 있다.

이 금척수(54)가 그 본연의 뜻대로 특별하게 아름답고 향기로운 영향력을 행사할 것인지, 또는 상반된 모습으로 작용할 것인지 그 답은 자신이 풀어내야 할 숙제일 것이다. 이 〈금척천부경〉에 수록된 그 어떤 글자도 인간의 척도로 그 무게를 가늠할 수 없다는 것을 항상 잊지 말아야 한다. 이 글자의 역할은 이미 "運(46)"에서부터 시작되었다고 해도 과언이 아니다. 앞서 현재의 삶은 예정된 '선천운'이라 하였다. 단지 이 모든 것이 확연하게 모습을 드러내는 전환점이 "環(50)"의 세상일 뿐이다. 수없이 언급한바, 하늘의 정신인 七축으로 재생하여 다시 올 십오진주(성인)의 모습도 이 과정에서 예외일 수는 없다. 또한, 이 금척수(54)는 완성된 오행의 본자리로서 세상 밖으로 첫발을 내디딘 완성되어 독립된 사람(53)의 그 나아가는 길의 모습이다. 바로 이 글을 읽고 있는 현재의 사람, 바로 자신의 모습이라 할 것이다. 허나, 그 길은 완성의 의미가 다르듯이, 그 가는 길 또한 쉽지 않

(10) 五(51)十(七)(52)一(53)妙(54)衍(55)=265

다는 것을 경고한다. 이것이 바로 우리의 말과 글의 특성이, 그 소리 냄을 다양하게 전달할 수 있기에 그 길 또한 전혀 다른 길로 갈 수도 있다는 것을 나타내고 있다. 원래의 그 뜻과는 반대로 아득히 멀어질 수도 있어 오묘하고 미묘하다고 했다. 한마디로 그 결과를 속단할 수 없다. 글자의 뜻 그대로, 모든 이가 기발하게 빼어나며 훌륭한 그 모습대로 퍼져나가기만 한다면 번성된 대우주의 모습 즉, 지금의 세상이 이토록 혼잡할 리가 있겠는가.

그럼에도 불구하고 사실, 가야 할 길은 정해져 있다. 본연의 의미로 가야만 한다는 것. 십오진주의 길은 그러하다는 것을 이 경의 또 다른 〈예언서〉는 전하고 있다. 하여, 이 〈금척천부경〉이 하나로 옮겨 기술할 수 없는 이유이기도 하다. 하지만, 여기에는 각 자가 가진 혼의 선택이 담겨 있다. 이 수(54)에서 혼(6)이 둘로 갈라지는 것을 기억해 내야 한다. 그 선택 또한 자신의 것임을 이 경은 전하고 있다. 또한, 그 선택의 결과에 대한 한계는 무한하다는 것을 무섭게 경고하고 있다.

이제, 그 길을 열어 제시하고 있음이니 이가 바로 "*妙衍*"의 완성된 오행 속, 인간세상을 가리킨다.

이 〈금척천부경〉은 분명, 이러한 오늘의 인간세상을 가리키고 있으며 그 속에서 이 경을 읽는 자가 나가야 할 올바른 세상의 길을 제시하고 있다. 그 길은, 이 묘안에 들어 있다는 것이니, 이 숫자가 주는 의미가 바로 이 〈금척천부경〉이 전하는 목적이라고 해도 과언이 아닐 것이다.

☯ 이제 실체적인 오행의 환경 속에서 독립적인 사람으로 세상에 나온 사람의 퍼져 나가며 발전하는 모습이다. 물론, 이는 큰 그림의 대우주의 모습이다. 이제 이 "衍"의 금척수(55)를 석삼극하여 그 의미를 확인해 본다.

55	●1485(18)9	■1540(10)1	▲3025(10)1	합: 6050(38)2

▩ 위의 금척수는 제각각의 음양이 오행으로 돌아가며 하나의 완성을 이루고 있음을 보여 준다. 앞서 증명한 "無(25)"와 비교했을 때, 원문과 금척수가 동일함이 없으나, 결국 이는 한 가지로 통하고 있음을 알 수 있다. 물론, 이 금척수(25)는 아무것도 없는 '無에서 탄생된 모든 것의 바탕이 되는

음양오행의 근원을 나타내고 있는 부분이다. 또한, 이 수(25)에는 주체가 없다. 허나, 이 금척수(55)는 우리가 살고 있는 실체적 세상의 바탕이자, 환경을 나타내고 있다. 또한, 이 세상 속에서 어우러져 퍼져 나가는 인간이 주체가 된 모습을 원문의 글과 함께 전하고 있다.

중요한 것은, 퍼져가는 오행(만물) 속의 주체인 사람을 강조함이다. 앞서 "化三(55)"에서 이미 변화되어 완성된 사람의 모습을 떠올려 볼 수 있다. 이 의미는 수없이 언급하였으며 어떤 완성의 주체이든, 그 삶의 여정을 시작함에 그 길의 묘함을 함축하고 있다는 것이다. 또한, 이 '묘'에는 인간의 갈라진 마음이 담겨 있어 그 길을 알 수 없다 하였다. 더하여, 여기에는 번성이 내포되어 있다. 이 말 속에는, 바로 대자연의 법칙 속에 있는 총체적인 사람을 일컫는 아주 중요한 의미가 담겨 있다. 대우주를 포함한 모든 만물은 음양오행의 조화와 변화 속에 존재하기 때문이다. 즉, 이 음양오행은 바로 우리가 살고 있는 묘한 세상을 일컫는다.

단, 유념해야 할 것은, 이 〈금척천부경〉은 인간의 척도로 시간(세월)을 가늠할 수 없는 시공의 흐름이 존재하고 있음이다. 앞서 "化三"의 주체와 지금 이 "衍"은 분명, 그 뜻은 일맥상통하나, 그 주체를 구분하여 파악할 수 있어야 한다. →＊55.

원방각에서 **하늘자리**는 제각기 완성된 하나(태극)에서 만들어진 '사주팔자(48)'가 오행의 바탕 속에서 완성되어 돌아가고 있는 모습이다. 이는 한마디로, 하나(태극)에서 탄생된 오행의 바탕 위에 완성된 사람을 일컫는다. →1485(18)9.

하늘의 씨를 받은 **땅의 자리**에서는, 완전수(근본혼)가 완성된 본자리를 바탕으로 실체적인 완성을 이룬 모습이다. 또한, 실체적인 완전수(부모)에서 탄생된 본자리의 완성으로서, 또 다른 하나의 완성을 나타내고 있다. 이는, 제각기 완성된 하나에서 만들어진 오행 속의 본자리가 묘하게 나아가는 그 과정의 완성을 일컫는다. →1540(10)1.

이들 합의 결과물, **사람의 자리**에서는 완성된 삼태극이 음양오행의 바탕 속

(10) 五(51)十(七)(52)一(53)妙(54)衍(55)=265   215

에서 하나의 실체적인 완성을 이루었음을 알 수 있다. 이는 결국, 모든 삼라만상에 깃든 음양오행의 바탕 속에서 번성해 나갈 변하지 않는 근본의 결과물, 그 완성체를 암시하고 있다. 이 의미는 이 경의 전문을 모두 통독하고 난후, 좀 더 명료하게 와 닿을 것이다. →3025(10)1.

총합의 수에서 알 수 있는 것은, 완성된 오행의 바탕 속에서 제각기 돌아가는 삼태극의 혼이 실체적인 완성을 이룬 모습을 볼 수 있다. 이는, 실체적인 혼의 세계가 완성된 것을 나타내고 있다. 제각기 완성된 혼은, 완성된 오행(環-50)을 바탕으로 변화된 환경 속에서 완전한 두 개(음양)의 근본자리(11)를 가지며 제각기 완성된 사람으로 넓고도 깊게 퍼져나가는 것이다. →6050(38-11)2.

�> 이 수(55)를 다시 팔괘로 돌려 증명해 보자.
$$55 \times 3 = 165$$
$$165 \times 3 = 495 \qquad 165 \times 4 = 660$$

✺ 제각각의 오행으로 돌아가며 변화된 사람(化三-55)으로서의 삶의 모습과 함께 이 원문의 **금척수(衍-55)**는 하나의 혼이 오행을 바탕으로 완성을 이룬 모습을 보여 준다. 이것은, 음양오행으로 완성된 땅 위 세상(地一-16)의 완성을 나타낸다. 이 모두는 궁극적으로 완성된 세상을 살아가는 완성된 사람을 가리키고 있다. →165.

이는 또한, 실체적인 본바탕의 대우주가 오행을 바탕으로 완성을 이루며 돌아가는 모습이다. 이 말은 곧, 오행을 바탕으로 실체적인 본자리의 대우주가 완성(49)된 것을 일컫는다. 또한, "運三四"로 "成環"하여 바뀐 이 땅위의 세상에서 완성됨을 말하고 있다. →495.

더 들어가 보면, 이는 제각각의 음양으로 돌아가는 혼의 완성을 나타내고 있다. 결국, 이 수(66)의 완성을 보여 줌은 혼의 중심에 있는 **마음(心-66)의 완**

216

성으로 곧 (삼합일)로 완성된 사람을 일컫는다. 사실, "妙(54)"의 수를 제외한 제각기 돌아가는 오행의 변성에서 이 경의 전반적인 주체는 올곧게 다시 올 구세주(십오진주)를 가리키고 있음에 인류 최초의 〈예언서〉이자, 〈계시록〉이라 칭할 수 있음을 수의 증명에서 새삼 짐작해 볼 수 있다. 물론, 이 글을 읽는 자 또한 이 길로 가야 함은 두말할 필요 없는 이치이다. →660.

☯ 이제, 묘하게 퍼져 넘쳐 흘러가며, 또한 흘러갈 것인, 삼라만상의 인간세상을 그린 "妙衍(109)"에 대하여 석삼극하여 원방각으로 증명해 본다.

109	●5886(27)9	■5995(28)1	▲11881(19)1	합: 23762(74-20)2

✳ 위의 금척수는 완성되어 바뀐 오행의 환경(태내) 속에서 완성(52)의 시간을 보내고 세상 밖으로 나온 독립체로서 즉, 하나의 완성된 사람이 나아갈 길의 제시와 그 바탕을 보여 주고 있다. 그 길은 빼어나게 훌륭한 길로써 퍼져 나가기도 하지만, 세상의 모습은 늘 그랬듯이, 또 다른 미묘함으로 아득히 멀어지기도 한다.

이 대우주를 바탕으로 실체를 가진 독립적인 사람의 그 성장과 나아가는 모습은 말 그대로 대우주의 광활한 법칙 속에서 "妙衍"할 것임을 암시하고 있다. →109.

원방각, **하늘자리**는 제각기 완성된 오행의 세계(地-32)에서 혼이 바탕이 되어 제각각의 팔자가 완성되어 돌아가는 모습이다. 이는 실체적으로 완성된 오행의 세상, 그 환경 속에서 돌아가는 혼이 바탕이 된 '**사주팔자**'의 완성을 나타내고 있다. 이는 대우주 번성의 근원(근간)이자 바탕이 된다. 또한, 변화(化-27)되어 널리 퍼져 나갈 것임을 간합의 수에서도 증명하고 있다. 여기서, 이 변화는 (化三-55)이 아닌 (化-27)라는 것을 기억해야만 한다. →5886(27)9.

땅의 자리에서는, 음양오행(55)의 거대한 울타리 속에서 돌아가는 인간세상(地二三-99)의 완성됨을 그리고 있다. 즉, 하늘의 씨를 받아 우리가 사는 이

(10) 五(51)十(七)(52)─(53)妙(54)衍(55)=265

세상, 오행의 울타리 속에서 완성된 음양의 대우주(99)를 가리키고 있다. 이는 또한, 우리가 살고 있는 세상, 그 속에서 독립된 완전한 사람으로 살아가는 변화된 모습을 암시하고 있다. 앞서, 하늘자리와 함께 간합(부합)의 수에서도 한 치의 오차도 없는 〈금척〉의 이치를 수의 증명으로 확인해 볼 수 있다. →5995(28-10)1.

이들 합의 결과물, **자식의 자리**에서는, 영원한 태극의 본자리(11)에서 탄생된 제각각의 음양의 팔자(변화된 사람)가 하나 되어 새로운 변화를 예고하고 있다. →11881(19)1.

총합의 수는 보여 주고 있는 것은, 제각기 완성된 영원한 음양의 삼태극에서 낳은 실체를 가진 七축(정신)의 혼이, 음양을 바탕으로 완성을 이룬 모습이다. 이는 바로 "一積十鉅"의 그 "十(23)"의 삼태극(天)이 완성되어 낳은 "一(76)"의 완성을 나타낸다. 이 실체적인 七축(정신)으로 만들어진 혼(76)은, 곧 이 **〈금척천부경〉** 후반부에 수록된 "人中天地一"의 그 "一(76)"로서, 결국, 이 수의 근원이 七축(정신)에서 나온 것임을 증명한다. 여기서 수의 정렬을 다시금 보면, 완성된 七축의 혼이 마지막에 낳은 두 개로 갈라지는 음양을 볼 수 있다. 이것이 '妙衍' 한 까닭이다. 이것이 그 어떤 부수적인 것도 필요하지 않은 하늘의 정신만으로 완성될 완전수(혼)와 반대로 멀어질 수많은 오행 속, 사람(혼)의 모습으로 나눠지는 음양인 것이다. →23762(74-20)2.

✤ 이 수(109)를 팔괘로 돌려 다시 증명해 보자.

109×3=327

327×3=981　　327×4=1308

⊠ 이는 실체적인 삼태극(사람)이 완성된 음양의 七축(정신)을 바탕으로 변화된 모습이다. 이 변화에는 대우주의 모든 오행(생명체)을 포괄하고 있다. →327.

이는 '無'의 대우주가 실체를 가지고 낳은 팔자가 하나로 완성되었다는 것이다. 알 수 없는 새로운 그 변화의 시작을 예고하고 있다. →981.

더 들어가 보면, 제각기 완성된 하나(태극)의 삼태극(사람)이 팔자가 바탕이 되어 실체적인 완성을 이루며 퍼져가는 모습을 볼 수 있다. 결국, 그 가야 할 길은 일합삼(삼합일)의 이치로 실체적인 완성을 이룬 사람의 길을 제시하고 있다. →1308.

☯ 그렇다면 이제, 완성되어 바뀐 오행의 환경으로 시작되는 세상, 그 세상 속에서 묘(妙)하게 퍼져 갈 인간세상을 암시하고 있는 구절이다. 이 모두를 합한 "五十一妙衍"의 금척수(265)를 석삼극하여 원방각으로 증명해 본다.

265	●34980(24)6	■35245(19)1	▲70225(16)7	합: 140450(59-14)5

✵ 위의 금척수는 보이는 수 그대로 실체를 가진 음양의 혼이 오행을 바탕으로 완성을 이루며 널리 퍼지는 모습을 나타내고 있다. 또한, 태극을 "一析三極(26)"한 결과물 "匱(26)"가 오행을 바탕으로 돌며 완성을 이루는 모습이다. 이 "匱"는 바로 인간세상의 팔괘(팔자)를 가리키고 있다.
이 〈금척천부경〉 전문을 통하여 사실, 처음 시작의 "一(1)"부터 이 경의 마지막까지 수록되어 있는 (11)자의 '一'은 모두 만물의 **생성과 소멸의 주체**가 된다. 이 경은 우주창조의 원리와 조화의 이치 속에서 그 주체[십오진주, 완전수(부모)]에 대하여 수록된 〈예언서〉로서의 의미가 강하게 내포되어 있다. 하지만, 그 종착지는 결국, 이 글을 읽고 깨우쳐야 할 사람에게 있음을 이 〈금척천부경〉은 여러 가지 수로써 암시하고 있다.
〈금척천부경〉 원문 중, 지금 현재를 살아가는 사람 개개인이 깨우쳐 서 있어야 하는 자리를 명확하게 제시하고 있는 '一'이 바로 이 "五十一妙衍"의 이 "一(53)"이다. 이는 오행과 팔괘(팔자)로 돌아가는 사람을 명시하고 있다. 이 사람이 퍼져가는 모습이 묘연하다는 것이며, 이는 더 할 수 없이 빼어나고 훌륭하게 그 영향력을 널리 퍼트려 가야 하는 사람을 나타내고 있다. 한편으론, 음양오행의 법칙 속에서, 세상 밖으로 나온 생명체, 그 독립적인 사람으로서의 행보가 제각기 달라진다는 것이 내포되어 있다. 이미 밝힌바, 원문의 글자와 금척수리가 한 치의 어긋남도 없이 함께 가고 있음을 기억하되, 이 경이 경고하며 무겁게 전하는 뜻을 깨우쳐야 한다. →265.

원방각, **하늘자리**는 제각기 완성된 영원한 삼태극의 본자리가 실체적인 대우주를 바탕으로 낳은 팔자의 완성을 보여 주고 있다. 즉, 영원한 삼태극에서 탄생된 본자리의 대우주가 완성된 팔자(사람)를 바탕으로 실체적인 완성(**成**-49)을 이룬 모습이다. →34980(24)6.

이를 받은 **땅의 자리**는 영원한 삼태극이 낳은 완성된 오행 속의 음양(十-52)이, 구이성십(구궁가일)의 대우주를 바탕으로 실체적인 완성을 이루며 돌아가고 있는 모습이다. 이 수의 정렬에서 〈금척〉의 오묘함과 그 이치를 엿 볼 수 있다. 하늘과 땅의 자리에서 보여 주는 금척수에서 사람이 어떻게 변화되고 존재하는지 터득해 볼 일이다. →35245(19)1.

이들의 결과물, **자식의 자리**에서는, 영원한 七축(정신)에서 만들어진 제각각의 음양이, 오행을 바탕으로 돌아가고 있는 모습이다. 이는 곧, 완성된 땅 위 세상(地-75)을 바탕으로 제각각의 음양이 완성되어 돌아가는 영원한 하늘의 정신(七축)을 나타내고 있다. 간합(부합)의 수에서도 알 수 있듯이, 하나(태극)의 혼이 七축(정신)을 이룬 모습에서 이 수의 의미를 짐작할 수 있다.
이미 '七'과 '十'의 근원은 밝힌 바 있다. 〈천부경〉 원문의 "五十一**妙衍**"에서 "五十一"은 바로 神의 말씀[삼일신고-신훈51]이자, 七축(정신)이며, 세상 속의 사람이 실체적 완성을 이룬 오행으로 하나의 본자리(11)를 시작해 나감을 예시하고 있다. →70225(16)7.

총합의 수에서는, 영원한 하나(태극)의 본자리에서 탄생된 '無'의 대우주가 구이성십(구궁가일)의 완성을 이루며 돌아가고 있다. 이는 또한, 완성된 오행의 바탕 속에서 "大三合(117)"의 실체적인 완성을 보여 주고 있다.

다시 말해서, 이 〈금척천부경〉의 전문을 통한 거시적인 관점에서 이는 [선천의 합작품]이 실체적인 완성을 이루었다고 할 것이다. 〈금척〉의 수가 커질수록 그 수가 가진 의미는 더욱 크고 깊고 다양할 수밖에 없다. 하지만, 이 또한 글로써 모두 옮길 수는 없다. 그 심오한 뜻의 깨달음은 스스로 터득하여 얻는 것일 것이다. →140450(14)5.

결국, 이 금척수에서 전하고 있는 것은 처음 "一始無始"에서 시작된 그 하나(태극)의 본자리인 음양의 삼태극, 그 실체적인 완성(완성)으로 탄생된 근본(혼)을 가진 새로운 사람의 완성이다. 이 완성을 성급하게 속단해서는 안된다. 이미 알다시피, 완성의 의미는 여러 가지가 있다. 이 경을 읽는 자에게 지금, 이 완성이란, 이제 갓 태내(자궁)에서 세상 밖으로 나온 독립된 사람, 그 뜻이 온전히 담겨 있다. 십오진주(구세주)와는 구별된 의미라는 것을 알아야 한다. 이 모두가 묘연하게 펼치는 인간세상이 현재의 우리의 세상이다. 이는 곧, 지금 이 글을 읽는 자가 반드시 가야 할 길이기도 함을 이 경은 강하게 경고하며 제시하고 있다.

✖ 이 금척수(265)를 다시 팔괘로 돌려 증명해 본다.
265×3=795
795×3=2385   795×4=3180

✖ 이는 실체를 가진 七축(정신)의 대우주가 오행을 바탕으로 완성됨을 나타낸다. 이 七축(정신)의 대우주가 완성을 이루었다는 것은, **모든 것의 완성을 함축**하고 있으며, 이는 처음 그 아무것도 존재하지 않던 시작의 '無'의 세계가 오행을 바탕으로 완성된 것을 일컫는다. 또한, 하늘의 정신이 만든 "三四(95)"를 바탕으로 실체적인 완성을 이루며 돌아가고 있는 모습이다. 즉, 다시 새롭게 시작됨을 암시하고 있다. →795.

또한, 제각기 완성을 이룬 음양의 실체적인 삼태극(근본, 부모)이 오행을 바탕으로 팔자의 완성(완성된 사람)을 이루며 돌아가고 있다. →2385.

(10) 五(51)十(七)(52)一(53)妙(54)衍(55)=265

더 들어가 보면, 삼합일(일합삼)의 실체적인 완성으로 탄생된 팔자가 완성되어 돌아가고 있다. 수없이 반복되는 (삼합일)의 원리를 볼 수 있다. 이는 바로 삼태극(천·지·인)이 하나 된 "人中天地一"의 이치로써 이 경의 **핵심적 주제이자, 하늘(天)의 이치를** 전하고 있음이다. 지금 이 "五十一妙衍"의 구절은 바로 새로운 (삼합일)의 원리로 탄생된 생명에 대한 그 과정을 나타내고 있다. 즉, 실체적으로 완성된 삼태극이 하나 되어 낳은 팔자(사람)의 완성을 나타내고 있다. 이는 바로 새 생명의 완성된 사람(성인)이 새롭게 나아가는 길이 된다. →3180.

〈천부경〉 원문의 "五十一妙衍"의 글에서 이미 오행의 시작과 그 길의 이치를 나타내고 있으나 그 뜻을 가늠하기가 쉽지 않다. 그러나 〈금척〉의 수를 얺게 되면 명확하게 이 경이 우리에게 알리고자 하는 의미를 깨우칠 수 있을 것이다. 모든 수가 (5)를 시작으로 하고 있으므로 오행이 주관하고 그 바탕에 깔려 있다는 것을 알 수 있으며 七축(정신)과 팔괘(팔자), 그리고 이 모두를 품은 대우주가 함께 존재하고 있다는 것 또한, 알 수 있어야 한다.

이 수의 합(265) 또한, 실체를 가진 음양의 혼이 물로써 오행의 바탕 속에서 성장하고 돌아갈 것을 보여 주고 있다. 또한, 오행을 바탕으로 최초의 태극 "一"을 "一析三極(26)" 한다는 〈금척천부경〉의 핵심적인 부분이 담겨 있다. 여기서, 물이란 그 물 속에 혼과 함께 (육신과 생명)을 담은 '실체'라는 의미가 내포되어 있다는 것이다. 또한, 이 "五十一妙衍"의 구절에서 우리가 깊이 생각해야 할 중요한 부분은 이미 밝힌바, 하나의 독립적인 사람 그 사람의 머릿속 가장 깊숙한 곳에 神의 씨가 심겨져 있다는 사실이다.
→ [삼일신고-신훈51] 참조.

이 〈금척천부경〉을 지금 이 세상에 펼쳐 보이게 하는 이유가 여기에 있음을 알아야 한다. 이 금척수리는 세상의 이치를 깨닫게 하고 세상의 명(命)과 그 수(때)를 볼 수 있게 한다. 분명, 이 "五十一妙衍"은 완성된 사람의 출현이다. 또한, 지금 이 글을 읽는 사람이 어떻게 살아가야 하는지를 알려 주는 대목이다. 허나, 대부분의 사람들은 이를 깨닫지 못하고 자신의 색(물질)

을 쫓으며 각 자 나름의 생각대로 살아간다. 이들은 항상 음과 양으로 나뉘어 자신의 혼이 선택하는 방향대로 제각각의 길을 가고 있음에 그 길이 아득하고 묘연하다. 무엇 때문일까? 이 또한 神의 수(섭리)라 쉽게 단정할 수도 있을 것이나, 그것은 이 경의 전문을 통해 그 해답을 찾아볼 수 있다.

중언부언하듯 또다시 강조하지만, 이렇게 수에 대하여 세세하게 논하는 이유는 이 경이 전하는 엄중한 메시지를 스스로 깨우치고 터득하는 데 있어, 좀 더 명확한 증명으로 도움을 주고자 하는 것일 뿐이다. 하여, 이 경이 담고 있는 전체적인 흐름과 맥을 놓쳐서는 안 될 것이다.

(11) 萬(56)往(57)萬(58)來(59)=230

〈금척〉의 신비한 열쇠로 하늘이 감추어 놓았던 비밀을 쏟아내고 있는 수 없이 언급한바, 이 〈금척천부경〉에는 인간의 생각과 척도로는 가늠할 수 없는 시공이 흐르고 있다. 이와 함께 이쯤에서 구분되어지는 것이 또 하나 있음을 발견할 수 있다. 이 〈금척천부경〉이 지금 이때(時), 전해야만 하는 까닭이기도 하다. 그것은 바로 사람의 구별이다. 이 경은 가운데(六-41)를 중심으로 선천과 후천의 세상이 순환되고 있다는 것을 간파할 수 있어야 한다. 물론, 그 전환점은 앞서 증명한 "成環"이 될 것이다. 이는 개개인의 관점에서도 마찬가지이다. 그 과정에서 근본(혼)이 실체적으로 완성되는 선천의 주체는 차치하고, 이 글을 읽고 있는 사람, 자신이 주체가 되는 현재와 후천의 세상. 하여, 바로 運(46)으로 시작되는 그 시점부터 논제로 말하고자 한다. 그 시점에서부터 이 〈금척천부경〉이 전하는 뜻에는 심오한 예시가 숨어 있다는 것을 간파할 수 있어야 한다. 앞서 "五十一妙衍"이 주는 암시에서 이미 언급한 바 있듯이, 여기에는 고운 선생의 〈천부경〉 원문과 함께 〈금척〉의 수리(七), 그 의미 그대로 세상에 드러날 사람(삼합일)으로 오실 십오진주(구세주)를 계시하고 있으며, 그 수(때)가 이 속에 숨어 있다는 것을 알 수 있다. 또한 더불어, 인류창조의 오묘한 원리와 번성에 대한 하늘의 이치를 전하고 있음이다. 이 중(重)한 이치는 이 경을 읽고 깨우칠 자(사람)에게 주어지는 구명의 기회가 되기에 지금, 비밀의 열쇠를 드러낸 것이며, 반드시 이때에 깨우쳐야 할 까닭이기도 하다. 이제, 이 뜻을 유념하여 이 구절을 살펴본다.

원래, 이 "萬往萬來"는 금척수(230)에서 알 수 있듯이 실체적인 음양의 삼태극이 완성을 이룬 것이며, 앞서 '無'에서 시작되어 쌓여진 "一積十鉅"의 "十(23)"에 대한 완성을 일컫는다. 인류 최초의 〈예언서〉, 그 관점을 배제하고 오직, 우주창조의 원리와 조화의 원리 그 이치대로 오행의 관점, 그중에 인간의 관점에서 이 원문은 "運三四成環"하여 완성된 오행으로 하나가 된 사람이, 그 음양의 완전한 독립체로 태어나서 만 번 가고 만 번

오는 영원한 본자리를 가리키고 있다. 또한, 이는 이토록 수없이 반복되는 오행 속의 윤회라는 근본(혼)의 왕래를 통하여 음양의 삼태극(사람)이 완성에 도달함을 알리고 있다.

이 "萬往萬來(230)"를 하며 끊임없이 윤회하는 까닭은 무엇일까?
이 세상을 살고 있는 사람은 그 어떤 자도 이 "萬往萬來"를 벗어나서 완성을 이룰 수 없으며 이 완성을 이루지 못한다면, 생로병사, 생장소멸의 울타리 속을 절대 벗어날 수 없다. 하여, 수없는 오행 속 육신의 윤회는 더욱 벗어날 길이 없음이다. 여기서 그 육신의 윤회란 오행의 틀 속에서 그 한계가 정해진 것이 아니기에 더더욱 두려울 수밖에 없다. 그렇다면 이렇게 오고 감을 반복하는 것, 이 육신의 윤회는 어느 시점에서 멈추게 되는 것일까.
이제부터 그에 대한 답을 〈금척〉의 수리로 밝혀 볼 것이다. 물론, 원문의 글자 그대로 만 번씩 오고 갈 정도의 억겁의 시간 속에서 거듭나야 된다는 의미가 내포되어 있다. 더 나아가, 이 '萬萬'에는 더 깊은 神의 수(섭리)가 담겨 있다. 또한, 이 "萬往萬來"의 끝냄은 바로 사람의 혼이 神의 수, 七축(정신)과 하나가 되는 성통의 경지를 일컫는다. 앞서, "五十一妙衍"은 완성된 사람이 가는 길을 묘사하고 있음을 전했다. 이 길은 더불어, 이 경을 읽는 자가 터득하고 행해야 하는 길이기도 하다. 지금 이 〈금척〉의 비밀을 열어 이 〈금척천부경〉을 전하는 이유는, 지금 반드시 알아서 깨우쳐야만 할 까닭이 이 〈금척〉에 있기 때문이다. 이 구절에서 밝혀 볼 〈금척〉의 수는 "五十一妙衍"의 완성된 사람이 대우주 공간 속에서 수없이 왕래하는 길, 그 완성의 결과물이다. 즉, 만 번 가고(萬往-113) 만 번 오는(萬來-117) 길, 그 속에 자리한 비밀의 궁(天), 이가 바로 "萬往萬來(230)"이다.

먼저, (113)과 (117) 이 수의 조합을 보라. 두 개(음양)의 근본자리(11)는 늘 사라지지 않고 어떤 존재, 어떤 사물도 그 본바탕의 모습을 가지고 있음을 알 수 있다. 이 "本(11)"이라는 것은 궁극적으로 〈금척천부경〉 원문에 수록된 두 개의 본자리(천·지·인)이자, 후에 더욱 확연하게 알게 되겠으나 태극의 태양(혼)을 지칭하고 있다. 이는 바로 우리 자신 속에 내재된

(11) 萬(56)往(57)萬(58)來(59)=230

225

근원적인 하늘의 정신(혼)을 의미한다. 그런데, 만 번 가고 만 번 오는 과정에서 서로 붙었다 떨어졌다 하며 변하는 것이 (3)과 (7)이다. 이는 사람의 근원인 삼태극(생명)인 내 몸의 근원과 七축(정신)이다. 즉, 어머니의 자궁(태내) 속에 잉태되는 순간부터 神의 씨가 심겨진다는 것을 수로써 보여 주고 있다. ➡ 자성구자 강재이뇌[삼일신고-신훈51] 참조.

이것은 한마디로, 육신의 죽음과 관계되는 생과 사의 갈림길에서 갈라지는 모습을 나타내고 있다. 우리는 흔히 어떻게 유래되었는지, 가끔은 무슨 뜻인지도 모른 채, 일상의 용어처럼 사용하는 것들이 종종 있음을 인정할 수밖에 없다. (3)과 (7). 우리가 사는 세상에서 (37)이라는 숫자는 그저 편안할 뿐이다. 우린 이 (3대7)의 의미를 삶의 많은 부분에 비유해 쓰고 있다는 것을 문득 깨닫지 않는가. 이 의미를 두고 단순하게 몸과 정신의 나눔만으로 생각해서는 안 될 것이다.

차후에 다시 논하겠으나, 변하지 않는 본자리(11)의 내 혼이 반드시 가야 할 길을 제시하는 대목이기도 하다. 이 본자리(11)는 바로 앞서 완성된 오행에서 시작된 그 "五十一(511)"이다. 좀 더 들어가 보면, 이 본바탕이 어떻게 만들어졌는지 선천의 운에서 터득이 되어야 한다. 여기서 왜 삼태극(실체, 육신, 육친)은 수없이 가고, 七축(정신)은 수없이 오는 것인지, 이 경의 원문에 담긴 글자의 의미도 간과하지 말고 염두에 두어야 할 것이다. 〈금척〉은, 원문의 뜻을 밝히는 것이며, 神의 섭리는 그저 생겨나서 맞춰지는 것은 하나도 없다는 것이다.

☯ 먼저, "萬"의 금척수(56)에 대한 증명은 앞서 "一析三極無盡本"의 구절에서 총합의 금척수로 증명하여 밝힌 바 있으므로 생략한다. 이미 언급한 바 있듯이, 〈천부경〉 원문과 금척수가 함께 어우러져 하나의 뜻을 나타내고 있다. 위의 "萬"과 "一析三極無盡本"이 원문의 글자만으로는 분명, 일맥상통함을 찾기가 난해할 수 있다. 허나, 이 경의 전체적인 흐름을 통해 이 동일한 금척수가 주는 의미를 파악할 수 있게 된다. 이 "萬(56)"의 글자와 금척수에는 수없이 반복하며 윤회하는 오행 속의 인간(혼)이 찾아야 할

영원한 본바탕, 본자리(11)가 내재되어 있어, 그 뜻이 서로 상통하고 있음을 깨닫게 된다. 결국, 이 금척수(56)는 변하지 않을 영원한 대우주의 법칙 속에서, 수없이 많은 오행의 물상, 그 속 혼의 윤회에 대한 하늘(天)의 섭리를 나타내고 있다.

☯ 그렇다면 다음, 七축(정신)이 바탕에 뿌리내려 수없이 돌아간다는 뜻이 함축되어 있는 이 **"往"** 의 금척수(57)를 석삼극하여 원방각으로 증명해 본다.

57	●1596(21)3	■1653(15)6	▲3249(18)9	합: 6498(54-27)9

✳ 위의 금척수는 앞서 밝힌바, 〈금척천부경〉 원문의 "人一三"의 합수와 같다. 바로 완성된 사람의 근원을 나타낸다. 이는 완성된 오행의 조화 속에서 七축(정신)이 바탕이 된 사람이, 수없이 되돌아가는 윤회의 모습이다. 또한, 이는 궁극적으로 자신의 뿌리(근본)를 내포한 **본향의 자리, 과거**를 모두 아우르고 있다. 더 나아가, 우리말이 음소문자라는 것을 기억한다면 이 '**왕(往)**'은 곧 수없이 되돌아갔을 그 '**萬人의 王, 萬往의 王**' 바로 십오진주(구세주)을 가리키고 있다. 이 내용은 〈예언서〉의 관점에서 더욱 명확하게 드러나게 된다. →57.

원방각, **하늘자리** 또한, 실체적으로 완성된 완전수(15)에서 탄생된 혼이 바탕이 된 대우주의 완성을 볼 수 있다. 이는 곧, 제각기 완성된 음양의 근원수(96)가 바탕이 되어 실체적 완성을 이룬 완전수(근본)를 나타낸다. 간합(부합)의 수에서 보여 주듯, 이는 음양이 하나 된 그 삼태극의 씨라고 할 것이다. →1596(21)3.

하늘의 씨를 받은 **땅의 자리**에서는, 제각기 완성된 하나(태극)의 실체적인 혼에서 탄생된 세상 속의 독립체인 완성된 사람(一-53)을 나타내고 있다. →1653(15)6.

(11) 萬(56)往(57)萬(58)來(59)=230

이들 합의 결과물, **사람의 자리**는, 제각기 완성된 삼태극이 낳은 음양의 본자리가 대우주를 바탕으로 완성되어 돌아가고 있다. 이는 삼태극의 음양이 본자리의 대우주를 바탕으로 실체적인 완성을 이룬 모습이다. 이 말은 곧, 실체적인 땅(地-32)의 세상이 선천의 바탕 위에 완성(成-49)되었다는 것이며, 이 또한 생명체인 사람의 근원수(18)로서 대우주를 이루고 있다는 것을 알 수 있다. →3249(18)9.

총합의 수에서는 제각기(삼태극) 완성된 혼의 본자리(本-64)가 팔자를 바탕으로 실체적 완성을 이루며 대우주의 모습을 보여 주고 있다. 또한, 이 모든 대우주의 모습이 묘하게 번성해 나가고 있음을 간합(부합)의 수에서도 확인해 볼 수 있다. →6498(54-27)9.

⌘ 이 수(57)를 다시 증명해 보자.

57×3=171

171×3=513　　171×4=684

⌘ 위의 금척수는 완성된 七축(정신)을 중심으로 돌고 있는 제각각의 음양의 본자리(11)를 보여 주고 있다. 이는 곧, 첫 번째 본자리 땅의 음양(17)이 완성되어 하나로 다시 시작한다는 의미가 담겨 있다. 또한, 하나(태극)의 실체에서 탄생된 해와 달(明-71)의 모습이다. 바로 정신으로 완성된 음양합일의 사람(십오진주)이며, 이 수(17)에는 또 다른, 놀라운 神의 수가 깊숙한 내면에 잠재되어 있다. 하지만 무엇보다 여기서 알아야 할 것은, 이미 앞서 밝힌 조상(혼)과의 연결이다. 조상은 과거 속에 있다. 수없이 지나가는 그 본바탕의 중심에는 하늘의 정신인 七축이 자리하고 있음을 알 수 있다. 이 원문의 글자에서 **'간다'** 는 말의 포괄적인 테두리 속에는 **'갈 수 있다'** 는 의미가 함축되어 있다. 하지만 이 또한, 누구나 갈 수 있는 길이 아님을 수에서 짐작할 수 있어야 한다. →171.

여기서 공교롭게도 "天一一" 의 합수(39)와 팔괘의 증명에서 수의 정렬이 바뀌어 있다. 이는 하늘의 씨와 땅이 합하여 나온 결과물로서, 대우주 속의 삼태극(39)이 바로 생명체(사람)로 변화되었음을 보여 주는 부분이다. 수의 정렬은 그 주체가 어디에 있는지를 알려 주고 있다. 항상, 염두에 두어야 할 것이다. 이는 실체를 가진 오행이 하나로 완성되어 만들어진 삼태극이 바탕이 되어 돌아가고 있다는 것이다. 卽, 완성된 오행(五-51)에서 탄생한 삼태극(삼합일)으로서, 완성된 사람을 가리킨다. 이는 바로 실체적인 오행에서 탄생된 일합삼(삼합일)이 존재를 일컫는다. 앞서 증명했던, "五(51)"와 함께 [삼일신고-신훈51]를 기억해 보아야 한다. →513.

더 들어가 보면, 실체적인 혼에서 만들어진 팔자(사람)가 본자리를 바탕으로 완성된 모습을 나타내고 있다. 이는 최초의 그 태극(太-68)이 본자리를 바탕으로 완성을 이룬 것과 같다. 이는 이미 밝혔듯이 이 경의 후반부에 수록된 "太(68)"로서 어머니의 자궁(모태) 속을 암시하기 때문이다. 이가 완성되었다는 것이다. 이 또한, "往(57)"의 주체가 누구인지, 무엇을 뜻하고 있는지 이 경의 흐름에서 깨우쳐 터득해야 할 부분이다. →684.

☯ 그렇다면 이제, 위의 둘을 모두 합한 "萬往"의 금척수(113)에 대하여 먼저 석삼극하여 원방각으로 증명해 본다.

113	●6328(19)1	■6441(15)6	▲12769(25)7	합: 25538(59-23)5

위의 금척수는 원문의 뜻과 함께, 태극의 두 개의 본자리(11)가 낳은 삼태극을 바탕으로 완성을 이루며 영원히 돌아가는 오행의 세상을 나타낸다. 즉, 완성된 태극의 영원한 본자리(11)에서 탄생된 삼태극(사람)이, 영원한 본향, 본자리로 되돌아가는 윤회 속의 모습을 담고 있다. 이는 육신과 함께 과거(조상)의 의미가 함축되어 있다. 또한, 〈예언서〉로서의 관점에서도, 앞서 밝힌 바 이 원문의 글자를 우리의 음소문자로 읽는다면, 명료하게 그 해답을 찾아볼 수도 있다. →113.

(11) 萬(56)往(57)萬(58)來(59)=230

원방각의 **하늘자리**는 보이는 수 그대로, 혼의 삼태극이 변화된 사람(三-28)을 바탕으로 실체적인 완성을 이룬 모습이다. 즉, 실체적인 완성을 이룬 혼의 삼태극이 "動(63)"하여 탄생시킨 변화된 사람, 그 하나의 완성을 말하고 있다. 또한, 이는 제각기 완성된 혼에서 만들어진 땅의 세상(地-32)이, 팔자를 바탕으로 완성을 이룬 것을 나타낸다. →6328(19)1.

땅(方)의 자리는 혼(六-41)을 바탕으로 실체적으로 완성된 혼의 본자리(本-64)가 돌아가고 있는 모습이다. 이는 제각기 완성된 삼태극의 혼에서 탄생된 팔자(八-44)가 완성되어 하나가 됨을 나타낸다. 이는 바로, 완성된 혼의 세상에서 탄생되어 완성된 사람으로 영원의 땅(중천)으로 들어가 완성되었음을 암시한다. →6441(15)6.

이들 합의 결과물, **사람의 자리**에서는 영원한 하나(태극)의 음양에서 만들어진 七축(정신)의 혼(76)이 대우주를 바탕으로 완성을 이루며 돌아가고 있다. 이는 영원한 하나(태극)의 음양에서 탄생된 하늘의 정신(七축)이 음양의 근원수(69)를 바탕으로 실체적인 완성을 이룬 것이다. 이 수에는, 영원한 하나(태극)에서 탄생된 七축(정신)이 음양의 근원수(부모)를 바탕으로 실체적 완성을 이루고 있다는 것이다. 여기에는, 영원한 하나에서 탄생되어 변화된 근본(근본)의 실체적인 완성도 내재되어 있다. 늘 그랬듯이, 이가 바로 과거(근본)를 증명하여 현재를 보고, 더 나아가 미래를 예측할 수 있음이다. →12769(25)7.

총합의 수에서는 영원한 음양에서 탄생된 제각각의 오행이, 삼태극의 팔자(조상)를 바탕으로 실체적 완성을 이룬 모습이다. 또한, 영원한 태극의 음양에서 탄생되어 완성된 사람이 넓게 퍼져 나가는 그 바탕에는 근본자리(11)가 되는 삼태극의 팔자(大-38)가 있음을 알 수 있다. 이는 간합(부합)의 수에서도 알 수 있듯이, 완성된 음양의 삼태극으로 수많은 오행의 윤회 속에서 영원한 본향으로 되돌아갈 사람을 예시하고 있다. →25538(23)5.

✖ 이 수(113)를 다시 팔괘로 돌려 증명해 본다.

113×3=339

339×3=1017　　339×4=1356

▩ 삼태극이 바탕이 된 두 개의 본자리(11)가 완성을 이루었음은 곧, 대우주를 바탕으로 돌아가는 제각각의 삼태극이 완성을 이룬 것이며, 땅의 음양(地二-33)이 완성된 것을 나타내고 있다. 또한, 이는 바로 근본의 근원인 "大三合" 이 바탕이 된 삼태극의 실체적인 완성을 일컫는다. →339.

이는 제각기 완성된 하나(태극)에서 만들어진 땅의 음양(17)으로서 이가 바탕이 되어 돌아가는 하나의 하늘(天)을 나타내고 있다. →1017.

더 들어가면, 일합삼(삼합일)의 원리로 완성된 사람이, 영원한 오행 속에서 윤회하는 혼을 바탕으로 실체적인 완성을 이루며 되돌아감을 알 수 있다. 그가는 곳은 본향, 한마디로 완성된 사람의 되돌아갈 (고향)집을 일컫는다. 이미 언급한바, 이는 육신과 육친의 의미가 함께 내재되어 과거를 이룬다. 결국, 과거와 현재, 미래의 관계. 즉, 선. 후천은 이렇듯 막연함이 아닌, 금척수리의 증명에서 보여 주듯, 단 하나도 그저 생겨나거나 떨어져 나가는 것이 없다는 것이다. →1356.

☯ 그렇다면 이제, 영원히 되돌아올 "萬來" 에 대한 금척수를 증명해 볼 것이다. 우선, 첫 번째 "萬(56)" 과 지금의 "萬(58)" 은 영원한 그곳, 그리고 수없이 반복되어 돌아올 그 궁극적인 의미는 같으나, 금척수가 다름을 알 수 있다. 이제 그 뜻과 차이를 원방각을 통하여 확인해 본다.

58	●1653(15)6	■1711(10)1	▲3364(16)7	합: 6728(41-23)5

▩ 위의 금척수는 완성된 오행 속에서 탄생된 팔자를 가리킨다. 즉, 수많은 오행의 팔자가 존재하고 있음을 함축하고 있다. 이는 이미 "運三四" 의

(11) 萬(56)往(57)萬(58)來(59)=230

'선천운'에서 만들어졌다는 것을 기억해 볼 일이며 이 팔자(八字)가 "*妙衍*"하게 퍼져 간다는 것 또한 유념해야 할 것이다. 이 완성된 오행 속의 팔자는 이전의 "萬(56)"과 합하여 영원한 본자리, 본향이 된다. 앞선 "萬(56)"은 완성된 오행 속의 수없이 윤회하는 혼을 가리킨다면, 이 "萬(58)"은 그 완성된 오행 속의 윤회하는 혼을 담은 팔자(본바탕)의 모습이다. 결국, 이는 영원한 대우주의 법칙 속에서 끝없이 되돌아올 수많은 완성된 오행의 팔자, 그 속의 **사람을 지칭**하고 있다. →58.

원방각, **하늘자리**에서는, 세상 속에 드러난 독립체의 사람(53)을 바탕으로 하나(태극)의 혼이 실체적 완성을 이룬 모습을 볼 수 있다. 이는 바로, 실체적인 하나의 혼에서 탄생된 오행의 삼태극[**독립된 사람**, 一(53)]을 가리킨다. →1653(15)6.

땅의 자리에서는, 땅 위의 음양(二-17)이 두 개의 본자리(11)를 바탕으로 실체적 완성을 이룬 모습이다. 결국, 이는 곧 하나(태극)에서 탄생된 땅 위의 세상(사람)이 완성된 것을 일컫는다. 좀 더 깊이 들여다보면, 앞서 증명한 그 오행의 七축(정신)이 실체적으로 완성되어 하나가 됨을 알 수 있다. 그 완성의 영원한 본자리를 나타내기도 한다. →1711(10)1.

이들 합의 결과물, **자식의 자리**에서는 제각각(음양)의 삼태극이, 완성된 혼의 본자리(64)를 바탕으로 실체적인 완성을 이루며 돌아가고 있는 모습이다. 즉, 본자리를 바탕으로 제각각의 삼태극의 혼(36)이 완성된 것을 보여준다. 이는 결국, 완성된 사람을 포함한 완성된 오행(우주만물, 생명체) 속, 혼의 본자리가 영원토록 완성되어 돌아가고 있는 땅 위의 세상을 나타내고 있다. →3364(16)7.

총합의 수에서는 제각기 완성된 혼의 七축(정신)이 실체적 완성으로 낳은 변화된 사람(28)을 볼 수 있다. 이 변화된 사람이 바탕이 된 혼의 七축은 곧, 완성된 혼의 근원적 본자리(本-67)로서 변화되어 완성된 자가 오가는 궁극적인 본향임을 말하고 있다. 이는, 완성된 혼에서 만들어진 실체적인 七축의 음양(72)이 팔자를 바탕으로 완성을 이룬 것이다. 이 모든 것은 하나로 통하고 있으며 이는 대우주의 번성, 그 완성의 주체가 될 오행 속의 "人(72)"을 예고하고 있다. →6728(41-23)5.

※ 이 수(58)을 다시 팔괘를 돌려 증명해 본다.

58×3=174

174×3=522　　174×4=696

※ 이 금척수는, 실체를 가진 하나(태극)의 七축(정신)이 본자리를 바탕으로 완성을 이룬 모습이다. 즉, 땅 위의 음양(地二-17)의 본자리가 완성되었다는 것을 말하고 있다. 또한, 이 수에는, 실체적인 하나에서 만들어진 七축(정신)의 본자리(天-74)로서, 이 글을 읽고 있는 사람이 깨우쳐 가야 할 궁극의 완성된 세상이 함축되어 있다. →174.

이는 제각기 돌아가는 음양을 바탕으로 실체적인 완성을 이룬 오행의 세상이다. 이는 곧, 실체적으로 완성된 오행의 조화 속에서 새롭게 개개인이 살아서 깨우쳐 가야 할 영원한 인간세상(22)을 나타내고 있다. →522.

더 들어가 보면, 실체적인 혼의 대우주가 새롭게 낳은 혼을 바탕으로 완성되어 돌아가는 모습을 볼 수 있다. 이는 혼이 바탕이 된 부모(69)의 완성을 말하고 있다. 한편으론, 완성된 음양의 부모(96)를 바탕으로 실체적인 완성을 이룬 혼의 모습이기도 하다. 이는 완성된 대우주를 중심으로 제각각의 음양으로 돌아가는 혼(心-66)을 나타내고 있다. 결국 이것은, 완성된 대우주 공간 속에서 끊임없이 윤회할 제각각(음양)의 혼의 모습이자, 오행의 본자리를 나타낸다. 또한, 이 "萬(58)" 속에는 영원히 우리가 살아서 가야 할 궁극의 본자리가 암시되어 있다. →696.

☻ 다음, "往"과는 상대적인 의미로, 수없이 되돌아올 미래를 뜻하는 "來"에 대한 금척수(59)를 석삼극해 본다.

| 59 | ●1711(10)1 | ■1770(15)6 | ▲3481(16)7 | 합: 6962(41-23)5 |

✳ 이 수에서는, 완성된 오행으로 돌아가는 대우주는 '수없이 돌아서 다시 온다'는 미래적 의미를 단편적으로 보여 준다. 앞서 "往(57)"과 "來(59)"는 원문의 글자가 서로 상반된 듯 보이나 이 둘은 서로 움직이며 가고 옴을 반복한다. '왕(往)'의 주체는 과거에 있으며 '래(來)'는 현재와 미래에 있다. 결국 그 의미는 변하지 않는 영원한 법칙을 전하고 있다. 이는, 윤회하고 있는 神의 수가 담긴 오행으로 구이성십(구궁가일)의 완성을 이룬 사람을 일컫는다. →59.

우선, 원방각에서 하늘자리는 이미 앞서 밝힌바, 한마디로 땅 위의 음양(二-17)이 두 개의 본자리(11)를 바탕으로 실체적인 음양을 이룬 모습이다. 이는 두 개의 본자리(11)를 바탕으로 완성된 땅 위의 세상을 가리킨다. 좀 더 들어가 보면, 실체적으로 완성된 땅 위 세상의 음양(17)에서 시작되는 두 개의 본자리(11)를 일컫는다. 이는 하나(태극)의 七축(정신)이 실체적인 완성으로 시작되는 본바탕이라고 할 것이다. 바로 올곧게 정신으로 완성을 이룬 사람을 지칭한다. 다시 되돌아가 기억할 수 있다면, 고운 선생께서 "七(52)"로 표기하셨던 이유를 짐작할 수 있을 것이다. 그 답이 여기에 있다. 이는 바로 다시 올 십오진주(성인)를 일컫는다. 그 완성된 '하나(一)'가 된다. 하지만, "十(52)"으로 그 수를 고친 이유는 바로 육신을 가진 사람으로 다시 올 구세주(성인)이기 때문이다. 또한, 지금 이 경을 읽고 있는 사람에게 하늘의 이치를 스스로 깨우쳐 七축(정신)으로 거듭나, 이 성인의 길을 더불어 갈 수 있게 하기 위함이다. →1711(10)1.

땅의 자리는 완성된 하나에서 탄생한 제각각의 음양의 七축(정신)이 완성을 이룬 것이다. 하늘의 그 하나의 완성된 씨를 받아 이 땅 위 세상에서 완전하게 완성되었음을 간합(15)의 수에서도 알 수 있다. →1770(15)6.

이들 합의 결과물, **사람의 자리**에서는, 제각기 완성된 삼태극의 실체적 본자리의 팔자, 그 '사주팔자'가 완성되어 하나가 됨을 알 수 있다. 이는 '선천운' 속에서 "三四"의 실체적인 완성으로 탄생되었다는 것을 알 수 있다. 또한, 그 완성된 팔자의 새로운 시작(81)을 수의 증명에서 암시하고 있다. →3481(16)7.

총합의 수에서 나타내고 있는 것은, 실체적인 음양의 근원수(부모)가 새롭게 낳은 완성된 혼의 음양(사람)을 바탕으로 돌아가고 있는 모습이다. 이 말의 의미는 결국, 수에서도 짐작할 수 있듯이, 앞서 증명한 완성된 오행의 팔자, 그 영원한 본자리(萬-58)가 완성되어 만들어진 음양으로서 **완성된 사람, 밝은 사람**을 일컫는 것이다. →6962(41-23)5.

이는 결국, 태극의 정신(혼)에서 만들어져 시작되는 모든 생명체를 포괄한 오행의 근본 중, 가장 중요한 사람의 근본을 말하고 있다. 이 근본이란 육신을 만들고, 이것은 윤회를 거듭할 것이나 그 혼의 근본바탕은 변하지 않는다는 것을 나타낸다. 이는 이미 수없이 반복하여 예시하고 있는 부분이다. 이 의미는, 이 〈금척천부경〉의 주제라고 해도 과언이 아닐 것이며, 가장 근본이 되는 하늘의 이치이자, 神의 말씀이다.
이 경은 결코 쉽게 습득이 되고 얻을 수 있는 일반적인 경전과 서적이 아님을 염두에 두어야 한다. 마음의 눈과 귀를 열어 전문을 정독하고 또 정독해야 이 속에 담긴 자신에게 전하는 메시지를 깨우칠 수 있을 것이다.

✣ 이 수(59)를 다시 팔괘로 증명해 보자.

59×3=177

177×3=531　　177×4=708

▣ 위의 금척수는 바로, 완성된 땅의 음양(17)에서 탄생된 새로운 七축(정신)을 말하고 있다. 또한, 실체적인 하나(태극)에서 만들어진 제각기 돌아가는 음양의 七축(정신)을 나타낸다. 이것은, 이 경의 후반부에 수록된 사람이 성통의

(11) 萬(56)往(57)萬(58)來(59)=230

경지에 다다른 "人中天地一"의 그 찰나에 변화된 그 "一(77)"을 나타내고 있다. →177.

이는 한마디로, 실체적인 오행에서 탄생된 삼합일(일합삼)의 완성된 사람을 일컫는다. 이는 실체적인 완성을 이룬 오행으로 시작된 독립체로서의 사람, 그 "一(53)"이 하나의 완성체로 돌아옴을 나타내고 있다. 이는 또 다른 새로운 하나의 시작을 예시하고 있다. →531.

더 들어가 보면, 실체적인 七축(정신)이 팔자를 바탕으로 완성된 모습이다. 결국, 이 말은 하늘의 정신이자 神의 정신으로 거듭난 사람의 실체화된 모습을 나타내고 있다. 글의 표현은 이처럼 쉽게 쓸 수 있으나, 이 고통스런 인내(인고)의 시간은 인간의 척도로 가늠할 수 없는 시공이 흐르고 있었음을 이 금척수에서 짐작할 수 있어야 한다. →708.

☯ 이 "萬來"의 금척수(117)에 대한 증명은 앞서 "大三合"에서 논한 바 있으므로 이 금척수(117)에 대한 세세한 금척수리의 증명은 그 부분을 참조해 보도록 한다. 이미 언급한바, 이 〈금척천부경〉은 원문의 글과 〈금척〉의 수가 함께 어우러져 하나의 커다란 뜻을 내포하고 있다. 이 말은, 같은 글자에서도 그 전하는 바가 다를 수 있으며 같은 숫자라도 그 함축하고 있는 의미를 자칫 잘못 파악할 수 있음을 유념해야 한다. 분명, 위의 "萬來"는 이전의 "大三合"이라는 원문의 글자에서 간과할 수 있는, 영원함 속에 담긴 윤회의 뜻이 더 강하게 담겨 있음을 확연히 알 수 있다. 이 말은 바꾸어 표현해도 마찬가지이다. 이 말은 곧, 원문의 글과 금척수를 떼어서 내용을 결코 파악할 수는 없다는 것을 말하고 있다. 또한, 이 〈금척천부경〉 전문을 통한 '시공'의 흐름과 '주체'의 존재이다. 이 수는 하늘의 정신(七축)이 바탕이 된 근본자리의 완성을 나타낸다. 앞서 "萬往(113)"의 수와 비교해 볼 일이다. 어떤 의미를 담고 있는지, 그 담고 있는 것은 무엇을 암시하는지, 스스로 깨우쳐 터득해 볼 수 있어야 한다.

그렇다면 이제, 다시 "萬往萬來"의 구절에서 구분하여 수를 보아야 할 것이 있다. 이는 바로 "萬萬(114)"과 "往來(116)"이다. 이렇게 나누어보면, 앞서 구분한 "萬往"과 "萬來"가 더욱 뚜렷하게 와 닿을 수 있다.

이 경에 수록된 이 *'萬'은 원문의 글자가 곧 숫자라는 것을 알 수 있다. 또한 이 '萬'의 글자에는 수와 양적(헤아릴 수 없이 많은)인 개념, 그리고 시공(영원)의 개념이 함께 수반되어 하나의 글자에 함축되어 있다. 그 수(10000)가 거듭되어 있으니 어떤 면에서든, 그 끝을 볼 수 없음을 짐작하고도 남는다. 또한, 그 영원한 음양의 본바탕은 바로 사람의 변함없는 근본자리를 나타내고 있다. 이 둘의 구분은 앞서 "萬往萬來"와는 다르게 제각각의 음양의 본바탕과 혼으로 나뉘어져 있다. 여기서도 쉽게 알 수 있는 것은 바로 변함없이 영원한 것은 본향, 본자리이며, 그 '萬萬' 사이에서 끝없이 왕래하는 것은 바로 혼이라고 말하고 있다. 허나, 그 오행의 근본은 결코 변하지 않는다는 것을 수로써 증명하고 있다.

☑ 萬(10000)

잠시, 이 "萬萬"의 "萬"에 대한 뜻을 생각해 본다. 이 경의 후반부에 다시 언급될 것이나, 우리의 말과 글자(한글)란 것이 또한 참으로 그 기운이 신묘하여, 그 소리와 뜻이 함께 쓰이고 있음을 인정해야 할 때가 많다. 이 〈금척천부경〉의 많은 부분에서 그렇게 쓰이고 있음을 알 수 있다. 지금의 이 글자 '萬'도 마찬가지이다. 이 글자는 한자의 '萬'자를 우리의 한글과 소리를 같이 하여 그 뜻을 다양하게 나타내고 있다. 허나, 이 글자가 거듭 쓰여 강조됨은 바로 수로써도 헤아리기 힘들겠지만, 그 만큼 **헤아릴 수 없이 많다, 영원하다**는 뜻이 담겨 있다.

그 끝은 완성의 끝, **본향**일 것이다. 이미 〈팔만대장경〉에서 밝힌바, 그 수를 거듭 강조하고 있으니, 가히 어떤 방면이든지, 가늠하기 어렵다는 것을 짐작한다.

우선, 수나 양적인 면에서 이를 헤아려 보면, 이는 대우주 공간 속에 깃든 수없이 많은 오행의 물상을 나타내고 있다. 그 헤아릴 수 없이 많은 오행 속에 속한 사람이라는 것을 잊어서는 안 될 것이다. 또한, 수없이 반복될 윤회 속의 근본혼(조상)과 연결된 사람(생명체)을 일컫는다. 한편으론, '萬王(萬往)'의 십오진주(구세주)께서

(11) 萬(56)往(57)萬(58)來(59)=230

다시 '萬來'하심이 바로 "萬往萬來"라 할 수 있으니, 한글이 아니면, 어찌 이 하늘의 참된 이치를 엿볼 수나 있겠는가.

그렇다면, 시공(시간과 공간)의 측면에서는, 이는 가늠할 수 없는 영원 속에 변하지 않는 본자리이자, 깨우쳐 돌아가야 할 궁극의 완성, 그 본향을 나타내고 있다. 이는 지금 살아 숨 쉬는 우리 인간에게 가장 큰 동기이며 목적지이기도 하다. 또한 이 글자는, 공교롭게도 같은 음의 만(卍)과 그 뜻이 흡사(거의 똑같을 정도)하다.

예부터 이 글자(卍)는 여러 종교적인 차원에서 영원과 윤회를 나타내는 상징적인 표식으로 사용되었다. 여기서 하나의 예로, 또다시 하늘의 이치를 실감할 수 있는 것이 바로, 과거, 타 지역에서 사회적 이념의 상징으로 통합을 기원하며 사용했을 것이나, 그 표식이 거꾸로 뒤집혔으니 그 행위 또한, 하늘의 이치와 역행하여 그릇될 수밖에 없음을 짐작할 수 있다. 그렇다면, 그 끝은 불문가지가 아니겠는가.

궁극적으로 이 '萬'과 '卍'은 영원이라는 내면의 뜻을 함께 갖고 있다는 것을 알게 된다. 한 번 더, 여기에서 생각해 볼 수 있는 것은, 이 경이 얼마나 이 '모든' 것의 근원이 되고 있는지를 알 수 있는 부분이다. 이 '萬'이라는 글자의 의미 또한, 글로써 다 표현할 수는 없다. 무릇 다른 글자와 수가 그러하듯이, 이 또한 더 깊고 넓은 뜻은 스스로 깨우쳐 나가야 한다. 허나, 이 〈금척천부경〉의 전문을 통하여 이 글자가 함축하고 있는 뜻에서 그 '감(感)'을 스스로 터득해 얻어낼 수 있어야 한다.

이렇게 나누고 구분하여 수를 증명하는 까닭은 이 경이 전하는 심오한 뜻이 어떤 방면에서도 결국은 한곳으로 향하고 있다는 것을 알리고자 함이다. 수없이 언급하길, 바르게 정독하고 또 정독하여, 원문의 흐름과 내용이 전하는 뜻을 잘 기억하여야 할 것이다.

☯ 그렇다면, 우선 영원함 속에 존재하는 본바탕(본향), 그 "萬萬"의 금척수(114)를 석삼극하여 원방각으로 확인해 본다.

114	●6441(15)6	■6555(21)3	▲12996(27)9	합: 25992(63-27)9

✵ 위 금척수는 〈천부경〉 원문 중, 두 번 수록된 '萬'의 글자만 따로 떼어 합한 금척수이다. 한마디로, 본자리를 바탕으로 완성된 최초 그 태극의 근본자리(11)를 나타낸다. 다시 말해서, 그 영원한 오행의 본자리(11)가 완성되어 돌아가고 있는 모습이다. '萬'의 의미는 수의 (10000)과 같다. 이는 앞서 '八萬'과 연관된 〈팔만대장경〉의 언급에서 간략하게 그 수의 의미를 밝힌 바 있다. 이 '萬'이 거듭되어 있으니 그 의미 또한 태극의 본자리(11) 음양은 변함없이 영원히 돌아갈 것임을 원문으로도 짐작할 수 있다. 또한, 이 수에는 끝이 없는 윤회 속에서도 변하지 않을 영원한 본향의 땅, 근본자리, 본바탕이 함축되어 암시되어 있다. →114.

원방각에서, **하늘자리**는 실체적으로 완성된 혼의 본자리(**本**-64)가 새로운 혼(六-41)을 바탕으로 돌아가고 있는 모습이다. 이는 앞서 "萬往(113)"의 땅의 자리를 나타내고 있음을 알 수 있다. 말 그대로 그 본자리를 말하고 있다. 이는 제각기 완성된 삼태극의 혼에서 탄생된 팔자(八-44)가 완성되어 새롭게 하나로 시작됨을 알 수 있다. 즉, 완성된 혼의 세상에서 탄생된 완성된 사람을 나타내고 있다. 이는 또 다른 시작을 암시한다. →6441(15)6.

땅의 자리에서 보여 주는 것은, 실체적으로 완성된 혼의 본자리(65)가 변화된 사람(化三-55)을 탄생시키며, 이가 바탕이 된 세상 속에서 널리 퍼져 가는 모습이다. →6555(21)3.

이들 합의 결과물, **사람의 자리**에서는 영원한 하나(태극)의 음양이 만든 실체적인 대우주의 완성, 그 바탕에 음양의 근원이 되는 제각기 완성된 부모의 근원수(96)가 돌아가고 있음을 볼 수 있다. 이는 바로 영원한 하나의 음양이 혼을 바탕으로 탄생시킨 제각기 돌아가는 완성된 땅의 세상이자 대우주(99)의

(11) 萬(56)往(57)萬(58)來(59)=230

239

완성을 말하고 있다. 더불어, 영원한 땅 위 세상(地二三-99)의 완성을 나타내고 있다. →12996(27)9.

총합의 수에서 알 수 있는 것은 '無'에서 탄생한 영원한 음양오행의 대우주가, 새로운 음양을 바탕으로 제각기 완성되어 돌아가고 있는 모습이다. 이를 좀 더 큰 음양의 울타리 속으로 들어가서 보면, 제각기 돌아가는 음양의 대우주를 바탕으로 실체적 완성을 이룬 오행의 세상을 볼 수 있다. "無(25)"에서 탄생된 음양오행의 대우주는 그 시작과 끝이 같다는 뜻이니, 결국, 이 영원한 근본자리의 완성은 끊임없이 돌아가는 영원한 대우주를 일컫는 것이다. →25992(63-27)9.

⌘ "萬萬(114)"을 다시 팔괘로 돌려 증명해 본다.

114×3=342

342×3=1026　　342×4=1368

⌘ 이 금척수(114)는, 최초 그 태극의 두 개(음양)의 본자리가 영원한 본향을 바탕으로 완성되었다는 것을 알 수 있다. 이는 실체적인 삼태극(사람)의 본자리가 음양을 바탕으로 완성을 이룬 모습이다. 즉, 혼백의 실체적인 삼태극에서 만들어진 본자리의 음양이 "生(42)"하였다는 것이다. 또한, 음양을 바탕으로 선천의 운으로 완성된 "三四"의 모습에서 영원한 생명을 잉태하는 대우주의 법칙을 확인할 수 있다. →342.

이는 제각기 완성된 하나의 세상이, 음양의 혼을 바탕으로 돌아가는 대우주를 보여 준다. 이는 곧, 하나(태극)의 세상이 완성되는 그 바탕에는 "一析三極(26)"이 일합삼(삼합일)의 원리로 영원히 돌아가고 있음을 알 수 있다. →1026.

더 들어가 보면, 이 제각기 완성된 하나(태극)가 낳은 삼태극의 혼이 팔자를 바탕으로 완성을 이룬 모습을 볼 수 있다. 이는 곧, 실체적인 완성을 이룬 하나의 삼태극(사람)이, 최초의 태극(太-68)이자 어머니의 모태(자궁)가 바탕이 되어 대우주 공간 속, 영원한 본향의 땅, 본자리(11)를 돌아가고 있는 모습이다. 결국, 실체를 가진 하나의 음양은 본자리를 바탕으로 돌아가는 대우주의 법칙 속에 영원할 것임을 수로써 증명하고 있다. 이는 다시 말해서, 대우주(소우주)라는 배경(환경)을 명시하고 있다는 것이다. →1368.

☯ 그렇다면 다음, "萬萬"과는 또 다른 관점(주체)에서 상반된 의미를 가지는 "往來"의 금척수(116)는 어떤 뜻이 담겨 있는지 석삼극하여 원방각으로 확인해 본다.

116	●6670(19)1	■6786(27)9	▲13456(19)1	합: 26912(65-20)2

✳ 위의 금척수 또한, 하나(태극)의 본자리(11)가 혼이 바탕이 되어 돌아가며 완성을 이룬 모습이다. 이는 〈천부경〉 원문의 글자의 뜻 그대로 완성된 영원한 본자리, 본바탕에서 수없이 가고 오는 과정을 반복하는 혼을 나타내고 있다. 이 수의 가장 주(主)된 본질은, "往來"의 그 주체는 독립체로 완성된 사람의 혼이라는 것을 말하고 있다. →116.

원방각, 하늘자리는 완성된 七축(정신)을 바탕으로 제각기 돌아가는 음양의 혼이, 실체적인 완성을 이룬 모습을 나타내고 있다. 이는 곧, 실체적인 완성을 이룬 사람의 마음(心-66)이 완성된 七축(정신)을 바탕으로 돌아가며 구이성십(구궁가일)으로 하나가 됨을 일컫는다. 바로 그 하나의 씨라고 할 것이다. →6670(19)1.

땅의 자리에서는, 제각기 완성된 삼태극의 혼이, 실체를 가진 七축(정신)의 팔자로 완성(終-78)을 이루고, 새롭게 낳은 혼을 바탕으로 돌아가고 있다. 이는 곧, 실체적인 혼의 본자리(本-67)에서 탄생한 팔자(완성된 사람)가, 새롭게 낳은 혼을 바탕으로 완성을 이룬 모습이라고 할 것이다. 부합의 수에서 전하는 대우주의 모습은 바로, 끝없이 왕래하는 혼의 거대한 본바탕이자, 울타리의 의미가 내재되어 있다. →6786(27)9.

(11) 萬(56)往(57)萬(58)來(59)=230

이들 합의 결과물, **자식의 자리**에서는, 영원한 하나의 삼태극에서 만들어진 혼을 바탕으로 구이성십(구궁가일)의 완성을 이룬 대우주의 모습이다. 이는 곧, 영원한 삼합일(일합삼)의 이치로 탄생한 사람이 삼태극의 팔자(大-38)를 바탕으로 완성된 것을 나타내고 있다. →13456(19)1.

총합의 수에서는 최초의 태극, 그 영원한 음양의 커다란 울타리 속에서 음양의 근원수(69)가, 실체적인 완성으로 하나가 되어 돌아가고 있다. 이는 곧, 오행이 바탕이 된 혼의 본자리가 음양으로 완성되어 수없이 왕래하는 혼의 모습이라고 할 것이다. →26912(65-20)2.

✖ 이 "**往來**(116)"를 다시 팔괘로 돌려 증명해 본다.

116×3=348

348×3=1044　　348×4=1392

▩ 이미 여러 번 언급한바, 팔자를 바탕으로 완성된 "三**四**"의 모습이다. 이는 곧, 실체적으로 완성된 삼태극(사람)이 만든 '사주팔자'로서 가고 옴을 반복하는 태극(태양)의 혼을 나타내고 있다. →348.

이는 제각기 완성된 하나(태극)가 제각각으로 돌아가는 음양의 본자리(팔자)를 바탕으로 완성된 모습을 보여 준다. →1044.

더 들어가 보면, 제각기 완성된 하나(태극)의 실체적인 삼태극에서 만들어진 대우주가 음양을 바탕으로 완성된 모습을 보여 주고 있다. 이는 또한, 음양이 바탕이 된 제각기 완성된 하나에서 탄생된 "**大**三**合**"의 완성을 나타낸다.
이 말은 곧, 완성된 대우주의 음양이 바탕이 된 일합삼(삼합일)의 이치로 실체적인 완성을 이룬 사람의 혼을 일컫는다. →1392.

❧ 이제, 이 구절을 모두 연결하여 합한 **"萬往萬來"**에 대한 금척수(230)를 석삼극하여 그 의미를 증명해 본다.

| 230 | ●26335(19)1 | ■26565(24)6 | ▲52900(16)7 | 합: 105800(59-14)5 |

✥ 위의 금척수는 보이는 수 그대로, 완성을 이룬 음양의 삼태극을 나타낸다. 이는 앞서 "一積十鉅"의 그 완성에 다다른 "十(23)"의 근본을 받은 실체적인 음양이 낳은 삼태극의 완성을 나타내고 있다. 이는 또한, 변하지 않는 영원한 본자리(11)를 수없이 오가며 완성을 이룬 실체적인 주체가 존재한다는 것을 보여 준다.

이는 〈예언서〉의 관점에서 본다면, 이는 오행 속, 선천과 후천을 가고 옴을 되풀이하며 완성을 이룬 사람(성인)을 일컫는다. 그럼에도 불구하고, 이 경에서 전하고자 하는 것은, 개개인의 선천과 후천을 통한 윤회의 완성을 말하고 있다. 하지만, 원문의 내용에서 시공의 흐름이 있고, 앞뒤가 다르듯이, 선천과 후천은 분명하고 명확하게 다를 것을 예언하고 있으니, 똑같이 가고 오고를 반복하는 십오진주(구세주)와는 별개로, 선천과 후천의 세상은 천양지차로 다를 것임을 이 전문은 〈금척〉을 통하여 전하고 있음을 스스로 깨우쳐 터득할 수 있기를 기대한다. 하여, 지금 이때 이 〈금척천부경〉이 세상에 드러난 까닭이기도 하다.

〈금척〉은 한 치의 오차도 없이 전개되어 그 원인과 결과를 나타내고 있으니 항상, 이 〈금척천부경〉이 전하는 금척수의 의미를 놓치지 말고 기억해야 할 것이다. →230.

원방각, **하늘자리**에서는, 영원한 음양의 혼에서 만들어진 삼태극이 사람(人-35)을 바탕으로 실체적 완성을 이룬 모습이다. 이는 곧, 영원한 음양의 혼에서 탄생된 제각각의 음양의 삼태극(사람)이 오행을 바탕으로 완성되었다는 것이다. 또한, 이는 "一析三極(26)"하여 제각기 오행을 바탕으로 돌아가는 완성된 땅의 음양으로서, 곧 세상 속, 구이성십(구궁가일)으로 하나의 완성을 이룬 그 바탕을 일컫는다. →26335(19)1.

(11) 萬(56)往(57)萬(58)來(59)=230

땅의 자리에서는, 영원한 태극의 음양에서 만들어진 오행이 바탕이 된 혼의 본자리(本-65)가 제각기 완성되어 음양으로 돌아가고 있다. 이는, 영원한 음양에서 탄생된 혼의 본자리(65)가 새로운 혼의 본자리를 바탕으로 실체적인 완성을 이루며 돌아가고 있는 모습이다. →26565(24)6.

자식의 자리에서는, 제각기 완성된 영원한 오행 속의 음양이 실체적으로 완성을 이룬 대우주를 바탕으로 돌아가고 있다. 이는 "萬往萬來"의 주체가 누구인지를 확실하게 보여 주는 부분이다. 앞서 "五十一妙衍"의 그 구이성십(구궁가일)의 완성으로 나온 사람(十-52)이 영원한 완성을 이루며 실체적인 대우주를 바탕으로 돌아가고 있는 모습이다. 물론, 궁극적으로 이 주체는 십오진주(구세주)를 가리키고 있으나, 또한 더불어 현재, 이 경을 읽고 깨우침으로 나아가는 자를 지칭하고 있다. 명심할 것은, 이 수(十-52)로 인하여 지금의 삶을 어떻게 변화해 갈 것인지 그 묘함에 자신의 근본과 명운이 달려 있다는 것이다. 중요하고 중요한 부분이다. →52900(16)7.

총합의 수에서는, 이 영원한 하나(태극)의 완성으로 만들어진 오행의 팔자가 실체적으로 완성되었다는 것을 나타낸다. 또한, 이가 수없는 윤회 속에서 돌아올 것을 나타내고 있다. 이는 곧, 영원한 태극이 낳은 오행 속의 완성된 사람으로서, 이 인간세상을 수없이 돌아서 지금, 다시 돌아온다는 것을 간합의 수에서 짐작해 볼 수 있다. →105800(59-14)5.

결국, 이 "萬往萬來(230)"는 구궁가일(구이성십)의 독립체로 완성을 이룬 사람이, 우리가 사는 완성된 오행의 세상 속, 변치 않는 영원한 본자리를 수없이 오가며 새로운 완성을 이루는 과정을 나타내고 있다. 이 시작의 근본바탕은 바로 완성된 오행임을 수로써 증명하고 있다. 이는, 조금 더 깊이 들어가 보면, 앞서 부모의 혼(41)이자 우리의 근본이 되는 삼태극의 혼(36), "大三合六"의 생(生-42)을 밝힌 바 있다. 그 생하는 환경을 기억해 볼 일이다. "六生七八九" 이 수에서, 〈금척〉의 심오한 이치를 간파할 수 있어야 한다. 내 근본(혼)의 완성을 이루며 따라왔던 수라는 것을 알 수 있다. 여기서, 이 경의 흐름에 대하여 충분히 납득하고 파악할 수 있어야 한다. 지금, 이 혼백이, 이 오행의 세상 속, 완성을 이룬 사람의 근본(뿌리)이 되는 삶과 함께하며 오행(五)으로 퍼져 시작되는 '六七八九'를 볼 수 있다. 이것이 바로 〈금척〉이며 한 치의 오차도 허락지 않는 그 오묘한 神의 수라는 것이다.

�֎ 이 수(230)를 다시 팔괘로 돌려 증명해 본다.

230×3=690

690×3=2070　　690×4=2760

�֎ 음양의 삼태극이 완성되었다는 것은 결국, 실체적으로 완성된 혼(사람)의 대우주가 완성을 이룬 것을 말한다. 이는 음양의 근원수(陽-69)가 완성되었다는 것을 나타내고 있다. 이 음양의 근원수(69)가 완성됨은 결국, 우리가 생명을 잉태하고 양육하며 살아갈 이 땅 위 세상에서의 완성(지천태-地天泰)을 일컫는다. →690.

제각기 완성된 음양의 삼태극이 완성된 七축(정신)을 바탕으로 돌아가고 있는 모습이다. →2070.

더 들어가면, 음양의 七축(정신)이 완성된 혼을 바탕으로 실체적 완성을 이룬 모습이다. 이는 제각기 완성된 음양에서 탄생된 "人中天地一"의 그 "一(76)"로서 독립체로서 완성된 사람, 그 근본(혼)이 완성됨을 나타낸다. 또한, "萬往萬來"를 반복하는 근본(혼)바탕이자, 근원의 완성이다. 이는 변화된 혼의 완성으로 곧, 변화된 사람의 완성을 나타내고 있다. →2760.

여기서 다시 한번 유념하여야 할 것이 있다. 위의 "萬往萬來"는 분명, 이 땅 위 세상을 살고 있는 사람의 변하지 않는 영원한 본(향)자리를 통한 가고 옴을 반복하며 완성된 사람을 일컫는다. 오행 속, 사람이 잉태되어 생(생명)하는 순간에 하늘(神)의 씨가 함께 내려오나, 그것은 누구나 찾고 원한다고 갖는

(11) 萬(56)往(57)萬(58)來(59)=230　　　　　　　　　　245

것이 아니라 각 자의 본성(본바탕)에서 그 씨앗을 찾아야만 자신의 머릿속에 존재하고 계신다고 말씀하신 하늘(天)의 말씀을 기억해야 한다.

→ [삼일신고-신훈51] 참조.

이는 곧, 자신의 혼속에 담겨 있는 神의 씨(앗)를 깨우치는 것이자, 성통의 길이다. 즉, 이것은 바로 사람을 만드는 근본이며 대우주의 탄생과 번성, 그 중심에 자리 잡고 있는 七축(정신)을 뜻함이다.

神의 정신. 그리고 이는 바로 용(龍)이자 〈금척〉의 유래이며, 비밀을 푸는 열쇠이다. 이것이 바로 〈금척천부경〉 원문의 "用(60)"이다.

이제부터 이 뜻을 염두에 두고 다음 구절을 습득하도록 한다.

(12) 用(60)變(61)不(62)動(63)本(64)=310

살아서 번식하고 번성한 생명을 가진 동식물과 사람, 그리고 이 모든 만물은 '無'의 대우주에서 시작하였으며 七축(정신)을 중심으로 음양오행의 조화 속에서 팔자를 가지고 성장을 거듭해 간다.

위의 총합의 금척수(310)는 우선, 수많은 오행 중에 만왕의 왕으로 가고 옴을 반복하신 십오진주(성인)의 '용사(用使)'와 함께 그 나아갈 길을 제시하고 있다. '해인용사'란 뜻이 여기에 해당된다. 또한, 지금 이 경을 읽고 깨달음에 다다른 자라면, 수없이 가고 오는 "萬往萬來"를 통하여 근본(혼)의 완성을 이룬 사람으로서 지나야 하는 과정이 된다. 이는, 끝없는 육신의 윤회에서 변화되는 전환점을 일컫는다. 또한, 이 수는 앞서 "天二三"의 "三(31)"이자, 실체적인 혼백의 삼태극이 하나로 완성을 이룬 모습을 나타내고 있다. 金尺數(310)에서 알 수 있듯이 이는 삼합일(일합삼)의 원리로써 "人中天地一"의 이치와 같다. 즉, 삼태극이 하나로 완성된 사람을 나타낸다. 허나, 이런 변화에도 불구하고 그 근본은 변하지 않는다는 것을 이 〈금척천부경〉은 〈금척〉의 수리로 증명하고 있다.

이 구절에서부터 시작하는 본바탕은 '六(6)'이다. 이는 물(水)이며 그 속에는 실체(육신)를 상징하는 생명을 담고 있으며, 그 보다 더 중요한 우리의 '혼(魂)'이 깃들어 있음이다. 이 물(水-6)은 모든 만물(생명체)의 성장과 번성, 그리고 대우주를 만드는 원천이라는 것을 금척수리의 표기에서도 잘 알 수 있다.

이제 완성되어 변화된 혼의 근본자리가 나아가는 과정을 살펴본다. 단정할 수는 없으나 할 수 있다면, 지금부터는 자신의 그릇만큼 깨닫고 습득하여 스스로 변화되고 비유하여 쓸 수 있을 것이며 또한, 마땅히 그렇게 되어야만 한다.

나는 이 〈금척〉에서 한 점도 아낌없이 기술하고 있음에 읽는 자의 재량만큼 습득하여 깨우쳐 실천하여 행하고 성통해 갈 것을 확신한다.

☯ 사실, 〈금척천부경〉 전문을 통하여 중요하지 않은 글자와 금척수는 존재할 수도 없다는 것을 수없이 언급하였다. 그럼에도 불구하고, 이 ＊'用'은 지금, 현재를 살고 있는 수많은 오행 중, 바로 인간에게 가장 강력한 메시지를 전하고 있음을 새삼 강조하지 않을 수 없다. 이는 현재, 우리의 삶에 가장 큰 영향력을 미치며 또 다른 인생의 새로운 전환점을 주는 글자이고 수이기 때문이다. 이것은, 글자의 의미처럼 '사용한다'는 뜻을 강하게 품고 있다. 〈예언서〉의 주체(십오진주)로서 '用使'의 의미가 아닌, 지금 이 경을 읽는 자에게 전하는 "用"의 "금척수(60)"의 의미를 증명해 볼 것이다. 이 또한, 이 경을 읽는 사람의 마지막 목적, 그 궁극의 수단으로써 비켜 갈 수 없기 때문이다.

60	●1770(15)6	■1830(12)3	▲3600(9)	합: 7200(36)9

✵ "萬往萬來"를 통하여 수없는 윤회를 반복하고 난 후, 그 어느 때에 완성된 사람은 "用(60)"의 의미를 깨우쳐 쓸 수 있어야 비로소 육신의 윤회에서 벗어나는 길을 찾을 것이며, 이 경이 전하고자 하는 그 깨우침의 길이자, 거듭나는 선천(전생)의 영역인 "運三四"로 새롭게 밝은 명(明, 命)의 길을 갈 수 있는 것이다. 또한, 이 〈금척천부경〉의 후반부에 수록된 이 경이 전하고자 하는 의미를 터득하고 행할 수 있다. 이는 바로, 고운 선생께서 수록한 "五七一妙衍"의 길을 행하는 것이기도 하다.

〈금척〉의 숫자는 한 치의 오차도 허락지 않는 것이니, 이 "萬往萬來用"을 모두 합한 금척수(290)는 앞서 밝힌 바 있는 음양의 대우주(天-29), 그 하늘의 완성을 가리키고 있다. 이 경에서 나타내고 있는 마지막 완성의 뜻은 [삼일신고의 성·통·공·완(性通空完)]의 경지에 다다른 자를 일컫는다. 이미 앞서 언급한 바 있으니, 지혜 있는 자는 이 금척수리가 어떻게 변화되어 가는지를 스스로 터득할 수 있을 것이다. 이 金尺數(60)는 한마디로, 혼을 사용하여 완성되었다는 의미보다는 완성된 혼을 사용한다는 메시지가 더 강하게 함축되어 있다. 왜냐하면, 현재 이 글을 읽고 있는 개개인이 깨우쳐서 행할 수 있어야 하는 ＊"用"이기 때문이다. 속절없이 오고 가는 이 윤회의 세상에서 변화될 수 있는 또 다른 새로운 중요한 전환점이기 때문이다.

거시적인 면에서 구세주(성인)의 '용사(해인)'는 이미 하늘의 이치로 정해진 길이다. 이는 〈예언서〉로 논해야 마땅할 것이, 궁극적으로 '用'의 깊은 내면의 뜻은 예언을 내포하고 있기 때문이다. 그것은 거대한 세상의 변화에 대한 것에 쓰일 것이나, 더 깊은 내용은 말 그대로 〈예언서〉에 남겨두기로 한다. 하여, **미시적**이라고 할 것이나 우주창조의 원리이자 그 조화의 이치, 그 바탕이 되는 사람 개개인의 모습에서 이 '용사(用使)'는 깨우쳐 행하여 따르며 새롭게 거듭 태어나는 것을 일컫는다. 그 방법 또한, 이전의 완성까지 다다른 자에게 해당되는 것이니, 수없는 "萬往萬來"를 통한 그 어느 때, 만날 수 있을 것이며, 이를 쓸 수 있다는 것은 그때가 이르러 비로소, 내 근본 속에 담긴 내 혼이 완성되었음을 볼 수 있음이다. →＊60.

원방각의 **하늘자리**는 이 세상 땅 위의 음양(17)이 완성된 하늘의 정신인 七축을 바탕으로 실체적 완성을 이룬 것을 보여 주고 있다. 이는 바로, 영원히 다시 올 "來"의 완성이자, 제각기 완성된 하나에서 탄생된, 밝은 자로서 **성·통·공·완**의 경지에 다다른 사람, 그 완성된 궁극적인 혼을 가리키고 있다. →1770(15)6.

땅의 자리에서는, 제각기 완성된 하나(태극)의 팔자(사람)가 완성된 삼태극을 바탕으로 실체적인 완성을 이룬 모습이다. 이는 곧, 실체적인 사람의 근원수(18)에서 탄생된 삼태극의 완성을 볼 수 있다. 이는 또한, 하나(태극)의 팔자가 삼태극을 바탕으로 "六生(83)"의 완성을 이룬 것을 나타내고 있다. →1830(12)3.

이들 합의 결과물, **사람의 자리**에서는, 제각기 실체적으로 완성된 삼태극의 혼(人二-36)을 볼 수 있다. 이는 결국, 실체적인 완성을 이룬 사람(십오진주, 성인)을 나타내고 있으며 이가 또한 대우주와 하나가 됨을 알 수 있다. →3600(9).

총합의 수에서 알 수 있는 것은, 七축(정신)의 음양이 백(魄, 육신)의 옷을

(12) 用(60)變(61)不(62)動(63)本(64)=310   249

입고 실체적 완성을 이룬 모습을 보여 주고 있다. 이는 생명체를 가진 모든 만물(동물)을 아우르고 있다. ➜ [삼일신고-세계훈72] 참조.

그 속에서 결국, 궁극적으로 완전하게 완성된 철(哲)로 가는 자로서 곧 밝은 사람(人-72)의 실체적인 완성을 나타내고 있음을 수로써 증명하고 있다. 즉, "萬往萬來" 하여 혼의 완성을 이룬 사람을 일컫는다. 나아가 그 완성된 사람이 반드시 행해야 할 길을 제시하고 있다. 또한, 이 수에는, '無' 에서 시작된 대우주 번성이 영원할 것을 암시하고 있다. →7200(36)9.

⌘ 이 금척수(60)을 다시 팔괘로 돌려 증명해 본다.

60×3=180

180×3=540　　180×4=720

⊠ '用' 을 쓴다는 것은 완성된 혼의 사람이자, 완성된 사람의 근원수(18)로서 실체적인 하나에서 만들어진 팔자의 완성을 일컫는다. →180.

이는 실체적인 오행의 본자리가 완성된 모습이다. 또한, 그 완성된 오행의 본바탕 속에서 묘하게 나아가는 사람의 완성된 모습을 암시하고 있다. 앞서 언급하였듯이, 이 묘함의 본래 뜻을 기억하고 유념해야 한다. 하늘(天)은 항상, 우리에게 선함을 주시지만 인간은 늘 그렇듯이 그릇된 길을 먼저 찾아간다. 이 또한 삶의 이치이다. 쉽기 때문이다. 인간은 오행 속에 있으니, 그 길의 한계 또한 무한하다는 것을 [삼일신고-세계훈72]에서 감지할 수 있어야 한다. →540.

이는 곧, 실체적인 七축의 음양이 완성되었다는 것이다. 궁극적으로 대우주의 번성을 이루는 만물 중, 사람(人)의 완성을 나타낸다. 또한, 이 경의 후반부에 수록된 "太陽昂明人" 의 그 "人(72)" 의 완성을 구하는 것이다. "用(60)" 은 바로 이를 위한 필수적인 과정이라고 할 것이다. →720.

위의 [삼일신고-세계훈72]에 수록된 내용에서 볼 수 있듯이, 대우주의 모든 만물이 번성하여 대자연을 이룬다는 天(神)의 말씀처럼 그 속에는 우리가 무엇을 생각하고 있든 그 이상의 법칙과 생명이 존재하며 돌아가고 있음을 이 경의 마지막 즈음엔 스스로 깨우칠 수 있기를 감히 기대한다. 사람과 생명을 가진 모든 동물(만물)들은 삶과 죽음을 반복하는 생장소멸의 법칙 속에서 오고 감(윤회)을 거듭한다. 이렇게 우주만물은 번식과 번성을 이루며 대우주 공간 속에서 대자연을 만들어 나가고 있다. ➜ [用(60)＝ 삼일신고-세계훈72].

❂ 여기서, 다시 이전의 구절 "萬往萬來"를 이끌고 와서 "萬往萬來用"에 대한 총합의 금척수(290)를 한번 되짚어 보도록 한다. 〈금척천부경〉의 전문을 통하여, "萬往萬來用"은 후천의 세상에서 새롭게 변화되고 완성되어 神의 정신으로 거듭 재생되는 전환점이 된다. 한마디로, 새로운 '명격'으로 완성되는 것이다. 이가 바로 앞서 밝힌, '七'을 쓸 수 있는 사람이 된다. 그렇다면, 이후의 원문의 내용은 바로 〈예언서〉의 십오진주(구세주)와 함께 같은 길을 걷게 되는 것이다. 이제 이 금척수(290)를 석삼극하여 그 뜻을 증명해 본다.

| 290 | ●41905(19)1 | ■42195(21)3 | ▲84100(13)4 | 합: 168200(53-17)8 |

(12) 用(60)變(61)不(62)動(63)本(64)=310

❈ 위의 금척수는 보이는 수 그대로 실체적인 음양이 대우주를 바탕으로 완성된 것이다. 이는 하늘(天-29)의 완성을 말하고 있다. 이 또한, 하나의 전환점이 된다. 이 하늘(天)의 뜻은 단순히 음양의 대우주를 나타내는 것이 아닌, 더 심오한 뜻을 내포하고 있다. 좀 더 깊이 들어가 보면, 이 **"萬往萬來用"**은 수없이 반복되는 육신의 윤회를 벗어나는 방법을 제시하고 있다. 하늘의 이치를 담은 이 〈금척천부경〉을 통하여 반드시 넘어가야 할 궁극적인 완성의 수이기도 하다. →290.

원방각, **하늘자리**는 영원한 본자리에서 만들어진 하나의 대우주가 오행을 바탕으로 실체적인 완성을 이룬 모습이다. 이는 또한, 제각기 완성된 영원한 본자리의 혼이 오행을 바탕으로 실체적인 대우주의 완성을 이루며 하나가 됨을 볼 수 있다. →41905(19)1.

땅의 자리에서는, 영원한 본자리의 음양이 하나의 실체적 완성으로 '生'하여 오행이 바탕이 된 대우주의 완성을 이끌어내고 있는 모습이다. 이는 곧, 음양이 하나 된 삼태극을 나타낸다. →42195(21)3.

자식의 자리에서는, 영원한 팔자(제각기 실체적으로 완성된 본자리)에서 탄생된 실체적 혼(六-41)의 완성을 보여 주고 있다. 이는 바로 삼태극이 하나로 완성된 본자리, 본바탕의 모습이자 완성을 나타낸다. →84100(13)4.

총합의 수에서 알 수 있는 것은, 영원한 하나(태극)의 그 태내(太-68)에서 탄생된 음양의 실체적 완성이다. 즉, 영원한 하나(태극)의 혼에서 탄생된 제각기 완성된 팔자(사람)의 음양이, 실체적인 완성을 이룬 것이다. 깊게 파고들수록 오묘하고 심오한 이 수의 신비함을 글로써 다 드러낼 수는 없다. 부합(간합)의 수에서는, 완성된 오행 속의 삼태극으로서 七축이 바탕이 된 하나의 완성을 보여 준다. 결국, 이는 궁극적으로 두 개의 근본자리(11)이자, 팔자의 완성을 나타내고 있다. →168200(53-17)8.

✽ 이 수(290)를 다시 팔괘로 돌려 증명해 본다.

290×3=870

870×3=2610　　870×4=3480

▩ 이 금척수는 음양의 대우주가 완성되었다는 것이며, 팔자(사람)가 완성된 七축(정신)을 바탕으로 실체적인 완성을 이룬 것을 나타낸다. 이는 실체적으로 완성된 사람이 낳은 완성된 하늘의 정신을 일컫는다. 이 모든 것을 다시 되짚어보면, '用'을 쓴다는 것은 완성된 사람의 七축(정신)이 완성됨이며 이는 곧, 하늘의 이치를 깨우쳐 알게 됨을 뜻하는 것이다. 그 속에는 무한한 미지의 모든 것을 포괄하고 있음이다. 즉, **성·통·공·완**의 길로 들어섰다는 뜻이다. →870.

또한, 제각기 완성된 음양의 실체적인 혼이 하나로 완성된 모습을 말하고 있다. 이는 곧, "一析三極"하여 실체적인 완성으로 하나의 완성을 이루었다는 것이자, '無'에서 탄생된 "匱"에서 실체적인 하나가 완성됨을 나타내고 있다. 지금까지 증명된 모든 것들에 해당되는 결과물이 된다. 한마디로, 제각기 완성된 음양이 '用變'하여 완성된 것이다. →2610.

더 들어가 보면, 한마디로 삼태극의 본자리가 완성된 팔자를 바탕으로 실체적인 완성을 이룬 모습이다. 이는 곧, 제각기 완성된 삼태극에서 탄생된 **'사주팔자(48)'의 완성**으로서, 곧 **완전한 완성을 이룬 사람**을 일컫는다. 결국, **"萬往萬來用"**을 통하여, 변화된 완전한 완성을 이룬 사람의 모습을 보게 되는 것이다. 더 나아가, 이후의 변화를 암시하고 있다. →3480.

생명탄생에 있어 그 근원이 되는 수(18)를 오로지 사람이라고 단언할 수 없음은 오행의 그 배경이 모든 만물을 포괄하고 있기에 지금까지 사람과 동물(생명체)로 더러 함께 기술하였다.

유일상제(天)神께서, 우리 인간을 만물(생명체) 중, 가장 상층부에 속해 두셨음에는 의심의 여지가 없으나 생명의 탄생에는 분명, 오행에 속한 모든 만물이

(12) 用(60)變(61)不(62)動(63)本(64)=310

다 해당이 되기 때문이다. 그러나 이 〈금척천부경〉을 통하여 그 깊은 하늘의 이치를 읽고 깨우쳐야 할 자가 우리 사람임에는 틀림이 없다. 하여, 이제부터는 사람이라고 총체적으로 칭할 것이다. 또한, 여기에는 더 깊고 심오한 神의 뜻이 담겨 있음을 알아야 한다. → [삼일신고-세계훈72] 참조.

☑ 용(用)과 용(龍)

〈천부경〉 원문에 나오는 "용(用)"은 한자어로 본래의 원 뜻이 '쓰다' '사용하다'의 의미를 가지고 있다. 바로 神의 정신, 우리의 혼속에 담겨 있는 神의 정신과 맥을 같이하여 쓸 수 있어야 한다는 뜻이다. 그리고 우리의 글과 말이란 것이, 뜻과 소리를 함께 쓰고 있는 표음문자이자, 음소문자인지라 이 용(用)을 그대로 "용(龍)"의 의미로 볼 수도 있음이다. 왜냐하면, 이 〈천부경〉의 (81)자 역시, 龍의 아홉 가지 모습 중, 9.9의 양수로 龍의 몸에 난 비늘이 (81)개라는 것과 그 맥락을 같이 하기 때문이다.

龍은 실체적인 존재의 유무를 떠나 고대부터 동양의 문화와 우리 민족의 정서에 상서롭고 신비한 가상의 동물로서, 神으로 추앙받아 왔다.

〈천부경〉은 이미 밝혔듯이, 인류 최초의 〈조화경〉이자 〈예언서〉이다. 예언이란, 앞으로 다가올 일을 미리 알거나 짐작하여 말한다는 의미가 담겨 있다.

이 〈금척천부경〉 전문을 통하여 그 의미를 하나로 함축하고 있는 글자가 바로 이 "用"에 있다. 쉽게 놓치지 말아야 할 부분이다.

"龍"자의 순수한 우리말이 '미르'였음을 옛 고서인 〈훈몽자회〉에서 찾을 수 있다. 미르는 물(水)의 옛말 '믈'과 상통하는 동시에 '미리(예상)'의 옛말과도 밀접하다. 이는 미래의 의미가 담겨 있다. 또한 龍을 사람들은 수신으로 섬겼으며, 실제로 龍이 등장하는 문헌이나 설화 등에서 龍의 등장은 반드시 어떠한 미래를 예시해 줌을 강조하고 있다.

불교에서 미래불을 미륵불이라 함은, 이 역시 '미르'와 상통함이다. 상상 속의 동물로 비유하지만, 실제로 역사의 개술서라고 할 수 있는 〈문헌비고〉에 龍의 출현에 관한 기록이 있다. 이런 기록 뒤에는 반드시 태평성대, 성인의 탄생, 군주의 승하, 군사의 동태, 민심의 흉흉 등, 거국적인 대사의 기록이 따른다. 실제, 김시습의

〈징심록추기〉 중, 〈금척〉의 유래에 나오는 [네 마디 다섯 치, 구이성십은 神의 수이자 두함화주 곧, 여의주를 입에 문 龍을 의미한다.]고 기술해 놓았다. 또한, "龍은 물에서 낳으며 그 색(色)은 오색을 마음대로 변화시키는 변화무쌍한 조화능력이 있는 神"이라 했다. 또한 오색은 오행과 일맥상통하고 있다.

이 (조화경)인 〈천부경〉 원문의 "用"의 총 획수 또한 (5)이다. 그리고 이것을 **사용한다는 것**이다. 이 〈금척천부경〉이야말로 〈금척〉의 **열쇠**로 비밀을 드러낸 참된 경전일 것이다. 이는, 그 뜻대로 〈진경〉이라는 것에 의심의 여지가 없다. 하여, 오래전 우리의 선인들은 이미 그렇게 '龍'을 神으로 모시며 그 '用'을 물상의 대체로 쓰고(用) 온 것은 아니었을까.

이렇게 구구절절 비유를 하는 이유는 이 "用"의 **가치와 중요성** 때문이다. 쉽게 기억하고 유념하라는 의미이다. 지금까지 나열한 모든 것은 한 가지로 통하는 것이니 바로 오행 속의 모든 조화이자, 하늘의 정신인 七축을 향함이며 이 또한, 神의 수를 뜻함이다.

☑ 선천운(先天運) – 사주팔자(48)

더러, 역학과 이 분야에 관련된 많은 예언가들이 선천의 세계가 가고 후천의 세계가 가까이 다가왔다는 말을 하곤 한다. 이미 밝힌바, 수의 정렬처럼 대우주의 법칙은 돌고 있음이니, 이 선천과 후천의 세상 또한 돌고 있는 것이, 오행 속 인간의 끝나지 않는 반복되는 윤회와 다름이 없다. 이미 여러 번 밝힌바, 〈천부경〉은 인류 최초의 〈조화경〉이자, 〈예언서〉라 하였다. 이 경 속에서 현재를 살고 있는 사람은 개인의 명운과는 별개의 의미로 후천의 세계에 들어와 있다는 것을 알 수 있다. 이에 대한 증명과 설명은 수없이 언급하였다. 이제, 이 경의 전문을 통독해 나가며 스스로 이 말의 뜻을 파악할 수 있어야 한다.

이 〈금척천부경〉은 그 수(선·후천)를 보여 주고 있으며, 그 수의 이치 또한 금척수리를 깨우친다면 능히 볼 수 있을 것이다. 하지만, 여기서 밝히고자 하는 것은, 이 〈금척천부경〉을 통하여 **하늘의 이치**를 알고 그것을 행하여 바로 자기 자신을 깨우치는 것이다. 하늘(天)의 섭리를 알지 못하고 어찌 땅(세상)의 이치를 논할 것이며, 이도 저도 모른다면 무릇 자신의 근본도 모르는 자이니, 자신의 선천과 후천의 근원도 깨닫지 못하는데, 세상의 변화에 아무런 관심도 없을 것이며 혹, 관심을 가진들 그것이 무슨 의미가 있겠는가. 오늘의 내 삶을 통해, 한낱 미물 같은 존재로 또다시 태어날 후천의 세상이라면, 이 세상의 변화가 무슨 의미가 있단 말인가. 이 모든 이치를 스스로 알고 깨우친다는 것은 현재와 미래, 더 나아가 다음에 올 나의 또 다른 후천을 바꾸는 것이며, 때로는 꿈꾸기조차 힘든, 오행의 틀 속에서 더 이상 돌아가지 않아도 되는 세상, 바로 그 중심에 있는 중천의 세상을 만날 수도 있지 않겠는가. 그 까닭에, 이 소제의 제목인 선천운의 의미는 **개인의 관점**에서 본다. 자신이 살고 있는 이 세상 이전의 삶에 대한 것이다. 즉, 전생을 선천이라 한다. 소위, 사람들이 말하는 '사주팔자(년월일시)'는 바로 그 '선천'의 '명(命)'이라고 한다. 그리고 세월에서 오는 운(運)을 붙여 '선천운'이라 한다. 하여, 지금, 자신의 '명운'은 전적으로 선천운에 속한다.

세속에 더러 명은 '선천', 운은 '후천'으로 구분하여 자신이 노력하면 얼마든지 바꿀 수 있는 것이 '사주팔자'라고 말하는 사람이 있지만, 이는 명리를 제대로 모르고 하는 소리일 뿐이다. 또한, '명'의 격을 논하기는 하여도 '운'의 격은 논하지 않으며, 사람들은 입버릇처럼 '운명'을 한탄하지만, 더 정확한 뜻은 '명운'이 맞다. 앞서 〈금척천부경〉 원문의 글과 〈금척〉의 수에서도 이미 증명되지 않았는가. "運三四成環五十一妙衍"의 구절을 기억해야만 한다.

자신의 명과 운은 '선천운'이다. 사실, '명운'이 선천의 영역에 있기에 많은 역학자나 점술가들이 예상하고 점을 칠 수 있는 까닭인 것이다. 이 말은, 이미 정해진 '명운'을 삶의 환경과 연관지어 짐작해 보는 것이다.

여기서 잠시, 〈금척천부경〉 중, "萬往萬來"의 금척수(230)를 떠올려 본다. 이 의미는 전적으로 〈우주창조의 원리와 조화의 이치〉의 관점에서 들여다볼 것이다. 여기에서 "萬往(113)"은 바로 내 혼의 근원(근본, 조상)이 되는 삼태극이다. 이는 글자 그대로 옮겨보면, 만 번 간다(지나갔다)는 것이다. 이 '萬'이라는 의미는 앞서 밝힌 바 있으니 그 의미를 짐작할 것이다. 물론, 여기에는 더 깊고 심오한 뜻이 담겨 있다 하였다. 더불어 헤아릴 수 없이 많다는 반복(윤회)의 의미와 함께 본 향(근원)의 뜻이 담겨 있다. 또한, 이 말에는 과거의 의미가 내포되어 내 근원(69)

인 삼태극, 육신(혼백)이 깃든 곳이다. 또한, 이 육신의 '사주팔자'가 정해지는 것에는 육친의 의미도 있어 조상을 아우른다. 이 모든 것은 과거에 속한다.

반대로 "萬來(117)"라는 神의 정신은 수없이 되돌아서 온다. 이는 미래의 뜻이 함축되어 있다. 인간의 세상에서 神은 늘, 미래에 있다. 이는 더 이상 논란의 여지가 없다. 未來를 예지(예감)하고 미래를 간구한다. 허나, 큰 틀에서 이 〈천부경〉의 "萬往萬來"는 전혀 다른 의미를 담고 있다. 이는 바로 영원한 본향의 본자리를 늘 그랬듯이 가고 오며 완성된 사람을 일컫는다. 즉, '성·통·공·완'의 경지에 다다른 사람으로 삼합일(일합삼)의 이치로 '用'을 쓰는 주체이자 주인(해인 용사)을 가리킨다. 그때가 이르렀다는 것을 이 〈금척천부경〉이 전하고 있음이다. 하여, 이 경이 〈진경〉이자, 〈예언서〉인 까닭이다. 이 수들의 의미는 이쯤에서 각설하고, 스스로의 깨우침으로 넘어갈까 한다.

즉, 위의 수에 대한 예시에서도 알 수 있듯이, '사주팔자'라고 하는 내 '명운'은 '선천운'이다. 명리의 이론을 논하지 않더라도 이미 〈천부경〉의 원문에서 그 의미를 밝히고 있다. 다시 말하지만, '명'과 '운'은 정해진다. 대다수의 역술인과 역학자들이 명의 격이 높고 낮음의 차이에 대한 개인의 '명격'을 거론함에 있어, 세속적인 이분법. 즉, 재물의 유무로 부귀와 빈천을 거론하곤 한다. 하지만, 그 명격을 구분하는 것 또한 어찌 다 그들(세속)의 주장이 옳다고 할 수 있겠는가. 삶의 가치를 어디에 두는 지는 지극히 주관적이고 개인적인 관점이기 때문이다. 또한, 이 〈금척천부경〉의 전문을 통하여 전하는 메시지에서 세속(물질)적인 부귀를 열망하는 그 '명격'이 얼마나 허망할 수 있는지, 오히려 그들이 말하는 부귀가 얼마나 빈천한 것인지 깨우칠 수 있어야 한다. 다시 강조하여 말하길, **살아서 생명(육신)이 존재할 때 깨우칠 수 있어야만 한다.** 사실, 어쩌면 사람들은 이미 인지하고 있을 것이다. 재물의 부자는 그 생명이 끝나는 순간, 사람들의 뇌리에서 사라져 가지만 정신의 부자는 그 생명이 다하여도, 살아 있는 모든 자들의 영원한 스승이 된다는 그 이치를 돌이켜 보면 된다. 허나, 이 또한, 세속의 삶에서 온전히 벗어날 수 없다면, 더 이상, 언급할 일이 아니다. 단지, 지금 자신이 살고 있는 이 삶이 바로 이 경에서 수없이 언급되는 두 개(음양)의 본자리이자 '사주팔자'이며, 이는 사람의 후천적인 노력에 의해 바뀌어질 여지가 거의 없다는 것을 나타내고자 할 뿐이다. 그 노력 또한, 이미 "運三四"하여 정해져 온 자신의 '명운'에

있는 것이라, 자신의 주어진 '명격' 속에서 노력하는 것이다. 누군가 자신의 노력으로 환경이 변화되었다고 생각한다면, 그것 또한, 그 만큼의 자신이 가진 사주의 '격' 속에서 오는 일시적 현상에 의한 나름의 착각을 하고 있을 뿐이다.

물론, 예외는 있을 수 있다. 지명(하늘의 명을 깨달음)하고 입명(하늘의 명을 좇아 안정함)의 경지에 이르는 경우가 그것이다. 하지만 그 예외의 명은 따로 있다. 빈부귀천을 막론하고 욕심과 사심이 없어야 하며 '명'이 건전하고 성격(成格)되어야 한다는 조건이 주어진 자에게 허락된 예외이니, 이는 神의 영역이라 별로 거론할 것이 없다. 어쩌면, 이 수천 년 동안 검증되어 내려온 이 명리에서의 예외의 명이 바로 이 〈금척천부경〉의 '用'을 사용할 수 있는 자를 뜻할 것이다. 허나, 그렇다고 자신의 명운이 이러하니 현재의 삶을 그냥 되는 대로 체념하듯 살아도 된다는 뜻은 더더욱 아니다. 앞서 밝힌바, 지금 나의 이 '명운' 속에서 삶의 질을 어떻게 사느냐에 따라 나의 다음 생이 달라진다는 것을 이 〈금척천부경〉은 강조하고 있기 때문이다.

혹자는, 기억할 수 없는 다음 생은 내 알 바가 아니라고 말한다면, 이 또한 그의 명이 그것밖에는 될 수 없음이다. 허나, 이미 [삼일신고-세계훈72]에서 밝혔듯이, 오행 속에 속한 인간이며, 오행의 물상은 무한하다는 것이다. 자신이 다음 생에 반드시 사람으로 온다는 것조차 보장받을 수 없다는 것을 떠올려 본다면, 다시 깊이 생각해 보아야 하지 않겠는가. 더 나아가, 지금이 아니라면 그 무엇의 환생조차 얻을 기회가 주어지지도 않는다면 어찌하겠는가.

이는 오행 속, 생로병사의 법칙 속에도 변하지 않는 것이 바로 근본(혼)이기 때문이다. 지금, 우리가 이 〈금척천부경〉을 반드시 끝까지 읽고 깨우쳐야 할 까닭이기도 하다.

☯ 이제, "用"을 써서 달라진 "變(61)"을 석삼극하여 원방각을 통하여 증명해 본다.

61	●1830(12)3	■1891(19)1	▲3721(13)4	합: 7442(44-17)8

✠ 위의 금척수는 앞서 밝힌바, 완성된 혼이 '用'을 씀으로써 새롭게 변화된 그 하나의 시작을 나타낸다. 즉, 궁극적으로는 "用(60)"을 써서 새롭게 완성되어 변화된 사람을 일컫는다. 그 자체이다. →61.

원방각, **하늘자리**는 사람의 근원수(18)가 완성된 삼태극을 바탕으로 실체적인 완성을 이루며 돌아가고 있다. 이는 제각기 완성된 하나(태극)에서 탄생한 선천과 후천의 경계에 있는 "六生(83)"의 완성을 보여 주고 있다. 원문의 글자에서도 짐작할 수 있듯이, 이 수에는 〈예언서〉의 관점에서 좀 더 깊고 심오한 뜻이 담겨 있다는 것을 알 수 있다. →1830(12)3.

완성된 삼태극의 씨를 **받은 땅의 자리**에서는, 실체를 가지고 완성된 사람의 근원수(18)가 완성된 대우주를 바탕으로 새롭게 하나로 시작됨을 나타낸다. →1891(19)1.

이들 합의 결과물, **자식의 자리**에서는, 제각기 완성된 삼태극에서 탄생된 밝은 자, 선함과 덕으로 가득 찬 자가 새롭게 하나로 완성을 이룬 모습을 볼 수 있다. 이는 모두 새로운 변화의 시작을 나타낸다. 또한, 〈금척천부경〉 후반부에 수록된 "太陽昴明人"의 그 "人(72)"이 완성되어 하나가 됨을 일컫는다. 이는 곧, 대우주 번성의 근본바탕이 된다. →3721(13)4.

총합의 수에서 보여 주고 있는 것은 七축(정신)의 본자리(天-74)가, 새롭게 생(42)하여 완성된 본자리의 음양을 바탕으로 실체적인 완성을 이루며 돌아가고 있는 모습이다. 이는 곧, 제각기 완성된 하늘의 정신(七축)에서 탄생된 두 개의 본자리(팔자)가 새로운 음양을 바탕으로 완성된 것을 보여 주고 있다. 한마디로, 살아 있는 사람의 혼이 거듭 태어났다(재생)는 것으로, 변화(변화)된 혼의 모습이다. 하지만, 간합(부합)의 수에서도 알 수 있듯이 그 근본바탕은 두 개(음양)의 본바탕, 본자리가 그대로 변함이 없음을 증명한다. →7442(44-17)8.

(12) 用(60)變(61)不(62)動(63)本(64)=310

✤ 이 수(61)를 다시 팔괘로 돌려 증명해 본다.

61×3=183

183×3=549　　183×4=732

▩ 이 완성된 혼이 하나의 시작으로 변화된 것은, 실체적인 하나에서 탄생된 팔자가 삼태극을 바탕으로 완성을 이룬 것이다. 즉, 실체적인 하나(태극)에서 만들어진 '혼(육신)의 생함' 바로 "六生(83)"이다. 이 수에서 생명을 가지고 실체적인 완성을 이룬 사람의 또 다른 전환점이라는 것을 감지할 수 있어야 한다. →183.

또한, 실체적으로 완성된 오행에서 시작한 본자리가, 대우주의 바탕 속에서 완성(成-49)되었음을 알 수 있다. 즉, "用變"하여 실체적인 오행의 완성에서 탄생된 본바탕의 완성을 나타내고 있다. 이는 또한, 대우주 공간 속에서 오행으로 "妙(54)"하게 퍼지고 넘쳐 흘러갈 이 세상 위의 변화된 사람의 완성을 말하고 있다. →549.

더 들어가 보면, 하늘의 정신(七축)이 완성된 삼태극의 음양(사람)을 바탕으로 실체적인 완성을 이루며 돌아가는 모습이다. 이는 바로 **七축(정신)으로 거듭난 사람으로서 이 〈금척천부경〉의 실제적인 주체**가 된다. 이는 "用(60)"을 써서 이룬 ✳ '중용(中-73)'의 세계에 들어선 음양의 변화된 사람이자, 바로 다시 올 십오진주(성인)이며, 이 경을 읽는 자들이 따라 행하여 변화되어 가야만 할 길을 일컫는다. →732.

☑ 변(變)

이 〈금척천부경〉에는 여러 가지 완성에 의한 변화의 과정이 나타나 있다. 이 놀라운 경 속 구절 중, 이미 밝힌바 "運三四成環"의 그 "環(50)"이라는 고리를 전환점으로 두 세상이 나뉘어져 있음을 이미 밝힌 바 있다.

거시적과 미시적인 모든 관점에서 이 세상은 선천과 후천의 세상으로 나뉜다고 하였다. 나누어 보면, 원문의 글자는 단 한 자도 동일함이 없으나, 금척수리는 한 치의 오차도 없이 일맥상통하며 선천과 후천을 배분하고 있다. 여기서 '用變'은 바로 앞서 '六生'과 일맥상통하는 전환점으로 보아도 무방하다. 단지, 그 주체와 환경, 변화의 모습이 다를 뿐, 이에 대한 심오한 의미들은 지금까지 밝혀온 금척수리의 증명에서 찾아볼 수 있다. 이 모든 것은 대우주의 법칙 속에서 영원할 것이며, 그 속의 소우주로 존재하는 인간 또한, 그렇게 선천과 후천의 세상을 오가며 생장소멸의 과정 속에서 윤회를 거듭하게 된다. 하지만, 여기에는 하늘의 수(섭리)가 들어 있다. 그 뜻이 인간에게 용서와 기회, 배려와 사랑으로 거듭되고 있다는 것을 지나온 그 끝없는 시간과 경험을 통해 알 수 있어야 한다. 하지만 이 또한 심판과 고통, 재앙과 멸망의 결과를 초래할 수 있음을 명심하고 또 명심해야 한다.

지금, 언급하고자 하는 '變'은 '用變'과는 별개의 것으로, 바로 저마다의 혼을 가진 자의 삶의 중요성에 대한 것이다. 수많은 우주만물의 번성 가운데 하늘이 택하신 인간의 삶이 얼마나 소중한 가치를 가지고 있음은 두 말 할 필요가 없다. 허나, 수없이 많은 윤회의 삶 속에서 자신이 어떤 삶을 사느냐에 따라 변화될 수 있음을 나타내는 희망일 수도, 경고일 수도 있는 대목이다.

전생의 삶에 대한 결과에 따라 지금의 내 삶이 정해져 살아가듯, 현재를 살아가는 자신의 모습이 세상물질의 색(탐욕)에만 열중하고 있다면 이 '用'은 보이지도 들리지도 않을 것이니 행(실천)하고 따르며 쓸 생각은 당연히 없을 것이다.

만약, 한 번쯤 자신이 무엇을 쫓으며 살아가고 있는지를 돌아볼 수 있다면, 그 변화의 모습 또한 짐작할 수 있지 않겠는가.

이후의 〈금척천부경〉 원문의 글과 수리에서도 알 수 있겠으나, 정신이 올 곧게 서서 가면 색(세속)은 놓을 수 있어야 할 것이다. 더러, 정신이 주도하면 색(물질)은 그저 따라 오는 것이라 하지만, 이 또한 항상, 일정한 간격으로 따라오는 것이 이치라는 것을 잊어서는 안 된다. 더불어, 내 정신이 커질수록 그 따라오는 것도 커질 수 있으나, 이를 내 것으로 잡으려 한다면, 주체(주인)가 되었던 정신은 도로 후퇴하고 작아져 허망한 재물의 노예로 전락할 수밖에 없다.

물질의 탐욕에 급급하여 내 혼이 어디로 가는지도 깨닫지 못한다면, 자신의 정신은 점점 작아지고 사라져 결국 "인물동수(사람과 동물은 별개의 것이 아님을 뜻함)"의 윤회에서 결코 벗어날 수 없다는 하늘의 이치를 말하고 있음이다. 앞서, '선천

(12) 用(60)變(61)不(62)動(63)本(64)=310

운'에서 언급한 '부귀빈천'의 참 뜻이 과연, 무엇인지를 다시금 떠올려 볼 일이다. 오행의 물상, 더 좁혀서 동물 중, 인간의 뇌가 가진 다양하고 위대한 역할만으로도 감이 오지 않는가. 그만큼, 이 말 속에는 다음 생에 내가 반드시 사람으로 다시 태어난다는 것을 보장받을 수 없음도 내재되어 있다. 두려운 말이다.

예부터 이미 사람들은 십이지(十二支)에 배속된 동물들의 생태와 성향에 바탕을 두고 사람들의 성정을 비교하곤 했다. 분명, 무관하지 않다는 이야기다. 사실, 음양오행이라는 의미가 사람과 동물, 나아가 식물과 모든 환경 등, 대자연의 기운까지 모두 아우르는 말이 아니던가!

명리의 이치를 공부하는 자라면 더욱 공감할 일이다. 지금, 이 〈금척천부경〉을 통해 깨닫고 행해야 하는 것은 "萬往萬來"[삼일신고-세계훈72]으로 자신의 근본이 되는 혼이 완성되어 육신의 윤회에 변화가 일어날 "用變"의 그 "變"이어야만 할 것이다.

☯ 그렇다면, 여기서 잠시 "用"을 가져와 "用變"에 대한 금척수(121)는 어떤 의미를 담고 있는지, 석삼극하여 증명해 본다.

| 121 | ●7260(15)6 | ■7381(19)1 | ▲14641(16)7 | 합: 29282(50-23)5 |

✠ 위의 금척수는 실체를 가진 하나(태극)의 음양이 완성되어 다시 새롭게 하나로 시작된다는 것을 말하고 있다. "用(60)"의 금척수에서도 알 수 있듯이 '용사(用使)'는 해인의 권능으로 이루어지는 것이니 이것의 결과물이 바로 "用變"이 된다. 이는 그때에 일어날 수많은 변화를 짐작케 하고 있으나, 이는 '用'을 써서 변하였으나 원래의 근본(11)은 그대로 있다는 의미가 금척수에 그대로 함축되어 있다. →121.

원방각, **하늘자리**는 七축(정신)의 음양이 완성된 혼을 바탕으로 실체적인 완성을 이룬 모습을 나타낸다. 이는 바로, 이 경의 후반부에 수록된 "本心本太陽昻明"하여 완성된 그 사람, "人(72)"은 결국, 완성된 혼이 바탕이 되어 탄생했다는 의미를 담고 있다. →7260(15)6.

땅의 자리에서는, ‘用’을 통한 더 이상의 치우침도 없는 완벽한 완성을 이룬 사람(中-73)이 팔자를 바탕으로 변화되어 새롭게 다시 시작됨을 나타내고 있다. 이는 앞서, 전환된 오행 속에서 독립체로 완성된 사람으로서, 그 시작과는 비교하여 구별할 수 있어야 한다. →7381(19)1.

자식의 자리는, 실체적으로 완성된 혼을 중심으로 제각기 돌아가는 하나의 본자리를 나타낸다. 이 또한, 변함없는 영원한 대우주의 법칙을 수로써 보여주고 있다. 궁극적으로는, 영원한 하나에서 만들어진 실체적 본자리(근본) 혼이 운행되어 새롭게 낳은 혼의 모습을 말하고 있다. →14641(16)7.

총합의 수에서 알 수 있는 것은, 영원의 “萬往萬來用”을 통하여 탄생된 변화된 사람(三-28)이 음양을 바탕으로 완성을 이루었다는 것이다. 이가 곧, “用變”의 결과물이다. 이는 곧 거대한 음양의 울타리 속에서 돌아가는 대우주의 세상, 그 속에서 탄생된 변화된 사람의 완성을 가리키고 있다. 하지만, 부합의 수에서도 짐작할 수 있듯이, 이 모든 것이 결국, 음양오행이 바탕이 된 영원한 대우주의 법칙을 말하고 있다. →29282(50-23)5.

※ 이 수(121)를 다시 팔괘로 돌려 증명해 본다.

121×3=363

363×3=1089　　363×4=1452

※ 삼태극의 혼이 완성되어 새롭게 낳은 삼태극을 바탕으로 돌아가고 있는 모습이다. 또한, 완성된 혼을 중심으로 제각기 돌아가는 음양(사람)의 삼태극을 나타낸다. 이는 변함없는 영원한 대우주의 법칙을 나타내고 있다. 즉, ‘用’을 써서 변하였으나, 그 근본바탕은 변하지 않는다는 것을 수의 정렬에서 보여 주고 있다. →363.

(12) 用(60)變(61)不(62)動(63)本(64)=310

이는 보이는 수 그대로, (108)의 수가 쌓이고 쌓여 그 어느 때에 "一積十鉅"의 완성으로 변화된 새로운 대우주의 모습을 나타내고 있다. →1089. 더 들어가 보면, 제각기 완성된 하나(태극)에서 탄생된 네 마디 다섯 치로서, 〈금척〉의 유래이자, 두함화주(用-龍)이며, 구이성십의 대우주가 음양을 바탕으로 완성된 것을 알 수 있는 부분이다. 이는 곧, 태극, 그 하늘(天)의 본자리(14)가 실체적인 완성을 이룬 모습을 일컫는다. →1452.

☯ 그렇다면 이제, 이 "不"의 금척수(62)는 이 경의 흐름에서 어떤 의미를 함축하고 있는지 알아본다.

62	●1891(19)1	■1953(18)9	▲3844(19)1	합: 7688(56-29)2

✠ 위의 금척수는 이 〈금척천부경〉 원문에서 이 한 글자만 그 의미를 부여하면 이 경의 전문을 통하여 유일하게 부정을 나타내는 것이나, 이 숫자는 앞서 밝힌바, 이 경의 핵심이라고 할 수 있는 "一析三極(26)"을 뒤집어 놓은 수와 같다. 이는 곧, 역수의 모습이다. 역수는 수의 정렬이 바뀜인데, 이는 경우에 따라 천양지차의 뜻을 담고 있다. 차후에 증명할 "心(66)"과 비교해 볼 일이다. 하지만, 수없이 언급한바, 이 또한 이 〈천부경〉의 총체적인 의미인 "一析三極"을 다 뒤집어서 거꾸로 나열하여도 그 근본은 변하지 않는다는 것이 중요하다. '用'을 써서 완성되고 변화된 혼의 음양일 것이나, 그 근본은 변함이 없다는 것이다. →62.

원방각, **하늘자리**에서는, 사람의 근원수(18)가 완성된 대우주를 바탕으로 실체적인 완성을 이루며 하나가 됨을 알 수 있다. 이는 곧, 구이성십(구궁가일)으로 하나 된 그 씨라고 할 것이다. →1891(19)1.

땅의 자리에서는, 독립체로 완성된 사람이 바탕이 된 하나의 대우주가 실체적 완성을 이루며 돌아가고 있다. 금척수리는 단 하나도 그저 얻어지는 것이 없다는 것을 기억한다면 이 수 또한, 세상의 이치와 완벽하게 부합되고 있다는 것을 간파할 수 있어야 한다. →1953(18)9.

사람의 자리에서는, 제각기 완성된 삼태극의 팔자가 제각각의 두 개(음양)의 본자리(팔자)를 낳으며 이를 바탕으로 실체적 완성을 이룬 모습이다. 이는 곧, 위대함과 존속의 의미를 모두 포괄한 "大(38)"로서, 이 땅 위 세상의 완성된 사람을 일컫는다. →3844(19)1.

총합의 수에서는, 실체적인 七축(정신)의 혼(이는 곧 '用'을 써서 정신이 완성되어 변화된 사람)에서 탄생된 제각기 완성된 음양의 팔자를 나타내고 있다. 여기서 가리키는 실체적으로 완성된 七축(정신)의 혼은, 〈금척천부경〉 후반부에 수록된 "人中天地一"의 그 "一(76)"로서 완성된 혼이 궁극적으로 가야 하는 길이다. 또한, [삼일신고-진리훈]의 밝은 자, 선과 덕으로 가득 찬 사람으로서 완성된 사람의 혼을 가리킨다. 이는 곧, **(성·통·공·완)의 경지에 다다른 사람**, 자신의 근본(혼)이 마침내 하늘의 정신(七축)과 성통한 사람이다. 유념해 볼 것은, 제각각의 완성된 두 개의 팔자를 바탕으로 돌아가고 있음이다. 이는 '用'을 써서 변한 사람(성인)의 혼의 음양을 일컫는다. 또한, 다가올 변화(88)를 암시하고 있다. 더 깊은 내면에는, 음양을 바탕으로 육신을 가진 사람으로 오신 십오진주의 모습을 다시금 예시하고 있다. 또한, 흘려 지나치지 말아야 할 것은, 이 움직이는 혼은 음양을 바탕으로 때때로, 서로 같지 않으니 '不'가 성립되기도 한다. 앞서 언급한 "心(66)"과의 연관성이 바로 이 속에 담겨 있다. →7688(56-29)2.

✠ 이 수(62)를 다시 팔괘로 돌려 증명해 보자.

62×3=186

186×3=558　　186×4=744

⊠ 실체를 가진 하나(태극)의 팔자가 완성되어 만들어진 혼을 말하고 있다. 즉, 사람의 근원수(18)가 혼을 바탕으로 완성된 모습이다. →186.

(12) 用(60)變(61)不(62)動(63)本(64)=310

이는 제각기 돌아가는 오행이 완성되어 낳은 팔자로서, 이는 곧 변화된 사람 (化三-55)이 새롭게 낳은 팔자를 바탕으로 완성을 이룬 모습이다. 또한, 이는 세상 속에 넓게 퍼져 나가는 완성된 사람을 가리킨다. →558.

더 들어가 보면, 제각기 돌아가는 두 개의 본자리를 바탕으로 실체적인 완성을 이룬 七축(정신)을 볼 수 있다. 이는 곧, 혼이 七축(정신)과 성통 된 사람을 일컫는 것으로, **"用變"** 하여도 그 근본바탕은 변함이 없음을 수로써 증명하고 있다. →744.

❂ 이제, 원문의 뜻 그대로 옮겨 움직인다 또는 흔들린다는 의미의 ＊ **"動"** 의 금척수(63)에 대하여 석삼극해 본다.

| 63 | ●1953(18)9 | ■2016(9) | ▲3969(27)9 | 합: 7938(54-27)9 |

✤ 이는 한마디로, 완성된 혼의 삼태극이다. 즉, '用'을 써서 변한 혼으로 만들어진 삼태극을 일컫는다. 이 수에는 변화되어 완성된 혼이 움직이고 나아감에 있어 그 주체(혼)에 대한 책임이라는 묵시적인 의미가 담겨 있다. 왜냐하면, 혼으로 완성되어 거듭난 사람(성인)이 낳은 이 삼태극은 바로 뒤바뀐 현상(현실)이며 구도(심신을 닦음)의 세계이기 때문이다. 또한, 이는 형체 없는 주체로서 언제든 뒤집어질 수 있기 때문이다. →＊63.

원방각, **하늘자리**를 보면, 한마디로, 구궁가일(구이성십)의 실체적인 완성으로 탄생된 독립된 사람(一-53)을 보여 주고 있다. 이 숫자에서도 이미 〈금척〉을 사용하였던 선조들의 지혜를 짐작할 수 있다. 바로, 소우주(자궁)의 개념 그대로 (만 9개월)을 채워 태어난 완성된 사람을 일컫는다. 이 의미는 단순히 육신의 완성이 아닌, 더 큰 완성의 뜻이 내재되어 있음을 이제는 파악할 수 있어야 한다. 앞서 "用"의 금척수에서 알 수 있듯이, 〈예언서〉로서의 주체라고 할 구세주(십오진주)와 모든 것을 동일시할 수는 없다. 하지만 그를 통하여 분명, 지금 이 땅 위의 사람에게 그 완성으로 가는 길을 제시하고 있다. →1953(18)9.

땅의 자리는 완성된 태극의 음양이 하나의 혼(**地**一-16)을 바탕으로 실체적인 완성을 이룬 모습을 나타내고 있다. →2016(9).

이들 합의 결과물, **자식의 자리**에서는, 실체적으로 완성된 "大三合"에서 탄생된 음양의 근원수(69)를 나타낸다. 이는 앞서, 하나(태극)의 본자리(11)에서 그 완성의 과정이 뒤바뀌었음을 알 수 있다. 즉, 음양의 부모(69)와 삼태극의 혼이 뒤바뀐 것이다. 다시 말해서, 이는 제각기 완성된 삼태극에서 탄생된 움직이는 혼이 중심이 되어 제각각의 대우주가 돌아가고 있는 모습을 보여 주고 있다. 흔들리는 중심에서 돌아가고 있는 대우주는 과연 어떻게 돌아갈 것인지. 그리고 그 대우주 공간 속에 있는 오행(인간)은 어떠할 것인지 짐작해 볼 일이다. →3969(27)9.

총합의 수에서 보여 주고 있는 것은, 七축(정신)의 대우주(**無**-79)가 삼태극의 팔자(**大**-38)를 낳으며 실체적인 완성을 이룬 모습이다. 이는 원문의 글자에서도 알 수 있듯이, 모두 '無'에서 비롯된 것으로 무형의 뜻이 함축되어 있다. 이는 결국, 수의 정렬은 분명하나 이 또한 너무 쉽게 뒤바뀔 수 있는 모양으로 있다는 것을 암시한다.
원문의 글자에서 짐작해 볼 수 있듯이, 그 의미는 긍정과 부정을 모두 함축하고 있으나, 그 중심이 어디에 더 쏠려 있는 것인지가 관건이 될 것이다. 하여, 간합(부합)의 수에서도 보여 주듯, 이 모든 것이 대우주의 법칙 속에 있으니 그 길 또한, 묘(妙)함을 나타내고 있음이다. →7938(54-27)9.

✤ 이 수(63)를 다시 팔괘로 돌려 증명해 본다.

63×3=189

189×3=567　　189×4=756

(12) 用(60)變(61)不(62)動(63)本(64)=310

⊠ 어디로든 움직일 수 있는 무형의 혼(63). 그 완성된 삼태극은, 실체적인 하나(태극)의 팔자가 대우주를 바탕으로 완성되어 돌아가는 것을 나타낸다. 이는 바로, 완성된 사람의 근원수(18)에서 만들어진 대우주의 모습이다. →189.

실체적인 완성의 오행 속에서 탄생된 혼의 본자리(本-67)를 볼 수 있다. 이는 사람의 완성된 오장육부에 비유되는 수로써, 七축(정신)을 바탕으로 헤아릴 수 없는 오행의 혼이 완성되어 영원히 돌아가고 있음을 나타내고 있다. →567.

더 들어가 보면, 실체적인 七축(정신)의 완성으로 탄생된 영원한 오행 속에 돌아가는 혼의 모습이다. 즉, 七축(정신)과 성통된 혼(사람)이 오행 속에서 영원히 돌아가며 움직이는 것을 알 수 있다. 이는 앞서 밝힌바, '用' 을 써서 변한 사람을 일컫는 것으로 근본바탕은 변함이 없으나, 수의 정렬이 바뀌어 그 주체가 달라질 수 있음을 수로써 보여 주고 있다. →756.

☑ 動(63)

이 〈금척천부경〉은 하늘의 이치를 담은 진경이라, 인간이 그 깊이를 가늠하여 측정할 수 없는 신의 수(섭리)가 담겨 있다. 이를 또한, 신의 수라고 칭할 수 있는 것은, 〈금척〉을 통한 한 치의 오차도 없는 예정된 그 모든 것들에 대한 수의 시간이다.
영원한 대우주의 모습처럼 그 속에 존재하는 오행 또한 생장소멸을 거듭할 것이니, 대자연의 법칙 속에서 가고 옴의 윤회는 계속될 것이다. 인류는 그 과정 속에서 수없는 완성과 이를 통한 변화를 겪으며 한 걸음씩 발전된 세상을 볼 수 있었을 것이다. 하지만, 그 이치 속에는 항상, 예외의 법칙이 존재하고 있어 이 "動(63)" 을 넣어 두셨으리라.
이 〈금척천부경〉 원문의 "**動**" 은 이 많은 변화의 최정점에 있는 수라고 해도 과언이 아니다. 먼저, 수의 정렬을 다시금 유념해서 보아야 한다. 이미 이 경의 원문 "一積十鉅" 부터 금척수리 속에는, 역수의 관계를 암시하고 있다. 한마디로 혼과 육신이 서로 혼돈되어 뒤섞여 버릴 수 있다는 것이다. 이는 바로, 육신을 가진 사람이 사는 이 세상과 아주 깊게 연관되어 있음을 알게 된다. 앞서 "變" 에 대하여 언급한 것을 떠올려 볼 일이다. 그럼에도 불구하고 이 수의 증명에서 알 수 있듯이, 수의 정렬, 위치가 바뀌어도 그 수의 근본(본성)은 달라지지 않는다는 것을 말하고 있다. 이는 오장육부와 완성된 혼을 가진 사람이 온전한 본바탕(4)으로 돌아서 나온 삶의 방향이다. 그 삶의 방향에 따른 가치와 기준이 어디에 있든지 그 근본(뿌리)은 변함이 없다는 것을 말하고 있다. 여기서, 알아야 할 것은 삶의 질이다. "動"은 바로 이것을 나타내는 것이며, 이로써 달라지는 것은 하늘과 땅이 다르듯, 그 중심이 어디에 있는지에 따라 천양지차의 의미가 잠재되어 있음을 명심하고 잊지 말아야 한다.

이 "動(63)"은 세월의 흐름에 대한 개념을 나타내고 있는 "運(46)"과는 원문의 글자에서 나타나듯, 그 의미가 확연하게 다름을 알아야 한다. 또한, 이 혼을 의미하는 '六'의 뜻에는 실체적인 생명을 뜻하는 물의 개념이 들어 있다. 물로써 만들어진 우리의 몸(생명) 속에 깃든 우리의 혼이기 때문이다. 이 물은 흐르고 움직이지만, 여기에서 "動"은 그것보다는 좀 더 생각과 표현의 영역이 다르다. 즉, (運)의 개념에서는 추상적이고 시간적인 흐름이 개입되어 있다면, (動)은 좀 더 가시적(눈으로 볼 수 있는 것)이고 능동적이며, 심리적인 모습까지도 포괄하고 있다는 점이다. 말 그대로 (運)은 **선천의 기운으로 흐르는 것**이고, (動)은 **현세의 기운에서 움직이고 시작된다**는 표현이 맞다. 또한, (運)은 〈금척〉의 숫자에서도 알 수 있듯이 그 주체가 본바탕이 되어 돌리고 있는 모습으로 한 방향으로 순행하며 흐르나, 무형의 혼이 주체가 되는 (動)은 어디로든 갈 수 있으니, 역행하거나 뒤집어질 수도 있지 않겠는가. 또한, (運)은 하나의 흐름으로 연결되나, (動)은 어떤 시작을 낳을 것인지 그 역동성을 짐작하기가 어렵다.

깨우침은 스스로 터득하는 것이니, 육신의 윤회가 어디서 멈추고 달라질 수 있는지를 이 금척수의 정렬에서 깨우쳐야 할 것이다. 지금까지 깨우침을 위한 지극히 개개인의 관점에서 이 (動)을 서술하였다.

여기서 더 깊이 들어가 볼 수 있다면, 우리의 글 속까지도 볼 수 있어야 한다. 이 경이 지금, 이 시점에 드러내야 했던 이유와 마찬가지로 우리글(한글)이기 때문에 열 수 있는 비밀이 있다. 그것은 이 (動)이 주는 의미가 비단, 움직이는 데 그치는 것은 아니란 것을 알아야 한다. 무서운 경고이다. 이는, 그때가 이르게 되면, **용사진인으로 드러낼 것임을 예언해 두셨음이라.**

(12) 用(60)變(61)不(62)動(63)本(64)=310

☯ 이제, '用'을 써 그 근본의 완성을 이루어 탄생된 사람의 혼, 하지만 그 근본은 변하지 않는다고 하였다. 이제 그 변하지 않는 완성된 혼의 본자리 **"本"**의 금척수(64)에 대하여 석삼극하여 원방각으로 확인해 본다.

64	●2016(9)	■2080(10)1	▲4096(19)1	합: 8192(38-20)2

✖ 위의 금척수는 한마디로, 완성된 혼의 본자리를 일컫는다. 이 또한, 하나의 완성을 나타내고 있다. 즉, 모든 **완성된 혼의 본향**이 된다. →64.

원방각, **하늘자리**는 제각기 완성된 음양이 하나의 혼을 바탕으로 실체적인 완성을 이루며 돌아가는 대우주를 나타내고 있다. →2016(9).

땅의 자리는 제각각(삼태극)의 완성된 음양이 완성된 팔자를 바탕으로 하나의 완성을 이루며 돌아가고 있는 모습이다. →2080(10)1.

이들 합의 결과물, **사람의 자리**에서는 완성된 음양(부모)의 근원수(96)가 바탕이 되어 돌아가는 제각기 완성된 삼태극의 본자리를 볼 수 있다. 앞서 언급한바, 이 제각기 완성된 음양의 근원수(96)는 분명, 수의 정렬에서 이 음양(부모)의 근원수(69)와는 다른 의미를 갖고 있다는 것을 유념해야 한다. →4096(19)1.

총합의 수에서 보여 주고 있는 것은, 대우주의 음양을 바탕으로 팔자가 하나로 실체적인 완성을 이루며 새롭게 시작하는 모습이다. 이는 결국, 간합(부합)의 수에서도 보여 주듯이 태극의 음양에서 새롭게 탄생된 음양(사람)의 완성을 일컫는다. →8192(38-20)2.

✖ 이 금척수(64)를 다시 팔괘로 돌려 증명해 본다.

64×3=192

192×3=576   192×4=768

✳ 이 혼의 완성으로 낳은 본자리(64)는 바로 "人一"의 그 "一(19)"에서 만들어진 음양으로서, 실체를 가진 하나(태극)에서 탄생되어 완성된 대우주의 음양을 나타낸다. 이가 곧, 음양이 바탕이 된 구이성십(구궁가일)의 완성된 본자리이다. →192.

이는 실체적인 오행 속에서 七축(정신)의 완성으로 낳은 혼을 보여 주고 있다. 이는 영원히 되돌아갈 근본(혼)의 모습이라고 할 것이다. 또한, 이 금척수에는 실체적으로 완성된 오행 속에서 탄생된 "人中天地一"의 그 삼신의 반열에 오른 사람 "一(76)"이 바탕이 되어 돌아가고 있다. 이는 결국, 그 완성된 사람의 본자리, 본바탕 그 자체를 지칭하는 것이며 지금 이 세상을 살고 있는 사람이 깨우치고 행하여 가야 할 곳이며 길인 것이다. →576.

더 들어가 보면, 실체를 가지고 완성된 사람의 그 "一(76)"이 주체가 되어 만들어진 팔자를 볼 수 있다. 이 모든 과정은 십오진주의 모습을 나타내고 있으나, 또한 이 경을 통하여 깨우쳐 그 길을 따라 성통 된 밝은 자, 선과 덕으로 가득 찬 자로서 **성·통·공·완**의 경지에 다다른 자를 일컫는다. 여기서 수의 정렬이 바뀌어 그 주체가 달라진 것을 알 수 있다. 이 경은 바로 이 팔괘(팔자) 속에서 돌아가는 내 근본 속의 완성된 혼이 가야 할 길을 이 수의 정렬로 보여 주고 있다. 새삼, 유념할 것은, 이 〈금척천부경〉이 〈우주창조의 원리와 조화의 이치〉와 함께 〈예언서〉인 까닭이다. 이는, 완성의 경지로 가는 길을 이끄는 십오진주(성인)의 출현을 함께 예고하고 있기 때문이다. →768.

☯ 먼저 구분하여 오행 속, 수없이 오고 가는 "萬往萬來"를 통한 완성에도 불구하고, 또한 더 나아가 '해인용사'와 상관없이, 변하지 않는 본바탕을 나타내는 **"變不動本"**의 금척수(250)에 대하여 석삼극하여 증명해 본다.

250	●31125(12)3	■31375(19)1	▲62500(13)4	합: 125000(44)8

(12) 用(60)變(61)不(62)動(63)本(64)=310

※ 위의 금척수는 인간을 포함한 모든 만물이 속하여 있는 세상을 나타내고 있다. 바로 '用'을 사용함에 영향력이 미치는 그 바탕 환경이자 배경, 본성이 된다. 이는 사람이 완성된 오행을 바탕으로 실체적인 완성을 이룬 모습이기도 하다. 이 수는 한마디로, **음양오행의 완성**이다.

즉, 앞서 〈**금척천부경**〉 원문의 "**無**(25)"의 완성이다. 또한, 대우주를 가리키는 "**無**(9)"로서 대우주의 완성을 일컫는다. 이 말은 보이지 않는 '**無**'의 존재 속에서 탄생된 대우주의 완성을 나타낸다. 또한, 이 모든 완성에도 불구하고 그 근본은 변함이 없다는 것을 나타낸다. 결국, 이것은 음양오행의 법칙 속에 살고 있는 사람의 근본(혼)바탕, 그 특징이나 성질은 변하지 않는다는 것을 말하고 있다. →250.

원방각, **하늘자리**는 제각기 완성된 영원한 삼태극의 두 개의 본자리(11)가, 음양오행을 바탕으로 실체적인 완성을 이루었음을 볼 수 있다. 이는 음양이 하나 된 삼태극을 나타내고 있다. 한마디로, 삼합일(일합삼)의 원리로 완성된 십오진주(성인)를 일컫는다. →31125(12)3.

땅의 자리에서는, 영원한 삼태극이 오행을 바탕으로 새롭게 탄생시켜 완성된 사람을 나타낸다. 이는 영원한 삼합일(일합삼)의 원리로 돌아가는 완성된 땅(**地**-75) 위의 세상을 말하고 있다. 즉, 이 세상을 살아가는 사람이 가야 할 마지막 그 완성된 땅 위 세상을 가리키고 있다. 또한, 그 본향의 자리는 영원불변할 것임을 수로써 증명하고 있다. →31375(19)1.

이들 합의 결과물, **사람의 자리**에서는, 영원한 혼의 음양이, 실체적으로 완성된 오행을 바탕으로 돌아가고 있는 모습이다. 이는 곧, 실체적으로 완성된 음양오행이 바탕이 된 혼(사람)을 나타내고 있다. 즉, 실체를 가지고 성통의 완성을 이룬 사람의 혼을 일컫는다. 다시 말해서, 제각각의 완성된 혼이 음양으로 달라져 변화되었다 할지라도 그 근본은 하나라는 것을 말하고 있다. 이러한 금척수리는 인간세상의 삶에 놀랍도록 적용되어 작용하고 있음을 어느 시점에서는 스스로 체험하고 통감하게 될 것이다. 결국, 하나의 삼태극으로 이루어진 그 근본자리는 변하지 않는다는 영원한 대우주의 법칙을 수로 써 증명하고 있음이다. →62500(13)4.

총합의 수에서 알 수 있는 것은, 태초의 그 하나에서 시작된 제각기 완성된 영원한 음양오행의 세상이다. 이는 바로, 제각각의 두 개의 본자리(팔자)를 가지고 돌아가는 세상 속의 사람을 일컫는다. 여기에서 (000-天)이란 영원히 돌아가는 삼태극의 대우주로 천·지·인(성명정)이 제각기 완성(十)됨을 뜻한다. 좀 더 깊이 들어가 보면, 영원한 하나(태극)의 음양이 제각기 완성된 땅 위(地-15)의 세상에서 돌아가고 있는 모습을 볼 수 있다. 이는 백(육신-00)의 옷을 입고 온 사람이 완성(성통, 十-0)되었다는 것을 말하고 있으나, 그 본바탕은 두 개의 본자리(팔자) 속에서 변하지 않는다는 것이다. 즉, 그 어떤 변화의 완성에도 변함이 없는 것은 바로 음양오행(근본)의 세상이 바탕(근본)에 있다는 사실이다. →125000(44)8.

✠ 위의 금척수(250)를 다시 팔괘로 돌려 증명해 본다.

250×3=750

750×3=2250　　750×4=3000

▣ 이 음양오행의 완성은 곧 완성된 오행을 바탕으로 실체적인 하늘의 정신(七축)이 완성된 것을 말하고 있다. 또한, 지금 이 경을 읽고 있는 자가 살아서 완성을 이루어 가야 할 땅 위(地-75) 세상의 종착, 그 실체적 완성을 보여 주고 있다. →750.

이는 제각각의 음양(사람)이 완성된 오행을 바탕으로 실체적인 완성을 이룬 모습이다. 이는 또한, 이전의 수를 기억한다면 이 수(22) 또한 사람이 살아가는 인간세상을 나타내고 있으니, 이는 곧, '用'을 사용하여 변화된 세상(사람)을 만든 그 십오진주(해인용사)에 의한 오행의 완성을 말한다. 이 오행의 완성은 또한 다른 변화의 시작을 예시하고 있다. →2250.

(12) 用(60)變(61)不(62)動(63)本(64)=310

더 들어가면, 제각기 완성된 삼태극이 성·명·정(천·지·인)의 세계를 이루며 영원한 대우주 공간 속을 돌고 있는 모습이다. 즉, 음양오행의 실체적인 완성은, 사람이 변화되어 완전한 완성(三天)을 이룬 세상, 그 본질적인 근본바탕을 나타낸다. 중요한 부분이다. 왜 이 경이 비밀의 열쇠인지, 이 시대를 살아가는 사람이 지금, 반드시 알고 깨우쳐야만 되는지를 이 수 안에 숨겨 놓았기 때문이다. →＊3000.

＊〈三天大天世界 ＝ 하도낙서, 선천후천중천의 삼천도〉

〈팔만대장경〉에서도 밝힌 바 있듯이, 동서고금을 막론하고 어떤 세계관의 눈으로 보든, 진리는 한 가지로 통하고 있다는 것을 이미 〈금척천부경〉은 수로써 그 어떤 〈경전〉이나 〈예언서〉보다 먼저 우리에게 알려 주고 있다.

☑ 삼천변화도(三天變化道)
근본(본성)은 어떤 경우에도 변하지 않는다는 이치는 바로 하늘(天)의 이치이자, 하느님(神)의 말씀이며 영원히 변하지 않는 대우주(대자연)의 법칙이다.

앞서, [하도낙서(복희씨-伏羲氏), 우왕-禹王)]에 관하여 간략하게 언급한 적 있으나 이 또한, 우주의 생성과 그 영원함 속에서 인간세상의 모든 역리를 담고 있다.
〈하도낙서〉를 언급하는 이유는, 〈하도낙서〉에 의한 태극과 팔괘, 선천과 후천 그리고 중천에 대한 모든 의미가 이미 이 〈금척천부경〉에 고스란히 수록되어 있기 때문이다.
중요한 것은, 〈하도낙서〉의 이치는 곧, 이 시대의 해답이자, 구원의 빛이 될 〈금척천부경〉을 암시하고 있기 때문이다. 단지, 사람들은 이것의 전하는 뜻에 귀 기울이는 자 드물며, 혹 듣고자 하여도 제대로 납득하지 못하니, 실천하여 깨우칠 수 없을 따름이다.

여기서 잠시, 〈하도낙서〉의 [삼천변화도]를 옮겨 본다.

선천(先天)		후천(後天)		중천(中天)	
하도(河圖)		낙서(洛書)		**인부(印符)**	
유도(儒道)		불도(佛道)		선도(仙道)	
희역(羲易)		주역(周易)		정역(正易)	
소남	소녀	중남	중녀	장남	장녀
간(艮)	태(兌)	감(坎)	리(離)	**진(震)**	**손(巽)**
개(狗)	양(羊)	돼지(豕)	꿩(雉)	**용(龍)**	**계(鷄)**
선천하도	후천낙서	선천하도	후천낙서	선천하도	후천낙서
36궁	45궁	54궁	63궁	72궁	81궁

선천과 후천의 세상은 영원한 대우주의 법칙처럼, 지구가 태양을 공전하며 돌아가듯 변함없이 순회할 것이나, 그중에 간과해서는 안 될 세상이 있다. 그것은 바로 중천의 세상이다. 이가 바로 이 〈금척천부경〉을 통한 비밀의 열쇠이다.

위의 [삼천변화도]에서도 볼 수 있듯이, 선천의 유도, 후천의 불도, 그리고 중천의 선도를 삼천도(三天道)라 한다. 그중에, 선천하도, 후천낙서, 그리고 중요한 **중천인부**가 있다. [변화도]라고 하였다. 이는 **마지막에 갈 곳이 중천의 인부**에 있음이다. 여기에서 '인부'의 뜻을 기억하고 있어야 할 것이다. **인부(印符)**는 바로 해인과 〈천부경〉 즉, 해인(海印)의 〈天符經〉을 일컫는다. 하늘(天)의 이치와 심판의 힘을 가진 해인의 권능이 〈천부경〉에 수록된 '用'을 쓰는 완성된 사람(해인용사, 용사진인)에게 있음을 알리고 있다. 하늘의 이치를 먼저 깨우쳐 얻어야, 땅에서 그 이치의 현상을 그대로 실감할 수 있을 것이다.

〈금척천부경〉의 흐름에서 현재를 살아가는 사람들은 개개인이 그렇듯이, 후천의 세상에 속해 있다. 허나, 선천과 후천의 세상은 대우주가 존재하고 있는 한, 개인의 윤회와 같이 끊임없이 돌아갈 것이다. 또한, 그 시공의 흐름에 얼마나 많은 억겁의 시간이 흘러갈지는 그 누구도 장담할 수 없다. 하지만,

(12) 用(60)變(61)不(62)動(63)本(64)=310

중천의 세상은 그 돌아가는 중심에 있는 七축의 기둥과 같이 견고하고 빛나게 우뚝 서 있을 것이니, 영원 속에서 생(生)하는 길이자 선경(신선의 땅)의 세상이 되는 것이다.

결국, 이 **〈금척천부경〉** 은 그 길을 비밀스럽게 담아두고 찾아가는 길라잡이로서 지금 이 문을 연 것이다. 또한, 이때에 반드시 생하여 들어갈 수 없다면 영원히 죽을 수밖에 없는 그 심판의 날이 다가왔음을 경고하고 있다.

☯ 이제, 이 구절을 모두 연결한 '用' 을 사용하여 변하여도 그 본질은 다르지 않다는 **"用變不動本"** 의 **금척수(310)** 에 대하여, **"變不動本"** 과 비교해 본다.

310	●47895(33)6	■48205(19)1	▲96100(16)7	**합:** 192200(68-14)5

⊠ 위의 금척수에 해당하는 **〈금척천부경〉** 원문의 글 내용을 살펴보면, 완성된 사람이 '用' 을 써서 새롭게 다른 변화(환경)를 맞이했을지라도, 그 근본바탕은 결코 변하지 않는다는 의미가 담겨 있다. 또한, 이 수는 앞서 증명한 "天二三" 의 그 "三(31)" 의 완성을 나타낸다. 앞서, **"變不動本"** 과의 그 내면에 담긴 본질 즉, 변하지 않는 근본에 대한 행위의 주체를 이 **금척수(310)** 는 나타내고 있다. 이는 바로, **'用'** 을 사용하여 '用變' 된 사람으로서 **삼합일의 이치로 완성된 사람**을 일컫는다. 결국, 그 근본은 변함이 없다는 의미가 모두 함축되어 있다. →310.

원방각, **하늘자리**에서는 영원한 구이성십(구궁가일)의 울타리로 만들어진 대우주(소우주) 공간 속의 변함없는 환경(789)을 볼 수 있다. 좀 더 들어가 보면, 영원한 본자리에서 만들어진 대우주의 환경(789=132)이 오행을 바탕으로 완성을 이룬 모습이다. 이는 후천의 세상(성환)에 들어와, 완성된 오행에서 시작되는 그 "五十一" 의 사람과 상통하니 그 사람의 완성을 나타내고 있다. 이렇듯, 〈금척〉 의 이치는 놀랍도록 오묘하고 정교하다는 사실을 새삼 이 금척수에서 확인해 볼 수 있다. →47895(33)6.

땅의 자리에서는 영원한 본자리의 팔자(사주팔자)가, 실체적인 음양을 낳으며 오행을 바탕으로 완성되어 돌아가는 모습이다. →48205(19)1.

자식의 자리는 한마디로, 영원한 태극의 음양의 근원수(96)에서 탄생된 하나의 실체적인 완성을 말하고 있다. 이는 완성된 하나(태극)의 혼으로서 하늘의 정신(七축)과 성통이 되었음을 보여 주고 있다.→96100(16)7.

총합의 수에서 알 수 있는 것은, 영원한 하나(태극)의 대우주에서 만들어진 제각각의 음양이 실체적인 완성을 이룬 모습이다. 또한, 이는 영원한 하나의 대우주이자, 구이성십(구궁가일)이 낳은 인간세상(22)의 실체적인 완성을 나타내고 있다. 간합(부합)의 수에서 나타내고 있는 완성된 혼의 팔자(太-68)이자 하나(태극)의 본자리로서 결국, 처음 시작의 그 오행의 바탕을 보여 주고 있다. 이는 곧, 어떤 경우에도 변하지 않는 근본을 말하고 있음이다. →192200(68-14)5.

⌘ 이 수(310)를 다시 팔괘로 돌려 증명해 본다.

310×3=930

930×3=2790　　930×4=3720

⌘ '無'의 대우주가 실체를 가지고 낳은 삼태극의 완성을 나타내고 있다. 이는 혼백(00)의 실체적인 삼태극이 하나로 완성을 이루었다는 것이다. 즉, 완성된 삼태극을 바탕으로 대우주가 실체적으로 완성된 것을 수로써 증명하고 있다. →930.

실체적인 변화로 완성된 음양의 七축(정신)이 완성된 대우주를 바탕으로 돌아가고 있다. 이는 결국, 선천과 후천을 오가며 '無'에서 '有'의 완성을 받아 다시 거꾸로 그 과정을 완성해 나가고 있는 것이다. →2790.

더 들어가 보면, 제각기 완성된 삼태극(성·명·정)의 세상에서 만들어진 실체적인 七축의 음양(사람)을 나타낸다. 이는 대우주의 번성을 예시하고 있는

(12) 用(60)變(61)不(62)動(63)本(64)=310

부분이기도 하다. 차후에 증명하게 될 "人(72)"의 완성, 그 번성을 암시하고 있다. 허나, 이 모든 것에 대한 변화의 완성에도 불구하고 그 근본은 변함이 없다는 이 의미를 이 경의 전문을 모두 통독한 후에는 스스로 터득할 수 있어야 한다. →3720.

(13) 本(65)心(66)本(67)太(68)陽(69)昻(70) 明(71)=476

지금까지 〈금척천부경〉 전문이 전하는 맥을 놓치지 않고 기억할 수 있어야 한다. 무엇보다도 이 〈금척천부경〉은 대우주의 법칙 속에 존재하는 만물 중, 지금 이 경을 정독하고 또 정독하여 스스로 깨우쳐 행할 수 있는 사람(人)에게 이 말씀을 전하고자 함이다. 앞서, 이 〈금척천부경〉은 이미 이세상을 살고 있는 우리 인간을 포함한 모든 만물이, 생장소멸의 법칙 속에서 수없이 오고 가며 윤회하고 있다는 것을 〈금척〉의 수리를 통하여 증명하였다. 또한, 그 영원한 육신의 윤회 속에서 돌아가야 할 본향의 본자리가 있으며, 이는 그 억겁의 시간 속에서 실체적으로 완성된 사람의 '用'을 통하여 변화되어 드러나게 된다. 바로 **"用變"**이다. 이는 이 세상을 살고 있는 사람이 혼의 완성으로 거듭 생하는 것을 일컫는다. 허나, 이 **"用變"**에도 우리의 근본은 변하지 않는다는 것이 지금까지 본문의 내용이었다.

변하지 않는 근본이란 바로 생명(육신)의 삶이 존재하는 한 지켜야 할 것임을 말하고 있다. 하여, 예부터 근본에 대한 소중함을 선조들은 이미 삶의 지혜로 터득하고 있었음이다. 이는 바로 그 완성된 근본(혼)이 담긴 물(육신, 생명-6)의 존재를 나타내는 것으로써 십오진주(성인)의 '용사(용을 씀)'로 세상이 변하고 또한, 자신이 변화되어도 육신의 윤회가 끝나는 것은 아님을 말하고 있다. 그렇다면, 어디서 어떻게 이 끊이지 않는 육신의 윤회를 끝맺을 수 있을까. 이 구절은 바로 그 길을 알려 주고 있다. 또한, 이 총체적인 금척수(476)에도 수많은 깊은 의미가 담겨 있음을 이제는 스스로 짐작하여 깨우칠 수 있어야 할 것이다.

이제부터 이 의문에 대한 해답을 찾을 수 있는 〈금척천부경〉의 내용이 시작된다. 이 모든 과정을 금척수리로써 이 경의 심오함 속의 엄중한 메시지를 증명해 본다.

❧ 이 〈금척천부경〉의 전문에는 네 번의 본자리 '本' 자가 수록되어 있다. 그렇다면, 세 번째로 수록된 이 오행이 **바탕이 된 "本"**의 금척수(65)는 어떤 의미를 내포하고 있는지 확인해 본다.

| 65 | ●2080(10)1 | ■2145(12)3 | ▲4225(13)4 | 합: 8450(35-17)8 |

✳ 위의 금척수는 알다시피 이미 '用'을 써서 변하여 완성된 혼의 본자리가 오행을 바탕으로 다시 시작되고 있음을 나타내고 있다. 즉, **완성된 혼이 주체**가 되어 시작되는 오행의 본자리를 일컫는다.

이 〈금척천부경〉은 처음 오행을 바탕으로 '無'에서 시작된 것을 기억하고 있다면, 이 말의 뜻을 납득할 수 있을 것이다. 선천과 후천이 다르듯 시공의 흐름 속에서 그 바뀐 뜻과 모습을 확연하게 수로써 나타내고 있다. →65.

원방각, **하늘자리**에서는, 제각각의 음양이 완성된 팔자를 바탕으로 삼태극의 완성을 이루며 하나가 되어 돌아가고 있는 모습이다. 이 또한, 새로운 시작을 암시하고 있다. →2080(10)1.

하늘의 씨를 받은 **땅의 자리**에서는, 제각기 완성된 음양이 하나의 실체(00)가 되어 만든 본자리가, 오행을 바탕으로 완성되었음을 보여 주고 있다. 이는 곧, 제각기 완성된 음양이 구이성십(구궁가일)의 대우주(소우주)를 바탕으로 하나의 실체적인 완성을 이룬 것을 나타낸다. 즉, 음양이 하나로 완성된 삼태극(사람)의 모습이다. →2145(12)3.

이들 합의 결과물, **자식의 자리**에서는 제각기 완성된 본자리에서 만들어진 완성된 사람이 살아가야 할 인간세상(22)이 오행의 바탕 속에서 완성되어 돌아가는 모습이다. 이는 또한, 음양오행을 바탕으로 본자리의 음양이 실체적 완성을 이루며 생(生-42)하였음을 나타내고 있다. '六生'이다. 이는 모두, 같은 뜻의 다른 표현일 뿐이다. 한마디로, 오행 속, **완성된 혼의 본자리(사람)**를 일컫는다. →4225(13)4.

총합의 수에서 보여 주고 있는 것은, 이미 제각기 완성된 팔자의 본자리가 완성된 오행을 바탕으로 실체적인 완성을 이룬 모습이다. 즉, 제각기 완성된 삼태극의 팔자가 완성된 구이성십(구궁가일)의 대우주를 바탕으로 돌아가고 있음이다. 이는 한마디로, '用'을 써서 변화되어 거듭 완성된 혼을 가진 사람의 본바탕을 나타내고 있다. 그 새로운 본자리의 시작이다. 여기서 다시 완성이 된 오행의 금척수(50)가 바로 원문의 "環(50)"이라는 것만 보아도 그 의미를 짐작할 수 있다. 허나, 이는 간합(부합)의 수에서 여전히 팔괘(팔자)로 돌아가는 땅 위, 세상(二-17)의 육신을 가진 사람(人)을 나타내고 있음을 수의 증명에서 확인해 볼 수 있다. →8450(35-17)8.

⌘ 이 금척수(65)를 다시 팔괘로 돌려 증명해 본다.

65×3=195

195×3=585　　195×4=780

⊠ 이 수(65)는 곧, 실체를 가진 하나의 대우주가 오행을 바탕으로 완성된 것을 나타내고 있다. 이는 바로 오행을 바탕으로 구이성십의 완성을 이룬 사람을 지칭한다. 이 〈천부경〉에서 전하고 있는 완성된 사람은 이미 수에서 언급한바, 늘 그랬듯이 다시 올 십오진주(성인)를 나타내고 있다. 허나, 이 〈금척천부경〉은 처음부터 끝까지, 우주창조의 조화와 번성, 그 하늘의 이치를 그대로 가지고 선천과 후천의 세상을 돌며 생장소멸을 거듭하며 번성하는 대우주의 법칙을 말하고 있다. 여기에 수록된 글과 금척수의 모든 의미는 하늘(天)의 이치 속에 현존하는 지금의 사람에게 깨우쳐 그 완성의 길을 제시하고 있다. 또한, 그 기회가 이 〈금척천부경〉을 읽는 보통의 사람에게 주어졌다는 것을 말하고 있음이다. →195.

이는 오행을 바탕으로 팔자(사람)의 영원한 본향(萬-58)이 완성된 모습이다. 또한, 이 수의 모습에서 완성된 팔자(사람)를 중심으로 제각각의 음양으로 돌아가는 오행의 세상을 볼 수 있다. 이 또한, 영원한 대우주의 법칙이라고 할 것이다. →585.

(13) 本(65)心(66)本(67)太(68)陽(69)昂(70)明(71)=476

더 들어가 보면, 실체를 가진 七축(정신)의 팔자가 완성되었다는 것이다. 이는 성통된 사람의 정신이 완성됨을 나타내며, 완성은 곧 끝마쳤다(終-78)는 것을 나타내고 있다. 즉, 이 완성은 또 다른 변화를 암시하고 있다. →780.

위의 **金尺數**(65)의 증명으로 알 수 있음은 (근본)혼의 완성으로 새롭게 시작되는 오행은 '용을 사용' 한 사람의 완전한 완성(終-78)을 가리킨다.
이즈음에서 새삼 주의하여 명심할 것은, 이것은 아직 그 과정에 도달하지 않은 팔괘의 검증임을 알아야 한다. 그 완성된 혼의 본자리가 오행 속에서 새롭게 가야 할 길이 있다. 오래전부터 사람들은 속된 말로, '용 써 봐야 안된다.' 는 말을 쉽게 내 뱉곤 했다. 한편으로는 맞는 말이다. 어떻게 용(用, 龍)을 쓴단 말인가? 그들은 이 말의 속내에 대해 무엇 하나라도 알고 한 말일까? 단언컨대, 그들은 속된 말 그대로 '用' 의 '用' 자도 모르고 하는 소리다. 그것은 속된 세상 속에서 사람들의 삶에 대한 보는 눈을 말하고 있다. 우리의 입(말)으로 전해져 내려오는 수많은 속담이나 격언에는 선인들의 삶의 경험에서 쌓여 온 넋두리가 많다. 잠시, 그 말들의 어원을 돌이켜 그 내용을 들여다볼 수 있다면 그 수많은 말들이 쉽게 나온 것들이 아님을 알 것이다. 하여, '옛 말 중에 그른 말 하나 없다.' 는 말이 생겨난 까닭이기도 할 것이다. 지금부터는, 이 "用變" 한 혼으로 시작되는 본자리에서 행하고 또 해내야만 되는 과정들을 수록해 놓은 것이다. 이는 더 이상 글로써 설명하고 이해시킬 의미가 없다. 이는 스스로 깨우치고 터득해 가야 할 부분이다. 스스로의 깨우침에서 행함이 따를 수 있기 때문이다.

☯ 다음, 다시 바뀐 환경의 오행 속에서 시작하는 혼의 본자리, 그 바탕의 중심에 있는 제각기 돌아가고 있는 마음 **"心"** 의 **금척수**(66)에 대하여 석삼극하여 원방각으로 증명해 본다.

66	●2145(12)3	■2211(6)	▲4356(18)9	**합**: 8712(36-18)9

⊠ 위의 금척수는 보이는 수 그대로, 제각기 돌아가는 음양의 혼을 나타내고

있다. 수많은 윤회를 거듭해도 변하지 않는 본자리의 가장 중심에 자리 잡고 있는 것은 '마음(心)'이며 이것이 곧 **혼의 '주체'이자 '생명'**이다. 또한, 혼은 물(水) 속에 깃들어 실체적인 모습을 띄는 것이니 생명의 근원이 된다. 이는 생명을 가진 또 다른 음양의 마음을 나타낸다. 기억해야 할 것은 이는 사람을 지칭하고 있다. 〈금척천부경〉은 이미 밝힌바, 시공의 흐름이 존재한다고 하였다. 이 마음(心)이란, 본래, '用'을 써서 **"用變"**하여 하늘의 정신으로 거듭난 완성된 사람에게 담긴 그 육신 속, 마음(心-66)을 나타내고 있다. 좀 더 깊은 의미는 차후에 밝혀 보도록 한다. →＊66.

원방각, **하늘자리**는 제각기 완성된 음양이, 구이성십의 대우주를 바탕으로 하나의 실체적인 완성을 이룬 모습이다. 즉, 완성된 본자리의 오행을 바탕으로 음양이 하나로 실체적인 완성을 이룬 것이다. 간합(부합)의 수에서 그 의미를 명확하게 전하고 있다. →2145(12)3.

땅의 자리에서는, 우리가 살아가는, 살아가야 할 실체적인 인간세상(22)의 그 근본바탕에 깔린 태극의 본자리(11) 혼을 볼 수 있다. 이는 곧, 제각각으로 돌아가는 음양이 두 개의 근본자리(11)를 바탕으로 실체적인 완성을 이룬 것이다. →2211(6).

이들 합의 결과물, **사람의 자리**에서는, 제각기 완성된 본자리의 삼태극이, 오행으로 돌아가는 혼이 바탕이 되어 실체적 완성을 이룬 모습이다. 이는 바로 영원한 오행의 혼(본향)이 바탕이 되어 하늘의 정신인 七축(七-43)이 실체적인 완성을 이루었음을 나타내고 있다. 결국, 하늘, 땅, 사람(천·지·인)의 이치가 부합의 수에서 수로써 증명하고 있음이다. →4356(18)9.

총합의 수에서는, 제각각의 완성된 팔자에서 만들어진 하늘의 정신인 七축이 하나의 음양을 바탕으로 실체적 완성을 이루고 있는 모습이다. 이 말은, '用'을 써서 변화된 (근본)혼의 완성을 가져온 사람, 그의 제각각의 바탕이 된 혼을 일컫는 것이다. 간합(부합)의 수에서도 알 수 있듯이 이 또한, 완성

(13) 本(65)心(66)本(67)太(68)陽(69)昂(70)明(71)=476

된 삼태극의 혼으로 이루어진 대우주를 가리키고 있다. →8712(36-18)9.

✠ 이 금척수(66)를 다시 팔괘로 돌려 증명해 본다.

$$66 \times 3 = 198$$

$$198 \times 3 = 594 \qquad 198 \times 4 = 792$$

✠ 이 제각각(음양)의 마음(心)은 실체적인 하나(태극)의 대우주가 팔자를 바탕으로 구이성십의 완성을 이룬 것이다. 이 팔자를 바탕으로 구궁가일(만 9개월)의 완성으로 돌아가고 있는 모습에서, 이미 완성된 사람의 중심에 있는 두 개의 마음이 있음을 암시하고 있다. 이는 분명, 음양을 바탕으로 완성된 혼(不-62)과는 구별됨을 유념해야 한다. →198.

이는, 실체적인 오행의 대우주가 본자리를 바탕으로 완성을 이루었다는 것이다. 즉, 본바탕에서 돌아오는 "萬來"의 모습을 보여 주고 있다. →594.

더 들어가 보면, 실체를 가진 七축(정신)의 대우주가 낳은 음양을 바탕으로 완성을 이루는 모습을 볼 수 있다. 결국, 이 마음(心)은, "無(79)"의 완성으로 탄생된 음양의 혼을 나타내고 있다. →792.

☑ 心(66)

생각(心)은 곧 그 혼속에 깃든 것이며 이는 육신이 살아 있을 때 존재한다. 숫자 '六(6)'은 물(水)을 가리키고 있으나, 금척수리에서는 그 물 속에 담긴 혼을 나타낸다.

〈금척〉은 불변의 수이자 비밀을 푸는 열쇠라고 하였다. 이 '六(6)'이 두 개 있어 혼백(영혼과 육신)을 나누며 또한, 양과 음을 가진 '마음(心-66)'으로 표현할 수 있음이다. 먼저 유념할 것은, 앞서 증명하였던 "不(62)"의 완성된 혼의 음양과 혼돈해서는 안 된다. 다시 이 수(62)를 돌이켜 보면, 이 '用變'하여 바뀐 혼의 음양에는 상황적 즉, 환경적인 면이 내재되어 있다. 또한, 이 내면에는 '그 모습이나 질량이 대등하나 생각이 다를 수 있어, 대척할 수 있다'는 의미가 내포되어 있다. 하여, '不'를 쓸 수 있음이다. 이는 완성된 움직이는 혼이 주체이나 그 바탕에 깔린 음양의 모습으로서, 서로 대등하여 자칫 서로 팽팽한 줄다리기처럼 다툼과 갈등을 유발할 수도 있다는 뜻이다. 허나, 그럼에도 불구하고 본바탕은 변하지 않는다고 하였다.

반면, 이 "心(66)"은 다른 표현이다. 이는 엄밀하게 말하면, 완성된 혼에서 탄생된 또 하나의 새로운 혼이다. 혼은 물속에 깃들어 실체적인 모습을 띄는 것이니 생명의 근원이 된다. 이 마음은 육신에서 벗어나 완성된 혼과 육신으로 남아 있는 혼의 모습이라고 할 것이다. 즉, 이 제각각의 혼(음양)의 뜻은 완성과 미완성(1/10)을 뜻하지만, 이 둘은 반드시 함께 존재하고 있으며 또한, 함께 존재할 때 그 가치가 부여된다. 한편, 이 "心(66)"에는 상생과 대립이 함께 존재하고 있다. 부모와 자식을 연상해 볼 수 있다. 이들의 뗄 수 없는 관계처럼, 같은 하나의 공동체지만, 다른 개체이기 때문이다. 모든 것이 이에 비유할 수 있다. 하여, 두 개의 마음(心-66)을 나타내는 이 제각각의 숫자는, 서로의 비중과 가치도 동등할 수 없으며, 다른 수들과 달리, 이 수는 양과 음의 가치가 서로 대립되게 된다면, 천양지차로 더 클 수 있음을 알아야 한다. 왜냐하면, 완성된 사람의 혼(정신)은 이미 남아 있는 육신(6)의 가치가 그다지 크지 않다는 것을 알기 때문이다. 그럼에도 이는 간합의 수(12)에서 증명해 주듯, 하나의 완성이 되는 바탕이다. 이가 셋(666) 모여 합을 이루면 삼합일(일합삼)의 원리로 새로운 하나의 완성을 이루며 이가 바로 '사람(생명체)'의 근원수(18)가 되는 것이다. 그렇다면, 이 마음(心-66)은 무엇을 말하고 있는 것일까. 이는 여전히 남아 있는 사람(육신)의 존재(모습)를 의미한다. 신은 하나의 존재이며, 그 자체로 완전하기 때문이다. 이 말의 의미는 앞서 음양의 근원수(부모)에서 밝힌바, 그 의미를 되새겨 보며 납득할 수 있어야 한다. 하지만, 여기에는 또 한 번 '예외의 수'를 벗어날 수가 없다. 왜냐하면 다른 숫자와는 달리 이는 혼과 육신이 똑같이 이 물이라는 '六' 안에서 자라고 있기 때문이다. 하여, 어떤 수가 앞서 주체가 되어 자신을 주도하는지에 따라 하늘과 땅이 다르듯, 그 결과물은 묻지 않아도 답을 알 수 있지 않겠는가. 이 말에서 바로 현재를 살아가고 있는 우리의 삶이 그대로 반영되고 있다는 것을 간파할 수 있어야 한다. 이미 앞서 '묘(妙)'에서 시작된 것이며 이가 널리 퍼져 나감이 천양지차라 하였다. 또

(13) 本(65)心(66)本(67)太(68)陽(69)뮤(70)明(71)=476

한, '변(變)'에서 그 의미를 밝힌 바 있다. 이 또한 우리말과 글자(음소문자)이기에 가능한 것이리라. 지혜가 필요할 것이다.

이는 세 자리의 수(666)가 다 모여야 완전한 완성의 합이 된다. 이 두 개(66)의 길은 서로 조화되기가 힘들어 수에서 보여 주듯이, 양립의 길에서 자주 선택하게 된다. (양과 음), (선과 악), (백과 흑) 등의 상반되는 모든 것들을 함축하고 있으나, 무엇보다 영혼과 육신의 관계가 가장 클 것이다. 이 경의 처음 "一始無始"에서 이미 음양은 시작되었으며 우리가 사는 세상의 모든 삼라만상에 깃들어 있는 그 진리가 우리의 마음에도 이미 존재하고 있다는 것이다. 매 순간 결정의 선택도 그 마음(66)의 작용이지 않겠는가.

여기서 또 한 번 서양의 성서인 〈성경〉을 가져와 본다. 첫 장, 창세기에 자로 재는 규빗(cubit)의 단위가 나온다. 나름의 해석이 있으나, 이는 바로 〈금척〉을 말하고 있다. 이 〈성경〉의 처음, (창세기)에 보면, 아담과 하와의 에덴동산에서 선악과가 나온다. 이는 곧, 암시이며 예언이다. 지금, 이 말에서 전하고자 하는 것은, 이 〈성경〉의 예언의 의미를 논하고자 하는 것이 아니다. 그것에 대한 뜻 또한, 스스로의 몫일 뿐이다.

〈성경〉은 모든 내용이 기울어진 저울추 같은 모습으로 공존하듯 양립하지만, 서로 대립이 되어 있음을 암시하고 있다. 그들의 장자론(적자-맏아들)에서 또한 이삭과 이스마엘의 대립을 낳으며 현재까지 종교분쟁을 일으키고 있다. 물론, 위의 계보로 내려오는 종파의 옳고 그름을 판단하고자 함이 아님을 알 것이다.

이미 이 경 속에 그들이 말하는 적그리스도가 존재하며, 거짓 선지자를 경계하라 말씀하신다. 하여, 처음부터 끝까지 선과 악이 함께 공존하고 있는 〈경〉이라고 할 것이다. 이 경 속에는, (선, 악)을 가려 구분할 줄 알아야 함을 경고하고 있다.

〈성경〉의 많은 구절 중, 서두에 항상 "신께서 말씀하시길, 지혜 있는 자는…" 이라고 하신 까닭이 바로 거기에 있다. 구약과 신약, 그 자체도 양립과 동시에 서로 대립하고 있다. 또한, 그들 선지자가 한 묶음씩 적어 만든 수천 년을 이어온 〈성경〉이 지금 [66권]이라는 사실에서도 이 숫자를 짐작할 수 있음이다.

이를 또한, 단지 수를 꿰어 맞춘 우연이라고만 할 수 있겠는가.

이는, 음과 양의 상반된 마음이자, 동등하지 않은 가치가 들어 잇는 이 금척수(66)에 대한 가장 알기 쉬운 예를 단지 하나의 〈성경〉으로 증명해 보았을 뿐이다. 허나, 神의 말씀 그대로 지혜 있는 자의 눈으로 세상을 돌아볼 수 있다면, 우리의 치열한 삶의 현장에서 지나칠 정도로 수없이 자연스럽게, 때론 당당하게 스며있는 이 수의 놀라운 모습을 문득문득 깨우쳐 볼 수도 있을 것이다.

결국, 완성된 사람(십오진주)이 가는 그 마음의 길이겠으나 이 마음(66)은 이 경을 읽고 행하는 사람 그 누구도 해당될 수 있는 음양이라는 것을 이젠 스스로 납득할 수 있어야 한다. 단지, 수의 정렬처럼 그 마음의 비중이 어디에 더 크게 자리하고 있는지가 다를 뿐이다. 또한, 그것이 가장 중요한 대목이다. 하여, 이 경이 전하는 뜻과 흐름에 집중해야만 한다.

◐ 이제, **"本心"**의 합수(131)을 석삼극하여 원방각으로 표기해 금척수가 주는 의미를 확인해 본다.

| 131 | ●8515(19)1 | ■8646(24)6 | ▲17161(16)7 | 합: 34322(59-14)5 |

✖ 위의 금척수는 "心(66)"의 근본적인 자리, 본(혼)자리의 모습을 좀 더 구체적으로 들어가서 보는 자리이다. 이 음양의 혼(心-66)은 그 바탕이 어떻게 이루어져 생긴 것이며, 결국 어디로 가는 것인지 짐작해 볼 수 있다. 사람들은 가끔 그 사람의 진의(본뜻)를 알고 싶을 때 혹은, 자신의 속내를 나타내고자 할 때 '본마음, 본심을 말하다'는 표현을 쓰곤 한다. 이 말의 근본바탕이자 **어원**을 증명할 수 있는 대목이라고 해도 과언이 아니다. 하지만, 여기서 '본심'은 바로 깨우쳐 완성된 사람의 그 마음바탕을 뜻하는 것이기에 뭇사람들과의 그것과는 뜻하는 바가 다르다. 하지만, 앞서 "心(66)"에서 밝혔듯이, 이 '六'의 숫자는 원래 물(水)을 그 바탕에 깔고 있다. 존재하는 모든 것이 이 물로써 시작되었기에 '만물'이라고 하지 않는가. 음소문자인 우리말의 묘미이다. 이 물 속에는 육신과 혼이 함께 자라고 있어 현재를 살아가고 있는 보통의 사람 그 누구라도 해당될 수 있다. 하여, 수가 주는 '처음의 뜻과 같다'는 의미에서 보면 동일한 선상에 둘 수도 있다. 한마디로, 이 원문의 글자와 금척수에는 하늘의 근본적인 이치가 담겨 있다. 수의 조합을 보아도 알 수 있듯이, 하나 속에는 **일합삼(삼합일)**

(13) 本(65)心(66)本(67)太(68)陽(69)뮴(70)明(71)=476

의 원리가 담겨 있다. 이 세상의 모든 이치가 이 원리에서 비롯되고 쓰여 지고 있다는 사실을 세월의 삶에서 다양하게 체험했을 것이기 때문이다. 이 또한 영원한 대우주의 법칙과 같이 불변하다는 것을 나타내고 있다. 이는 삶의 많은 부분에서 자연스럽게 스며들어 인정되어 왔다. 또한, 그 바탕은 오행의 이치 속에서 존재하고 있음을 깨닫게 해 주는 〈금척천부경〉 원문의 **"本心"**이며 〈금척〉의 수리로 이를 증명하고 있다. →131.

원방각, **하늘자리**는 제각기 완성된 삼태극의 팔자(사람)에서 만들어진 오행이, 실체적인 완성으로 하나 되어 새로운 오행의 바탕 속에서 돌아가고 있는 모습이다. 이는 바로, 실체적인 팔자의 오행이, 완전수를 바탕으로 돌아가며 하나의 완성을 이루고 있음이다. →8515(19)1.

땅의 자리에서는, 이 제각기 완성된 팔자에서 만들어진 실체적 혼의 본자리가 새롭게 낳은 혼을 바탕으로 돌아가고 있는 모습이다. 즉, 제각기 완성된 팔자의 혼이 실체적으로 완성되어 새롭게 본자리의 혼을 바탕으로 운행되고 있는 것과 같다. 이는 곧, 완성된 사람의 혼이 본자리를 중심으로 제각기 음양으로 돌아가는 것을 가리킨다. 이는 결국, 영원한 대우주의 법칙으로 돌아가는 완성된 본자리의 혼을 나타내고 있다. →8646(24)6.

이들의 결과물, **자식의 자리**는 한마디로, 땅(地) 위 세상 속, 사람이 가진 두 개의 마음, 그 근원은 결국 영원한 땅 위의 하나에서 나온 것임을 **역**으로 보여 주고 있는 것이다.(二-17). 여기에는 **"本心"**의 금척수(131)가 나타내고 있는 뜻이 암시되어 있다. →17161(16)7.

총합의 수에서 알 수 있는 것은, 영원한 삼태극의 七축(정신)이 제각기 돌아가는 음양을 바탕으로 실체적인 완성을 이룬 모습이다. 즉, 〈금척천부경〉 원문의 **"運三四"**의 의미를 다시금 기억해 내야만 한다. 영원한 삼태극의 七축(七-43)이 실체적인 완성으로 만들어진 완성된 세상 그 음양(22)을 낳았다는 것이다. 이 음양은 곧, 우리가 살아가고 또한, 살아가야 할 완성된 인간세상(22)을 일컫는다. 이는 결국, "**本心**"이란 태초(태극)의 그 하나의 시작이자, 영원한 삼태극의 정신에서 탄생된 것임을 수로써 증명하고 있다. →34322(59-14)5.

✂ 이 금척수(131)를 다시 팔괘로 돌려 증명해 본다.

131×3=393

393×3=1179 393×4=1572

▣ 위의 금척수는, 삼태극이 바탕이 된 '大三合'의 완성을 나타낸다. 이는, 완성된 대우주를 중심으로 제각각으로 돌아가는 음양의 삼태극을 보여준다. 이 또한, 영원한 대우주의 법칙이다. 이는 혼의 본자리, 그 중심에 있는 마음 또한 혼의 근원과 동일하다는 것이다. 즉, 반드시 그 길로 가야 함을 알리고 있으나, 그 마음(心-66)이라는 것이 있어 그 묘한 인간의 중심을 보여 주고 있다. →393.

이는 결국, '無'의 근원에서 탄생된 七축(정신)의 대우주를 바탕으로 태극의 본자리(11)가 실체적 완성을 이룬 모습이다. 이는 즉, 실체적인 완성을 이룬 하나(태극)의 본자리(11)는 그 바탕이 원래의 시작처럼 '無'로 돌아간다는 것을 수에서 증명하고 있다. →1179.

더 들어가 보면, 제각기 완성된 하나의 실체적인 오행에서 만들어진 七축(정신)의 음양(人-72)을 볼 수 있다. 이는 완전수(15)가 七축의 음양(완성된 사람)을 바탕으로 실체적 완성을 이룬 모습이다. 이는 궁극적으로 땅 위의 세상(인간세상)에서 만들어진 하늘의 정신(七축)을 바탕으로 완성을 이룬 성인을 나타낸다. 또한, 이 경을 접할 수 있는 사람이라면, 가야 할 그 "人(72)"의 실체적이고 근본적인 마음을 일컫는다. →1572.

☯ 그렇다면, 다시 본문으로 돌아와, 〈금척천부경〉 원문의 네 번째이자,

(13) 本(65)心(66)本(67)太(68)陽(69)昻(70)明(71)=476

마지막에 수록된 본자리로서, "本心"으로 찾은 혼의 완성으로 七축(정신)이 뿌리내린 "本자리"의 금척수(67)를 석삼극하여 원방각으로 그 의미를 증명해 본다.

| 67 | ●2211(6) | ■2278(19)1 | ▲4489(25)7 | 합: 8978(50-32)5 |

✠ 위의 금척수는 완성된 혼의 七축(정신)이자, 七축이 바탕이 된 완성된 혼의 본자리를 가리킨다. 즉, '용변'한 사람의 양립된 혼(66)이 가야 할 흔들리지 않는 본자리를 나타내고 있다.

언급한바, '本'의 글자는 이 경에서 네 번 수록되어 있다. 그중, 이 마지막의 '本'은 그 수록된 순서가 주는 뜻, 그대로 본자리의 마지막(목적지)이라는 의미가 담겨 있다. 바로 살아 있는, 생명을 가진 자로서, '用'을 써서 변한 사람의 하늘(神)의 정신, 그 七축이 바탕이 된 본자리를 일컫는다. 이것이 곧, '용변'하여도 변하지 않는 근본(혼)이 가야 할 길(성통)이며 이를 제시하고 있다. 또한, 이 마지막 본자리는 수없이 오가는 육신의 윤회에서 벗어나 오로지 밝은 자로서 이 경에 수록된 "明人"이자, [삼일신고]의 밝은 자이며, (성·통·공·완)의 경지인 그 본향의 자리에 들어가는 것이다. →67.

원방각, **하늘자리**에서는, 제각기 돌아가는 음양(사람)이 태극의 두 개의 본자리(11)를 바탕으로 실체적인 완성을 이룬 모습을 볼 수 있다. 이는, 태초, 그 태극의 본자리(11)를 바탕으로 실체적으로 완성된 인간세상(22)의 모습을 보여 주고 있다. →2211(6).

땅의 자리는 한마디로, 실체적인 완성을 이룬 인간세상(22)이 七축(정신)의 팔자(팔괘)를 바탕으로 돌아가며 모든 것을 끝마쳤다(終-78)는 것을 보여 주고 있다. 이는 곧, 또 다른 시작을 암시한다. →2278(19)1.

이들 합의 결과물, **자식의 자리**에서는 완성된 팔자의 대우주를 바탕으로 실체적으로 완성된 팔자(십오진주)의 모습을 볼 수 있다. 물론, 실체적 완성에는 이 경을 읽고 깨우쳐 변화된 사람, 자신도 해당될 수 있음을 항상 염두에 두어야 할 것이다. →**4489(25)7.**

총합의 수에서는, 팔자의 대우주가 완성된 하늘의 정신(七축)에서 탄생된 팔자를 바탕으로 실체적 완성을 이루며 그 할 일을 다 하였다(終-78)는 것이다. 결국, 이는 팔괘(팔자)의 대울타리 속에서 돌아가는 七축(정신)이 바탕이 된 실체적인 대우주의 완성이다. **간합의 수**에서, "**環(50)**"과 "**地(32)**"의 수를 볼 수 있음은 이 과정이 모두 완성된 사람의 그 시작의 본바탕이기 때문이다. 독립체로서, 세상 속에서 살아서 깨우쳐 변화된 완성된 사람의 모습이다. 지금까지 많은 과정의 완성을 통하여 얻을 수 있는 결과이자 본바탕, 본자리임을 기억해야 한다. 이 과정은 물론, 지금 이 경을 읽는 자들이 행하고 깨우쳐 따라가야만 하는 그 길이며 본향의 본자리이다. **[삼일신고]**에서도 알 수 있듯, 이는 신께서 인간에게 주신 그 하늘의 정신이 저마다 심겨져 있기 때문이다. 이는 **〈금척천부경〉**이 주는 놀라운 비밀이자, 고운 선생께서 옮긴 '**七**'이 '**十**'으로 바뀌어야만 되는 이유이기도 하다. 반드시 이 경을 통하여 스스로 깨우쳐 터득해야만 한다. →**8978(50-32)5.**

✖ 이 수(67)를 다시 팔괘로 돌려 증명해 본다.

67×3=201

201×3=603　　201×4=804

▩ 정신(七축)이 바탕이 되어 돌아가는 완성된 혼은 결국, 실체적으로 완성된 음양에서 탄생되어, 새롭게 시작되는 그 하나를 가리킨다. 앞서 밝힌바, 가운데 비어 있는 완성의 수(0)에는 인간의 생각과 눈으로는 가늠할 수 없는 시간과 공간이 존재한다 하였다. →**201.**

이는 "**用(60)**"의 완성으로 만들어진 삼태극으로서, 생명(육신)을 가진 살아 있는 사람의 혼으로 탄생된 새로운 삼태극(정신)을 일컫는다. →**603.**

(13) 本(65)心(66)本(67)太(68)陽(69)昂(70)明(71)=476

더 들어가면, 실체를 가지고 완성을 이룬 팔자(사람)에서 새롭게 만들어진 본자리라는 것을 수로 증명하고 있다. 즉, 새로운 본자리를 바탕으로 실체적으로 완성된 사람을 말하고 있다. 같은 말이다. "用變" 된 자로서, 실체(혼백)를 가진 살아서 완성된 사람이 낳은 새로운 본바탕을 일컫는다. →804.

☯ 이제, 이 본자리의 가운데 자리 잡고 있는 마음(心), 바로 "用變" 한 사람의 혼이 가야 할 곳이자 그 근원을 나타내고 있는 대목이다. 이 마음의 중심 본자리는 바로 "太陽" 에 있다. 먼저 이 "太" 의 **금척수(68)**에 대하여 증명해 본다.

68	●2278(19)1	■2346(15)6	▲4624(16)7	합: 9248(50-23)5

※ 위의 금척수는 혼의 완성이 낳은 팔자를 바탕으로 돌아가고 있는 모습이다. 이는 원문의 글자에서 알 수 있듯이, 최초 그 태극의 '太' 의 의미가 함축되어 있다. 또한, 소우주를 상징하는 생명을 잉태하는 어머니의 자궁 속 태(내)의 의미도 함께 내포하고 있다. 이 〈금척수〉 와 함께 ✳우리의 말과 글이 하나가 되어 한 치의 오차도 허락지 않는 놀랄 만큼 정교하고 심오한 금척수리의 이치를 나타내고 있다. →68.

원방각, **하늘자리**에서는, 앞서, 증명한 마지막 본자리 "본(67)" 에서 하늘과 땅이 합한 결과물, 그 근본적인 씨를 끌고 왔음을 알 수 있다. 다시 말해서, 실체적으로 완성된 인간(세상)이 七축(정신)의 팔자를 바탕으로 돌아가며 그 할 일을 다 했다는 것이다(終-78). 차후에 증명하게 될 이 금척수(78)는 완성을 이룬 후의 안식(평안)이라는 의미가 담겨 있다. 이 또한, 구이성십의 대우주로 하나의 완성을 나타낸다. →2278(19)1.

하늘의 씨를 받은 **땅의 자리**에서는, 음양의 삼태극(사람)이 본자리의 혼을 바탕으로 운행(運-46)되며 실체적인 완성을 이룬 모습이다. 이는 바로, 완성된 사람의 그 혼에 의한 팔자가 완성된 것을 일컫는다. 또한, 한편으로 제각기 완성된 음양(부모)이 혼을 바탕으로 "三四(95)"의 완성을 만들며 돌아가고 있는 근본(혼)인 **'태(胎)'**의 모습도 금척수에서 찾아볼 수 있다. →2346(15)6.

사람의 자리에서는, 제각기 완성된 본바탕의 혼이 음양의 본자리를 바탕으로 실체적인 완성을 이루며 운행되고 있는 모습이다. 즉, 새롭게 낳은 음양의 본자리를 바탕으로 실체적으로 완성된 본자리의 혼이 운행되고 있음을 일컫는다. 또한, 거대한 본자리의 울타리 속에서 돌아가고 있는 실체적인 혼의 음양이 완성된 것을 나타낸다. 이 말은, 혼이 담긴 본자리, 그 근본(太)의 모습은 변함이 없다는 것을 원문과 함께 수로써 증명하고 있다. →4624(16)7.

총합의 수에서 알 수 있는 것은, 대우주의 실체적인 완성이 낳은 본자리 팔자의 모습이다. 이 말은 곧, 혼의 팔자를 가리키는 "太(68)"는 '無'에서 탄생한 제각기 완성된 대우주가 만들어 낸 실체적인 음양의 '사주팔자'라는 것이다. 이는 바로 태초의 태극과 일맥상통하고 있다. 거듭 밝히는 바, 우리의 말과 글의 오묘한 조화를 염두에 두어야 할 것이다.
또한, 이는 새롭게 완성한 음양의 삼태극이자 혼의 근원지로서 또다시 완성되어 바뀔 오행의 환경을 암시하고 있다. →9248(50-23)5.

※ 이 금척수(68)를 다시 팔괘로 돌려 증명해 본다.

68×3=204

204×3=612　　204×4=816

※ 태극의 "太(68)"를 나타내는 이 완성된 혼의 팔자는 곧, 음양의 실체적인 완성이 낳은 본자리가 바탕을 이루고 있다는 것이다. 여기서 **실체를 가진 음양**(200)은 앞서 "大三合六生"을 떠올려 볼 일이다. 허나, 앞서 밝힌바, 이 경에는 인간의 척도로 가늠할 수 없는 시간과 공간이 존재하고 있다고 하였다. 하여 그 주체의 변화를 깨우칠 수 있어야 한다. 같은 개념으로써 선천과 후천의 세상을 가고 옴을 되풀이 하는 사람을 떠올려 볼 일이다. →204.

(13) 本(65)心(66)本(67)太(68)陽(69)昻(70)明(71)=476

이는 완전한 혼백을 가진 실체적인 사람이 '用'을 써서 변한 "用變"의 완성으로 만들어진 음양을 나타내고 있다. →612.

더 들어가 보면, 제각각의 완성된 실체를 가진 두 개의 본자리(팔자)에서 만들어진 하나의 혼을 볼 수 있다. 결국, 이 경의 마지막에 수록된 그 "一(81)"이 혼을 바탕으로 실체적으로 완성(사람)을 이룬 모습이다. 이 경에 수록된 11자의 이 '一'의 주체에 대한 답을 명확하게 얻었다면 이 〈금척천부경〉의 전문이 주는 의미를 모두 습득하고 터득할 수 있을 것이다. →816.

우리의 한글(언어)은 문자체계에서 음소문자로 분류하지만, 그런 형식과 문법이 아니더라도, 뜻과 소리를 함께 쓰고 있어 단순한 소리(말)의 표현으로는 자칫 혼돈될 다른 뜻의 동음이의어(같은 음의 다른 뜻)가 비일비재하다. 우리가 쓰는 문장이나 말의 구성원 대부분이 한자에서 비롯되었다는 것은 이미 알고 있을 것이다. 무엇보다 이 경의 글자 구성 바탕이 바로 그것이다. 위의 경우에도, '太'와 '胎'는 한자의 뜻이 전혀 다르다. 허나, 우리말이 소리 나는 모든 것을 글자로 그대로 받아 쓸 수 있는 유일한 언문이라는 뜻도 있어 그 (근본)뿌리가 함께 쓰이고 있음을 바로 이 〈금척천부경〉의 내용에서 알 수 있다.
앞서 '龍'과 '用'의 의미에서도 같은 내용으로 언급한 바 있다. 알고 보면, 이 〈천부경〉 전문에서 이와 유사한 글자의 경우는 어렵지 않게 찾을 수 있다. 이처럼, 우리가 사는 삶(생활)의 많은 부분에서 (동음이의어)란 말이 무색할 정도로 결국, 우리의 글자와 언어(소리)는 그 뿌리가 함께 공유하여 존재하고 있음을 인정할 수밖에 없다.
사실, 이 〈천부경〉의 근원이 되는 〈녹도문천부경〉을 단순히 그림이나 상형의 기원으로 치부하기 전에 그 글자의 모습을 깊이 눈여겨본다면, 볼 수도 있을 것이다. 그 속에는 고대문자를 총체적으로 지칭하는 전서(한자의 고대 서체의 하나)의 모습이 있다. 허나, 그 누구도 이 〈녹도문〉을 언급하는 사람이나 기관을 찾기는 쉽지 않다. 한자에 대한 연구는, 여러 방면에서 그 기원을 찾으며 설왕설래하나, 모든 것이 가설일 뿐 증명되지는 않았다. 하지만,

이 한자의 기원도 이 한반도가 아닐까 하는 의구심이 강하게 드는 것은 어쩔 수 없다. 이 한자는 하나의 글자에 많은 다양한 뜻을 함축하고 있어 한 글자에 쉽게 그 의미를 단정하고 부여하기가 쉽지 않다. 전체적인 문장의 맥락에 따라 달라질 수 있기 때문이다. 또한, 그 함축된 뜻만큼 다양한 민족이 한자를 그들의 문자로 사용하고 있었다는 역사적 사실이 있다. 우리의 역사 또한 그러하다. 왜냐하면, 현재 중국에서 이 한자를 그들의 문자로 쓰고 있다지만, 한글이 탄생하기 전까지 고대 한반도에서도 역시 이 문자를 쓰고 있었다는 것이다. 한글 창제의 근원적 까닭을 되짚어 보면 쉽게 납득할 수 있다.

더 세세한 쟁점은 잠시 접고서라도, 새삼 놀라운 것은, 하나의 문자를 두고 그 언어는 모두 제각각이니, 이것이 바로 신의 수(섭리)가 아니면 어찌 가능한 논리이겠는가. 이는 마치, 〈성경〉의 바벨탑과 같은 이치일 것이다. 또한, 여기서 알아야 할 중요한 것은 그것을 모두 소리 내어 표현할 수 있는 유일한 언어가 바로 우리 한민족의 언어이다. 더불어 인류최고의 불가사의라 할 만큼 혁신적인 유일무이한 문자, **한글**이다. 또한, 한민족과 한글만이 이 한자를 토대로 명확한 기원을 가진 언어이자 문자를 쓰고 있다는 사실이다.

이 〈녹도문천부경〉을 그 시대의 대학자이셨고, 지금은 신선의 반열에 계실 고운 선생께서 오늘날까지 전해진 〈**천부경**〉으로 그리고 이제, 〈금척〉을 통한 이 〈**금척천부경**〉으로 그 비밀의 열쇠를 열게 하심은 바로 한민족의 언어와 함께, 작금의 문자인 **한글**이 있기에 가능한 것임을 새삼 밝히는 것이니, 유념하고 또 명심해야 할 것이다.

이 구구절절한 이유와 증명에서 나타내고자 하는 뜻은, 우리의 문자와 언어라는 것이 뜻과 소리가 결국, 별개가 아님을 일깨우고자 함이다.

우리말(언어)이 대부분 한자어의 단어를 사용하기에 별도의 한자표기를 하지 않아도 대체로 쉽게 납득할 수가 있다. 하여, 이 글의 전반적인 부분을 한글로만 표기했지만 때때로 다양한 우리말의 난해함도 그저 지나칠 수 없다는 것 또한 사실이다. 하지만, 이 또한 큰 의미에서는 그다지 중요한 것이 아님을 알게 된다. 왜냐하면, 모든 말과 문자가 결국은 하나로 통하고 있다는 것을 스스로 납득하게 될 것이기 때문이다. 더불어 일상에서 쉽게 하는 한마디 말에도 한 번쯤은 더 신중해야 되지 않겠는가.

(13) 本(65)心(66)本(67)太(68)陽(69)튜(70)明(71)=476

❂ 이제 "太陽"의 "陽"에 대하여 석삼극하여 본다. 이 수는 보는 바와 같이 음양의 근원수(부모)로서 이미 이 경의 초입에서 이 부모의 근원수(96)로서의 의미를 밝힌 바 있다. 그렇다면, 근원수 중, 수의 정렬이 달라진 이 음양의 **金尺數**(69)에 대하여 증명해 본다.

69	●2346(15)6	■2415(12)3	▲4761(18)9	합: 9522(18)9

✠ 위의 금척수를 논하기에 앞서, 방금 우리의 언어와 문자에 대하여 밝힌 바 있다. 이 원문의 글자 또한 그것에 해당된다는 것을 알 수 있다. 먼저 그 의미를 되새기며 원문의 글자와 금척수가 주는 뜻을 살펴보도록 한다.

이 "陽(69)"은 〈금척〉의 숫자에서도 암시하듯 서로의 수가 다른 양(크기)과 역할을 가지고 있지만 궁극적으로는 동등한 가치를 지닌 한 뿌리의 모습을 하고 있다고 하였다. 이 글자 또한, 마찬가지로 생각해 볼 수 있다. 이 원문의 '陽'은 그 뜻이 하늘 같은 태양, 양수, 따뜻한 양지, 밝음 등의 드러냄이 강하지만, 여기에는 대우주(소우주) 공간 속에서 혼의 본자리를 키워 나간다는 의미가 함축되어 있다. 하여, 이 '陽'은 태내에서 어머니가 아이를 기른다는 양육의 '양(養)'과 같은 맥락을 가지고 있다. 이처럼, 같은 소리, 같은 뜻을 쓴다는 것이다. 한자 하나만의 뜻을 살펴보면 전혀 다른 (동음이의어)인데 말이다. 또한, 이 글자는 이미 밝힌바, 음양의 근원수(부모)이다. 바로 자식을 잉태하여 정성을 다하여 키우는 어머니와 아버지의 모습이 바로 이 '陽'이며 '養'인 것이다. 앞서 금척수(96)의 증명에서 언급한 바 있으나, 이 **수(69)**는 그것과는 성격이 다른 점이 또한 있음을 유념해야 한다. 수의 정렬이 다르듯이, 그 속에 내재된 뜻도 다를 수밖에 없다는 것을 말하고 있다.

여기서 명심해야 할 것은, 이 주체는 '**用使**' **하여 변한 완성된 사람**임을 알아야 한다. 하여, 이 **금척수(69)**에는 우리가 살아갈 완성된 영원한 인간세상이 내포되어 있다. 수없이 강조하고 있는 부분이다. 이것이 바로 우리말의 묘미이며 〈금척〉에 숨겨진 또 하나의 비밀이자, 명리의 이치에서도 부정할 수 없는 부분이다. 이쯤에서 사실, 음양오행이 어느 부분에 한정된 것이 아니란 것을 알 수 있듯 이 또한 문자에 국한된 것이 아님을 알아야 한다. 매사에 남의 일 보듯 하는 개개인의 그 모든 삶의 부분에 어찌 해당되지 않겠는가. →69.

위의 원방각, **하늘자리**는 음양의 삼태극(사람)이 완성된 본자리의 혼을 바탕으로 실체적인 완성을 이루며 운행되고 있는 모습이다. 이는 한마디로, 완성된 사람의 본바탕에서 만들어진 운(運-46)을 나타내고 있다. 이 또한, 앞서 밝힌 "運三四"를 떠올려 보면 확연하게 구분되는 선천과 후천, 그 '운(運)의 주체'를 가늠해 볼 수 있다. →2346(15)6.

땅의 자리는 음양의 본자리(본바탕)가 완전수(15)가 바탕이 되어 실체적인 완성을 이룬 모습이다. 이는 또한, 제각기 완성된 태극의 음양에서 만들어진 혼(六-41)이 오행을 바탕으로 완성되었음을 보여 주고 있다. →2415(12)3.

이들 합의 결과물, **자식의 자리**에서는, 제각기 완성된 본자리에서 만들어진 실체적인 七축(정신)의 혼이 하나로 완성을 이뤘다는 것을 알 수 있다. 이 실체적 七축(정신)의 혼은 곧, 제각기 완성된 삼태극의 본자리가 낳은 밝은 자, 선과 덕으로 가득 찬 자로서 이 경의 후반부에 수록된, "人中天地一"의 그 "一(76)"을 말하고 있다. 이가 하나의 완성을 이루며 사람의 근원수(18)로서 대우주를 이루는 모습이다. →4761(18)9.

총합의 수에서는, 제각기 완성된 '無'의 대우주에서 탄생한 실체적인 오행이, 완성된 인간세상(22)을 바탕으로 돌아가고 있는 모습이다. 이 수의 의미 또한, 앞서 밝힌 바 있는 "五十一妙衍"의 원문에서 떠올려 볼 수 있다. 〈금척〉의 뜻을 제대로 습득하였다면 이 의미 또한 파악할 수 있어야 한다. 이 원문과 수에 대한 더 이상의 세세한 의미는 더 언급할 일이 없다. 이는 스스로 그 깊이를 헤아려 봐야 할 부분이다. →9522(18)9.

위의 수를 보면 음양의 조화에서도 이 금척수의 오묘함을 알 수 있다. (本1)의 "天一一, 地一二, 人一三"의 금척수에서 이미 밝힌 바 있으나, 간

(13) 本(65)心(66)本(67)太(68)陽(69)昻(70)明(71)=476

297

합의 수에서는 오히려 하늘자리에서 땅의 역할인 오행을 통한 물의 생성(15)을 볼 수 있으며 또한, 땅의 자리에서 하늘의 주관인 음양의 조화(12)로 만들어 낸 삼태극을 나타내고 있다. 허나, 사람의 자리에서는 마찬가지로 이들의 합으로 만들어진 대우주의 근원수(18)가 팔괘(팔자)로 돌아감을 보여 준다. 앞서 이미 밝힌바, 음양의 구분에 고저(높고 낮음)가 없고, 그 가치의 경중을 구별하여 논하는 것이 아니라, 서로 합하여 조화를 이루어 둥글게 돌아가는 모습으로, 땅과 하늘이 서로 한 몸처럼 섞여 있음을 다시금 전하고 있음을 알아야 한다.(지천태) 이 뜻은 더 나아가, 궁극적으로 인간에게 남녀의 몸을 구분함에 귀천이 없고, 높낮이가 없다는 것을 강조하고 있다. 허나 분명, 자신의 위치와 그 모습이 다르듯, 그 역할, 또한 다르다는 것을 알아야 한다. 수의 뜻과 나타내는 크기가 다르듯, 한 쪽의 치우침이나 모자람은 수의 모양과 의미를 모두 망가뜨리는 결과를 가져온다는 사실을 말하고 있다. 과유불급이라 하였다.
이 수(69)에는 서로 화합하고 조화와 균형을 이루어 어느 한 쪽에 치우침이 없어야 한다는 강한 하늘의 메시지가 담겨 있다.

✖ 이 數(69)를 다시 팔괘로 돌려 증명해 본다.

69×3=207

207×3=621　　207×4=828

▣ 이 대우주를 바탕으로 완성을 이룬 혼은 곧, 실체적인 음양이 하늘의 정신인 七축을 바탕으로 완성되었다는 것을 나타낸다. 이는 곧, "大三合六生"의 바탕에 심겨진 하늘의 정신(七축)을 보여 주고 있다. 이것이 곧, 실체적으로 완성된 음양의 근원수(69)의 모습이다. →207.

이것은 실체를 가진 혼의 음양이 완성되어 하나가 됨을 나타내고 있다. 이는 바로, 완성된 하나의 음양을 바탕으로 혼의 실체적인 완성을 보여 주고 있다. 즉, 실체적인 혼의 음양이 완성되어 새롭게 하나로 시작됨을 수로써 증명하고 있다. →621.

더 들어가면, 실체를 가지고 완성된 팔자가 낳은 새롭게 변화된 사람 "三(28)"의 근원을 볼 수 있다. 이는 바로 완성된 사람이 낳은 새로운 팔자의 모습이다. 또한, 완성된 음양(부모)을 중심으로 제각각의 음양의 팔자(사람)로 돌아가고 있는 완성된 인간세상을 일컫는다. 이 또한, 영원한 대자연의 법칙을 나타낸다. →828.

* (96-69)은 음양의 근원수로서 그 의미를 가지고 있으나, 금척수리의 의미와 그 역할은 다를 수 있다는 것을 염두에 두어야 한다. 왜냐하면, 수의 정렬에서 말하듯이 그 주체가 다르기 때문이다. 하여, 수가 전하는 뜻을 제대로 습득해 혼돈하지 말아야 할 것이다.

☯ 위 원문의 두 글자에는 최초 (태극)혼의 음양 중, 태양의 의미도 내포하고 있다. 그것은 어디에도 있을 것이나, 앞서 언급한 "心(66)"에서 그 뜻을 좀 더 쉽게 찾아볼 수 있다. 그 "太陽"의 금척수(137)를 증명해 본다.

| 137 | ●9316(19)1 | ■9453(21)3 | ▲18769(31)4 | 합: 37538(71-26)8 |

❇ 위의 금척수는 실체를 가진 하나(태극)의 삼태극이 七축(정신)을 바탕으로 완성을 이루며 돌아가고 있다. 이는 곧, 실체적인 하나에서 만들어진 삼태극(사람)이 완성되어 뿌리내린 七축(정신)을 일컫는다. 이는 그 중심에 있는 마음(心)의 실체가 곧, 태극(혼)의 정신(七축)으로 '크게 키워나간다'는 의미와 함께 '본래(태극, 胎)의 본자리로 밝게 되돌아온다'는 뜻이 모두 내포되어 있다. 이 모두 완성된 혼에 의해 운행되어 탄생된 새로운 "三四"의 완성된 결과물이라고 할 수 있다. 이 말의 뜻은 이미 〈금척〉의 수리로 밝힌 원문의 글자(태양)에 함축되어 있다. →137.

원방각, **하늘자리**는 제각기 완성된 대우주가 낳은 삼태극이, 하나의 혼(**地一**-16)을 바탕으로 실체적인 완성을 이룬 모습을 볼 수 있다. 이 또한, 구이성십(구궁가일)의 대우주를 나타낸다. →9316(19)1.

(13) 本(65)心(66)本(67)太(68)陽(69)昻(70)明(71)=476

땅의 자리에서는, '無'에서 시작된 대우주의 본자리가, 완성된 오행으로 시작되는 독립된 사람(一-53)을 낳으며 실체적 완성을 이루며 돌아가고 있다. 이는, 제각기 완성된 '無'의 대우주 공간에서, 삼태극을 바탕으로 새로운 구이성십(구궁가일)의 완성을 보여 주고 있다. →9453(21)3.

이들 합의 결과물, **자식의 자리**는, 영원한 하나의 팔자가, 실체적인 七축(정신)의 완성으로 낳은 음양의 근원수(69)를 바탕으로 돌아가고 있다. 이는 어머니가 자식을 키우는 태내의 환경처럼 부모가 바탕이 되어 영원한 하나(태극)에서 만들어진 하늘의 정신으로 완성된 사람을 가리키고 있다.
이는 영원한 태극이 낳은 팔자에서 탄생된 밝은 자, 철(哲)로 가는 자로서 [삼일신고-진리훈167] 속, (성·통·공·완)의 경지에 다다른 사람을 일컫는 "人中天地一"의 그 "一(76)"을 가리킨다. 이가 대우주를 바탕으로 돌아가고 있는 모습이다. →18769(31)4.

총합의 수에서 보여 주고 있는 것은, 영원한 삼태극의 정신(七축)에서 낳은 완성된 독립체의 사람(一-53)이 팔자를 바탕으로 돌아가고 있는 모습이다. 간합(부합)의 수에서 알 수 있듯이, 궁극적으로는 해와 달을 모두 품은 음양합일(明-71)된 사람, 십오진주(구세주)의 새로운 시작을 나타내고 있다.
또한, 이 〈천부경〉의 핵심 "一析三極"의 결과물인 완성된 음양의 혼이, 七축(정신)과 하나로 성통되어 변화되고 완성된 사람의 모습이라고 할 것이다. 그리고 그 완성된 자의 나아갈 길을 밝히고 있다. →37538(71-26)8.

✖ 이 금척수(137)를 다시 팔괘로 돌려 증명해 본다.

137×3=411

411×3=1233　　411×4=1644

▩ 이 금척수는 실체를 가진 하나에서 만들어진 삼태극이 七축(정신)을 바탕으로 완성된 모습이다. 이는 바로, 하늘의 정신을 바탕으로 일합삼(삼합일)의 원리로 완성된 사람을 일컫는다. 이 실체적인 하나에서 탄생된 사람(三-37)은 궁극적으로는 밝은 자, 철(밝음)로 가는 사람으로서 완성된 사람(성

인)을 가리킨다. 이는 생명을 가진, 아직 살아서 숨 쉬고 있는 사람을 지칭하고 있다. 또한, 본자리의 실체적인 완성으로 시작되는 두 개의 근본자리(11)를 볼 수 있다. 즉, 태극의 음양 중, 태양(혼)의 의미도 포함되어 있다는 것을 전문의 흐름을 통해 파악할 수 있어야 한다. 즉, 실체를 가진 두 개의 본자리 혼(41)이 완성되어 시작됨을 암시하고 있는 부분이다. →411.

이는 제각기 완성된 하나(태극)에서 탄생된 음양이, 제각각으로 돌아가는 삼태극을 바탕으로 실체적인 완성을 이룬 것이다. 이는 하늘의 음양(天)이 땅 위 세상을 바탕으로 실체적인 완성(십오진주)을 이룬 모습이다. 즉, 원문의 글자 그대로 하늘의 "太陽" 그 자체, 그 영원의 존재이다. →1233.

더 들어가면, 제각기 완성된 하나의 혼이 실체적으로 완성되어 제각각의 완성된 두 개의 본자리(팔자)를 바탕으로 돌아가고 있는 모습을 볼 수 있다. 이는 하나(태극)에서 탄생된 실체적인 혼의 본자리가 새로운 본자리를 바탕으로 완성됨을 나타낸다. 한마디로, 태극에서 만들어진 땅(地) 위, 우리가 살고 있는 세상의 완성된 사람(성인)의 모습을 일컫는다. →1644.

☯ 그렇다면 이제, 원문의 글자와 함께 하늘의 정신인 七축의 완성으로 성통의 의미가 담긴 **"昻"** 의 **금척수(70)**를 석삼극하여 원방각으로 증명해 본다.

70	●2415(12)3	■2485(19)1	▲4900(13)4	**합:** 9800(44-17)8

▩ 위의 금척수는 한마디로 **하늘의 정신인 七축의 완성**을 나타낸다. 혼이 七축(정신)과 하나로 성통되어 완성되었다는 것을 보여 주고 있다. 앞서 언급한바, 이미 수많은 완성을 지나오며 밝혀 왔으니, 이 또한 새로운 변화를 암시하고 있다. 원문의 글자와 연결해 본다면, 그 의미를 좀 더 쉽게 짐작해 볼 수 있다. →70.

원방각, **하늘자리**는 음양의 본자리(鉅-24)가 완전수(15)를 바탕으로 실체

(13) 本(65)心(66)本(67)太(68)陽(69)昻(70)明(71)=476

적인 완성을 이룬 모습이다. 이는 곧, 제각기 완성된 태극의 음양이 낳은 혼(41)이 오행을 바탕으로 완성되었다는 것이다. →2415(12)3.

땅의 자리에서는, 이 제각기 완성된 음양에서 탄생한 본자리의 팔자(사주팔자)가 오행을 바탕으로 완성되어 돌아가고 있는 모습이다. 이는 바로, 실체적으로 완성된 음양의 본자리에서 탄생된 팔자(사람)가 오행을 바탕으로 완성된 것을 나타내고 있다. →2485(19)1.

이들 합의 결과물, **사람의 자리**는 한마디로 실체를 가진, 살아 있는 사람이 七축(정신)으로 완성을 이룬 모습을 보여 주고 있다. 이는, 고리 "環(50)"으로의 전환점이 되는 선천의 완성(成-49)과 그 맥을 같이함을 이제는 간파할 수 있어야 한다. 이는 바로, 현재를 살아가는 우리(사람) 삶의 실체적인 완성을 일컫는다. →4900(13)4.

총합의 수는, '無'의 대우주에서 탄생된 팔자가 실체를 가지고 완성된 모습을 나타낸다. 바로 대우주 공간 속에서 완전하게 완성된 사람을 지칭한다. 이는 곧 七축(정신)으로 하나 된 팔자(사람)의 완전한 완성이다. 결국, 이 경의 전문을 거슬러 올라가 기억해 볼 일이다. 앞서 "運三四成環"의 그 "成"과의 차이점을 완벽하게 습득할 수 있어야 한다. 즉, "用變"한 사람으로서 새롭게 거듭나 새로운 정신의 팔자로 혼백이 완전하게 완성되었다는 것이다. 이는 궁극적으로 후천의 완성을 일컫는다. →9800(44-17)8.

위의 증명에서 다시금 유념할 것은 결국, 쉽게 저절로 이루어지는 것은 하나도 없다는 것이다. 이 수에 이르기까지 얼마나 많은 인고의 시간과 공간을 지나 왔음을 위의 원방각의 수들을 통해서도 짐작할 수 있어야 한다. 허나, 이 흐름과 공간을 인간의 척도로 가늠할 수는 없다.
한 예로 "鉅(24)"는 '一'이 수없이 쌓이고 쌓여 어느 때(時) "一積十鉅"의 완성을 이루어 만들어 낸 것이다. 이는 (108)의 수(도)를 닦고 닦아 완성에 다다른 자를 일컫는다. 그것이 이 본자리 삼태극의 혼이 되는 것이다. 이것이 "用變"된 사람의 육신에서 성통이 되고 하늘의 정신인 七축과 하나가 됨을 전하고 있다. 이는 바로 七축(정신)의 씨가 근본에 담긴 사람. 즉, 현재 이 글을 읽고 있는 사람이, 살아서 깨닫고 행하며 가야 할 것임을 강조하고 있다. 살아서 깨닫지 못한다면 "用(60)"은 생각도 할 수 없으니 그 "用變"된 세상을 어떻게 알 것이며, 더더욱 "太陽昴明人"의 길은 보이지 않는 것이 당연하다. 명심해야 할 것은, 이 〈금척천부경〉은 단순히 "用變"의 길을 구하는 글이 아님을 알아야 한다. 이미 언급했듯이, (해인용사)라 하였다. 허나, 십오진주(성인)와는 또 다른 "萬往萬來"를 통하여 앞의 과정들을 깨우칠 수 없다면, 자신은 늘 과거 속의 한 존재로 머물러 있음을 알아야 한다. 또한, 오행 속, 육신의 옷을 입고 수없이 오가며 변하는 "變"의 한계는 무한하다는 것이다. 이는 그 어느 때, 다음에 올 자신의 환생을 기약조차 할 수 없다는 것도 포함되어 있다. 지금까지의 수의 검증을 제대로 파악했다면, 간과하지 말아야 할 것이다.

✖ 이 수(70)를 다시 팔괘의 수레로 돌려 증명해 본다.

$$70 \times 3 = 210$$
$$210 \times 3 = 630 \qquad 210 \times 4 = 840$$

✳ 위의 금척수에서 알 수 있듯이, 하늘의 정신인 七축의 완성은 곧, 실체를 가진 음양이 하나로 완성된 것을 나타내고 있다. 또한, 이는 "一積十鉅(90)"의 그 시작 "一(21)"의 완성을 보여 주고 있다. 즉, 이 말은 "一積十鉅"의 결과물과 선천과 후천의 관계에서 동일한 의미를 가지고 있음이다. →210.

이는 실체적인 혼의 삼태극(사람)이 완성되었다는 것이다. 이는 곧, 혼백(00)의 생명을 가진 사람의 실체적인 완성을 나타내고 있다. 이 수에는 앞서 "動(63)"의 '움직이고 흔들리는' 혼(삼태극)의 완성도 내재되어 있다. 이 말 또한 중요한 의미가 깃들어 있음을 쉽게 지나치지 말아야 한다. →630.

(13) 本(65)心(66)本(67)太(68)陽(69)昴(70)明(71)=476　　　303

더 들어가 보면, 실체적인 완성의 팔자(사람)로 새롭게 만들어진 본자리, 본바탕이 완성됨을 알 수 있다. 완성된 본자리를 바탕으로 팔자(사람)의 실체적인 완성을 수로써 증명하고 있다. 이는 한마디로, 실체적으로 완성된 사람(팔자)의 새로운 본자리가 완성되었다는 것이다. 이는 새롭게 七축(정신)으로 거듭난 사람(성인)의 완전한 완성을 말하고 있다. →840.

❧ 이 구절의 마지막, **"明"**은 글의 의미에서 이미 그 뜻을 쉽게 짐작할 수 있다. 일단, 이 **금척수(71)**는 얼마나 심오한 뜻으로 전문과 연결되는지 석삼극하여 원방각으로 증명해 본다.

71	●2485(19)1	■2556(18)9	▲5041(10)1	합: 10082(47-11)2

✵ 위의 금척수는 보이는 수 그대로 완성된 七축(정신)이 하나로 새롭게 시작됨을 나타낸다. 이 글자 **"明"**은 원래, 해와 달을 모두 가진 글자이니, **밝음의 대명사**라고 해도 과언이 아니다. 이는 양과 음의 합으로 음양합일의 완성체이다. 태양의 뜨거운 열기와 달의 냉기를 함께 품고 있어 그 모양이 서로 상극처럼 보여 '역(易)'의 글자에 쓰이기도 한다. 하여, 이는 땅 위 음양(地二-17)의 역수이며 상징도 그러한 듯하나, 그 조화가 단지 밝은 기운만을 취하여 환함을 주기에 더 없이 편안할 뿐이다. →71.

원방각, **하늘자리**는 음양의 실체적 본자리에서 만들어진 팔자가 오행을 바탕으로 완성을 이룬 모습이다. 이는 제각각의 완성된 음양에서 만들어진 '사주팔자'가 오행을 바탕으로 완성된 것과 같다. →2485(19)1.

땅의 자리에서는 제각기 완성된 음양의 '변화된 사람(化三)'이자, 제각각의 오행으로 돌아가는 사람의 완성으로 낳은 혼을 나타내고 있다. 이 수 또한, 앞서 **"太陽(137)"**에서 증명했던 원문의 글자가 주는 존재감의 뜻, 그대로 금척수에 담겨 있음을 알 수 있다. 한마디로, 이는 사람(생명)의 근원수(18)를 만들며 대우주를 이룬 모습이다. →2556(18)9.

이들 합의 결과물, **자식의 자리**는 제각기 완성된 오행의 세상(地-32)에서 새롭게 거듭난 혼(41)이 바탕이 되어 돌아가고 있는 모습이다. 간합(부합)의 수에서 알 수 있듯, 이 또한 하나의 완성이다. →5041(10)1.

총합의 수에서는, 지금까지의 과정을 좀 더 명확하게 보여 주고 있다. 하늘의 정신인 七축에서 완성되어 나온 하나(一). 이는 제각기 실체적으로 완성된 영원한 하나(태극)가 낳은 혼백을 가진 완성된 사람을 지칭한다. 그 바탕에는 완성된 팔자(사람)의 음양이 돌아가고 있기 때문이다. 이 수에서는 생명을 가지고 살아서 깨우진 사람(재생)의 **"明(命)"**을 이 〈금척천부경〉을 통하여 전하고 있다. 다시금, 이 글의 원문 또한, 우리의 언어, '**明**'과 '**命**'을 같이 볼 수 있음을 이제는 언급하지 않아도 연결할 수 있어야 한다. 이는 바로 재생하여 거듭난 성인의 입명 경지를 일컫는다. 간합의 수(11)에서도 그 의미를 짐작해 볼 수 있다. →10082(11)2.

✽ 이 **"明(71)"**을 다시 팔괘로 돌려 증명해 본다.

　　71×3=213

　　　　213×3=639　　　213×4=852

✳ 七축(정신)의 완성으로 만들어진 음양합일의 그 하나는, 실체적 음양이 하나의 완성을 이룬 삼태극(사람)임을 수로써 증명하고 있다. →213.

이는 실체적인 혼의 삼태극이 완성되어 대우주를 바탕으로 돌아가고 있다. 또한, 완성된 혼에서 만들어진 **"大三合"**을 볼 수 있다. 이는 곧, **해와 달, 바로** '**明**'이다. 수의 정렬이 전하고 있는 의미를 지나치지 말아야 한다. →639.
더 들어가 보면, 실체적으로 완성된 팔자에서 만들어진 오행으로 돌아가는 음양을 볼 수 있다. 즉, 완성된 오행의 음양(十-52)을 바탕으로 탄생된 실체적인 팔자(사람)의 완성을 나타낸다. 이는 결국, 음양합일의 완성된 사람을 일컫는다. →852.

☯ 그렇다면 , 지금까지 본바탕 혼의 중심에 있는 마음(心)이 닦고 성장하여 이루어 온 과정, 이 구절을 모두 합한, **"本心本太陽昻明"** 의 **총합수**(476)를 석삼극하여 원방각으로 증명해 본다.

476	●113050(10)1	■113526(18)9	▲226576(28)1	**합:** 453152(56-20)2

▩ 위의 금척수는 실체적인 음양이 완성되고 운행되어 만들어 낸 "三(47)"이 혼을 바탕으로 완성을 이룬 모습이다. 또한, 이는 실체적으로 완성된 본자리가 낳은 七축(정신)의 혼을 나타내고 있다. 여기서 (76)은 이 경의 후반부에 수록된 **"人中天地一"** 의 그 **"一(76)"** 로서 사람이 (천·지) 중에 하나(一)가 되는 **'人'** 이자, 이후에 증명하게 될 **"人(72)"** 의 결과물이 된다. 즉, 생명을 가진 실체적으로 완성된 본자리가 낳은 완성된 七축(정신)의 혼으로서, 신의 반열에 들어선 사람(성인)을 가리킨다. 이는 **〈천부경〉** 이 〈금척〉 을 통하여 전하는 목적이며 지금 살아서 이 경을 읽고 깨우친 자로서, 철로 가는 자, 그 사람의 궁극적인 모습이기도 하다. →476.

원방각, **하늘자리**는 보여 주는 수 그대로, 영원한 태극의 두 개의 본자리(11)에서 탄생된 삼태극(**萬往**-113)이 완성된 오행을 바탕으로 제각기 완성되어 하나가 됨을 보여 주고 있다. →113050(10)1.

땅의 자리에서는, 영원한 태극의 본자리(11)에서 탄생된 사람(人-35)이, 음양의 혼을 바탕으로 실체적인 완성을 이루며 돌아가고 있다. 즉, 영원한 본자리(11)의 삼태극이, 실체적인 오행 속 음양의 혼을 바탕으로 돌아가는 것을 나타내고 있다. 최초, 태극(태양)혼이 낳은 삼태극이 오행 속에서 완성(十-52)을 이룬 음양의 혼이다. 이는 모두 다른 표현의 같은 뜻이다. 결국, 금척수리는 어떤 시각과 관점에서도 한 가지로 통한다는 것을 말하고 있다. →113526(18)9.

이들 합의 결과물, **자식의 자리**에서는, 제각기 돌아가는 영원한 음양이 낳은 혼의 본자리(65), 그 속에서 탄생된 七축(정신)의 혼을 볼 수 있다. 바로 **"人中天地一"** 의 그 **"一(76)"** 을 낳았음이다. 이는 곧, 영원한 음양의 완성된 七축(정신)이 중심이 된 오장육부의 사람을 일컫는다. 바로 생명을 가진, 살아 있는 사람의 실체적 완성을 나타내고 있다. **간합의 수**(28)에서 보여 주듯 **'변화(완성)된 사람' 의 탄생**이다. 〈금척〉의 수리는 언제나 그랬던 것처럼 한 치의 오차도 없으나, 그 자리와 환경(배경)에 따라 다양한 뜻을 가지고 전달하고 있다. 물론, 이 경우에도 해당되는 것임을 이제는 원문의 흐름에서 깨우쳐 터득할 수 있어야 할 것이다. →226576(28)1.

총합의 수에서 알 수 있는 것은, 태초, 영원한 '無' 의 대우주(45)에서 탄생된 삼태극(사람)이 오행의 음양을 바탕으로 하나의 실체적인 완성을 이룬 모습이다. 이 또한, 삼합일(일합삼)의 원리로써 완전한 완성을 말하고 있다. 이는 바로 제각기 완성된 영원한 본자리에서 탄생한 사람을 가리킨다. 즉, 실체를 가진 하나에서 완성을 이룬 것으로 음양이 바탕이 된 완전수(15)의 완성을 보여 준다. 무엇보다 전문을 통하여 **완전수(15)의 주체가 달라졌음을 기억**해야 한다. →453152(20)2.

✖ 이 금척수(476)을 다시 한번 팔괘로 돌려 증명해 본다.

476×3=1428

1428×3=4284　　1428×4=5712

▩ 이 금척수는 보이는 수 그대로 완성된 태극의 실체적인 본자리가 낳은 음양의 **'변화된 사람'** 이다. 이는 바로 제각기 완성된 하나의 실체적인 본자리가 팔자를 바탕으로 생(42)하였다는 것이다. 즉, 실체적으로 완성된 하늘(天)의 본자리에서 탄생된 변화된 사람을 일컫는다. →1428.

이는 제각기 완성된 본자리에서 탄생한 '변화된 사람' 이 새롭게 낳은 본자리를 바탕으로 완성된 것을 말하고 있다. 또한, 영원한 본자리의 울타리 속에서 변화되어 완성된 사람을 일컫는다. 이는 곧 근원이라고 할 수 있는 근본바탕의 울타리 속에서 움직이고 변화되어 살아가는 사람의 '명(命)' 을 나타내고 있다. →4284.

(13) 本(65)心(66)本(67)太(68)陽(69)昂(70)明(71)=476

요약하면, 이는 萬王(萬往)의 실체적인 십오진주(성인)가 음양을 바탕으로 하나로 완성을 이룬 모습이다. 또한, 한편으로는 제각기 완성된 오행의 七축(정신)이 실체적인 완성(변화된 사람)으로 낳은 하나의 음양을 나타낸다. 하나의 음양은 중요한 의미를 담고 있다. 수없는 육신의 윤회에서 벗어날 수 있는 바로 그 시점이다. 이는 바로, 수없이 되돌아갔던 과거(往-57)에 속한 사람이 하나의 음양을 바탕으로 실체적인 완성을 이룬 모습을 금척수로써 증명하고 있다. 이를 통하여, 이 경을 읽는 자에게 깨우쳐 그 길을 보여 주고 있음이다. →5712.

알다시피, 〈금척〉의 수리는 수학의 공식처럼 정교하지만, 이를 학습하고 나름대로 납득하고, 해석하는 방법은 천차만별일 수밖에 없다. 그 의미 또한 파고들자면 그 깊이를 헤아릴 수 없으니 글로써 다 표현하기에는 턱없이 부족이다. 하여, 이제 이 경의 막바지에 다다른 시점에서 자꾸 되풀이 하여 말하는 많은 증명들은 되도록 생략한다. 요점은, 이 경의 전문을 모두 정독한 후, 결국은 하나의 길로 통한다는 그 이치를 깨우침에 있다. 새삼 강조하는 바, 깨달음은 이해시키는 것이 아니요, 스스로 터득해 나가는 것이다.

❂ 여기에서 함께 알아야 할 것은, 이 구절의 **"本心本太陽昻明"**에서 바로 뒤에 수록된 원문의 글자 **"人(72)"**을 더한, **"本心本太陽昻明人"**의 총합 수는 (548)이다. 오행은 바로 우리가 살고 있는 세상의 바탕이자 조화의 지배자이다. 이 금척수(548)의 의미는, 실체를 가진 오행의 조화 속에서 **"妙(54)"**하게 만들어지는 '사주팔자'의 모습을 나타내고 있다. 물론, 여기서 전하는 그 묘함이란, 두 말할 것도 없이 뻬어나고 훌륭한 십오진주(구세주)의 팔자를 가리킨다. 또한, 이는, 완전하게 변화되어 완성된 사람이 새롭게 만들어 가는 '사주팔자'의 모습으로 대우주 번성의 근간이 되는 것을 말하고 있다. 이것은 바로, **"用變"**한 사람의 **"本心本太陽昻明人"**이 상징하는 결과물로서, 이전의 **"運三四成環"**이 선천운의 영역이었다면, 이것은 바로 후천운의 영역이라고 할 수 있다. 즉, 완성된 사람이 만들어 가는 후천의 세계

라는 것이다. 여기에는 또한, 신의 수(섭리)가 들어 있음을 알 수 있다.

이 수(5)는 변화무쌍한 오행이자, 오색의 조화로 '龍'을 칭한다는 것 또한 이미 밝힌 바 있다. → [삼일신고-신훈51] 참조.

또한, 그 정해짐이 묘(妙-54)하다 했다. 이 묘함의 의미는 수없이 밝힌바, 더 이상 논할 일이 없다. 스스로 깨우치고 터득하여 행해야 할 부분이다. 이 "人(72)"이 그러하다. 사실, 이 글자는 뒤에 나올 "人中天地一"과 하나로 연결되는 것이 맞다. 허나, 〈금척〉의 수리는 다양한 방식으로 수를 붙여 그 의미를 찾아보아도 놀라울 정도로 그 답은 이미 정해져 하나의 틀 속에 있음을 깨닫게 된다.

이 〈천부경〉의 전문을 지금까지 〈금척〉의 숫자를 붙여서, 구절과 한 글자씩 끊어서 세세하게 증명하는 이유, 또한 그 까닭이 있지 않겠는가. 이는 읽는 者 스스로가 밝은 눈과 마음으로 볼 수 있다면, 깨우쳐 납득할 수 있을 것이다. 이것은 수에 대한 깨달음에 한 걸음 더 가까이 가는 것이 분명하다. 〈금척〉은 이 경의 심오하고 오묘한 이치를 깨우치는데 반드시 필요한 열쇠라 하였다. 이제, 보물이 가득한 창고의 열쇠는 열렸으나, 그 보물은 보는 자의 눈에 따라, 천차만별로 다르게 보일 것이니, 그 보물을 가져가는 크기와 가치도 저마다 다를 것 또한 당연한 결과일 것이다.

(13) 本(65)心(66)本(67)太(68)陽(69)昻(70)明(71)=476

(14) 人(72)中(73)天(74)地(75)─(76)=370

지금까지, 이 세상 속에서 태어나 살아온 사람이 거듭 생(재생)하고 "用變"하여 그 마음(心)이 궁극적인 본자리를 찾아가는 "本心本太陽昻明(476)"의 길을 증명해 확인해 보았다. 여기에서 그 길로 들어선 사람. 오로지 밝은 곳에 다다른 자, 〈삼일신고〉의 철(밝음)로 가는 자가 바로 이 경의 마지막에 수록된 사람이다. 그가 바로 삼신의 반열에 오르며 대우주 번성의 근간이 되는 "人(72)"이다.

이제부터, 물의 수(數)이자 생명을 담은 육신과 혼을 나타내는 (6)의 중심에서 벗어나 하늘의 정신인 (7)로 시작하는 금척수를 볼 수 있다. 즉, 육신(윤회)이라는 옷을 털고 올곧게 神(七축)의 정신으로 바로 서서 (성·명·정)을 이룬 사람(성인)을 일컫는다. 정말 미묘하고도 가늠할 수 없는 그 찰나에 달라졌음이다.

"本心本太陽昻明人(548)"의 현재의 삶에서 다음 생(후천)에 올 '사주팔자'를 정하며 완성의 과정을 지날 때까지 함께 존재하던 육신이었으나, 놀랍게도 본자리(心)를 뺀 "太陽昻明人(350)"에서 그 답을 볼 수 있다. 바로 또다시 전환되는 오행의 환경을 암시하고 있다. 이 오행의 완성을 이룬 후, (천·지)와 함께 하나 됨을 이룰 때 비로소 그 육신의 존재에서 벗어나는 것이다. 이 말은, 육신의 윤회를 완성하여 끝맺음했다는 뜻이다.

이 〈금척천부경〉의 전문을 통해, 수없이 나오는 七축(정신)과 혼이 하나가 되는 〈삼일신고〉의 (성·통·공·완)의 경지이다. 이는 곧 사람이 (천·지) 가운데 존재하여 하나가 된 것이니, 이와 같은 존재감을 가진다는 의미이다. 사람이 (천·지)와 함께 삼태극(천·지·인)을 이룬 것이다. 세상의 수많은 사람들이 말하는 **천·지와 함께 사람이 삼신의 반열에 오른 것이다.**

☯ 이제, "人(72)"에 대하여 증명할 것이나, 알다시피, 이 경의 전문은 시작과 끝이 하나의 고리처럼 연결되어 있다. 만물이 세상의 이치에 벗어남이 없듯이, 사소한 문장 하나에도 주체와 객체가 있고 인과관계가 존재하니, 이

또한 구분이 없을 리가 없다. 어떻게 변화되었는지 유념해서 볼 것이다.

| 72 | ●2556(18)9 | ■2628(18)9 | ▲5184(18)9 | 합: 10368(54-18)9 |

✵ 위의 금척수는 의미만으로도 알 수 있듯이, 신의 수, 七축(정신)의 완성으로 그 바탕에는 음양이 존재할 뿐이다. 이미 앞서 '用使'한 사람의 본바탕 혼의 중심(心)이 七축(정신)과 성통되어 만들어 낸 음양을 나타내고 있다. →72.

원방각에서, **하늘자리**는 제각기 완성된 음양이 제각각의 실체적인 오행으로 완성되어 혼을 바탕으로 돌아가고 있다. 즉, 음양오행의 실체적 완성으로 탄생된 영원 속의 완성된 오행의 혼을 일컫는다. 이는 또한, 삼라만상의 세상 속에서 완성된 사람(십오진주-성인)이 바탕이 된 영원한 대우주의 모습이기도 하다. →2556(18)9.

땅의 자리는 완성된 음양의 실체적인 혼이 낳은 변화된 사람이 대우주를 이루고 있다. 이는 곧, "一析三極"하여 낳은 실체적인 완성의 결과물(변화된 사람)로서 대우주를 이루고 있다는 것이다. 금척수리는 표면적인 의미는 한결같으나, 그 속에 담긴 의미는 더욱 심오하고 다양할 수밖에 없다. 그 까닭은, 이 〈금척천부경〉은 인간의 척도로 가늠할 수 없는, 시공의 흐름이 존재하고 있기 때문이다. →2628(18)9.

이들 합의 결과물, **사람의 자리**는, 제각기 완성된 오행의 세상에서 탄생된 사람의 근원수(18)가 본자리를 바탕으로 완성을 이룬 모습이다. 이는 실체적으로 완성되어 바뀐 환경(五-51)의 시작과 함께 새로운 본자리를 바탕으로 완성된 팔자를 나타내고 있다. 즉, 오행(用, 龍)이자 신의 수[신훈51]로 탄생된 사람을 일컫는다. →5184(18)9.

총합의 수에서 보여 주고 있는 것은, 영원한 하나(태극)에서 탄생한 실체를 가진 삼태극의 혼이, 팔자를 바탕으로 완성을 이룬 모습이다. 이는 영원한

(14) 人(72)中(73)天(74)地(75)一(76)=370

태극에서 만들어진 완성된 삼태극(십오진주-구세주)이 혼의 팔자(太-68)를 바탕으로 돌아가고 있는 것이다. 이는 완전한 완성을 이루었다는 것과 함께 새로운 시작을 암시한다. 앞서, 이 금척수(68)는 최초의 그 태극으로 어머니의 자궁 속(태내)과 같은 의미를 내포하고 있음을 밝힌 바 있다. 즉, 바로 생명탄생을 나타내는 **'잉태'** 와 같다. 더 들어가 보면, 대우주 번성의 바탕을 볼 수 있다. ➜ **[삼일신고-세계훈72].**

또한, 부합의 수가 모두 '無'의 대우주를 나타낸다. 이는 곧, 구이성십(구궁가일)의 완전한 완성이다. 영원한 대우주의 법칙 속에서 완성을 통한 또 다른 새로운 변화의 시작을 알리고 있다. →10368(54-18)9.

✖ 이 數(72)를 다시 팔괘로 돌려 증명해 본다.

72×3=216

216×3=648　　216×4=864

▩ 이 七축(정신)의 완성으로 낳은 음양의 모습에서 많은 것을 되돌아볼 수 있다. 이 수에는 처음, "一始無始"의 그 시작부터 '一'이 쌓이고 쌓여 어느 때 완성(十)되고 처음 변화된 그 "化(27)"의 역수의 모습을 볼 수 있다. 수의 정렬에서 이미 이 수가 주는 의미를 짐작할 수 있어야 한다. 이는 바로, 실체를 가지고 완성된 음양이 하나가 되어 낳은 혼을 나타낸다. 이 수에는 땅 위 세상(地-16)이 바탕이 된 음양의 모습과 함께 사람(혼)의 근원수(18)가 내재되어 있다. →216.

이는 실체적 혼의 본자리가 완성되어 만들어진 팔괘(팔자)를 나타내고 있다. 즉, 실체적인 혼의 완성이 낳은 '사주팔자'로 혼으로 거듭 태어난(재생) 완성된 사람을 일컫는다. →648.

더 들어가 보면, 실체를 가지고 완성된 팔자가 낳은 혼의 본자리를 볼 수 있다. 이는 살아서 실체적인 완성을 이룬 사람(성인)의 혼의 본자리를 일컫는다. →864.

◉ 여기에서, 이 "人(72)"을 좀 더 명확하게 대변하고 있는 것은 앞서 언급했던 "本心本太陽昻明人"에 있다. 내 근본 속에 있는 마음(心)의 중심이 "太陽昻明"하여 결국 이 "人(72)"에 도달한다는 것인데, 이는 바로 위의 글[삼일신고-진리훈]처럼, 철(哲)로 가는 자, 밝은 곳에 다다른 사람을 나타낸다. 이는 바로 "明人(143)"이다. 이 〈금척천부경〉의 전문을 통독함에 있어, 문장을 어떻게 구분하는가에 따라 그 담겨 있는 내용이 서로 달라질 수도 있음은, 우리 한글의 띄워 쓰기를 연상해도 쉽게 짐작할 수 있다. 단, 지금 여기서 증명하고자 하는 것은 이 "人(72)"에 대한 의미를 좀 더 깊고 명확하게 전달하기 위함이다. 앞의 금척수를 합한 "明人(143)"에 대하여 그 의미를 〈금척〉의 수리를 통해 확인해 보기로 한다.

143	●10153(10)1	■10296(18)9	▲20449(19)1	합: 40898(47-29)2

❇ 위의 금척수는 보이는 수 그대로 실체적으로 완성된 하나의 정신(七-43)을 나타내고 있다. 이는 곧, 실체적인 하나의 본자리에서 탄생된 삼태극(사람)을 지칭하고 있다. 한마디로, 성통한 사람이란 뜻이다. 이 새롭게 완성된 사람은 하나(태극)의 정신이라고 할 수 있다. 이는 〈금척천부경〉원문의 "七(43)"을 나타내고 있다. 이 수의 의미에서도 알 수 있듯이, 선천과 후천은 하나의 근본으로 통하며 또한 이 "明人"은 밝은 자, 오로지 하늘의 정신인 七축만으로 서 있음을 알 수 있다. 이 수에는 고운 선생께서 고뇌 속에서 옮긴 그 '五(七一)妙衍'의 근원(근간)이 내재되어 있다. 여기서 모든 연결관계를 파악할 수 있어야 한다. →143.

원방각, **하늘자리**는 영원한 하나에서 만들어진 완전수가 새롭게 낳은 삼태극을 바탕으로 완성을 이룬 모습이다. 여기서, 영원한 하나(태극)에서 탄생된 실체를 가진 하나의 그 바탕을 이루고 있는 수(53)는, 바로 구이성십(구궁가일)의 완성에 의한 시간을 보내고 세상 속에 그 모습을 드러낸 독립체로서의 완성된 사람을 일컫는다. 이 의미는 이미 앞서 수없이 밝힌 바 있다. 이쯤에서 그 '七'과 '十'이 어떻게 연결고리가 되는지, 왜 이들의 수가 다르게 그 의미를 전하고 있는지 납득할 수 있어야 한다.→10153(10)1.

(14) 人(72)中(73)天(74)地(75)一(76)=370

313

땅의 자리에서는, 제각기 완성된 영원한 하나(태극)에서 만들어진 실체적인 음양이 낳은 완성된 근원수(부모)를 볼 수 있다. →10296(18)9.

이들의 결과물, **사람의 자리**에서는, 영원한 태극의 음양에서 탄생된 실체적인 본자리가 대우주를 바탕으로 새로운 본자리의 완성(成-49)을 이루며 돌아가고 있는 모습이다. →20449(19)1.

총합의 수에서는, 영원한 본자리에서 탄생된 실체적인 팔자의 대우주가 새로운 팔자를 바탕으로 완성된 것을 볼 수 있다. 또한, 영원한 태극의 본자리에서 만들어진 완성된 대우주를 중심으로 제각각의 음양의 팔자가 돌아가고 있는 모습이다. 이 수는 궁극적으로 변하지 않는 영원한 대우주의 법칙 속에서 가고 옴을 반복하는 완성된 사람을 일컫는다. 이가 바로 "明人(143)" 이다. 이 수 속에는 '萬'이라는 의미가 내재어 있다. 바로 영원함이다. 이것은, 오행 속에서 끝없이 윤회를 반복하는 사람을 포함한 모든 동물(생명체)과는 그 차원이 다름을 알아야 한다. →40898(47).

＊ 眞 理 訓 ＊

哲 止感 調息 禁觸
　　一意化行 返妄卽眞 發大神機 性通功完是

밝은 자들은 느낌을 멈추고 숨 쉼을 고르며
닿음을 금해 한 뜻으로 이루어 행하여 망령됨을 고쳐
참이 되고 神人의 큰 틀을 열 것이니
성품을 트고 공을 마침이 곧 이것이다.

〈三一神誥-眞理訓167 中〉

✤ 이 **"明人(143)"** 을 다시 팔괘로 돌려 증명해 본다.

143×3=429

429×3=1287　　429×4=1716

⊠ 이 밝은 사람(人)은, 실체적인 본자리의 음양이 완성되어 대우주를 바탕으로 돌아가는 모습을 볼 수 있다. 이는, 대우주 공간 속에서 실체를 가지고 생(42)하여 완성된 사람을 일컫는다. →429.

이는 하나(태극)의 음양이 七축(정신)을 바탕으로 완성된 팔자를 낳으며 실체적인 완성을 이룬 것이다. 이는 바로, 제각기 완성된 하나에서 탄생한 **변화된 사람(三-28)이 七축(정신)을 바탕으로 완성**되었다는 것이다. →1287.

더 들어가 보면, 제각기 완성된 하나(태극)에서 만들어진 하늘의 정신(七축)이 실체적인 완성으로 낳은 하나의 혼을 볼 수 있다. 즉, 이 세상을 살아가는 사람을 지칭하는 **땅(地)** 위의 음양이 하나로 완성(음양합일)되었음을 나타내고 있다. →1716.

☯ 그렇다면 이제, 이 (종횡구구행간산문) 81자 중, 마지막 줄에서 시작하는 그 첫 글자를 살펴본다. 이 〈금척천부경〉은 시종을 거론하고 있으나, 결국 처음과 끝은 없는 것과 같다. 허나, 여기서 **"中"** 은 존재하고 있으니, 이 글자의 의미를 절대 놓칠 수 없다. 이 수에는 마치, 울창한 숲속에 들어가 한 나무의 숨결을 느끼듯, 그렇게 섬세하게 듣고 볼 필요가 있다. 어느 순간, 이 경의 목적지를 깨닫게 될 수 있을 것이다. 하여, 이 글자와 **금척수(73)**가 부여하는 의미를 이제부터 증명해 본다.

73	●2628(18)9	■2701(10)1	▲5329(19)1	**합:** 10658(47-20)2

⊠ 위의 금척수는 완성된 七축(정신)의 삼태극이 하나의 중심을 이룬다는 것이다. 수의 정렬에서 그 의미를 짐작할 수 있다. 완성된 사람의 七축(정신)

(14) 人(72)中(73)天(74)地(75)一(76)=370

을 나타내는 금척수(37)와 역수를 이루는 (7)대(3). 이는 더 이상의 변화가 필요 없는 수, **완벽한 조화와 조합의 수**이다. →*73.

원방각, **하늘자리**는 음양의 혼(匱-26)이 변화된 사람(三-28)을 바탕으로 실체적 완성을 이룬 모습이다. 이는 곧, 팔자를 바탕으로 실체적인 완성을 이룬 혼이 중심이 되어 제각각의 음양으로 돌아가고 있다. 즉, 이는 완성된 사람의 근원수(18)로 이루어진 영원한 대우주를 일컫는다. →2628(18)9.

땅의 자리에서는, 제각기 완성된 실체적인 음양의 七축(정신)이 완성을 이루며 새로운 하나를 잉태함을 알 수 있다. 이는 바로, 실체적인 완성으로 변화(化-27)되어 새롭게 시작을 암시하는 모습이다. →2701(10)1.

이들 합의 결과물, **자식의 자리**에서는, 금척수가 증명하는 그대로 음양의 대우주를 바탕으로 구궁가일(구이성십)의 독립체로 완성된 사람의 실체적 완성을 나타내고 있다. 또한, 제각기 완성된 오행 속에서 탄생된 땅 위의 세상(地-32)이 대우주를 바탕으로 완성된 것을 볼 수 있다. →5329(19)1.

총합의 수에서 알 수 있는 것은, 영원한 하나(태극)에서 만들어진 "用變"된 혼이 완성된 오행 속의 팔자를 바탕으로 실체적 완성을 이루며 돌아가는 모습이다. 이는 바로, 영원한 하나(태극)에서 탄생된 실체적인 혼의 본자리가 팔자를 바탕으로 완성되었다는 것이다. 즉, 근본은 처음부터 변함이 없다는 것과 그 속에서 생명을 가진, 살아서 완성(재생)된 사람의 변화된 모습을 말하고 있다. 또한, 간합(부합)의 수에서도 알 수 있듯이 영원한 태극이 낳은 실체적인 음양(사람)의 완성을 나타내고 있다. →10658(47-20)2.

⌘ 이 "中(73)"의 금척수를 다시 한번 더 증명해 본다.

$73 \times 3 = 219$

$219 \times 3 = 657$ $219 \times 4 = 876$

✠ 이 완성된 하늘의 정신이 낳은 삼태극(사람)은 곧, 실체적인 음양이 대우주를 바탕으로 하나의 완성을 이룬 것을 나타내고 있다.

이는 바로, "大三合六生(200)"의 결과물 하나로 완성되어 대우주를 이루고 있음을 일컫는다. 즉, 실체를 가진 음양(사람)이 구이성십(구궁가일)의 완전(혼백)한 완성을 이룬 것을 말하고 있다. 수없이 언급한바, 이 경의 전문을 통하여 수록된 그 어떤 금척수도 글로써 그 의미를 모두 전할 수는 없다. 이 금척수 또한, 모든 것이 하나의 길로 통하는 금척수리의 이치를 전할 뿐이다. →219.

이는 또한, "用變"된 실체적인 혼(사람)이 오행의 완성으로 뿌리내린 七축(정신)을 나타내고 있다. 이는 곧, 七축(정신)을 바탕으로 실체를 가진 혼의 본자리가 완성되어 변화된 오행 속에서 새롭게 시작된다는 것을 암시한다. 조금 더 들어가 보면, 영원히 되돌아갈 본향의 본자리를 바탕으로 실체적인 혼의 완성을 볼 수 있다. →657.

더 들어가 보면, 이는 실체적으로 완성된 팔자의 七축(정신)이 혼을 바탕으로 완성을 이루었다는 것을 나타내고 있다. 바로, 생명(육신)을 가진 살아 있는 사람이 새롭게 거듭 태어나(재생) 완성을 이룬 밝은 사람, 음양합일의 명인(明人)을 가리키고 있다. 즉, **사람의 혼이 하늘의 정신인 七축과 성통되었다는 것이다.** →876. ➡ **[삼일신고-진리훈167] 참조.**

☑ **中(73)**
여기에서 잠시 이 '中'에 대하여 밝혀 보도록 한다. 먼저, 원방각의 부합의 수를 보면 이 수의 중(重)함과 존재의 가치를 짐작할 수 있다. 이는 바로 '無'에서 시작된 대우주, 그 대우주(9)에서 시작되는 두 개의 본자리(11)를 볼 수 있다. 이는 처음 그 시작의 "一"을 가리킨다. 바로 주체이자 중심을 나타내고 있다.

'七'을 '축(軸)'이라고 표기하는 이유는 중심이라는 기둥이 있기 때문이다. 흔들리지 않는다는 것이다. 또한, 왜 "動(63)"의 의미와 다른지 비교해 본다면 쉽게 납득할 수 있을 것이다. 사람의 혼이 이 하늘의 정신과 성통하여 '中'에 들어섰을 때 그 어떤 흔들림도 없는 가장 완벽한 자리에 앉는 것이다. 그 무엇보다도 가장 중요한 또 다른 까닭은, 바로 이 '中'은 가장 높은 하늘의 문(門)이다. 이는 '선천'과 '후천'의 끊임없이 돌아가는 세상 가운데 흔들리지 않는 축으로 우뚝 솟아 있는 ＊'中天'의 길목이자, 대문을 일컫는다. 이는 곧, 우주의 진리를 담은 〈조화경〉이자, 〈예언서〉인 이 〈천부경〉이 〈금척〉을 통하여 비밀을 풀어 밝히는 가장 큰 이유이자 목적지라는 것을 알아야 한다.

인간을 포함한 우주의 삼라만상은 모두 주체와 함께 그 중심을 가지고 있다. 물론, 이 〈금척천부경〉 또한 그 중심이 있다. 바로 이 경의 주체가 되는 "六(41)"- 혼을 가리키고 있다. 이 혼은, 이 경의 내외적인 모든 것의 중심에 놓여 각 주제의 주체가 된다. 이 경이 지향하는 완벽한 중심이 바로 이 '中'이다. 이 또한 더 이상의 설명은 필요하지 않다. 중심(중)은 그 자체로 바로 존재의 이유이자, 최상의 가치를 갖기 때문이다.

모든 생명을 가진 만물은 생장소멸의 법칙 속에서 변화하고 진화하며 발전한다. 또한, 그 속에서 지나침과 부족함을 모두 품고 있는 만물들을 대자연은 오행의 조화로 소멸과 번성을 거듭하며 형평(衡平)을 유지해 왔으며 그렇게 또 해 갈 것이다. 이것이 바로 대자연의 법칙 속에 있는 모든 생태계이다. 이 대자연이라는 오행의 가장 중심에 있는 자리가 바로 '中'의 역할이라는 것을 말하고 있다.

이 글자의 의미 또한 '가장 가운데'라는 뜻을 담고 있다. 치우침, 모자람과 더 이상의 과(過)함도 없다. 7대3. 七축(정신)의 삼태극으로 이루어져 가장 이상적으로 완전하게 완성된 사람의 근본(혼)이자 구성의 실체이다. 이 수에는 정신과 실체(육체)의 비율이 명확하고 완벽하게 차 있는 것을 알 수 있다. 이 또한, 이전의 금척수(三-37)와는 그 의미가 다름을 수의 정렬에서 짐작할 수 있어야 한다.

지금까지의 수의 증명을 통하지 않더라도 이 수 또한, 그 근간에는 물(水-6)이 있으니, 흘러야 한다. 이 물은 오행 속, 사람의 생명이며, 혼이라는 것을 이제는 확연하게 알고 있음이다. 이 물은 어디로도 흐를 수 있으며 흘러가야 한다. 하여, 우리의 삶은 또 다른 묘(妙)함이 있다 하였다. 이는 곧, '물길'이라고도 한다. 이는 다시 말해 우리의 혼이 가는 길이다. 그 수많은 물길 가운데에 반드시 있어야 하는 길이 있으니 그것이 바로 '중화(中和)'의 길이다.

이 '중화'는 바로 오행 속, 우리 삶의 쉼표이다. 어느 쪽도 치우침이 없는 이 중도는 우리 삶을 반영한다. 몸도 중심을 잡지 못하면 일어설 수 없다는 것을 알고 있다. 하물며, 정신은 더더욱 올곧게 바로잡고 갈 수 있어야 그 길을 볼 수 있음은 당연한 것 아니겠는가. 득도의 길을 가고자 힘든 수행을 하는 스님을 이 글자(中)로 지칭함은 그 길이 높고, 결코 쉽지 않은 길임을 굳이 언급하지 않아도 짐작할 수 있다. 이 물길은 너무 얕아 바닥이 보이면 금방 메말라 강팍하고 모질 수밖에 없다. 반면, 너무 지나쳐 차고 넘치면 제 길을 모르고 온 주변의 크고 작은 물길을 다 덮어 버리며 홍수를 일으키니 모자람만 못하다. 모든 이치가 그러하듯, 이는 과유불급이라. 세상의 많은 生命을 해치고 정작 자신의 모습이 무엇인지 알지도 못한다. 분명, 오늘 이 세상에 나서 살고 있는 자는 저마다 가야 하는 길과 모습이 있다. 그저 아무런 까닭 없이 오는 삶은 단 하나도 없으니, 오늘 자신이 살고 있는 모습을 돌아볼 수 있어야 한다. 그 모습이 어떤 모습이든지, 이렇게 살고 있는 이유를 이 〈금척천부경〉을 통해서 깨우칠 수 있어야 한다.

現, 세계인류 4대 문명지로 역사에 기록된 지역 중, 하나인 인더스문명. 그 땅의 토속민이라고 할 수 있는 인도인의 모습에서도 이 중도의 길이 얼마나 크고 위대한 길임을 반증(반영하여 나타냄)하고 있다. 전 세계에서 가장 많은 신을 모시며 윤회를 절대적으로 믿고 있는 사람들. 과거부터 현재에 이르기까지, 어쩌면 그들의 세계에서는 영원할 계급제도가 그것이다. 그 계급사회에서 가장 높은 위치에 있는 브라만이 바로 승려를 나타내고 있음을 보아도 그들에게 수도자란 누구나 가질 수 있는 것이 아니며, 얼마나 고귀한 신분에서 행할 수 있다는 것을 그들은 인정하고 있다. 대우주의 법칙 속에서 생장소멸을 거듭해 온 인간세상이라, 그 억겁의 시간 속에 선천과 후천은 가고 왔으니, 이 〈금척〉의 이치에 대한 그들의 인지 또한, 불확실하나, 〈금척〉의 존재는 분명, 오랜 세월 속에서 깨닫고 있었으리라.

우리의 세상만사가 교묘함이 있어 좋은 뜻의 수와 말일수록 구설수에 오르기를 좋아하고 때론 이를 천대시하며 비하하듯 내뱉곤 한다. 이 또한, 너무 귀하면 쉽게 잃어버릴 수 있다는 두려움에서 시작된 말이라고도 하나, 지금은 그런 생각조차 없

(14) 人(72)中(73)天(74)地(75)一(76)=370

이 쉽게 쓰는 말들이 종종 있다. 앞서 (18)의 숫자나 이 '中'의 글자 또한 그렇게 폄훼된 것인지도 모른다. 되짚어 보면, 우리의 삶에 있어 이 글자가 들어가지 않는 부분이 드물지 않는가. 이 모든 것이 하나의 이유이다. 그것은 반드시 필요하기 때문이다. 이 길은 앞서 언급한 바 있는 '用'과 함께 반드시 들어가야만 하는 길이 '중도'이다. 우리말의 묘미일 것이나, 이 둘을 합하면 바로 '중용'이 된다. 이 수(中-73)에는 바로 완성된 사람이 "天地"와 하나가 되는 그 삼태극(천·지·인)의 길이 있다. 바로, 사람(人二三)이 "大三"에 속하는 것이며, 이는 곧, '성·통·공·완'에 이르는 길로써, 길고 긴 환생의 여정길에 그 마지막 길목이자, 門이 된다. 하여 이 〈천부경〉 원문에서도 "人中天地一"이라 하지 않았는가. 다시 말하지만, 이 數(73)는 가장 완벽한 수의 조합(調合)이다.

☯ 다음, 이 〈천부경〉에 수록된 세 번의 (천·지·인) 중, 이 마지막 구절만 그 나열된 순서가 바뀌어 있음을 알 수 있다. 이제 '中'과 연결된 "天地"는 무엇을 뜻하는지, 먼저, "天"의 금척수(74)에 대하여 증명해 본다.

| 74 | ●2701(10)1 | ■2775(21)3 | ▲5476(22)4 | 合: 10952(53-17)8 |

卍 위의 금척수는 보이는 수 그대로, 하늘의 정신을 가리키는 七축이 완성되어 만들어진 본바탕을 나타내고 있다. 이는 곧, 모든 것이 완성된 하늘의 본자리라는 것이다. →74.

원방각, **하늘자리**는 제각기 완성된 음양에서 탄생된 七축(정신)이 실체적 완성을 이루며 새롭게 하나 되어 그 시작됨을 나타낸다. 앞서 증명한 그 실체적으로 완성되어 변화된 그 하나의 씨라고 할 것이다. →2701(10)1.

땅의 자리에서는 변화된 음양(사람)의 七축(정신)이 완성된 땅 위(地-75)의 세상을 바탕으로 실체적인 완성을 이룬 모습을 볼 수 있다. 이는 곧, 완성된 음양이 하나 된 삼태극을 일컫는다. →2775(21)3.

사람의 자리에서는, 실체적으로 완성된 오행의 본자리에서 탄생한 "人中天地一"의 그 "一(76)"의 모습을 볼 수 있다. 이는 그 밝은 자, '성·통·공·완'의 경지에 들어서 완성을 이룬 사람. 이를 바탕으로 오행의 본자리가, 빼어나게 훌륭한 모습(妙-54)으로 실체적 완성을 이룬 것을 나타낸다. 또한, 간합(부합)의 수에서 제각각의 음양으로 돌아가는 또 다른 완성된 인간세상의 본바탕, 본자리을 나타내고 있다. →5476(22)4.

총합의 수에서 알 수 있는 것은, 영원한 하나의 완성으로 탄생한 대우주가, 완성된 오행(十-52)을 바탕으로 실체적 완성을 이루고 있는 모습이다. 이는, 완성된 七축(정신)으로 만들어진 본바탕으로서 완성된 팔자의 새로운 시작을 예시하고 있다. 결국, 이 **하늘(天)**은 세상 속에서 "妙衍(109)"하게 퍼지며 실체적 완성을 이룬 그 밝은 사람의 근본이자, 본바탕을 일컫는다. →10952(53-17)8.

✾ 이 수(74)를 다시 팔괘로 돌려 증명해 본다.

74×3=222

222×3=666   222×4=888

✖ 이 금척수는 완성된 음양을 중심으로 제각각의 음양으로 돌아가는 완성된 삼태극의 하늘(天)을 보여 주고 있다. 이는 우리가 살아가야 할 완성된 인간세상(22)을 바탕으로 실체적인 음양이 완성(사람)됨을 나타낸다. 즉, 사람의 혼이 하늘의 정신과 성통되었다는 것이다. 이는 결국, 제각각(음양)의 완성된 삼태극의 세상으로 **사람이 살아서 깨우쳐 가야 할 마지막 그곳임**을 수로써 전하고 있다. 항상 그렇듯이, 이 수에 담겨진 비밀을 이 경을 모두 정독한 후에는 스스로 깨우쳐 터득해 볼 일이다. →222.

실체적으로 완성된 혼에서 탄생한 사람의 마음(心-66)을 볼 수 있다. 즉, 완성된 사람의 마음(66)이 바탕이 된 혼의 실체적인 완성을 나타내고 있다. 이는 또한, 완성된 혼을 중심으로 제각각의 음양의 혼이 돌아가고 있는 삼태극의 혼을 보여 주고 있다. 이는 바로 영원한 대우주의 본바탕이자, 사람(생명체)의 근원수(666-18)로서 완성된 인간세상의 하늘(**天-근원**)이 된다. →666.

더 들어가 보면, 실체적으로 완성된 팔자에서 탄생된 제각각의 음양으로 돌아가는 팔자의 모습을 볼 수 있다. 이는, 완성된 팔자(사람)를 중심으로 제각기 음양의 팔자로 돌아가는 영원한 대우주 법칙 속의 완성된 하늘(天)의 본자리를 보여 주고 있다. 이는 정신에서 탄생된 하늘(天)의 본자리이자, '無'의 대우주에서 영원히 돌아가는 **시작(始)과 종(終)**의 모습이다. 이는 곧, 삼태극의 근원지이자, 살아서 깨우쳐 가야 할 사람의 **본향이자, 그 목적지가** 된다. →888.

☯ 그렇다면 여기서 "人(72)"을 제외한 ✳"**中天**" 이 〈금척천부경〉의 비밀의 열쇠, 그 이유라고 할 수 있는 그 중(重)하고도 깊은 뜻이 담긴 **금척수(147)**에 대하여 〈금척〉의 수리로 다시 증명해 본다.

147	●10731(12)3	■10878(24)6	▲21609(18)9	合: 43218(54-18)9

⊠ 위의 금척수는 원문의 글자 그대로, 실체적인 하나의 본자리가 七축(정신)을 바탕으로 완성된 가장 가운데 높은 하늘을 일컫는다. 이 수는 앞서 "**運三四**"의 "三"을 떠올려, 지금의 "**中天**"을 비교하여 본다면, 더욱이 "**中天**"에 대한 의미가 좀 더 쉽게 다가올 것이다. →147.

원방각에서 **하늘자리**는 영원한 하나(태극)에서 탄생된 실체적인 七축(정신)의 삼태극이, 완성되어 하나가 됨을 보여 준다. 즉, 처음 태극에서 만들어진 더 이상 이룰 수 없는 완벽한 수인 "**中(73)**"이 하나로 완성된 그 씨를 일컫는다. 이는 곧, 완성된 하나의 음양, 그 시작이자 근원을 나타내고 있다. →10731(12)3.

땅의 자리는, 완성된 七축(정신)이 중심에 되어 제각각(음양)의 팔자(팔괘)로 돌아가는 영원한 하나에서 탄생된 혼을 보여 준다. 즉, 완전한 완성을 이룬 혼(사람)이자 본바탕이다. 또한, 하나의 완성(108)이 쌓이고 쌓여 실체적 완성으로 끝맺음(終-78)하였다는 것을 나타낸다. →10878(24)6.

자식의 자리에서는, 대우주를 바탕으로 영원한 음양이 하나로 완성되어 그 혼의 실체적인 완성을 보여 준다. 이 영원한 음양이 하나의 완성을 이루며 실체적인 혼을 탄생시키기까지 인간의 척도로는 결코 가늠할 수 없는 시공이 흘러가고 왔음을 수에서 짐작할 수 있다. 더불어, 더욱 더 절실하게 이 수가 주는 의미가 얼마나 현재를 살고 있는 사람의 그 '人生'에 있어 목숨과도 같은 좌표가 될 것인지, 되어야만 하는지를 이 경의 전문을 통하여 깨우칠 수 있어야 한다. →21609(18)9.

총합의 수에서는, 영원한 태극의 그 본자리에서 탄생된 삼태극의 음양이, 사람의 근원수(18)를 바탕으로 실체적 완성을 이루며 돌아가고 있는 모습을 볼 수 있다. 이는 대우주의 영원한 번성과 함께 그 퍼져 나감에 있어, 그 근원과 바탕이 되는 완성된 사람의 근원지가 된다. 이가 바로, 밝고 드높은 하늘 "中天"인 것이다. →43218(54-18)9.

✖ 다시 이 "中天(147)"을 다시 팔괘로 돌려 증명해 보면,

147×3=441

441×3=1323   441×4=1764

✖ 이 中天은 七축(정신)을 바탕으로 하나의 실체적 본자리의 완성을 나타낸다. 더 나아가 보면, 실체적인 본자리가 낳은 혼(六-41)을 바탕으로 완성을 이룬 모습이다. 이는 제각각으로 돌아가는 음양의 본자리가 완성되어 하나가 됨을 알 수 있다. 또한, 수의 정렬에서 처음 태극의 두 개의 본자리(11) 중, 그 첫 번째 본자리(총합수)의 역수이다. 이 '易'에 담긴 여러 가지 수의 깊은 뜻은 이제, 스스로 터득해 볼 일이다. →441.

이는 하나(태극)가 쌓이고 쌓여 완성(十-23)된 음양의 삼태극을 바탕으로 제각기 완성된 하나의 삼태극이 삼합일(일합삼)의 실체적 완성을 이룬 모습

(14) 人(72)中(73)天(74)地(75)一(76)=370   323

이다. 즉, 실체적으로 완성된 사람이 삼합일(일합삼)의 원리로 신의 반열로 들어선 그 하나의 완성된 하늘을 일컫는다. →1323.

더 들어가 보면, 제각기 완성된 하나(태극)의 실체적인 七축(정신)에서 탄생된 혼의 본자리를 볼 수 있다. 즉, 완성된 혼의 본자리를 바탕으로 실체적으로 완성된 이 땅 위 음양(地二-17)을 나타내고 있다. →1764.

☑ 중천(中天)

이는 한마디로, 이 〈금척〉을 통해 사람이 살아 깨우쳐 가야 할 마지막 그곳이다. 이 〈금척천부경〉이 나타내고자 하는 비밀의 땅이자, 신들의 정원이며 지금 이때(時), 반드시 살아서 깨우쳐 가야 할 마지막 목적지이자 이 경을 드러낸 이유이다. 이는 삼천(三天)의 변화도에 이미 예정되어 있어 그 때와 장소를 모르고 우왕좌왕하다가 비참하게 죽을 수밖에 없는 사람들에게 영원한 생명의 양식을 얻게 해 줄 유일상제이신 하느님의 섭리이자, 은혜일 것이다.

이 중천은 앞서 언급한바, 수없이 돌고 돌아가는 선천과 후천의 가운데 두 양백의 중심에 자리 잡고 있다. 이는 고금을 막론하고 동서양의 종교와 사상을 초월한 하늘의 이치를 나타낸다. 사람이 깨우쳐 가야 할 마지막 그 길을 인도하고 있다.

유도(儒道)의 선천하도와 불도(佛道)의 후천낙서의 그 가운데에 선도(仙道)의 중천 인부(印符)가 자리하였으니, 중천은 바로 〈천부경〉과 해인의 권능을 통하여 들어갈 수 있는 곳임을 밝히고 있다.

이는 신선이 거닐고 있는 선경의 땅이요, 돌고 도는 윤회의 세상이 아닌 영생불사의 세상이라. 하늘(세상) 중에 가장 높고 가장 가운데 위치하였으니, 이 〈천부경〉의 아홉 번째 줄, 대우주(9)의 바탕 속에서도 가장 위에 그 자리를 두고 있다.

이곳은, 가고 싶다고 누구나 갈 수 있는 곳이 아니요, 지금까지 이 〈금척천부경〉을 통한, 하늘의 이치를 깨우치지 못한다면 결코, 그 중천의 대문은 열리지 않을 것이며 그 장엄함과 표현할 수 없는 눈부신 화려함은 볼 수도 없을 것이다.

이 〈진경〉 속에 담긴 하늘의 이치를 깨우치지 못하고 어리석게 땅에서 그 이치를 찾고자 한들, 그것이 어떤 이의 눈과 마음속에 제대로 보여질 수 있겠는가.

🌑 그렇다면 이제, 세 번 수록된 (천·지·인) 중, 그 마지막에 수록된 원문의 글자 **"地"**의 금척수(75)는 과연, 어떤 의미를 담고 있는지 석삼극하여 원방각으로 증명해 본다.

75	●2775(21)3	■2850(15)6	▲5625(18)9	합: 11250(54)9

✠ 위의 금척수는 앞서 밝힌 대로 七축(정신)의 완성으로 만들어진 오행이 바탕이 되어 돌아가는 땅(地)의 모습이다. 이 수 또한, 완성된 사람이 살아갈 완성된 땅 위의 세상을 나타내고 있다. →75.

원방각, **하늘자리**는 제각기 완성된 음양에서 만들어진 실체적인 七축(정신)이 제각기 오행을 바탕으로 돌아가고 있다. 이는 완성된 **땅(地-75)** 위의 세상이 바탕이 되어 완성된 실체적인 음양의 七축(정신)으로 곧, 변화(化-27)된 사람의 혼(정신)을 일컫는다. →2775(21)3.

땅의 자리에서는, 변화된 사람(三-28)이 완성된 오행을 바탕으로 실체적인 완성을 이루며 돌아가고 있다. 이는 밝힌바, 완성된 완전수(명인)의 완성된 환경을 만들고 있는 모습이다. →2850(15)6.

이들 합의 결과물, **사람의 자리**는 오행의 울타리 속에서 실체적인 혼의 음양(사람)이 완성되어 돌아가고 있는 모습을 볼 수 있다. 이는, 음양오행의 바탕 속에서 수없이 윤회하고 있는 혼의 실체적인 완성을 나타내고 있다. 이 말의 의미는 앞서 밝힌 '中天'의 뜻을 기억해 볼 일이다. 간합(부합)의 수에서 알 수 있듯이 이 또한, 사람의 근원수로서 대우주를 이루고 있는 모습이다. →5625(18)9.

총합의 수에서는, 영원한 태극의 본자리(11)가 실체적으로 완성된 음양오행을 바탕으로 변하지 않는 대우주의 법칙 속에서 널리 번성하고 퍼져 돌아가고 있음을 보여 주고 있다. 수없이 언급한바, 음양오행은 인간세상을 포함한 모든 삼라만상에 깃들어 있으며, 이러한 음양오행의 완성이 바탕이 된 근본적 세상을 나타내고 있다.

(14) 人(72)中(73)天(74)地(75)一(76)=370

325

간합(부합)의 수에서도 오행의 본자리가 완성되어 묘하게 흘러가는 인간세상을 볼 수 있다. 그 묘(54)함에서 신의 섭리(수)가 개입되어 있음을 [삼일신고-신훈51]를 통해 충분히 짐작할 수 있으나, 또한 자신 스스로 만들고 있다는 것을 지금껏 전하였다. 이는 그 무엇보다, 음양오행 속의 삶이란 것은, 바로 오행 속에 속한 사람(人)의 모습으로 그 속에 담긴 혼(心-66)이 주체가 됨을 잊지 말아야 한다. →11250(54)9.

✖ 이 "地(75)"를 다시 팔괘로 돌려 증명해 본다.

75×3=225

225×3=675   225×4=900

✖ 이 완성된 七축(정신)을 중심으로 돌아가는 오행의 땅(地)은, 바로 실체적인 음양이 음양오행을 바탕으로 완성을 이루며 돌아가는 땅 위의 세상을 일컫는다. 이는 또한, 최초 태극의 그 오행을 바탕으로 하나가 쌓이고 쌓여 만들어진 세상(積-22)의 완성을 말하고 있다. 이는 결국, '無'에서 만들어진 제각기 완성된 음양이 오행을 바탕으로 돌아가는 완성된 세상의 대우주로서 완성된 사람이 가야 할 세상의 모습이다. →225.

이 또한, 실체적인 혼의 七축(정신)이 완성되어 오행을 바탕으로 돌아가고 있는 모습이다. 한마디로, 실체적으로 완성된 혼(명인)에서 탄생된 땅 위 세상(地-75)으로서 결국, 완성된 인간세상(地)을 일컫는다. →675.

더 들어가 보면, 이것은 **대우주의 실체적인 완성**을 전하고 있다. 더불어, 지금 이 경을 읽는 사람이 살아서 깨우쳐 가야 할 이 세상의 총체적인 완성을 일컫는다. 논란의 여지가 없다. 너무도 확연하게 증명하고 있다는 것이다. →900.

위의 "中"과 연결된 "天"과 "地"를 살펴보면서 이 〈천부경〉에서 전하고 있는 의미를 〈금척〉의 수리로 증명함에 그 묘함을 새삼 절감할 수밖에 없다. 이것은 바로, 음양과 오행의 근원에 대한 묘함이며, 그 하나(태극)의 근원과 근원지에 대한 묘함이다. 이는 영원토록 끊이지 않을 대우주의 법

칙과 그에 속한 인간세상의 나아가는 그 길의 묘함을 보여 주는 것이라고
하겠다.

위의 두 금척수는, "天地"가 바뀌었다. 분명, 양수 '九(9)'는 하늘(天)
이며, 물을 나타내는 음수 '六(6)'은 만물의 근원인 '땅(地)'인 줄 이미
알고 있다. 허나, 위의 七축(정신)의 완성으로 거듭난 '천지'는 분명 바뀌
어 있다. 이는 이미 앞서 밝힌바, 음양의 근원수의 뜻을 떠올려 볼 것이다.
또한, 위의 수는 실체적인 완성의 과정이 다르다는 것을 알아야 한다. 이미
실체를 가진 사람이 완성된 것이다. 음양의 근원수(69)에서 그 근원적 의미
를 찾아볼 수 있어야 한다. 이는 사람이 신의 반열로 들어서 '천지'와 동
등한 삼태극(천·지·인)을 이루게 되니, 그 모태(어머니의 자궁)가 바탕이
되어야 함을 말한다. 이는 화합된 '천지'로서 '지천태[地天泰-수승화강
(水昇火降)]'의 완성된 인간세상이다. 이 글에서 스스로 습득하고 납득할
수 있어야 한다. 더 이상, 글로써 〈金尺〉의 깊고 심오한 내면을 이해시키
고자 전달할 수는 없다.

☯ 위의 "天地"는 이전의 그것과는 다른 것임을 스스로 깨우칠 수 있어야
한다. 이제, 이 〈금척천부경〉에 수록된 세 번의 (천·지·인) 중, 마지막 세
번째 (천·지·인)은 이전의 것과 다르게 (천·지)와 (인)이 구별되어 있다.
하여, 이 "天地"의 합수(149)에 대하여 그 뜻을 확인하고 증명해 본다.

| 149 | ●11026(10)1 | ■11175(15)6 | ▲22201(7) | 합: 44402(32-14)5 |

❀ 이는 실체를 가진 하나의 본자리가 대우주를 바탕으로 완성(成-49)을
이룬 모습이다. 하나(태극)의 실체에서 탄생한 세상(천지)의 완성(成-49)이
다. 이 말은, 변화되어 완성된 사람(십오진주-성인)의 (해인)용사로 새롭게
변화되어 완성된 세상을 나타낸다. 또한, 앞서 '선천운'의 완성을 이룬
"成(49)"과 그 의미를 구별할 수 있어야 한다. 이는 곧 "明人"과 함께
삼태극의 바탕을 이루는 "天地"의 실체를 수로써 증명하고 있다. →149.

(14) 人(72)中(73)天(74)地(75)一(76)=370

원방각, **하늘자리**는 영원한 하나(태극)의 본자리(11)가 제각기 실체적으로 완성되어 만들어낸 음양의 혼을 나타내고 있다. 이는 태극에서 완성되어 새롭게 시작되는 이 〈금척천부경〉의 **핵심주제**인 "一析三極(26)"의 근원을 나타내고 있다. →11026(10)1.

땅의 자리에서는, 이 영원한 두 개의 본자리(11)가 하나의 실체적인 땅 위의 음양을 만들며 오행을 바탕으로 돌아가고 있다. 또한, 영원한 제각각의 삼태극(태극혼)의 본자리가 완성된 땅(地-75) 위 세상에서 실체적인 완성을 이루며 돌아가고 있는 모습이다. →11175(15)6.

자식의 자리에서는, 앞서 밝힌바, 하늘(天-74)의 실체적인 완성으로 새롭게 하나로 시작됨을 볼 수 있다. 이는 제각각(음양)으로 돌아가는 삼태극의 세상이 실체적인 완성으로 하나가 됨을 나타내고 있다. 이 수에 대한 의미 또한, 더 이상 구구절절한 설명은 필요하지 않다. →22201(7).

총합의 수에서는, 영원한 본자리 삼태극이 제각기 실체적으로 완성되어 만들어진 음양의 모습을 보여 준다. 이는 결국, 음양을 바탕에 둔 하늘과 땅, **"天地"**라는 제각각의 영원한 삼태극의 본자리가 실체를 가지고 완성되어 오행의 환경 속에서 돌아가고 있음을 나타내고 있다. →44402(32-14)5.

✖ 이 금척수(149)를 다시 팔괘로 돌려 한 번 더 증명해 본다.

$$149 \times 3 = 447$$
$$447 \times 3 = 1341 \qquad 447 \times 4 = 1788$$

✲ 이 수는 실체적인 하나에서 만들어진 본자리가 대우주를 바탕으로 완성(49)을 이룬 것으로, 하늘의 정신인 七축을 바탕으로 제각각(음양)의 본자리가 완성된 모습이다. 한편으론, 실체적으로 완성된 본자리에서 만들어진 "三(47)"이 바탕이 되어 돌아가는 모습을 볼 수 있다. →447.

또한, 하나(태극)의 실체적인 삼태극에서 만들어진 혼(41)이 바탕이 되어 돌아가고 있다. 이는 즉, 혼이 바탕이 된 일합삼(삼합일)의 실체적 완성을 일컫는다. →1341.

더 들어가면, 이는 하나(태극)의 七축(정신)이 제각기 돌아가는 음양의 팔자를 바탕으로 실체적 완성을 이룬 모습이다. 즉, 인간세상인 땅의 음양(17)이 변화된 세상(88)을 바탕으로 완전하게 완성된 것이다. 이는 완성된 사람이 살며, 살아가야 할 그 바탕이 되는 세상의 또 다른 완성이다. →1788.

☯ 그렇다면 이 구절의 마지막이자, 위의 "天地"와 함께 사람이 변하여 삼태극의 반열에 새롭게 들어 선 "一"의 금척수(76)는 어떤 모습인지 석삼극하여 원방각으로 증명해 본다.

76	●2850(15)6	■2926(19)1	▲5776(25)7	합: 11552(59-14)5

� 위의 금척수는 七축(정신)을 중심으로 사람의 혼이 성통하여 하나가 된 모습을 나타낸다. 이는, 완성된 七축(정신)의 혼으로 새롭게 다시 태어난 사람(성인)을 일컫는다. [삼일신고]의 밝은(선) 길로 가는 자, 〈금척천부경〉의 "萬往萬來用"하여 그 혼의 중심(心)이 "太陽"으로 향한 밝은 자(명인)가 천지와 삼태극(삼합일)을 이루어 삼신의 반열로 들어선 그 '一'이다. 바로, 이 경을 읽는 자가 생명을 가지고 살아서 깨우쳐 가야 할 그 길이다. 또한, 〈예언서〉에 수록된 언제나 그랬듯이, 가고 옴을 반복하시는 해인용사의 십오진주(구세주)로서, 마지막 때의 성인의 모습이다. →76.

원방각, **하늘자리**는 제각기 완성된 음양의 팔자로서, 이 변화된 사람(三-28)이 완성된 오행을 바탕으로 실체적 완성을 이룬 모습을 볼 수 있다. 이는 곧 또다시 완성된 오행(環-50)의 바탕에서 전환되어 변화되는 새로운 환경을 예고하고 있다. →2850(15)6.

(14) 人(72)中(73)天(74)地(75)一(76)=370　　　　　　329

하늘의 씨를 받은 **땅의 자리**에서는 제각기 완성된 음양의 실체적인 대우주(天-29)가 낳은 음양의 혼을 볼 수 있다. 이는 바로, 이 경의 핵심인 "一析三極(26)" 이 바탕이 된 음양의 대우주가, 실체적인 완성을 이루며 돌아가고 있는 모습이다. 이 또한, 구이성십(구궁가일)의 완성을 나타내고 있다. →2926(19)1.

이들 합의 결과물, **사람의 자리**에서는, 제각기 완성된 오행의 세상(**地**-32)에서 제각각의 七축(정신)의 실체적인 음양으로 새롭게 낳은 혼(76)을 볼 수 있다. 이는 곧, 사람이 살아갈 완성된 땅 위에서 음양오행을 바탕으로 성통을 이룬 사람을 일컫는다. 즉, 영원한 본자리로 수없이 되돌아갔던 윤회(往-57) 속의 사람이 七축(정신)의 혼을 낳으며 성통을 이룬 것이다. 또한, 〈예언서〉의 관점에서 이는 곧 만왕의 왕(십오진주)를 일컫는 것이기도 하다. →5776(25)7.

총합의 수에서는, 영원한 태극의 두 개의 본자리(11)에서 만들어진 실체적인 오행이 음양을 바탕으로 제각기 완성되었음을 알 수 있다. 앞서 "五十一妙衍" 을 되돌아 기억해 볼 일이다. 또한, 영원한 태극의 두 개의 본자리(11)가 "化三(55)" 의 완성으로 음양을 낳았다는 것과 같은 맥락을 가지고 있다. 이 음양이란, 오행의 생명체, 그 속에서 사람을 가리킨다. 완성은 또 다른 생산을 암시한다고 하였다. 변화와 생산이 없는 완성은 있을 수 없기 때문이다.
간합(부합)의 수가 나타내는 "來(59)" 에서 그 의미를 찾을 수 있어야 한다. (5)의 숫자 또한, 마찬가지임을 구구절절 덧붙여 밝히지 않아도 이제는 스스로 그 의미를 연결할 수 있어야 할 것이다. →11552(59-14)5.

※ "一(76)" 을 다시 팔괘의 수레로 돌려 증명해 본다.

$76 \times 3 = 228$

$228 \times 3 = 684$ $228 \times 4 = 912$

✠ 이 七축(정신)의 혼으로 하나가 된 사람은 곧, 실체적으로 완성된 음양이 낳은 변화된 사람(三-28)을 지칭한다. 이는 바로 완성된 인간세상(22)에서 만들어진 팔자(사람)를 나타내고 있다. →228.

이는 실체적으로 완성된 혼의 팔자가 새롭게 만든 본자리를 일컫는다. 즉, 본자리를 바탕으로 태극(太-68)의 완성을 나타내고 있다. 어머니의 자궁과 같은 근원이, 새로운 본자리를 낳으며 완성된 것과 같다. 이 수는 이미 밝힌 바와 같이, 생명(육신)이 존재하고 있을 때, 살아서 깨달은 자, 〈천부경〉의 "明人"으로서 [삼일신고]의 철(哲)로 가는 자, '성·통·공·완'의 경지에 다다른 그 '一'의 모습이다. 그가 잉태한 새로운 본자리를 보여 주는 부분이다. →684.

더 들어가 보면, '無'의 대우주가 실체를 가지고 하나의 완성을 이룬 그 음양(사람)이 바로 이 "人中天地一"의 "一(76)"임을 증명하고 있음이다. →912.

결국, "一(76)"은 태극의 "一(1)"에서 잉태되어 완성된 사람(人-72)으로서, 실체적으로 완성된 '천지'와 하나(삼합일)가 되어 삼태극(천·지·인)을 이루며 삼태극(삼신)의 반열에 오른 또 다른 "一(76)"이 되는 것이다. 이 "一(76)"은 〈금척천부경〉의 마지막에 다시 한번 놀라운 비밀을 열어 보여 준다.

☯ 이 구절은 사람이 성통의 경지에 이르렀음을 나타내는 것으로 '천지' 가운데 존재하여 하나가 되는 '人'을 가리킨다. 이 "人中天地一"의 총합 수(370)에 대하여 석삼극하여 증명해 본다.

370	●68265(27)9	■68635(28)1	▲136900(19)1	합: 273800(74-20)2

✠ 위의 금척수는 혼백의 삼태극이 七축(정신)을 바탕으로 완성을 이룬 모습

으로서, "人二三"의 그 "三(37)"의 완성을 나타내고 있다. 이것은 한마디로, 변화된 사람의 실체적 완성을 일컫는다. 또한, 이는 곧 시작될 또 다른 변화를 암시하고 있다. 지금까지 이 경을 통독해 오면서 금척수리를 제대로 습득하였다면, 완전하게 완성된 사람의 금척수가 (376)이라는 것을 수의 의미에서 간파할 수 있어야 한다. 분명, 이 구절은 '사람이 천지와 하나로 성통 되었다'는 뜻이 담겨 있다. 허나, 이 수의 바탕에 '六'이라는 물(생명)로써 돌아가는 혼을 담은 육신이 빠진 수가 바로 위의 "人中天地一"의 총합수(370)이다. 하지만, 위의 원방각의 수에서 그 근본(6)이 존재하고 있음을 볼 수 있다. 이는 육신을 가지고 성통한 성인이라 할 것이나, 이 또한 그 순간이 찰나같이 짧다는 것을 금척수리의 증명을 통하여 짐작할 수 있다. 바로, '성·통·공·완'의 순간이다. 허나, 그 찰나 같은 순간은 오직, 자신과 신만이 아실 것이다. 처음 인간이 어머니의 자궁 속에 잉태될 때, 신의 씨(七축)가 저마다 머릿속에 심겨 지는 것처럼 사람의 혼은 새로운 본자리를 만들 바탕(6)으로만 남겨지고 삼태극의 반열에 들어서며 마침내 육신을 떠나는 변화를 맞는다. →370.

원방각의 수에서 알 수 있는 것은, **하늘자리와 땅의 자리의 총합수가 모두 (68)로 시작함**을 볼 수 있다. 이것이 바로 생명(육신)이라는 실체를 가진 혼의 모습이라는 것을 증명하고 있는 부분이다. 이는 곧, 〈금척천부경〉 원문의 "太(68)"를 나타낸다. 이는 최초의 태극을 지칭하기도 하지만, 어머니의 자궁 속, '태(胎)'의 의미도 함축하고 있음을 이미 앞서 언급한 바 있다. 결국, 이 수는 바로 처음 시작 "一始無始"의 그 하나의 정신(七축)을 말하고 있다. 이 원방각의 **하늘자리**는 이 영원한 "太(胎)"가 오행을 바탕으로 "一析三極(26)"하여 실체적으로 완성되었음을 수로써 증명하고 있는 것이다. →68265(27)9.
땅의 자리에서는 이 또한, 영원한 "太(68)"에서 탄생되어 '動'하여 만들어진 실체적인 혼의 삼태극(**動**-63)이, 오행을 바탕으로 완성을 이룬 모습을 보여 주고 있다. →68635(28)1.

이들 합의 결과물, **사람의 자리**에서는 영원한 하나의 삼태극에서 탄생된 음양의 근원수(69)이자, 혼의 대우주가 실체적 완성을 이루며 돌아가고 있는 모습을 보여 준다. 또한, 영원한 하나에서 탄생된 삼태극의 혼(36)이, 실체적으로 완성된 대우주를 바탕으로 제각기 완성된 것을 알 수 있다. 즉, 이 수는 생명을 가진 사람(人)이 삼신(삼태극)의 반열에 들어선 것을 증명하고 있다. 한마디로, 영원한 하나(태극)에서 탄생된 혼의 실체적 완성을 일컫는다. →136900(19)1.

총합의 수에서 보여 주고 있는 것은, 영원한 음양의 七축에서 탄생된 삼태극의 팔자가 실체적인 완성을 이루며 돌아가고 있는 모습이다. 이는 "一積十鉅"로 변화된 사람의 그 '大三'이 되어 궁극의 실체적인 완성에 다다른 것을 말하고 있다. 이는 바로, 태초, 태극의 정신에서 시작된 사람의 완전한 완성을 나타내고 있다. →273800(74-20)1.

✄ 이제, 이 금척수(370)를 팔괘로 돌려 다시 증명해 본다.

370×3=1110

1110×3=3330　　1110×4=4440

✠ 이는, 〈금척천부경〉 원문의 두 번째 본자리 중, "人二三"의 그 "三(37)"이다. 이가 곧 '人'에서 나온 혼의 실체적인 완성임을 증명하고 있다. 이는 또한, 제각기 완성된 실체적인 본자리(11)에서 탄생된 새로운 하나의 완성을 나타낸다. 이가 바로 사람이 (천·지)와 하나가 되어 제각기 돌아가는 삼태극(천·지·인)의 본바탕, 그 혼(태양)의 완성을 이룬 모습이다. 한마디로, 후천의 삼태극, 그 본질의 완성을 보여 주고 있다. →1110.

이는 제각기 완성된 실체적인 음양의 삼태극이, 새롭게 완성된 삼태극을 바탕으로 돌아가며 대우주를 이루고 있는 모습과 같다. 즉, 제각각(천·지·인)의 본자리 삼태극이 완성을 이룬 것이다. →3330.

더 들어가 보면, 제각각의 음양의 본자리가, 새롭게 완성된 본자리를 바탕으로 실체적인 완성을 이루며 돌아가고 있는 모습이다. 또한, 이는 삼태극의 본바탕이 제각기 완성되어 돌아가고 있는 완벽하게 완성된 사람(명인)의 모습을 일컫는다.

좀 더 깊이 들어가 볼 수 있다면, 앞서 "天(74)"의 완성된 자리라고 할 수 있다. 이 하늘의 완성은 곧, "中天地"의 완성이며, 이 경을 읽는 자가 반드시 살아서 깨우쳐 가야 할 궁극적인 목적지이다.

이는 결국, 사람이 신의 반열로 들어섰음이다. 이는 〈천부경〉 원문의 그 최초의 삼태극(천·지·인)이라는 것을 마지막 구절에서 다시 증명하고 있는 것이다. →4440. ➔ [삼일신고-천궁훈40] 참조.

(15) 一(77)終(78)無(79)終(80)一(81)=395

앞서 "人中天地一"에서 그 사람(人-72)이 (천·지)와 삼태극을 이루며 하나가 되는 삼합일(일합삼)의 원리로 (천·지·인)이 하나가 되는 완성을 볼수 있었다. 여기에서 그 사람(人)은 말 그대로 세상 속의 사람이 재생(거듭남)한 것임을 일컫는다. 생명(혼)을 가진, 살아서 깨우쳐 그 본심이 "太陽昻明"한 사람, 곧 '明人'을 나타내고 있다. 이것이 가장 중요한 핵심이다. 육신(생명)이 죽어서는 결코 깨우칠 수 없다는 것과 지금, 이때에 반드시 깨우쳐야만 한다는 사실이다. 이 경을 읽고 있는 자, 바로 자신에게 전하고 있는 것임을 깨달아야 한다. 위의 "一終無終一"은 이 경의 마지막 구절이다. 실체적으로 완성된 삼태극의 대우주가 오행의 바탕 속에서 영원히 돌아가고 있음을 나타내고 있다. 이는 곧, 오행의 바탕으로 돌아가는 "大三合"의 완성이며, 사람이 (천·지)와 하나가 된 삼태극, 그 삼태극이 대우주 공간 속에서 또다시 오행으로 돌며 어떻게 나아가는 것인지, 또 어떻게 나아가야 하는 것인지를 제시하고 보여 준다.

이는 결국, 사람(명인)이 모든 것을 다 이룬 완성, 그 마지막의 다음을 예시하고 있는 모습이다.

☯ 먼저, 완성된 사람이 신의 반열에 들어서 삼태극(천·지·인)을 이루는 "一(76)"이 일합삼(삼합일)의 원리 속에서 하나 되어 다시 시작되는 그 "一"의 금척수(77)에 대하여 알아본다.

77	●2926(19)1	■3003(6)	▲5929(25)7	합: 11858(50-23)5

✳ 위의 금척수는 사람이 (성·명·정)을 이루며 (천·지)와 동등한 신의 반열로 삼태극(천·지·인)이 되어 완전히 변화된 삼합일(일합삼)의 모습을 보여 주고 있다. 육신의 모습을 벗은 음양의 七축(정신)만 남은 그 '一'을 일컫는다. 〈금척천부경〉 전문에 수록된 열한 번의 '一' 중, 이 "一(77)"은

완벽하게 변화된 음양이 오로지 신(七축)의 정신만으로 존재함을 강하게 내포하고 있다. 이는 태초, 하나(태극)의 그 근원의 본향이자 본자리로 되돌아가는 수라고 할 것이다. →77.

원방각, **하늘자리**는 제각기 완성된 음양의 실체적인 대우주(天-29)가 음양의 혼을 바탕으로 돌아가고 있는 모습을 볼 수 있다. 이 음양의 혼(匱-26)은, 또 하나의 삼태극의 근본이 되어 생명(혼)의 씨로 영원한 대우주의 번성을 이루게 되는 것이다. →2926(19)1.

땅의 자리는 제각기 완성된 삼태극의 하늘(天)이, 새롭게 탄생된 삼태극을 바탕으로 돌아가고 있는 모습이다. 이것은 거대한 음양의 삼태극이라는 울타리 속에서 실체적인 혼의 완성을 보여 준다. 이는 인간의 척도로는 가늠할 수 없는 시공의 흐름이 존재하고 있음을 새삼 짐작할 수 있는 부분이다. 지금까지의 〈금척〉을 잘 습득해 왔다면 이 수에서 감지할 수 있을 것이다. 이는 바로 이 경의 중심이자, 선천의 "六生"을 떠올려 볼 일이다. 이것은 영원히 멈추지도 끝나지도 않을 하늘의 이치 속에서 존재(생)해 나갈 세상을 일컫는다. 앞서 증명한 "變不動本"의 그 이치를 기억해 볼 일이다. 그 영원한 이치 속에 또다시 돌아가는 삼태극의 씨를 수로써 증명하고 있음이다. →3003(6).

이들 합의 결과물, **사람의 자리**에서는, 제각기 완성된 오행 속에서 실체적으로 완성된 대우주가, 새롭게 탄생된 음양의 대우주(天-29)를 바탕으로 돌아가고 있는 모습을 볼 수 있다. →5929(25)7.

총합의 수에서는, 영원한 태극의 두 개의 본자리(11)에서 탄생된 실체적인 팔자(사람)가 수많은 오행의 팔자, 그 바탕 속에서 완성을 이룬 것을 보여주고 있다. 이는 오행을 중심으로 제각기 돌아가는 팔자(완성된 사람)에서 변하지 않는 대우주의 법칙을 전하고 있다. 이는 또한, 영원한 태극의 본자리에서 탄생한 오행 속의 완성된 사람의 모습이다. 하여, 간합(부합)의 수에서는 새로운 전환점을 암시하고 있다. 단지, 그 전환되어 시작되는 배경이 또다시 달라졌다는 것을 알 수 있다. →11858(50-23)5.

※ 이 금척수(77)를 다시 팔괘로 돌려 증명해 본다.

77×3=231

231×3=693　　231×4=924

▣ 제각기 돌아가는 음양의 七축(정신)을 나타내는 "一(77)"은 곧, 실체적인 음양의 삼태극이 완성(十-23)되어 하나의 새로운 변화, 그 시작을 암시하고 있다. 그 주체와 완성의 의미가 무엇인지 생각해 볼 일이다. 또한, 앞서 밝힌, "心(66)"과 그 의미를 비교한다면 더욱 명료하다. →231.

이는 실체적인 혼의 대우주가 삼태극을 바탕으로 완성되어 돌아가고 있는 모습이다. 여기서 이 혼의 대우주로 완성된 음양의 근원수(69)는 바로 세상 속에서 재생되고 변화되어 완성된 사람이 만들어 낸 미래의 모습이다. 한마디로, 삼태극(천·지·인)이 바탕이 된 완전수(부모)의 완성된 모습이다. 이것은 바로 최초의 하나(태극)에서 탄생한 두 번째 본자리의 결과물(69)과 일맥상통하고 있다. 이미 언급한바, 그 과정과 배경이 다를 뿐이다. →693.

더 들어가 보면 아무것도 없는 '無'의 대우주에서 탄생된 음양의 본바탕이다. 결국, '無'의 대우주가 "一積十鉅"의 그 음양의 본자리(鉅-24)를 바탕으로 실체적인 완성을 이루었다는 것이다. →924.

이 "一(77)"은 七축(정신)이 음양의 중심이 되어 새롭게 본자리를 만들며 음양을 나누고 또다시 팔괘(팔자)와 오행으로 대우주 공간 속에서 생명을 만들어 갈 것임을 알 수 있다. 결국, 처음의 그 '一'로 돌아가는 초석이 됨을 암시한다. 이는 더 이상의 설명이 필요치 않는 변하지 않는 하늘의 이치라고 할 것이다.

☯ 이 마지막 구절의 원문에는 처음 "一始無始"와는 상반된 두 번의 '終'이 수록되어 있음을 볼 수 있다. 이제, 그 첫 번째 "終"의 금척수 (78)에 대하여 석삼극하여 원방각으로 그 의미를 증명해 본다.

78	●3003(6)	■3081(12)3	▲6084(18)9	합: 12168(36-18)9

✳ 위의 금척수는 육신의 옷을 벗고 오로지 음양의 七축(정신)만으로 만들어진 그 "一(77)"의 팔자(사람)로서의 역할이 끝났다(종)는 것이다. 즉, 여기서 '終'의 의미는 혼백의 모든 것을 다 이루고 완성되어 끝마쳤다는 것이다. 한마디로 하늘의 정신인 七축이 팔자를 바탕으로 완성되었다는 것이다. →78.

원방각에서, **하늘자리**는 제각각으로 완성된 삼태극의 세상이 새롭게 낳은 삼태극의 혼을 바탕으로 돌아가고 있는 모습이다. 이전의 수를 돌이켜 생각해 보면 이미 나와 있는 답이다. 그 찰나에 변화되어 남겨진 그 혼의 씨라고 할 것이다. 또한, 수의 모습에서 삼태극의 거대한 울타리 속에서 양백(00-실체적 완성)으로 영원 속에 돌아가는 대우주의 이치를 가늠해 볼 수 있다. →3003(6).

땅의 자리에서는, 그 하늘의 씨를 받아, 제각기 완성된 삼태극(3000)이 완성된 팔자를 바탕으로 새롭게 하나가 됨을 보여 준다. 이는 바로 완성된 팔자에서 새롭게 다시 시작될 것임을 예고하고 있다. →3081(12)3.

자식의 자리는, 제각기 완성된 삼태극의 혼이, 새롭게 완성된 팔자의 본자리를 바탕으로 돌아가고 있는 모습을 볼 수 있다. 이는 또다시 사람과 생명체의 근원수(18)를 이루며 대우주를 만들어 나가게 된다. →6084(18)9.

총합의 수에서 알 수 있는 것은, 영원한 태극의 음양이 혼의 팔자(太-68)를 바탕으로 새롭게 다시 하나의 실체적인 완성을 이루고 있는 모습이다. 이는, 영원한 태극에서 시작한 그 변화된 사람(명인)이 모태(太-68)를 바탕으로 "用變(121)"의 실체적 완성을 이룬 것이다. 이는 결국, 본연의 모습으로 본향으로 되돌아갈 것임을 암시하고 있다. 즉, 삼태극의 혼은, 대우주 공간 속에서 끝맺음을 하였으되, 대자연의 법칙은 영원토록 지속된다는 것이다. →12168(36-18)9.

✖ 이 금척수(78)를 다시 팔괘로 돌려 증명해 본다.

78×3=234

234×3=702   234×4=936

✖ 이는 한마디로, 실체적인 음양의 삼태극이 본자리를 바탕으로 완성을 이루었다는 것이다. 또한, "萬往萬來(230)"를 통한, 그 본향의 본자리에 들어가 모든 것을 끝맺음했다는 의미이다. 수없이 밝히는바, 금척수에 대한 심오한 뜻을 글로써 모두 표현할 수 없다는 것을 이제는 언급하지 않아도 알 수 있어야 한다. →234.

이는 또한, 하늘의 정신인 七축이 음양을 낳으며 실체적인 완성을 이룬 모습이다. 즉, 음양이 바탕이 된 七축(정신)의 실체적 완성(終)을 나타내고 있다. →702.

더 들어가 보면, '無'에서 시작된 대우주가 삼태극의 혼을 낳으며 이를 바탕으로 실체적인 완성을 이루고 끝마쳤다는 것을 보여 주고 있다. 한마디로, "終(78)"하였다는 것이다. →936.

☻ 그렇다면 이제, 이 경에서 네 번 수록된 글자 '無'의 그 마지막 "無(79)"에 대하여 석삼극하여 증명해 본다.

79	●3081(12)3	■3160(10)1	▲6241(13)4	합: 12482(35-17)8

✖ 위의 금척수는, '無'의 대우주를 바탕으로 완성된 하늘의 정신을 나타내고 있다. 앞서 七축(정신)으로 팔자를 완성(終-78)하며 다시 처음의 아무것도 없었던 '無'에서 시작된 대우주로 되돌아가는 그 과정을 보여 주고 있다. →79.

(15) 一(77)終(78)無(79)終(80)一(81)=395   339

원방각에서, **하늘자리**는 제각기 돌아가는 삼태극의 하늘(天)에서 탄생된 팔자가, 완성되어 새롭게 하나로 다시 시작됨을 보여 주고 있다. 이는 곧, 완성된 음양오행의 세상 속에서 탄생된 팔자의 또 다른 시작을 암시하고 있는 부분이다. 간합(부합)의 수에서 음양이 하나 된 삼태극의 씨를 볼 수 있다. →3081(12)3.

땅의 자리는 제각기 완성된 삼태극에서 탄생된 하나가, 완성된 혼을 바탕으로 실체적으로 완성된 모습이다. 즉, 완성된 혼을 바탕으로 실체적 완성을 이룬 하나 된 삼태극은 삼합일(일합삼)의 원리로 완성을 이루고 삼신의 반열에 오른 사람의 모습을 일컫는다. →3160(10)1.

이들 합의 결과물, **자식의 자리**에서는, 제각기 완성된 혼에서 탄생된 음양의 본자리가, 하나로 완성된 모습이다. 즉, 실체적으로 완성된 혼에서 새롭게 탄생된 혼(六-41)이 바탕이 되어 돌아가는 것을 볼 수 있다. 이는 곧, 변함없이 돌아가는 혼의 본자리(바탕)를 나타내고 있다. →6241(13)4.

총합의 수에서 보여 주고 있는 것은, 영원한 하나(태극)의 음양에서 만들어진 실체적인 본자리의 팔자(사주팔자)가 새롭게 음양을 바탕으로 완성을 이루며 돌아가고 있는 모습이다. 이는 바로, 삼태극이 오행을 바탕으로 팔괘(팔자)의 틀 속에서 돌아가는 '無'의 대우주를 가리키고 있다. 또한, 간합(부합)의 수에서도 증명하듯이, 영원한 태극에서 탄생되어 오행을 바탕으로 완성된 사람이 다시 음양을 낳으며 돌아가는 **영원한 대우주의 법칙**을 나타내고 있다. →12482(35-17)8.

※ 이 금척수(79)를 다시 팔괘로 돌려 증명해 본다.

79×3=237

237×3=711　　237×4=948

※ 이 '無'로 되돌아가는 완성된 하늘의 정신인 七축의 대우주는, 곧 실체적인 음양에서 탄생된 삼태극(사람)의 七축(정신)을 일컫는다. 이는 바로, 하늘의 정신이 바탕이 되어 음양의 삼태극이 완성되었다는 것이다.

결국, **양백(선. 후천)의 완성**을 말하고 있다. →237.

이는, 실체적으로 완성된 하늘의 정신(七축)에서 새롭게 낳은 두 개의 본자리(11)를 볼 수 있다. 처음의 태극, 그 본바탕이다. 또한, 이것은 바로 오직 밝음만 존재하는 해와 달(明-71)이 완성되어 새롭게 하나가 되는 모습과 같다. →711.

더 들어가면, 실체적인 대우주가 새롭게 만들어 낸 본자리의 팔자(사주팔자)를 바탕으로 완성되어 돌아가고 있는 모습을 볼 수 있다. 이는 다시 말해서 '無'의 대우주가 실체적인 완성으로 만들어 낸 완성된 사람을 일컫는다. 이는 결국, 영원히 변하지 않는 대우주의 법칙 속에서 선천과 후천이 돌아가며 그렇게 실체적으로 완성된 사람의 근원(뿌리)을 명시하고 있는 것이다. →948.

☯ 그렇다면, 이제 이 경에서 두 번 수록된 '終'의 그 마지막 "終(80)"에 대한 의미를 석삼극하여 원방각으로 증명해 본다.

80	●3160(10)1	■3240(9)	▲6400(10)1	합: 12800(29-11)2

✠ 위의 금척수는 지금까지 〈금척천부경〉 전문을 통해 밝힌 모든 과정 즉, 대우주의 법칙 속 모든 만물 그중에서 특히 우리 인간세상 위에 '用使'하여 '用變'한 사람(명인)의 수없이 반복된 생장소멸의 긴 여정이 끝났음을 원문의 글자는 전하고 있다. 물론, 더불어 이 경의 전문을 통하여 스스로 변화되어 '성·통·공·완'의 경지에 다다른 자의 그것(완성)과도 같다. 이 마지막 "終(80)"이라는 원문의 글자 속에는 처음 "一始無始"로 시작했던 그 모든 과정에서의 완성에 대한 마지막의 '終'이라는 의미가 담겨 있다. 이 완성은, 바로 모든 것의 정점에 이르러 끝을 맺고, 처음 그 시작 '무극'의 세계에 들어갔다는 의미가 내포되어 있다. 세상의 이치가 그러하듯, 이 정점 또한, 멈추지 않고 다른 변화를 가져온다는 것을 이제는 유추할 수 있어야 한다.

〈금척〉의 수에서는, 팔자의 완성을 나타내고 있다. 유념할 것은, 이 팔자의 완성에서 이 수의 근원이 어디에서 왔으며 또한, 그 주체가 누구를 지칭하는 지 이 〈금척천부경〉의 전문을 통하여 스스로 깨우쳐 구별할 수 있어야 한 다. →80.

원방각, **하늘자리**는 제각기 완성된 삼태극이 하나(삼합일)의 실체(혼백)가 되어 완성된 혼을 바탕으로 돌아가고 있는 모습이다. 이 하나의 완성은 새로 운 변화를 암시(예시)하고 있다. →3160(10)1.

땅의 자리에서는, 제각기 완성된 삼태극의 음양이, 새롭게 완성된 본자리를 바탕으로 실체적인 완성을 이루며 돌아가고 있다. 이 또한, 하나의 대우주를 이루고 있다. →3240(9).

이들 합의 결과물, **자식의 자리**는 제각기 완성된 삼태극의 혼으로 만들어진 본자리가 실체적인 모습으로 하나의 완성을 이룬 것이다. 어떤 경우에도 변 하지 않는 완성된 사람의 근본(혼), 그 본자리의 실체적인 완성을 나타내고 있다. 이 혼의 본자리(64)가 실체(百, 00)를 가졌다는 것은 곧, 밝은 사람, 철(哲)로 가는 자, 그 혼백의 완성을 일컫는다. 이는, 실체적 완성을 이룬 사람(명인)의 근본자리를 나타낸다. →6400(10)1.

총합의 수에서 전하고 있는 것은, 영원한 하나(태극)에서 만들어진 실체를 가진 팔자(사람)의 완성을 보여 주고 있다. 완전한 완성으로 끝을 맺었다(終-80)는 것이다. 이 말은 영원한 태극에서 변화된 사람(三-28)이 실체적인 완성으로 모 든 여정을 '終' 하였음을 알리고 있다. 이 변화되어 완성된 사람(28)은 "環 (50)"을 전환점으로 선천과 후천의 주체가 다른 듯 구별되지만, 근본이 하나 로 연결됨은 소위, '사주 위에 조상(근본)'이 있다는 근거이니 "用變" 하여 도 그 근본은 변함이 없다고 한 뜻과 동일한 선상에 있음을 알 수 있다. 부모 에 대한 효가 하늘의 이치에 있어 그 바탕이 됨을 일컫는다. 이는 결국, 하나의 뿌리로 같은 존재임을 수로써 증명하고 있다. 또한, 또 다른 시작과 변화를 예 시하고 있음을 수의 증명에서 짐작할 수 있다. →12800(29-11)2.

※ 위의 금척수(80)를 다시 팔괘로 돌려 증명해 본다.

80×3=240

240×3=720 240×4=960

※ 위의 팔자의 완성으로 모든 것을 마쳤다는 뜻은, 하나를 쌓고 쌓아 만들어진 '거(鉅-24)'의 완성이다. 이는 곧, 실체적인 음양의 본자리가 완성되었다는 것을 나타낸다. →240.

이는 바로, 실체를 가진 七축(정신)의 음양(성인)이 완성되었다는 것을 말하고 있다. 즉, 〈금척천부경〉 원문의 "太陽昻明人"의 그 "人(72)"의 완성을 나타내고 있다. 또한, 이것은 [삼일신고-세계훈72]의 완성을 보여 주는 것으로 곧, 변하지 않는 영원한 대우주의 번성을 〈금척〉의 수리로 증명하고 있는 것이다. →720.

더 들어가 보면, '無'의 대우주가 완성된 혼을 바탕으로 실체적으로 완성을 이룬 모습을 볼 수 있다. 즉, 이는 제각각의 완성된 음양의 근원수(96)를 나타낸다. 神(삼합일)의 반열이다. 결국, 이 수의 정렬에서 팔자(사람)의 완성으로 모든 것이, 처음의 근원으로 돌아가고 있음을 알 수 있다. 바로 완성이며 이것이 "終(80)"인 것이다. 단지, 앞서 음양의 근원수(69)의 완성과는 다른 의미로 전해짐을 유념하고 잊지 말아야 할 것이다. →960.

☯ 사람이 "用變"하여 그 근본(혼)의 중심(心)이 "太陽昻明"으로 '성·통·공·완'의 경지에 이른 자, 그 사람이 三神(삼태극)의 경지에 다다랐음을 이르는 그 "一(77)"로 시작한 마지막 구절을 증명해 보았다.

이제, 이 〈금척천부경〉의 마지막 한 글자를 남겨두고 이 구절을 모두 합한 "一終無終"의 금척수(314)에 대하여 그 의미를 다시 확인해 본다.

314	●49141(19)1	■49455(27)9	▲98596(37)1	합: 197192(83-29)2

(15) 一(77)終(78)無(79)終(80)一(81)=395

✠ 위의 금척수는 삼태극이 하나의 본자리를 바탕으로 실체적인 완성을 이룬 모습이다. 이는 실체적(혼백)인 삼태극이 삼합일(일합삼)하여 새롭게 낳은 본자리를 바탕으로 완성을 이루며 돌아가고 있다. (천·지)와 함께 삼태극을 이루며 신의 반열로 들어선 사람이 이와 삼합(성·명·정)으로 하나가 되니 이것이 (천·지·인)이며 또 하나의 새로운 본자리가 되는 것이다. 한마디로, 다 이루어 끝마쳤다는 의미이다. →314.

원방각의 수를 보라. **하늘과 땅**을 나타내는 자리의 총합수가 모두 영원한 본자리의 완성(成-49)으로 시작함을 볼 수 있다. 이는 이미 제각각의 본자리가 완성되었음을 말하고 있다. 여기서, **하늘자리**를 보면 영원한 본자리의 대우주가 새롭게 탄생된 혼(六-41)을 바탕으로 하나의 실체적 완성을 이룬 모습이다. 또한, "運三四(141)"를 바탕으로 영원히 돌아가는 대우주의 완성된 본자리를 나타내고 있다. 구이성십(구궁가일)의 대우주를 이루며 완성되고 끝마쳤다는 것과 함께 처음의 '無'로 돌아가 하나의 씨를 남김을 암시하고 있다. →49141(19)1.

땅의 자리에서는, 영원한 본자리의 대우주가, 널리 퍼지며 완성된 오행을 바탕으로 새롭게 실체적인 본자리의 완성을 만들며 돌아가고 있다. 이는 곧, 제각기 완성된 영원한 본자리에서 탄생된 구이성십(구궁가일)의 대우주가 오행을 바탕으로 완성을 이룬 모습이기도 하다. →49455(27)9.

이들의 결과물, **자식의 자리**에서는, 영원한 대우주의 제각기 완성된 팔자(삼태극, 천·지·인, 성·명·정)가 실체적인 오행의 조화 속에서 새롭게 탄생된 완성된 음양의 근원수(96)를 바탕으로 돌아가고 있는 모습이다. 이는 바로, 혼이 바탕이 되어 대우주의 오행 속에서 완성된 팔자를 가지고 끊임없이 다시 올 완성된 음양의 근원이자, 사람의 근간(三-37)을 암시하고 있음이다. →98596(37)1.

총합의 수에서 알 수 있는 것은, 〈금척〉이 전하는 정교하고 치밀한 하늘(神)의 수리에 새삼 인간이 범접할 수 없는 한계를 절감할 뿐이다. 이 총합의

(19)는 〈금척천부경〉 원문 중, "天一一, 地一二, 人一三"의 그 '人'의 "一(19)"이다. 이 뜻은, 사람이 신의 반열로 들어서 (천·지·인)이 된 그 "一(77)"이란 것을 나타낸다. 좀 더 깊이 들어가 보면, 더욱 놀라운 조합을 볼 수 있다. 위의 수(197192)에서 두 개의 '人'의 본자리를 제외하면 남는 것은 (7)과 (2)이다. 이는 바로 밝은 자, 철(哲)로 간 자, "太陽昻明人"의 그 "人(72)"이자, 신(삼태극)의 반열로 들어 선 "人中天地一"의 그 "人(72)"의 모습이다. 이는 즉, 사람(人)이 잉태하여 낳은 완성된 음양(성인)을 나타낸다. 명심할 것은, 생명을 가진 지금, 이 경을 읽고 깨우쳐 행하여 따라가야 함이다. 이 모든 것이 완성되고 끝나는 이때, 간합의 수에서 암시하듯, 살아서 생명을 구(六生-83)하란 뜻이 함축되어 있음이다. 부연설명에 지나지 않겠으나, 여기서 '六生'이란 이미 지나간 자의 '육신의 생(生)함'과 지금 살아 있는 자의 '혼을 죽음으로부터 구하는 생함'이 함께 내재되어 있다. →197192(83-29)2.

※ 이 금척수(314)를 다시 팔괘로 돌려 증명해 본다.

314×3=942

942×3=2826   942×4=3768

✵ 이 삼태극이 하나 되어 만든 본자리는, '無'의 대우주가 실체적으로 완성되어 낳은 본자리의 음양이 생(42)하였다는 것을 보여 주고 있다. →942. 이는 제각기 완성된 음양의 실체적인 팔자(사람)가 낳은 완성된 음양의 혼을 나타내고 있다. 즉, 변화되어 완성된 사람(28)이 새롭게 낳은 음양의 혼을 바탕으로 돌아가고 있는 모습이다. →2826.

더 들어가 보면, 제각기 완성된 삼태극의 그 "人中天地一"의 "一(76)"이 팔자를 바탕으로 완성되어 돌아가고 있는 모습이다. 이는, 새로운 팔자를 바탕으로 탄생한 완성된 완전한 사람(376)을 나타낸다. 또한, 실체적인 완성을 이룬 사람이 "太(68)"가 바탕이 되어 돌아가고 있음을 알 수 있다. 이는 다시 생산하는 어머니의 자궁 속 태내의 '胎'로써 새롭게 시작할 것임을

(15) 一(77)終(78)無(79)終(80)一(81)=395

암시하고 있다. 이처럼, 〈금척〉의 수리는 어떤 관점에서 보아도 결국 한 가지로 통하고 있음이다. →3768.

이 경의 서문, "一始無始(10)"에서 - [하나(1)의 시작이나 그 시작(2)은 둘이 하나로 시작되는 것이며 그 시작은 아무것도 보이지 않는 3개의 無(極,3)에서 시작하는 것이요 그 근본, 시작의 본바탕은 4(始)이다.] 바로 이 금척수(314)가 최초의 태극이며 또 시작이라고 말하고 있음이다. 이 모든 의미가 "一終無終(314)"의 수에서 나온 것이니, 하나의 끝이라기보다는 완성이요, 이 완성은 또 다른 시작과 생산을 의미한다. 또한, 이 금척수(314)는 앞선 "人中天地一"의 주체와 그 결과물에 대한 증명이기도 하다. 여기에는 신비한 대우주의 법칙이 숨겨져 있다. 이는 바로, 인간이 가늠할 수 없는 시공의 흐름 속에서 선천과 후천이라는 '무에서 유에 이르는 실체적인 완성(00)'과 역으로 '유에서 무의 실체적 완성'이 존재하고 있다. 이것이 바로 양백(兩百)이며 또한, 삼라만상에 깃들어 있는 음양오행의 조화이자, 신의 수(섭리)이다. 또한, 대우주의 법칙 속에서 생장소멸을 거듭하며 만물의 번성이 영원한 그 까닭인 것이다.

☯ 앞서 밝힌바, 신의 반열에 오른 사람(성인)이 삼태극을 이루는 "人中天地一(370)"에서 제각기 완성된 본자리가 셋이었음을 기억할 것이다(4440). 하지만, 이 "一終無終"의 "終(80)"을 보면, 이 삼태극(천·지·인)을 다시 (삼합일)하니, 팔괘(팔자)로 돌아가는 처음 음양의 본자리(11)로 달라졌다는 것을 알 수 있다.(80=440) 그리고 다시 시작되는 "一(81)"을 볼 수 있다. 이것이 바로 "一始無始"와 "一終無終"의 명확한 금척수리의 이치이며 신의 수(섭리)라고 할 것이다.
그렇다면, 여기서 이 〈금척천부경〉의 마지막 "一"의 금척수(81)는 짐작대로의 의미를 함축하고 있는 것인지, 증명하여 확인해 본다.

81	●3240(9)	■3321(9)	▲6561(18)9	합: 13122(36)9

✠ 위의 금척수는 한마디로, 완성된 팔자가 하나로 새롭게 다시 시작한다는 말이다. 또한, 이는 〈금척천부경〉 원문의 처음, "一(1)"과 일맥상통하고 있음을 알아야 할 것이다. 수의 의미는 같으나 그 주체의 변화된 모습이 바뀌었을 뿐이다. 앞서, "終(80)"에 대하여 논하였으니 더욱 이 말의 뜻을 납득할 수 있을 것이다. 이미 "終(80)"의 끝마쳤다는 그 깊은 내면에는 완성과 함께 또다시 세포의 분열과 같은 생산이 시작된다는 것을 예고하고 있다. 이 "一"은 그 마지막 모든 것이 끝난 완성으로 새롭게 시작되는 하나를 가리킨다. →81.

위의 원방각, **하늘자리**는 "終(80)"의 땅의 자리에서 이루었던 것, 제각기 완성된 삼태극이 실체적인 음양의 본자리를 완성시키며 대우주를 이룬 그 씨를 그대로 가지고 있는 것을 볼 수 있다. 즉, 완성된 본자리를 바탕으로 삼태극의 음양이 실체적 완성을 이루고 있는 모습이다. →3240.

땅의 자리는 실체적으로 완성된 땅의 음양(**地二**-33)이, 새롭게 탄생된 "一(21)"을 바탕으로 돌아가고 있다. 곧, 새로운 시작이다. →3321(9).

이들 합의 결과물, **자식의 자리**는 완성된 혼이 하나 된 그 "用變"으로 변화된 오행이 바탕이 된 혼의 본자리(65)가 실체적 완성을 이룬 모습이다. 결국, 이 모든 것 또한, 사람의 근원수, 삼태극의 혼을 바탕으로 이루어진 대우주의 모습이라는 것을 알 수 있다. →6561(18)9.

총합의 수에서는, 영원한 하나, 그 하나에서 탄생한 삼태극이 다시 하나의 실체로 완성되어 제각기 음양을 바탕으로 돌아가고 있다. 즉, 일합삼(삼합일)의 원리로 하나 된 그 마음(**本心**-131)이 성통의 경지에 이른 실체적으로 완성된 사람(명인)이, 완성된 땅 위 세상(22)을 바탕으로 대우주를 이루고 있는 모습이다. 간합(부합)의 수에서도 영원한 삼태극의 혼으로 돌아가는 대우주를 볼 수 있다. 이는 온갖 만물들이 살아가는 세상 위에서 삼태극의 혼으로 돌아가는 영원한 대우주의 법칙을 증명하고 있다. →13122(36)9.

(15) 一(77)終(78)無(79)終(80)一(81)=395

※ 위의 금척수(81)를 다시 팔괘로 돌려 증명해 본다.

81×3=243

243×3=729　　243×4=972

※ 이 완성된 팔자에서 시작되는 하나는, 실체를 가진 음양의 본자리가 완성되어 만들어진 새로운 삼태극을 일컫는다. 또한, 신의 정신(七축)이라고 할 수 있는 "七(43)"이 바탕이 된 실체적인 음양(사람)의 완성을 말하고 있다. 이 마지막의 "一(81)"은 "一始無始"의 그 "一(1)"과 의미가 일맥상통하고 있으나 수없이 언급한바, 그 시작의 주체와 그 모습이 달라졌다는 것을 이제는 명료하고, 명확하게 납득할 수 있어야 한다. →243.

이는 또한, 하늘의 정신인 七축을 중심으로 성통된 "太陽昻明人"의 그 실체적인 완성을 이룬 사람, 그 "人(72)"이 만드는 대우주 모습을 나타내고 있다. →729.

더 들어가 보면, '無'의 대우주가 실체적으로 완성되어 낳은 七축(정신)의 음양, 곧 "人(72)"이 바탕이 되어 돌아가고 있는 모습이다. 이 말은 사람이 삼신의 반열에 들어서는 "人中天地一"의 그 바탕이 되어 영원한 대우주의 법칙 속에서 번성해 나간다는 것을 예시하고 있음이다. →972.

결국, 수의 의미와 그에 따른 바탕은 동일하나, 인간이 생명을 유지하며 그 형상(육신)의 모습으로 종족을 대물림하듯, 혼의 대물림을 나타내고 있다. 이 〈금척천부경〉은 처음, "一始無始"부터, 이 마지막 "一終無終"하여 다시 "一"에 이르기까지 가늠할 수 없는, 끊이지 않는 시공의 흐름이 있다는 것을 여러 번 밝힌 바 있다. 이 수에 나타난 주체의 변화도 구별하여 통찰할 수 있어야만 한다. 하여, 이 수의 습득과 깨우침 또한 받아들이는 재량만큼 자신의 것이 될 것임은 마땅한 이치이다.

☯ 그렇다면, 이제 이 〈금척천부경〉의 끝 구절이자, 금척수리에 대한 증명의 마지막이 되는 "一終無終一"의 **총합수**(395)에 대하여 석삼극하여 확인해 본다.

| 395 | ●77815(28)1 | ■78210(18)9 | ▲156025(19)1 | 합: 312050(65-11)2 |

✠ 위의 금척수는 보이는 수 그대로 혼백의 실체적인 삼태극이 오행을 바탕으로 대우주의 완성을 이루며 돌아가고 있는 모습이다. 이는 결국, 오행이 바탕이 된 "大三合"의 완성을 나타내고 있다. 이 〈천부경〉 원문의 글자 그대로, 모든 것이 끝남과 함께 또다시 새롭게 시작된다는 의미가 함축되어 있다. 결국, 이 시작은 모든 것의 처음, 〈금척천부경〉의 그 "一始無始"의 그 시작과 같은 의미의 시작이다. 〈금척〉의 숫자와 주체는 분명, 처음과 구별이 될 것이나, 처음으로 되돌아 시작된다는 것을 보여 준다. 이는 바로 '영원'함을 가리키고 있다. 다시 한번 명심할 것은, 이 수가 주는 의미가 같다는 것을 염두에 두어야 함에도 불구하고, 배경과 상황, 그리고 그 주체는 모두 변화되어 동일한 존재인 듯, 다른 주체이며 다른 모습을 하고 있다. 물론, 이것은 〈예언서〉와 〈우주창조의 번성과 조화의 이치〉의 모든 관점에서 동일하게 적용된다. 이것이 바로 이 〈금척천부경〉이 전하고자 하는 **핵심적인 주제**가 된다. →395.

원방각, **하늘자리**는 제각기 완성된 영원한 음양의 七축(정신)이 완전수(명인)를 낳으며 이를 바탕으로 실체적 팔자(815)의 완성을 이룬 모습이다. 이는 영원한 하나의 정신으로 완전하게 성통된 사람, "人中天地一"에서 그 변화의 순간이 찰나와 같이 시작된 그 "一(77)"을 일컫는다. 이 순간은 더 이상 인간의 개념과 척도로 볼 수 없으며, 글로써 나타낼 수도 없다. 여기서 탄생된 사람이, 오행을 바탕으로 하나의 완성을 이루며 새롭게 변화된 사람의 시작을 알리고 있다. 바로 그 하나의 씨를 낳았음이다. →77815(28)1.

땅의 자리에서는 영원한 七축(정신)의 팔자가 낳은 실체적인 음양(사람)이 하나로 완성됨을 볼 수 있다. 이는 바로, 영원 속에서 완성으로 '終'하여

(15) 一(77)終(78)無(79)終(80)一(81)=395

349

남겨진 그 완성체(사람)의 씨(근원)를 나타내고 있다. →78210(18)9.

이들 합의 결과물, **사람의 자리**에서는, 영원한 십오진주(구세주)이자, 영원한 하나(태극)의 완전수(근본혼, 부모)에서 탄생된 혼이 음양오행을 바탕으로 제각기 실체적인 완성을 이루었음을 나타내고 있다. 이가 곧, 구이성십(구궁가일)의 대우주로 하나의 완성을 이룬 것이다. →156025(19)1.

총합의 수에서 전하고 있는 것은 결국, 이 경의 주제이자 핵심적 의미인, 변하지 않는 영원한 대우주의 법칙을 말하고 있다. 이는 곧, 처음 그 시작의 "一(1)" 에서 이 마지막의 "一(81)" 의 전 과정을 통하여 영원한 삼합일(일합삼)의 원리와 음양과 오행의 완성을 그대로 수의 정렬로 증명하고 있다. 이처럼 한 치의 오차도 허락지 않는 신비하고 정교한 금척수리를 통하여 태초부터 이미 예정되어진 그대로 이 세상은 끊임없이 돌아가고 있다는 것이다. 그 속에서 너무도 미비한 존재일 수밖에 없는 자신이, 그 시종(처음과 끝)의 길을 이 〈금척천부경〉을 통해서 깨우쳐 가야 할 것을 전하고 있음이다. →312050(65-11)2.

⌘ 이 수(395)를 이제 마지막으로 다시 팔괘로 돌려 증명해 본다.

395×3=1185

1185×3=3555　　1185×4=4740

▩ 이 〈금척천부경〉의 마지막 구절, "**一終無終一**(395)" 은 결국, 최초(태극)의 두 개의 본자리(11)가, 실체적으로 완성되어 오행의 바탕으로 완성된 팔자(명인)를 낳으며 돌아가고 있는 모습이다. 즉, 제각기 완성된 하나(태극)에서 탄생된 생명의 근원수(18-**사람**)가 오행을 바탕으로 완성되었다는 것이다. 그리고 그것은 바로 새로운 시작임을 예시하고 있다. →1185.

이는 제각기 완성된 삼태극의 하늘에서 탄생한 변화된 사람(**化**三-55)이 오행을 바탕으로 세상 속에서 살아가며 넓고 크게 퍼져가는 모습을 나타내고 있다. 이는 곧, 사람(人-35)이 새롭게 변화된 사람을 낳으며 그 바탕 속에서 실체적인 완전한 완성을 이룬 것을 일컫는다. 이는 바로 제각각의 완성된 오행을 바탕으로 돌아가는 '삼천대천세계(三天大天世界)'의 모습이 내포되어 있다. 또한, 대우주(소우주)를 이루고 있는 인간세상의 영원함을 보여 주고 있다. →3555.

더 들어가 보면, 제각기 완성된 본자리의 七축(정신)이 새롭게 완성된 본자리를 바탕으로 실체적인 완성을 이룬 모습을 나타낸다. 이는 실체적으로 완성된 七축(정신)을 중심으로 제각기 완성된 음양의 본바탕을 일컫는다. 이 또한, 영원한 대우주의 법칙이다. 다시 말해서, 정신으로 완성된 사람의 본바탕이 새롭게 완성됨을 보여 주고 있다. →4740.

결국, 〈천부경〉 원문의 첫 구절, "一始無始"에서 시작하여 이를 "一析三極"한 결과물, 그 시작에서부터 모든 우주만물은 성장하고 번성하며 마지막 "一終無終"으로 그 완성의 끝을 보게 된다. 하지만, 이는 그 예측할 수 없는 기나 긴 여정의 운행이 멈추며 끝이 나는 듯하지만, 이는 멈춤이 아니요 또 다른 새로운 '一'의 시작을 알리는 것임을 이제 이 〈금척천부경〉의 전문을 통하여 수로써 증명하였다. 또한, 그 수의 법칙 속에 우리가 가야 할 길과 이유를 명확하게 제시하고 있다는 것을 전하였다. 하나의 생명(체) 속에 담긴 사람의 (근본)혼은, 영원한 팔괘(팔자)의 틀 안에서 무한궤도의 고리처럼 대우주 공간 속을 끝없이 돌아간다는 것을 알 수 있다. 즉, 종족번식이 생명체의 본능이듯이 이 또한, 끊임없이 세포분열을 거듭하며 대우주의 법칙 속에서 번성해 나갈 것이다. 이것은 또한, 이 대우주가 영원히 끊이지 않고 돌아가는 존재의 이유이기도 하다. ➜ [삼일신고-세계훈72].

여기서, 반드시 명심하고 알아야 할 것이 이것이다. 이 대우주에 속한 모든 삼라만상은, 하늘(天)의 섭리(수)로 움직여지고 있다는 사실이다.
개개인의 삶도 그렇듯이 항상, 순탄한 삶은 없다. 작게는 재물의 손실로 절망하기도 하지만, 더 나아가 생사의 기로에서 절체절명의 순간에 직면하기도 한다. 물론, 수많은 나라도 흥망성쇠를 거듭하여 왔다.

이제, 이 〈금척천부경〉을 드러냄은, 그것보다 더 큰 이 세상의 대변화를 하늘에서 주관하고자 할 때가 왔기 때문이다. 더불어 인간에게 언제나 그 생명을 구할 기회를 주심을 부인할 수 없다. 지금 바로, 이 시대가 그 선택의 기로에 놓여 있다면 어찌하겠는가? 무엇보다도, 이는 금척수리에서 증명하듯이 우리 인간의 순응, 그것의 여부와 상관없이 태초부터 대우주(대자연)의 법칙 속에서 언제나 그랬듯이, 변함없이 영원히 돌아가고 있었으며 또 그렇게 갈 것이라는 사실이다.

✳ 이상, 〈천부경〉의 전문을 〈금척〉의 수리로 증명하여 그 깊고 엄중한 의미를 담은 〈금척천부경〉이다.

✽ 마무리하며 ✽

이 〈금척천부경〉은 영원한 대우주의 법칙 속에 깃든 거룩하고도 강한 하늘(天)의 메시지가 담겨 있다. 또한, 얼마나 무겁고 깊은 의미가 담겨 있는지는 감히 인간의 척도로 가늠하거나 잴 수가 없다. 다만, 본인은 오랜 시간 이 작업을 거치는 동안, 〈금척천부경〉의 표현할 수 없는 깊고도 엄중한 그 무게감에 온 몸의 뼈 마디마디가 부서져 내리는 듯, 끝나지 않을 것만 같은 육신의 고통이 수반되었다. 내 몸 안의 혈액이 다 빠져나가는 듯 지독한 통증과, 시력도, 손가락 하나 조차도 움직이기가 힘든 지경에 이르렀음을 고백한다. 그럼에도 불구하고, 이 작업을 마무리하며 마지막까지 견딜 수 있었음은, 수도 없는 깨우침의 희열에서 오는 기쁨 그리고 절망이 교차하는 시간 속에서 내게 주어진 사명을 스스로 거스를 수 없었기 때문이다.

〈금척〉의 심오함과 그 무겁고 엄중한 메시지를 글로써 담는다는 것은, 어쩌면 참으로 무모하고도 힘든 과정의 연속이었다. 하여, 이처럼 내 머릿속에 가득 차 맴도는 이 경에 담긴 하늘(神)의 메시지를 모두 글로써 담아 전하기에는 한계가 있음을 또한 인정할 수밖에 없다. 하지만, 내 혼신의 기운을 담아 한 점 아낌없이 기술하고 기술하였다. 그 이유는 단 한 가지, 신명(천명)이었고, 그러하였기에 가능한 일이었다.

이 〈금척천부경〉은 설명을 통하여 이해시키거나 납득시킬 수 있는 영역이 아니다. 읽는 자 스스로 느끼고 깨우치며 터득해 나가야 하는 부분이다. 사실, 해석이나, 설명보다는 전달이라는 의미가 더 가깝다고 하겠다.

이 〈금척천부경〉을 통하여 인간의 지식과 지혜라는 것이 얼마나 보잘것없고 미비한지를 새삼 통탄하며 또한, 이해를 초월한, 시작도 끝도 없는 무한한 하늘(天)의 이치를 절감할 뿐이다.

사람들은 종종, 인간적인 이해로 증명할 수 없거나, 과학적인 해석과 분석이 불가능하여 검증조차 되지 않을 때 초자연적이라든지, 단순하게 이해불가능 이란 말로 합리화하듯이 대변하며 얼버무리고 만다. 그러나 정작, 신의 영역에 관해서는 냉담하다. 물론, 개개인의 정체성이나 종교관을 논하고자 하는 것이 아니다. 어쩌면 인간이기에 그것이 정답인지도 모른다. 허나, 아무리 부정하여도 빙산의 일각처럼, 우리의 눈에 비치는 부분은 극히 일부라는 사실이다. 감춰진 진실은, 그 보이는 모양이 아니며, 그 의도 또한, 전혀 다를 수 있음을 이 〈금척천부경〉을 통해서 깨우칠 수 있어야 한다. 우리가 앞만 보고 길을 걷지만, 보이지 않는 옆과 뒤가 없다고 믿는 사람은 아무도 없다. 왜 세상에는 수많은 예언가들이 존재하고 있으며, 그들은 아직 오지 않은 미래를 장담하며 미래를 볼 수 있다고 하는 것인지 궁금한 적은 없었는가. 또한, 많은 종교단체들은 오래전부터 우리의 삶은 예정되어 있다고 주장하고 있다. 그리고 옛 선지자들의 혜안은 늘 미래를 감지해 왔다. 무엇보다 수천 년 동안 이어 온 수많은 역학자들이 '命'을 놓지 않는 이유도 그 '命' 속에 그 사람의 생로병사와 생장멸의 일생이 고스란히 예정된 듯 입력되어 있기 때문이다. 이 '命'이 바로 〈금척천부경〉의 두 개의 본자리 즉, '팔자'인 것이다. 하물며 정신세계보다, 이론과 물리적인 실험을 통하여 과학을 탐구하는 사람들조차도 우리가 보고 있는 현실과 세상은 빛의 시간으로 이미 오래전의 과거를 보고 있는 것이라고 하지 않았는가. 그들은 차원으로 증명하며 설명하지만, 결국 이 모든 것은 하나의 맥락이다. 세상의 모든 이치가 그러하다. 우리의 눈에 보이지 않는 진실이 정작 우리가 보는 세계의 현상보다 몇 배나 더 크고 다르다는 것을 인정해야 할 것이다. 받아들이고 나면, 세상을 보는 눈이 달라진다. 그리고 자신의 삶에 있어 그 질도 달라질 것이다. 왜냐하면, 자신의 모든 중심이 달라졌기 때문이다.

이제 이 〈금척천부경〉의 놀라운 비밀을 열어 보며 깨우쳐야 할 것은 유일 상제이신 하느님께서 인간에게 가장 먼저 전하고자 하는 뜻이 무엇인지를 바로 알아야만 한다. 그것은 바로 지금의 사람들이 반드시 가야 할 길을 제시하고 있다는 것이다. 이는 피조물인 인간이 변할 수 있는 한계의 무한함을 보여 주는 것이며, 각자의 소양만큼 받아들여지고 소용될 것이라 생각한다. 하지만, 그릇의 모양과 크기도 용도에 따라 제각기 그 가치를 달리하듯, 인간의 삶 중에 가장 소중한 가치가 어디에 있는지를 이 〈금척천부경〉을 통하여 깨우칠 수 있게 되기를 간절히 바라는 마음이다. 이 비밀의 열쇠를 열게 해 주심은 태초의 신께서 인간에게 주신 최대의 축복이고 선물이라고 믿는다.

우주만물 중, 먼지 같은 생명체(만물)의 존재도 까닭 없이 저절로 나는 일은 없으며, 또한 그냥 가는 경우도 없다. 모두 제각기 역할을 가지고 나고 지고, 태어나고 떠나기를 반복하여 지금 이 순간까지 와 있겠으나 분명한 것은, 이 경을 접하는 기회라도 가질 수 있고, 더 나아가 깨닫고 행할 수 있다면 감히 빌어 전하길, 아마도 당신은 전생과 지금의 생을 잘 살아왔다는 것이다. 그것은 세상의 눈과 잣대로 가늠하는 것이 아니니, 지금 여기 이 자리에 있는 것이리라.

-泉 脈-

부 록

❋ 삼일신고 ❋

◆ 天 訓(36字)

◆ 神 訓(51字)

◆ 天 宮 訓(40字)

◆ 世 界 訓(72字)

◆ 眞 理 訓(167字)

❋ 참전계경 ❋

1. 성(誠)   5. 화(禍)

2. 신(信)   6. 복(福)

3. 애(愛)   7. 보(報)

4. 제(濟)   8. 응(應)

〈삼일신고〉의 유래와 부록의 의미

＊ 우리 한겨레는 천손(天孫) 천민(天民)으로 배달민족이며 개천이래로 위대하고 거룩한 3대 경전을 보존하며 전하고 있다. 이는 바로 조화경인 〈천부경〉과 교화경인 〈삼일신고〉 그리고 치화경이라고 불리는 〈참전계경〉이다.

이 中, 한배검께서 지금의 백두산 신단수 아래에 내려오셔서 신시를 열어 인간을 위한 크고 넓은 세상을 만들기 위하여 만백성에게 가르치실 적에 조화의 원리, 곧 우주창조의 이치 속에서 인간이 가야 할 길을 (81)자로 기록한 경전인 〈천부경〉을 〈금척〉과 함께 해석하며 기술하였다.

그런데, 앞에서도 언급하였듯이, 〈금척천부경〉을 해석하고 깨닫고 기술하는 과정에서 놀랍게도 〈삼일신고-5훈〉이 각각의 글자(천훈36자, 신훈51자, 천궁훈40자, 세계훈72자, 진리훈167자)의 내용과 그 숫자가 〈천부경〉 원문의 (81)자에 고스란히 수록되어 있음에 새삼 놀라움을 금할 수 없었다.

〈삼일신고〉는 그 유래가 〈태백일사-소도경전본훈〉에 "〈삼일신고〉는 본래, '신시개천지세'에 나온 글이다."라고 수록되어 있으니, 이것의 기원 역시 환웅천황이전, 환인천제의 환국시대로 보지 않을 수 없다.

본 〈금척천부경〉은 〈천부경〉에 담긴 그 심오한 하늘(天)의 이치를 〈금척〉의 열쇠로 열어 비밀을 밝혀 놓은 놀라운 서적이라는 것을 명심해야 한다. 〈삼일신고〉는 神의 신명한 글로 하신 말씀을 뜻하는 경인지라, 이러한 경의 내용이 고스란히 담겨 있어 〈금척천부경〉을 정독하며 깨우치고 행하는 데 도움이 되길 바라는 마음에 부록으로 실었다.

더불어, 함께 3대 〈경전〉으로 〈태백일사-소도경전본훈〉에 을파소가 전한 것으로 알려져 있는 치화경인 〈참전계경〉도 함께 올렸다. 이 또한 환국시대부터 전해져 온 것으로 추정하고 있다.

✽ 삼 일 신 고 ✽

☯ 天 訓 [36字]

帝曰　爾五加衆　蒼蒼非天　玄玄非天　天無形質　無端倪
제왈　이오가중　창창비천　현현비천　천무형질　무단예

無上下四方　虛虛空空　無不在　無不容
무상하사방　허허공공　무부재　무불용

신께서 말씀하시길, 음양오행 속의 무리들아, 저 푸른 창공이 하늘이
아니며
저 까마득한 검은 것도 하늘이 아니니라.
하늘은 모양과 바탕이 없고 시작과 끝도 없으니
위아래와 사방도 없으며 비어 있는 듯하나, 꽉 차 있어서
있지 않은 곳이 없으며 무엇이나 포용하지 않는 것이 없느니라.

☯ 神 訓 [51字]

神在無上一位　有大德大慧大力　生天　主無數世界
신재무상일위　유대덕대혜대력　생천　주무수세계

造牲牲物　纖塵無漏　昭昭靈靈　不敢名量
조신신물　섬진무루　소소령령　불감명량

聲氣願禱　切親見　自性求子　降在爾腦
성기원도　절친견　자성구자　강재이뇌

359

신께서 가장 으뜸자리에 계시며 큰 덕과 큰 지혜와 큰 힘을 가지시니
하늘을 만드시고 무수한 세계를 주관하시고 일체만물을 지으셨으니
아주 작은 것도 빠뜨리지 않으시고
밝고 신령스러움은 감히 헤아릴 수가 없네.
말이나 기운으로 바라고 빈다 하여 뵐 수 있는 것이 아니니,
저마다의 본성에서 씨앗을 찾아야만 너희 머릿속에 내려와 계시니라.

☯ 天 宮 訓 [40字]

天神國　有天宮　階萬善　門萬德　一神攸居
천신국　유천궁　계만선　문만덕　일신유거

群靈諸哲　護侍　大吉祥　大光明處
군령제철　호시　대길상　대광명처

惟性通功完者　朝　永得快樂
유성통공완자　조　영득쾌락

하늘은 신의 나라이며 그곳엔 하늘 궁이 있으니
선으로 가득 찬 계단과 덕으로 가득 찬 문이 있나니 곧 유일 천신이
기거하시는 곳이니라.
여러 신령과 밝은이들이 수호하고 있어
너무나 상서롭고 밝은 기운이 넘치는 곳이라.
오직 본성을 깨닫고 공이 완전한 자라야
일신을 뵙고 영원한 즐거움을 얻을 지니라.

☯ 世界訓 [72訓]

爾觀　森列星辰　數無辰　大小明暗苦樂　不同
이관　삼열성신　수무진　대소명암고락　부동

一神　造群世界　神　勅　日世界使者　轄七百世界
일신　조군세계　신　칙　일세계사자　할칠백세계

二地自大　一丸世界　中火震蕩　海幻陸遷　乃成見像
이지자대　일환세계　중화진탕　해환육천　내성현상

神　呵氣包底　照日色熱　行翥化游栽物　繁殖
신　가기포저　조일색열　행저화유재물　번식

너희는 총총히 널려 있는 저 별들을 보라.

그 수가 다 헤아릴 수 없이 크고 작은 별들과 밝고 어두운 별들이

어찌 고통과 즐거움이 같을 수 있으랴.

일신의 신께서 수많은 세계를 만드시고 신께서 해의 사자에게 명하여

칠백의 세계를 다스리게 하셨으니,

너희는 땅이 스스로 크다고 하나, 한 알의 세계에 지나지 않는 것을

아느냐 가운데 불이 움직이고 흔들리면 바다가 요동치고 육지가 솟아

나고 움직여서 지금의 모습이 이루어졌느니라.

신께서 기를 불어넣으사 밑바닥을 부풀게 채우시고

해의 빛과 열로 데우시니 움직이고, 날아다니고, 탈바꿈하고, 헤엄치고

심는 온갖 살아 있는 만물들이 번식하게 되었느니라.

● 眞 理 訓 [167字]

人物　同受三眞　曰　性命精　人全之　物偏之

인물　동수삼진　왈　성명정　인전지　물편지

眞性　善無惡　上哲通　眞命　淸無濁　中哲知　眞情　厚無薄　下哲保

진성　선무악　상철통　진명　청무탁　중철지　진정　후무박　하철보

返眞一神　惟衆迷地　三妄着根　曰　心氣身

반진일신　유중미지　삼망착근　왈　심기신

心依性　有善惡　善福惡禍　氣依命　有淸濁　淸壽濁妖

심의성　유선악　선복악화　기의명　유청탁　청수탁요

身依性　有厚薄　厚貴薄賤

신의성　유후박　후귀박천

眞妄　對作三途　曰　感息觸　轉成十八境

진망　대작삼도　왈　감식촉　전성십팔경

感　喜懼哀怒貪厭　息　芬爛寒熱震濕　觸　聲色臭味淫抵

감　희구애노탐염　식　분란한열진습　촉　성색취미음저

衆　善惡淸濁厚薄　相雜從境途任走　墮生長肖病歿苦

중　선악청탁후박　상잡종경도임주　타생장초병몰고

哲　止感調息禁觸　一意化行　返妄卽眞

철　지감조식금촉　일의화행　반망즉진

發大神機　性通空完　是.

발대신기　성통공완　시.

인간과 동물은 똑같이 세 가지 참된 진리를 받았으니

이것이 바로 성품과 목숨과 정기니라.

사람은 세 가지를 온전히 받았으나 동물은 편중되게 받아 치우치니라.

참된 성품은 선하여 악을 품지 않으니 가장 밝은이로서 두루 통하며

참된 목숨은 맑음만 있어 탁함을 담지 않으니 가운데 밝은이로서 다 알고 있으며

참된 정기는 후함만 있어 박하지 않으니 아래 밝은이로서 잘 보전하고 있음이라.

이를 되돌리며 수행하면 신의 반열에 들어가게 되느니라.

뭇 사람들은 아득한 땅에 태어나면서부터 세 가지 그릇된 허망한 것들이 뿌리를 내리니 가로되, 마음과 기운과 몸이니라.

마음은 성품에 의지한 것으로써 선함과 악함이 있어 착하면 복이 되고 악하면 화가 되느니라. 기운은 목숨에 의지한 것으로써 맑고 탁함이 있으니 맑으면 오래 살고 탁하면 일찍 죽느니라.

몸은 정기에 의지한 것으로써 두터움과 얇음이 있으니 두터우면 귀하고 얇으면 천하느니라.

참함과 허망함이 서로 부딪혀 세 갈래의 길을 내었으니 가로되,

이는 느낌과 숨 쉼과 부딪침이니라. 이것이 수레를 돌며 18가지 지경을 만드니,

느낌에는 기쁨과 두려움, 슬픔과 성냄, 그리고 탐함과 싫음이니라.

숨 쉼에는 향기와 술내음, 추위와 더위, 그리고 벼락과 습함이니라.

부딪힘에는 소리와 빛깔, 냄새와 맛 그리고 음란과 살닿음이니라.

뭇 사람들은 선하고 악함, 맑고 탁함 그리고 후하고 박함이 서로 섞여 혼동하며 허망한 길로 따라 함부로 달려가다가 굴러 떨어지며 나고 자라서 늙고 병들어 죽는 괴로움에 떨어지나,

밝은이는 멈추어 서서 느낌을 그치고, 숨을 고르게 쉬며 부딪침을 금하고 한 가지 뜻을 가지고 행하면 허망한 것들이 되돌아 바로 참된 것으로 되나니, 신의 기틀이 마음속에 가득 일어나

참된 성품이 통하여 더 채울 것이 없는 공을 이룸이라.

바로 성통의 경지에 닿아 완전함이 되는 것이니라.

✽ 참 전 계 경 ✽

✽ 치화경인 〈참전계경〉은 8강 366사로 구성되어 있으며 팔리훈(八理訓)이라고도 일컫는다. 〈삼일신고〉의 366자와 일맥상통하고 있음이다. 또한, 이 모두는 조화경인 〈천부경〉 속에 담긴 뜻을 행함에 있어 그 지침서와 같은 역할이라고 해야 할 것이다. 위의 숫자(366)에 담긴 뜻을 〈금척〉으로 헤아려 보면, 제각기 돌아가는 음양의 혼이 바탕이 된 삼태극의 실체적인 완성을 나타내고 있다. 한마디로, 완성된 사람의 혼속에 담긴 제각각(음양)의 생각(心-66)을 나타내고 있다. 기억해야 할 것이다.

이것은 인간의 1년 366여 일을 비유하고 있으며 곧, 소우주인 인간의 몸속 366혈과 같다고 하겠다. 이처럼, 수의 이치는 참으로 신비롭고 그 심오한 깊이가 결코 인간의 척도로 가늠할 수 있는 영역이 아님을 새삼 인정할 뿐이다. 이 하늘 서적에 참전(參佺)이라는 뜻은 "사람으로서 온전하게 됨을 구한다." 는 것이다. 이 경은 환국천황시대부터 전해져 온 것을 고구려시대 고국천왕 때 을파소에 의해 하늘의 계시로 만들어진 것으로 전해져 온다.

이 경의 기본 근간이 되는 〈팔강〉, 이른바 성(誠), 신(信), 애(愛),제(濟), 화(禍), 복(福), 보(報), 응(應)에 대한 이 모두를 낱낱이 수록하기에는 그 내용이 너무 방대(尨大)하여 자칫 가장 주체가 되는 〈금척천부경〉에 누가 되는 주객전도의 양상이 될까 우려가 됨을 떨칠 수가 없다.

하여, 이 〈금척천부경〉을 세상에 드러내어 사람들에게 전하고자 하는 본 사명(使命)을 다시금 되새기며 부록에 맞게 대략 366사의 흐름만 간략하게 옮기도록 하겠다. 화두만으로 그 내용의 흐름을 기술하였기에, 다소 의미 파악이 난해할 수도 있음을 미리 밝혀 둔다.

1綱: 정 성(誠)
1) 성(誠) - 정성스러움

☯ 신에 대한 공경: 敬神
2) 경신(敬神) - 신(天神)에 대한 공경

3) 존봉(尊奉) - 신에 대한 숭배

4) 숭덕(崇德) - 하늘의 덕을 높이고 칭송

5) 도화(導化) - 하늘이 다스리는 조화로움, 이끎

6) 창도(彰道) - 하늘의 신비한 법도를 밝힘

7) 극례(克禮) - 신에 대한 지극한 례

8) 숙정(肅靜) - 맑고 고요한 맘가짐

9) 정실(淨室) - 실내를 깨끗이 함

10) 택재(擇齋) - 날을 가려 재계함

11) 회향(懷香) - 향불을 올리고자 함에 공손한 마음

☯ 바른 마음 가짐: 正心
12) 정심(正心) - 마음을 바르게 가짐

13) 의식(意識) - 뜻을 굽히지 아니함

14) 입신(立身) - 몸가짐을 바르게 함

15) 불혹(不惑) - 미혹되지 아니함

16) 일엄(溢嚴) - 엄숙함에 위엄이 있어야 함

17) 허령(虛靈) - 마음이 비고 신령스러워야 함

18) 치지(致知) - 알고 깨우쳐야 함

19) 폐물(閉物) - 물욕을 닫아야 함

20) 척정(斥情) - 정욕을 물리쳐야 함

21) 묵안(黙安) - 담담하여 평온해야 함

☯ 잊지 아니함: 不忘
22) 불망(不忘) - 정성을 잊지 아니함

23) 자임(自任) - 저절로 맡겨지는 마음

24) 자기(自記) - 저절로 기억됨

25) 첩응(貼膺) - 가슴속에 응어리짐

26) 재목(在目) - 정성은 눈에 있음이라

27) 뇌허(雷虛) - 우레도 들리지 않는 공허함

28) 신취(神聚) - 정신을 한곳에 모음

☯ 쉬지 아니함: 不息

29) 불식(不息) - 쉬지 아니함

30) 면강(勉强) - 스스로 힘써 노력함

31) 원전(圓轉) - 쉼이 없이 정성을 다함

32) 휴산(休算) - 계산을 하지 아니함

33) 실시(失始) - 처음을 잊고 정성만 남음

34) 진산(塵山) - 티끌 모아 태산이니 정성의 산을 만듦

35) 방운(放運) - 정성을 본받고 되돌림

36) 만타(慢他) - 다른 일을 생각지 아니함

☯ 지성과 감천: 止感

37) 지감(止感) - 지성이면 감천

38) 순천(順天) - 하늘의 뜻에 순종하여 거스르지 않음

39) 응천(應天) - 하늘의 뜻에 순응하여 정성을 기름

40) 청천(廳天) - 하늘의 명을 들어야 함

41) 낙천(樂天) - 하늘의 뜻을 즐겨야 함

42) 대천(待天) - 하늘의 감응을 기다려야 함

43) 대천(戴天) - 하늘을 받듦

44) 도천(禱天) - 하늘에 기도함

45) 시천(恃天) - 하늘을 믿고 의지함

46) 강천(講天) - 하늘의 법도를 익힘

☯ 大孝

47) 대효(大孝) - 지극히 효도함

48) 안충(安衷) - 마음을 편안케 함

49) 쇄우(鎖憂) - 부모의 근심을 막아야 함

50) 순지(順志) - 부모의 뜻에 순응함

51) 양체(養體) - 부모의 몸을 봉양함

52) 양구(養口) - 부모의 입에 맞게 봉양함

53) 신명(神明) - 부모의 뜻을 빨리 행함

54) 망형(忘形) - 자신의 몸을 사리지 아니함

2綱: 믿음(信)

55) 신(信) - 믿음이다

☯ 올바름: 義

56) 의(義) - 올바른 믿음은 신뢰임

57) 정직(正直) - 바르고 곧음

58) 공렴(公廉) - 공정하고 청렴함

59) 석절(惜節) - 절개를 소중하게 함

60) 불이(不貳) - 두 가지 마음을 품지 않음

61) 무친(無親) - 사사로움이 없음

62) 사기(捨己) - 자기의 몸을 버림

63) 허광(虛曠) - 헛되이 속이지 아니함

64) 불우(不尤) - 타인을 원망하지 않음

65) 체담(替擔) - 타인의 근심을 떠맡음

66) 약(約) - 약속은 신뢰의 근본

67) 천실(踐實) - 실답게 행함

68) 지중(知中) - 중도를 알아야 함

69) 속단(續斷) - 끊어지지 않는 약속의 이음

70) 배망(排忙) - 바쁜 일보다 약속을 중시함

71) 중시(重視) - 신중히 살펴야 함

72) 천패(天敗) - 하늘이 깨뜨렸을 경우임

73) 재아(在我) - 성패는 자신에게 있음

74) 촌적(村適) - 서로의 입장을 헤아림

75) 하회(何悔) - 어기면 깨닫고 뉘우침

76) 찰합(拶合) - 절대적인 믿음으로 꼭 맞아야 함

☯ 충성: 忠

77) 충(忠) - 하늘의 법리로 나라에 보답함

78) 패정(悖政) - 정사를 맡음

79) 담중(擔重) - 무거운 일을 맡음

80) 영명(榮命) - 왕의 명을 빛나게 함

81) 안민(安民) - 백성을 편안케 함

82) 망가(忘家) - 사사로움을 잊음

83) 무신(無身) - 몸을 잊음

☯ 절개: 烈

84) 열(烈) - 절개의 믿음

85) 빈우(賓遇) - 남편을 손님같이 대우함

86) 육친(育親) - 자식을 버리지 아니함

87) 사고(嗣孤) - 대를 이음

88) 고정(固貞) - 굳고 곧음

89) 일구(仇) - 원수를 멀리하지 않음

90) 멸신(滅身) - 육신의 죽음

☯ 순환: 循

91) 순(循) - 순환

92) 사시(四時) - 사계절의 순환

93) 일월(日月) - 해와 달의 순환

94) 덕망(德望) - 사람의 신의가 하늘이 신의라, 덕망의 순환

95) 무극(無極) - 최초의 원기, 무극의 순환

3綱: 사랑(愛)
96) 애(愛) - 사랑

☯ 용서: 恕
97) 서(恕) - 용서

98) 유아(幼我) - 자신을 미루어 사랑함

99) 사시(似是) - 그른 것도 옳게 보임

100) 기오(旣誤) - 잘못을 바로잡아 줌

101) 장실(將失) - 그릇됨을 이해함

102) 심적(心蹟) - 마음에 드리움을 헤아림

103) 유정(由情) - 정에 연유함

☯ 포용: 容
104) 용(容) - 무엇이나 수용함

105) 고연(固然) - 진실 그대로 포용함의 시초

106) 정외(情外) - 뜻밖의 경우

107) 면고(免故) - 고의로 하는 행위를 금함

108) 전매(全昧) - 지극히 우매함의 어리석음

109) 반정(半程) - 중간 정도에 머무름

110) 안념(安念) - 안일한 생각

111) 완급(緩急) - 느긋함과 다급한 경우

☯ 베품: 施
112) 시(施) - 재물과 덕을 베풀어 줌

113) 원희(原喜) - 원래 기뻐함

114) 인간(認懇) - 진심으로 이해함

115) 긍발(矜發) - 불쌍히 여겨 보살핌

116) 공반(公頒) - 널리 반포함

117) 편허(偏許) - 부족한 부분을 도와줌

118) 균련(均憐) - 고르게 어여삐 여김

119) 후박(厚薄) - 후하고 박함

120) 부혼(付混) - 베풀고 보답을 바라지 않음

☯ 양육: 育

121) 육(育) - 교화로써 사람을 양육

122) 도업(道業) - 생업을 지도함

123) 보산(保産) - 산업을 보전함

124) 장근(獎勤) - 육성되도록 권장함

125) 경타(警墮) - 뒤쳐지고 있음을 깨우침

126) 정로(定老) - 노인이 교화를 맡음

127) 배유(培幼) - 어린 아이를 북돋움

128) 권섬(勸贍) - 덕행에 힘씀

129) 관학(灌澩) - 마른 시내에 물을 대듯 사람을 양육함

☯ 가르침: 敎

130) 교(敎) - 윤상과 도학을 가르침

131) 고부(顧賦) - 타고난 바를 돌아봄

132) 양성(養性) - 타고난 천성을 기름

133) 수신(修身) - 몸을 닦음

134) 주륜(湊倫) - 인륜의 떳떳함을 주합함

135) 불기(不棄) - 사람을 버리지 않도록 가르침

136) 물택(勿擇) - 사람을 가리지 않도록 가르침

137) 달면(達勉) - 가르침에 힘쓰고 통달함

138) 역수(力收) - 힘써 거둠

☯ 기다림: 待
139) 대(待) - 기다림
140) 미형(未形) - 모습을 드러내지 아니함
141) 생아(生芽) - 싹이 틈
142) 관수(寬遂) - 느긋하면 이루어짐
143) 온양(穩養) - 평온하게 기름
144) 극종(克終) - 끝을 잘 맺음
145) 전탁(傳托) - 전하고 부탁함에 소홀하지 않음

4綱: 구제(濟)
146) 제(濟) - 덕과 도로 남을 구제함

☯ 적절한 때: 時
147) 시(時) - 때가 맞아야 함
148) 농재(農災) - 때를 놓치면 농사의 재앙이 옴
149) 양괴(凉怪) - 서늘해지면 요괴가 해함(바른 마음을 가짐)
150) 열염(熱染) - 더위에 전염병이 해함
151) 동표(凍殍) - 추위에 굶어 죽음(게으름)
152) 무시(無時) - 항시 이바지함
153) 왕시(往時) - 때를 놓치지 말아야 함
154) 장지(將至) - 올 것은 반드시 옴

☯ 땅의 이치: 地
155) 지(地) - 땅의 이치에 맞아야 함
156) 무유(撫柔) - 땅의 유약함을 어루만짐
157) 해강(解剛) - 땅의 억셈을 풀어야 함

158) 비감(肥甘) - 땅이 기름지고 달아야 함

159) 조습(燥濕) - 땅이 메마르고 축축함(한곳으로 치우침)

160) 이물(移物) - 하늘이 만물을 옮김(한곳에 치우치지 아니함)

161) 역종(易種) - 하늘이 종자를 바꿈

162) 척벽(拓闢) - 개간하고 개척함

163) 수산(水山) - 물과 산

☯ 차례: 序

164) 서(序) - 구제에도 차례가 있음

165) 선원(先遠) - 먼 곳부터 우선 구제함

166) 수빈(首濱) - 임박한 것부터 먼저 구제함

167) 경중(輕重) - 무거운 것을 먼저 구제함

168) 중과(衆寡) - 많은 쪽을 먼저 구제함

169) 합동(合同) - 똑같이 구제함

170) 노약(老弱) - 노인과 약자를 먼저 구제함

171) 장건(壯健) - 씩씩하고 굳건함

☯ 예지: 智

172) 지(智) - 예지가 잘 통해야 함

173) 설비(設備) - 미리 만들고 준비함

174) 금벽(禁癖) - 나쁜 버릇을 금함

175) 요검(要儉) - 검소함에 힘써야 함

176) 정식(精食) - 식사를 정결히 함

177) 윤자(潤資) - 자산을 불리어야 함

178) 개속(改俗) - 속된 것을 개혁함

179) 입본(立本) - 근본을 세움

180) 수식(收殖) - 거둬들이고 불림

181) 조기(造器) - 하늘이 됨됨이를 지음

182) 예제(預劑) - 미리 약을 지어 먹음(예방)

5綱: 재 앙(禍)

183) 화(禍) - 재앙은 악이 부름

☯ 속임: 欺

184) 기(欺) - 속임은 재앙의 근원

185) 익심(匿心) - 마음을 숨김

186) 만천(慢天) - 하늘을 업신여김

187) 신독(信獨) - 홀로 있다고 믿음

188) 멸친(蔑親) - 친족을 멸시함

189) 구운(驅殞) - 궁지로 몰아 떨어뜨림

190) 척경(踢傾) - 발로 차서 쓰러뜨림

191) 가장(假章) - 문체를 거짓 꾸밈

192) 무종(無終) - 끝맺음이 좋지 아니함

193) 호은(怙恩) - 남의 은혜를 가벼이 여김

194) 시총(侍寵) - 귀여워함을 믿고 의지함

☯ 빼앗음: 奪

195) 탈(奪) - 빼앗음

196) 멸산(滅産) - 산업을 멸망시킴

197) 역사(易祀) - 바꾸어 제사함

198) 노금(擄金) - 금품을 노략질함

199) 모권(謀權) - 권세를 뺏으려 모의함

200) 투권(偸權) - 문권을 훔침

201) 취인(取人) - 남의 이름을 도둑질함

☯ 음탕: 淫

202) 음(淫) - 음탕함

203) 황사(荒邪) - 빠지고 잊어버림

204) 장주(戕主) - 남편을 살해함

205) 장자(藏子) - 자식을 감춤

206) 유태(流胎) - 태아를 유산시킴

207) 강륵(强勒) - 강제와 억지를 부림

208) 절종(絶種) - 후손을 끊음

☯ 상해: 傷

209) 상(傷) - 상해함

210) 흉기(凶器) - 흉기로 상해함

211) 짐독(鴆毒) - 독약으로 상해함

212) 간계(奸計) - 간사한 계교로 상해함

213) 최잔(摧殘) - 꺾어 손상을 입힘

214) 필도(必圖) - 마음속에 의도한 바를 새겨둠

215) 위사(委唆) - 부추기고 부탁함

216) 흉모(凶謀) - 흉한 꾀

☯ 음모: 陰

217) 음(陰) - 음모

218) 흑전(黑箭) - 뒤에서 사람을 쏘는 것

219) 귀염(鬼焰) - 혼미하여 요망한 짓

220) 투현(妬賢) - 어진 사람을 질투함

221) 질능(嫉能) - 능한 사람을 시기함

222) 간륜(間倫) - 인륜을 이간시킴

223) 투질(投質) - 담보물을 내던지게 함

224) 송절(送節) - 겉으로 웃으며 속으로 끊음

225) 비산(誹訕) - 비웃고 헐뜯음

☯ 거역: 逆

226) 역(逆) - 거역함

227) 설신(褻神) - 신을 업신여김

228) 독례(瀆禮) - 예절을 모독함

229) 패리(敗理) - 이치를 깨뜨림

230) 범상(犯上) - 윗사람을 무시함

231) 역후(逆詬) - 패륜같이 거꾸로 꾸짖음

6綱: 행복(福)
232) 복(福) - 행복함

☯ 어짐: 仁
233) 인(仁) - 어짐이 있어야 함

234) 애인(愛人) - 사람을 사랑함

235) 호물(護物) - 만물을 보호함

236) 체측(替惻) - 측은함을 바꿔 생각함

237) 희구(喜求) - 돕기를 기뻐함

238) 불교(不驕) - 교만하지 아니함

239) 자겸(自謙) - 마음이 겸손함

240) 양열(讓劣) - 부족한 사람에게 양보함

☯ 선함: 善
241) 선(善) - 착함

242) 강개(慷慨) - 착한 마음에서 우러나오는 정의감

243) 불구(不拘) - 구차하지 아니함

244) 원혐(遠嫌) - 혐의의 여지가 없음

245) 명백(明白) - 자연적으로 명백함

246) 계물(繼物) - 물질로 구휼함

247) 존물(存物) - 동물을 살림

248) 공아(空我) - 나를 비움

249) 양능(攘能) - 잘하는 바를 드러내 알려 줌

250) 은건(隱愆) - 허물을 숨겨 줌

☯ 법도에 따름: 順

251) 순(順) - 법도에 따름

252) 안정(安定) - 편안하고 한결같음

253) 침묵(沈默) - 고요하고 묵묵히 따름

254) 예모(禮貌) - 예의가 바름

255) 주공(主恭) - 공손을 근본으로 함

256) 소사(所思) - 생각을 바르게 가짐

257) 지분(知分) - 분수를 앎

☯ 화합: 和

258) 화(和) - 화합

259) 수교(修敎) - 닦고 가르침

260) 준계(遵戒) - 옳은 것을 지킴

261) 온지(溫至) - 온화하게 됨

262) 물의(勿疑) - 의심하지 아니함

263) 성사(省事) - 일을 줄임

264) 진노(鎭怒) - 노여움을 진정시킴

265) 자취(自就) - 자연히 이루어짐

266) 불모(不謨) - 교합하기 위해 꾀하지 않음

☯ 너그러움: 寬

267) 관(寬) - 너그러움

268) 홍량(弘量) - 도량이 큼

269) 불인(不吝) - 인색하지 아니함

270) 위비(慰悲) - 슬픔을 위로함

271) 보궁(保窮) - 궁함을 도와줌

272) 용부(勇赴) - 용감히 나아감

273) 정선(正旋) - 중용을 지켜 바르게 돌아감

274) 능인(能忍) - 자신의 재량으로 참음

275) 장가(藏呵) - 꾸지람을 감추는 너그러움

☯ 위엄: 嚴

276) 엄(嚴) - 위엄

277) 병사(屛邪) - 요사함을 물리침

278) 특절(特節) - 특별히 높은 절개

279) 명찰(明察) - 밝게 살핌

280) 강유(剛柔) - 굳셈과 부드러움

281) 색장(色莊) - 기색이 정중함

282) 능훈(能訓) - 잘 훈계됨

283) 급거(急祛) - 급히 물리침

7綱: 갚음(報)

284) 보(報) - 갚음

☯ 쌓음: 積

285) 적(積) - 쌓임

286) 세구(世久) - 세세토록 오래 되어야 함

287) 무단(無斷) - 끊어짐이 없어야 함

288) 익증(益增) - 더욱더 잘해야 함

289) 정수(庭授) - 가정에서 전수함

290) 천심(天心) - 하늘 같은 마음

291) 자연(自然) - 자연스러움

☯ 묵중함: 重

292) 중(重) - 묵중함

293) 조년(早年) - 어려서부터 선행을 함

294) 공실(恐失) - 그르칠까 두려워함

295) 면려(勉勵) - 힘쓰고 격려함

296) 주수(株守) - 선함의 뿌리가 든든해야 함

297) 척방(斥謗) - 비방함을 물리쳐야 함

298) 광포(廣布) - 널리 알림

☯ 새로운 시작: 刱

299) 창(刱) - 새롭게 시작함

300) 유세(有歲) - 오랜 세월을 기다림

301) 유린(有隣) - 이웃과 함께함

302) 기연(其然) - 사실대로 말하고 행함

303) 자수(自修) - 스스로 닦음

304) 불권(不倦) - 게으르지 아니함

305) 욕급(欲及) - 선하게 되고자 함

☯ 악의 가득 참: 盈

306) 영(盈) - 악의 가득 참

307) 습범(襲犯) - 세습하여 악을 지음

308) 연속(連續) - 연달아 악을 지음

309) 유가(有加) - 더하여 악을 지음

310) 전악(傳惡) - 남에게 악을 씌움

☯ 악의 큼: 大

311) 대(大) - 악의 큼

312) 감상(勘尙) - 문책하면 악을 더 함

313) 무탄(無憚) - 악을 지음에 거리낌이 없음

314) 취준(驟峻) - 갑자기 험악함

315) 외선(外善) - 겉만 착함

☯ 악의 작음: 小

316) 소(小) - 악의 작음

317) 배성(背性) - 성품을 등짐

318) 단연(斷連) - 악을 끊었다 이었다 함

319) 불개(不改) - 고치지 아니함

320) 권린(勸隣) - 이웃에 권함

8綱: 응함(應)

321) 응(應) - 응함

☯ 쌓임: 積

322) 적(積) - 쌓임

323) 극존(極尊) - 지극히 존엄함

324) 거유(巨有) - 거대한 소유

325) 상수(上壽) - 드높고 장수함

326) 제손(諸孫) - 자손이 많음

327) 강녕(康寧) - 만사가 편안함

328) 선안(仙安) - 신선의 편안함

329) 세습(世襲) - 자자손손이 이어받음

330) 혈사(血祀) - 정성껏 제사함

☯ 소중함: 重

331) 중(重) - 소중함

332) 복중(福重) - 복을 소중히 함

333) 옥백(玉帛) - 옥과 비단의 풍요로움

334) 절화(節化) - 절개와 교화

335) 현자(賢子) - 후손이 현명함

336) 건왕(建旺) - 건강하고 융성함

337) 길경(吉慶) - 즐겁고 경사스러움

338) 세장(世章) - 대대로 문장의 집안

☯ 채신의 맑음: 淡

339) 담(淡) - 몸가짐이 맑음

340) 응복(應福) - 복이 응함

341) 유고(裕庫) - 창고가 넉넉함

342) 무액(無厄) - 재액이 없음

343) 이수(利隨) - 이익이 따라옴

344) 천권(天捲) - 하늘이 걷히듯함

☯ 재앙이 가득 참: 盈

345) 영(盈) - 재앙이 가득 참

346) 뇌진(雷震) - 우레가 진동함

347) 귀갈(鬼喝) - 귀신이 몸에 붙어 꾸짖음

348) 멸가(滅家) - 집안을 망하게 함

349) 절사(節祀) - 제사가 끊김

350) 실시(失屍) - 송장을 잃음(死後無槨)

☯ 악의 큼: 大

351) 큼(大) - 악한 감정이 큼

352) 인병(刃兵) - 아홉수 병사의 칼날이라

353) 수화(水火) - 물과 불의 상해

354) 도적(盜賊) - 도적을 만남

355) 사고(事故) - 사고를 당함

356) 형역(形役) - 형벌을 받음

357) 천라(天羅) - 하늘이 그물질을 함

358) 지망(地網) - 땅이 그물을 침

359) 급신(及身) - 제 몸만 위급함에 당함

☯ 악의 작음: 小

360) 소(小) - 악의 작음

361) 빈궁(貧窮) - 빈궁하게 됨

362) 질병(疾病) - 질병이 많음

363) 패망(敗亡) - 실패하여 망함

364) 미실(靡失) - 쓰러짐

365) 도개(道丐) - 길에서 구걸함

366) 급자(及子) - 자식에게 화가 미침

이상, 366事의 흐름을 간략하게 목차만 옮겼다.

❋ 참조문헌 ❋

金尺天符經-宋來善

八字術 파일널블로-이수

命理36禽獸-이수

마지막 해역서 격암유록-無空

김승원 [泉脈 천맥] 1964.7~2024.7.7.

1964.7   대구출생
1986.2   영남대학교 심리학과 졸업
2024.7.7.   소천(訴天)

천맥, 그녀는 8년이라는 오랜 시간 동안 **금척(金尺)**으로 **천부경(天符經)**을 해역하였다.

그러던 중 자신의 몸에 암이라는 이상이 생긴 것을 알게 되었다.
암세포가 온몸에 퍼져 말할 수 없는 고통을 느끼면서도
오로지 우리 민족 최초의 경전인 천부경을 세상에 전해야겠다는 일념으로
일을 손에서 놓지 않았다.

이를 자신의 사명으로 생각하여 **금척천부경(金尺天符經)**을 완성하고
하늘나라로 올라간 천맥에게 깊은 존경과 감사를 드립니다.

김나율

금척천부경

ⓒ 천맥(泉脈), 2024

초판 1쇄 발행 2024년 9월 15일

지은이   천맥(泉脈) 김승원
펴낸이   이기봉
편집   좋은땅 편집팀
펴낸곳   도서출판 좋은땅
주소   서울특별시 마포구 양화로12길 26 지월드빌딩 (서교동 395-7)
전화   02)374-8616~7
팩스   02)374-8614
이메일   gworldbook@naver.com
홈페이지 www.g-world.co.kr

ISBN   979-11-388-3509-1 (03150)